珍藏本
纪念版

汉译世界学术名著丛书

政治经济学原理

下册

〔俄〕M.И.杜冈-巴拉诺夫斯基 著

赵维良 桂力生 王湧泉 译

2017年·北京

目　　录

第三篇　交　　换

第四篇　分　　配

第五篇　整个资本主义经济

第 三 篇

交　换

第一章 价　　格

一、市场价格和自由竞争条件下的价格形成。市场价格的波动是商品经济的调节器。市场价格的形成。供求规律。奢侈品和必需品的价格。二、商品的平均价格。利润均衡规律。生产费用是作为资本主义生产方法的特殊范畴。生产费用和劳动。三、垄断价格。级差价格。垄断价格提高的范围。四、抽象价格理论的范围。零售价格和批发价格。价格的社会因素。在需求饱和和不饱和状况下的价格。

一、市场价格和自由竞争条件下的价格形成

交换是政治经济学所研究的经济体系的特点。它把个体经济和国民经济联结成为一个整体。只因为个体经济有这种联系，所以经济科学才具有近乎准确科学的一门学科的特点。正因为如此，在交换的范畴中，我们的科学确定了共同的因果规律（这些规律的发现成为政治经济学的骄傲），能揭示准确性和必要性的规律，外部自然界的规律。

一位著名的英国经济学家惠特利甚至建议说，由于交换在政治经济学所研究的现象中具有特殊的重要性，应把政治经济学称为交换学（来自希腊词Νατὰλλα）。因此，古典政治经济学实际上主要是关于交换的科学。的确，李嘉图在其重要著作《政治经济学原理》的序言中说道：应当把分配现象当作政治经济学研究的最重要的对象，但是问题在于分配现象是否可以作为研究的对象，而实际上往往是被作为交换现象进行研究（在方法论上，这一点是正确的还是不正确的，这是另外一个问题），因为在现代社会中，产品在各个阶级之间的分配，是通过一系列的交换实现的。按这种见解来看，工资则是价格的一种形式，即劳动力的商品价格；利润是利用资本而支付的价格；地租是利用土地所缴纳的价格。大多数经济学家就这样来研究分配现象，并因此把分配部分当作交换部分的普通章节进行研究。①

借助价格来实现交换，而价格又是商品经济全部机制的最高的调节者。为了使商品经济能够存在，就要求共各部分有一定的比例关系。就社会来说，需要有一定数量的粮食、布匹、砖瓦、钢铁和玻璃，等等，而且如果每一种商品不按照需要的数量进行生产，那么经济生活就将停顿。但是，各个商品生产者进行商品生产时，并没有相互商量。显然，必然存在一种隐蔽的力量，它能控制社会劳动的比例关系，使商品按需要的数量进行生产。这种力量也就是商品价格的波动。商品价格好比是晴雨表，表示着商品在市场的社会需求方面是少或是多。如果商品略多一些，那么价格就会下跌；如果少一些，价格就会上涨。市场价格水平，就像晴雨表中的水银柱高度一样，表示着商品压力的高低，是否紧缩或是扩大商品的社会生产，以便使社会劳动分配有比例。任何商品生产都要严格地按着这个极其敏感的晴雨表行事，并在经营活动中遵照它的指示办理。因此，市场价格的波动，对存在商品经济本身来说，

① 在分配一篇，将简述分配现象的上述研究在方法论上的非正确性和不可能性，因为这些分配现象完全是独立的经济范畴，不属于交换现象。

哪怕是对粗略的社会供求比例来说，都是不可缺少的。这种比例关系的紊乱，必然导致经济危机或经济生活的暂时瘫痪。

在自由竞争占统治地位的情况下，是什么因素确定市场价格的高低？对经济物品的主观估价，取决于该物品对评价人具有什么经济意义，即直接取决于该物品的边际效用。然而，各个评价人的主观评价不可能一样，其原因之一，是主观评价决定于该评价人掌握该物品的贮备量如何，而各个评价人的物品贮备量是不一样的。例如，评价人的货币愈多，则对该人来说，每一货币单位的边际效用就愈来愈小。但是，在自由竞争统治的条件下，同一市场上同一种商品的价格却大体上是一样的，特别是在批发贸易方面，更是如此。那么在各种不同主观评价的基础上，如何会出现统一的市场价格呢？

为了得出这个问题的正确答案，我们必须掌握现代资本主义经济中价格形成所依据的现实的经济关系。我们不应当像庞巴维克对此所设想的那样，即如果给销售者比较低的商品价格，那么这一商品的销售者自己也需要这种商品，于是就会留给自己个人消费了。① 在现代经济中，商品是为销售生产的，不是商品销售者消费的物品。如果该商品未被销售掉，那么该商品对销售者就没有任何价值，例如，火车头对其制造厂来说，或铁针对其制造厂来说，能有什么用途呢？我们应当根据上述论点来分析价格的构成过程。在这种分析中所需要的第二个不可缺少的条件就是，现代购买者在购买时把货币不当做独立的使用价值，而当做购买手段来看待。在日常生活中，不是为了货币的本身，也不是当作一种能满足某种独立消费的物品看待，而是为了能购买某些其他物品才珍惜货币的。在金币时期，现代人能看到的不是似乎可

① 庞巴维克用买马的事例发展了自己的著名价格理论，并且设想说，即贩卖的马对销售者来说也有独立的使用价值。参见他的《经济财富的价值论原理》，1904 年。

以用线绳挂在脖子上当装饰品用的金币，而是仅把它当做购买手段，除此之外，没有别的。

例如，我想买一把伞，销售者要5卢布，于是我犹豫不决，一把伞是否值5卢布呢？当然，我在解决这个问题时，不会把伞本身的使用价值同可作为装饰品用的5卢布金币的使用价值进行比较。我将只能比较伞对我的使用价值和用5卢布所能得到的物品对我的使用价值。① 假设，我们用这些钱可以买到一张戏票，二俄磅茶叶和一本书，等等。因而，只能来比较伞本身的使用价值和用5卢布所买到的全部物品的使用价值，况且当用5卢布不能再买到对我来说更为贵重的物品时，我才买这把伞。相反，我就不会买这把伞。因此，我用货币估价物品时，所比较的是，用同样的数量的货币所购买的各种物品的边际效用。这种比较可使我确定买哪种商品该付出什么价格。

① 这里我们涉及非正常复杂而紊乱的、并易于导致成识解的比例关系。当然，金属货币有着自己的独立使用价值。例如，金币有独立使用价值，它由制成该金币的金子的使用价值来确定。金子的交换价值表现为商品的一般价格水平，即用一定数量的金子在交换中可以得到各种数量的商品。金子的这种交换价值，换句话说，就是一般商品价格的水平，可通过金子和用金子交换的商品两者的使用价值的对比来确定。金子作为商品，其使用价值也是由确定其他各种商品使用价值的条件来测定的。我们之所以把黄金的价格抬得很高，是因为：一方面黄金比其他金属有好的成色，能够满足我们在装饰方面的需要。另一方面，我们手中的黄金储量与我们的需要相比有限。这两点决定了黄金的交换价值，换句话说，也就是决定了商品价格的一般水平，因为这个水平取决于黄金的使用价值。当研究价格的一般水平时，当然黄金也应作为有独立使用价值的商品来研究。但是，如果在这个一般水平范围内问题不是涉及商品价格的一般水平，而是涉及各种商品的价格差别时，那么，在方法论上，把黄金当做有独立使用价值的商品加以研究，那是完全错误的，因为在这个一般水平上，价格差别不可能取决于确定一般水平的各个条件。为什么羊毛料子比印花布料的价格高一些，而猪肉比面包的价格高，这些都不决定于确定黄金使用价值的因素。在每一具体的购买行为中，黄金对我们来说，乃是简单的购买手段，而绝不是独立的消费品，因此在分析确定商品价格差别的条件时，把黄金当做有独立使用价值的物品进行研究，则是节外生枝。本文所采用的方法学，完全避开了确定商品价格的一般水平的因素，以便能够单一地研究确定商品价格差别的因素，也就是说，根据所研究的问题性质本身而提出来的方法学。应当指出这一点，因为通常表述价格理论时，由于不遵守这个方法而造成了非常大的紊乱。

从不同的购买者来看，同一种商品的价格不可避免地要有差别，正如上文所述，原因就在于他们拥有的货币量不同。在需要的情况下，购买者愈有钱，就愈有可能为购买商品付出更多的钱；百万富翁的估价当然会比贫苦人估价要高一些，但是商品的实际价格，对百万富翁也好，对贫苦人也好，应当是同一的价格。假设下述图表描述的是拥有不同货币量的购买者对同一种商品估价的差别。

Ⅰ	Ⅱ	Ⅲ	Ⅳ	Ⅴ
5	4	3	2	1
4	3	2	1	0
3	2	1	0	0
2	1	0	0	0
1	0	0	0	0

罗马数字表示不同富裕程度的购买者等级：Ⅰ是最富有的购买者等级，Ⅱ是较富有的购买者等级，等等。阿拉伯数字表示各相应等级购买者对商品的单位估价。

一等购买者对商品的第一个单位的估价为 5 卢布；对商品的第二个单位的估价为 4 卢布；对商品的第三个单位的估价为 3 卢布，等等。一等购买者为商品的 1 个单位可以按 5 卢布支付，为商品的 2 个单位按 4 卢布支付（因为第二个单位将估价为 4 卢布，而商品的这 2 个单位应该有相同的价格），为商品的 3 个单位按 3 个卢布支付，为商品的 4 个单位按 2 个卢布以及为 5 个单位按 1 个卢布支付。相反，四等购买者为商品的第一个单位可能按 2 个卢布支付，为第二个单位只按 1 个卢布支付。五等购买者为购买第一个单位的商品只能按 1 个卢布支付。

现在，我们假设市场上出卖 10 个单位的商品，并且销售者被迫不问多少金额，只要能全部推销出手就行。销售者不需要把被它们出卖的商品当做个人消费品用，因为该商品就是为销售而生产的。这种商品的价格该是怎样的呢？显而易见，这种价格很可能是2个卢布左右。因为如果价格高于2卢布，比方说是3卢布，那么，商品只能有6个单位被买去（一等购买者能买到3个单位；二等购买者能买到2个单位，三等购买者能买到1个单位）。仍有部分商品没被卖掉（4个单位商品）。对销售者来说，要想唤起购买者把所有出卖的商品购买去，唯一的手段就是降低价格。但是，价格绝不会低于2卢布，比如说1卢布，原因是按这种价格就可能买到15个单位，同时假定这种商品出卖仅有10个单位，也就是有一部分购买者没有得到商品，尽管打算按出售者所定的价格购买。这种情况有可能刺激购买者抬高价格，达到2个卢布。可见，在提供10个单位商品和有5个商品的购买者的情况下，按上述图表来看，这种商品的价格应该是2个卢布。所有的出售者都将按这同一的价格交易，因为如果有一个出售者试图抬高自己商品的价格，那么其余的出售者之间的竞争将会使价格降低于共同的价格。

这一图表说明并证明从多数的、非常复杂的单位价格中产生统一市场价格的情况。市场上最终确定的价格是**最高的价格，按这种价格，购买者可以买到所出售的商品数量**。它也取决于购买者**对商品的估价高低**，换句话说，就是社会**需求**的程度；另一方面，取决于可供出售的商品**数量**，取决于社会**供给**的程度。所谓的供求规律也就表现在这里。虽然经济学家们关于供求规律已经谈论了数百年，但是它的精确的科学表示方式只有根据边际效用理论才能实现。

上述所引用的图示证明，远非所有的单位估价都能真正地影响商品市场价格。比如，如果一等购买者的最高估价不是5卢布，而是10卢布，这丝毫不会影响商品的价格，例子中所说的商品价格仍然是2卢布。同样，如果一等购买者对商品第5个单位的估价不是1个卢布，而是少于1个卢布，这种情况也不会降低商品的价格，其价格仍然是2个卢布。这就是说，商品价格只由某些单位价格来确定，也就是由那些处于在该社会供求条件下经济上成为可能的价格范围内的价格来确定的。

总之，确切地说，市场价格由以下两种因素确定之：一个是客观因素，即市场上可供出售的商品数量；另一个是主观因素，即购买者的单位价格（它本身一方面由客观因素即购买者的购买手段，另一方面由主观因素即购买者对所购买的物品的相对需求程度来确定）。从前者的两个因素（可供商品的数量和购买者的价格）来看，第二个因素（价格）本身是固定的，因为社会需求的特点，就其本质来看，仅是一个缓慢变化的现象。相反，第一个因素（供给）则波动明显，而且主要是供给的变动引起商品价格的波动。

供给的变动不可避免地反映在价格上，但远远不是同样地反映在各种商品的价格上。在价值一章中，曾已经指出，在各种需求特点的影响下，必需品的价值，在供给变化的影响下，较之奢侈品的价值变动得厉害。统计表明：必需品的社会消费量很少取决于价格，但是奢侈品的社会消费在价格变动的情况下则变化强烈。比如，巴黎每人的面包消费，近些年来几乎没有变化，尽管面包价格出现明显的变动，而糖的消费则变动得很厉害，这取决于糖的价格变动。第一种情况下的消费需求的固定不变和第二种情况下的灵活性，有助于某一种商品价格的各种变化。在固定需求的情况下，每一供应的变动都对价格产生截然不同的效果，但是，在弹性需求的条件下，增加和缩减需求，都会削弱供应的变动对价格的影响。

早在十七世纪末，经济学家格雷戈里·金曾试图用下列数字公式表达收成变化与面包价格之间的依存关系：

收成减产	面包价格提高
1/10	3/10
2/10	8/10
3/10	$1\frac{6}{10}$
4/10	$1\frac{8}{10}$
5/10	$4\frac{5}{10}$

不用说，类似这种计算不可能预示某种准确性。建立在价格构成基础上的经济关系，不免变化无常和特殊一些，以致构成了数学表达式。但是，在价格具体构成问题上，有最大权威者、多卷集的价格史作者 T. 图克认定所引用的数字表，对实际计算非常有益。

二、商品的平均价格

综上所述是关于经常上下变动的市场商品价格。这些变动围绕着某一中心，即商品的平均、一般价格进行。各种商品的平均价格是有明显的区别。那么，如何确定平均价格的差别呢？

在现代资本主义的经济中，生产是由企图从投入资本中获取最大利润的资本家来调节的。如果在生产的某些部门所生产的产品数量，其价格不同样地符合生产费用，换句话说，不符合用于产品生产的资本耗费，而且由此出现各个生产部门的利润各不相同，那么，这种情况将引起资本由利润较少的生产部门转向利润较大的生产部门。资本向利润率较高的生产部门的涌流必将引起有关产品供应的增加，而且，根据一般的供求规律来看，也会造成其价格下跌；这些产品价格下跌本身，又造成有关生产部门的利润率的下降。资本的移动一直持续到生产各个部门的利润率平衡（利润平衡规律）为止。这种情况要求它必须以各种生产商品的平均价格与生产费用保持同等的比率。这就是在自由竞争占统治地位情况下的平均价格的构成规律，它含有**商品平均价格与商品生产费用成比例**的趋势。从以上所述可以看出，这项规律是在供求规律的基础上实现的（它是共同的价格规律），而且为实现这项规律，要求做到资本自由地从一个工业部门转移到另外一个工业部门，不过这种自由的程度事实上仅仅是非常有限的。

假设，小筛子的生产比丝绵的生产利润更大，那么，根据以上所述，资本家应当把丝绵的生产转向小筛子的生产，换句话说，应当建立新的或扩大旧的小筛子工厂，并且相应地减小丝绵工厂的数量或者缩小这种生产的规模。但是，实际上这种做法可能是非常困难的，而且无论如何，为了实现这种过程，需要一段持续时间，在这段时间内，丝绵和小筛子的价格又不会符合这些商品相对的生产费用。因此，利润平衡规律，或者连商品平均价格符合生产费用的规律，都只能作为特定的和经常起作用的趋向，而不能作为具体实际情况的表现而起作用。

其次，需要指出的是，平均价格不是由在该商品生产过程中这段时间内所付出的实际耗费来调节的，而是由在当时的技术状况的条件下进行这种商品再生产所必需的耗费来调节的，换句话说，平均价格不是由过去的生产费用，而是由商品**再生产**的费用来确定的。

正是在这种含义上，马克思谈到了社会必要劳动时间的耗费问题（即再生产的必要工时），它是使用价值的具有决定意义的因素。例如，如果该商品生产技术水平得到提高，那么，不仅新生产的商品单位价格，而且在旧技术条件下生产的商品单位的价格都会发生变化。

于是，再生产的费用决定着平均价格。但在不同的企业中，该商品的再生产费用可能各不相同。在一些企业中，该商品的生产费用可能高一些，而在其他企业中，就可能低一些。不妨我们举例说明，就即便是锁吧，这种商品在手工业作坊和工厂都进行生产。手工业生产锁，但是锁厂也生产锁。用于机制锁生产的耗费低于手工业生产的耗费。那么前者和后者的生产费用，究竟谁来决定锁的价格呢？

假如说，在制锁工厂进行了某种技术改革，使锁的生产价值降低。这种情况不能不引起工厂和手工业作坊两家锁的价格下跌；同一种原因，如果锁的价格不下跌，那么工厂制的锁的利润就会增加，当然也会使资本涌向制锁生产，也就是说，扩大制锁生产，必然会造成这种商品的价格下跌。这就是说，锁的价格取决于制锁工厂即产品生产费用最低的地方的生产条件。这是因为工厂制的锁可能完全满足了市场对锁的需要，因此，手工业也就被迫降低自己锁的价格，达到和工厂制的锁的价格水平一样，否则，手工业制的锁就会找不到销路。

相反，在其他情况下，我们看到商品的价格是由其最高的生产费用确定的。例如，在各种不同肥力的几块土地上种植粮食。在最肥沃的一块土地上，粮食生产价值低于较差的肥沃土地上的生产价值。那么，用哪一种生产费用来调整粮食的价格呢？毫无疑问，采用最高的生产费用，这有下列原因。在最肥沃的土地上生产的粮食不可能满足全社会对粮食的需要。为了满足全社会的需要，必须还要在较差肥沃的土地上生产粮食。如果粮食的价格不能符合为了满足社会对粮食需要在所有土地中最差一块土地上生产粮食的费用，那么，这些块土地就不会再利用了，而且粮食的数量就要降低，必然引起粮食价格的提高。因此，粮食的价格不可避免地提高到在最差肥沃土地上的粮食生产费用水平上来。换句话说，不是最低的，而是最高的产品费用调节这种情况下的价格。

每一单个企业都有自己的特点，而且其中每个企业的生产价值又不一样。在各种生产中，会有一些企业，它们的生产价值明显低于平均价值。但是，如果这些偏离平均价值的价值有自己的特点，那么一般来说，它不会对商品价格产生任何影响，因为在这种情况下，该商品的价格既不是由最高的，也不是由最低的，而是由平均的生产费用来确定的。至于有一些企业，因有各自的特点，有的企业的生产费用比较低，因而能得到超额利润，而那些生产费用很高的企业，其利润相应地要低于平均标准。

从上述情形中产生的一般规则如下：商品自由再生产的价格由下述商品生产费用调节，即这些商品生产费用可以按照市场需要的数量进行再生产。如果在最低的生产费用的条件下生产的商品可以满足市场需要时，那么，这些低的生产费用就能调节商品价格。当不是这种情形，当在用高的生产费用的条件下生产商品才能满足市场需要时，那么这种高的生产费用就能调节价格。最后，当对商品的需要可在平均生产费用的条件下得到满足，那么，平均

生产费用就调节着价格。

生产费用是一种决定商品相对价值的资本主义方式。因为资本家本身并不参加生产劳动，所以，很显然，绝对的劳动价值与其毫无关系。资本家认为，工人的劳动与马或机器工作没有什么差别。

资本家唯一亲近的和唯一关心的，就是生产所需要的资本耗费，就是资本家据以计算商品销售价格的耗费。劳动价值的范畴在资本主义企业家的意识中根本不存在，代之以另外的范畴即生产费用范畴。

我们再来谈一下资本主义生产方式的这种独特的范畴。它的突出特点在于资本主义生产方式的范畴全部掩盖了经济主体和客体、人及其活动对象之间存在的基本的、最深刻的经济差别。在生产费用中，列有一系列没有任何差别的、作为同等程度的要素，诸如，劳动力耗费价值（工资）和原料、工具、厂房和其他客观生产手段的耗费价值。这种人和物的等量齐观，来源于资本主义生产方式的本质即雇佣劳动。资本主义经济的劳动（劳动力）是一种与生产手段相类似的商品，所以在计算生产耗费价值时，资本主义企业主没有任何理由区分劳动和劳动工具（生产的主观因素和客观因素）。

生产费用是资本主义意识所固有的生产价值形式。正因为如此，现代经济思想放弃了只有劳动才是绝对形式的价值的思想。但是，劳动是在资本主义经济中像在其一切别的经济中一样仍然是唯一的绝对价值，原因在于资本主义经济仍然是人类经济。

我们抛开资本家主宰者的利益外，从整个社会的角度来探讨问题。那么在社会生产的过程中社会耗费是什么呢？显然，这种耗费不是“生产费用”即不是一部分社会成员向另一部分社会成员为某种商品而支付的金额。至于谈到生产过程中所耗费的物质对象，那么它们之所以列入生产耗费价值部分，其原因仅仅是这些生产手段具有劳动价值，是过去劳动的产品罢了。我们消耗这些产品，用马克思的表达方式来看，我们消耗的是物化在这些产品中的社会劳动。但是，自然界的赐给品不是绝对价值的要素。例如土地，由于它的有益特性不是劳动产品，土地对社会来说是没有价值的。土地因不具有价值，因而从社会观点来看，不是耗费的价值部分。当然，不论对整个社会来说，还是对个别人来说，土地具有使用价值。但是，须知使用价值不是劳动耗费价值。自然界的赐给品虽然属于另外一种经济物品,但仍然还是自然界的赐给品。如果野生树木不具有任何创造价值,那么,当它用于建造房屋的情况下,仍然没有根据说这种赐给的材料具有创造价值。可见,我们应当得出结论:在社会生产的过程中(不论是资本主义生产,还是其他生产),社会唯一的纯粹的耗费则是花费在生产上的社会劳动。仅仅在这个词的相对意义上,才可以谈到土地以及其他非人们所创造出的外界物品的劳动耗费价值。

但是,生产费用即资本的耗费与劳动耗费有一定的比例关系,尽管这种关系是复杂而变化的。生产费用则是在资本主义生产方式下体现劳动价值的一种外形。这种新的外形改造和改变着创造价值本身的内容,但是资本主义的创造价值与劳动价值之间的联系仍然不能被全部中断。

在决定生产费用高低的许多因素中,按其作用来看,劳动耗费则是首要的因素。凡是花费很高生产费用的商品,一般来说,都具有很高的劳动价值。生产劳动的增加或减少,一般来说,资本的耗费——生产费用会同时发生相应的变化。生产费用是什么呢?不是别的,正是所耗费的生产资料的价值量。显然,这个价值量的大小取决于两个要素,一方面是所耗费的生产资料的数量,另一方面是每一种生产资料的价值。但是,每一种生产资料的价值本身取决于其生产费用,换句话说,决定于用来制造生产资料而耗费生产资料的数量和价值,等等。因此,既然耗费某一些生产资料,价值的要素就是所耗费的生产资料的数量要素。最基本的和万能的生产资料,乃是人类劳动。因此,用于生产所耗费的劳动数量,换句话说,劳动价值,则是资本耗费——即生产费用的基本决定性的要素。

这样一来,直接调节自由再生产商品的平均价格的生产费用,归根结底主要在于生产劳动。

但是，以上所谈的仅是主要的，而不是特殊的。还存在许多要素，限制着生产费用和价格与劳动相适应的规范。

其中首要的要素之一，就是在资本主义生产方式的条件下，在资本家看来，劳动耗费已取得工资耗费的形式。资本家丝毫不了解劳动耗费，他仅仅知道自己的资本用于购买劳动力的耗费和支付工资的耗费。假如说工资与所耗费的劳动数量是相称的，那么，在这种情况下，这个事实一点也不会妨碍劳动耗费价值与生产费用之间的关系。但是，不存在这种事实。各个不同劳动部门的工资虽然千差万别，但是不存在所耗费的劳动量有任何相对应的情况。极为繁重的劳动报酬常常低于极为轻微的劳动报酬。所以，各种商品，虽然生产时支付它的工资数额是一样的，但是它本身所含有的社会必要劳动量却是千差万别的。

其次，所耗费的资本不仅包含工资，而且还包含物质生产资料。马克思把资本分解为工资和物质生产资料称为资本构成。资本构成在不同的生产部门是不一样的，而且这种情况，正如先前李嘉图所指出的[①]，后来又由马克思重申[②]的那样，引起了生产费用偏离劳动价值。问题在于，资本家所雇佣的工人，不仅再生产雇佣劳动者的工资，而且还要超过这一部分，即为资本家的利益额外多劳动一些时间。与此相反，死资本（物质生产资料）在生产过程中不增加劳动价值，而只能把劳动价值转移到所制造的产品中去。因此，在借助那种包含高份额工资的资本所制造的产品，其劳动耗费价值应当高于借助于包含小份额工资的等量资本所制造的产品的劳动耗费价值。在这种情况下，虽然生产费用是相等的，但是劳动耗费价值却是不同的。

最后，资本周转的速度在不同的生产部门也不一样。资本家企图在最短的时间内攫取最大的利润额。即使生产两种产品所需要的资本耗费和劳动

---

① 李嘉图：《政治经济学原理》，第1章，第4节。

② 马克思关于生产价格的学说，其实质就在这一点上。（马克思在《资本论》第三卷所阐述的生产价格 Productionspreis）。根据这一学说，生产价格，换句话说，商品的实际平均价格因必须适应资本的耗费而偏离劳动价值。

耗费是一样的，但是生产第一种产品时，资本周转快于生产第二种产品。如果说两种产品的价格是一样的，那么在这种情况下，前者资本家在同一的时间所攫取的利润多于后者资本家。这个事实不符合利润均衡规律，因而后者资本家的产品定价必须高出前者资本家的产品，才能使两个资本家的利润在同一时间内达到一致，换句话说，假设两种产品有着一样的劳动价值，其价格应当是不一样的[①]。

总之，劳动只能略微地、不完全地调节着生产费用，而生产费用本身也只能在某种程度上调节着商品价格。不论怎么说，相对的价格和相对的劳动价值之间有何种相符，都是无稽之谈。但是，在所列举的、调节自由再生产商品价格的客观因素中，毫无疑问，生产劳动是重要的因素。

三、垄断价格

上述价格理论谈的是在买者和卖者自由竞争占主导地位的情况下确定的价格问题，并且是自由再生产的商品价格。非自由再生产的物品价格，即所谓的奇缺物品的价格，但买者和卖者都进行自由竞争的物品价格，则完全服从于供求规律，但不存在与任何生产费用以及制造它的劳动价值相适应的问题。例如，古老的偶像和稀有的维纳斯(乐器)等等物品的价格，可能无限地超过制造它所耗费的劳动价值，而且其价格的波动以这些物品供求波动来决定。

价格构成的另外一种类型是所谓的垄断价格。自由竞争和垄

---

① 价格与劳动价值的这些偏离，由李嘉图给予了确切的概念和规定。(参见他的著作:《政治经济学原理》，第1章。)

断之间的重大区别在于，在自由竞争的情况下，若干卖者中每一个具体的卖者（或者若干个买者中每一个具体买者），都情愿自己担风险而活动，不可能直接判断伙伴中其他成员的行为。仅因为在市场上每个具体的买者和具体的卖者的行为具有独立性，所以确定了统一的价格，尽管从交换行为的不同参加者来看，同一种商品具有不同的评价。

在垄断占统治地位的情况下，我们看到的完全是另外一种情形。在垄断占统治地位下，必须懂得下述行为规则：每个具体的卖者（或买者）的行为之间，确定一种以伙伴共同利益为准的协调关系。在垄断占统治地位的情况下，全部卖者（或者其中有决定权的部分卖者），都把自己当做一个卖者（或买者）来行动。每个具体的卖者互相不能竞争，不能企图把别人从较为有利的销售场所排挤出去，但是可作为某一整体的顺从者去行动。当然，在这种情形下，如同在自由竞争的情况下，交换行为的参加者是受其个人利益支配的。但是在自由竞争的情形下，每个人的个人利益要经过其个人努力才能实现，最低限度要损害同伙中其他人的利益才行，而在垄断的情况下，每个人的个人利益要靠整个伙伴的共同努力来实现，况且伙伴中每个具体参加者要顾及伙伴中其他人的利益，甚至不惜损害自己的单独的利益。

当然，最纯粹的垄断形式是在有很多卖者（或买者）的地方只有一个卖者（或买者）出现。但是，即便在市场上有很多卖者（或买者）的情况下，他们（或者其中有决定权的部分人）都要按照某种统一的协议进行活动，达到上述类似结果。

垄断价格同自由竞争价格的最重要区别在于，在垄断的情形下，级差价格代替统一价格是可能的。现在我们举出上面所列的价格构成图表（见本书第 7 页）来加以说明。在市场上，假如有 10 个单位的商品并且有某一伙买者，他们对这些商品给予不同的评价。如果卖者互相竞争，那么该商品的统一价格定为 2 卢布。但是，如果所有的卖者都互相有协议并且都掌握买者对商品的评价，那么将会出现何种情形呢？在这种情形下，卖者就能够按照更有利于自己的各种（级差）价格把商品出卖给各类买者。例如，一伙卖者可以向一等买者按每件值 3 个卢布的价格出卖 3 个单位的商品（而不是在自由竞争占统治地位的情况下，每件商品按 2 个卢布出卖 4 个单位那种情形）；向二—四等买者可按每件商品价格 2 个卢布出卖 6 个单位的商品。卖者可以向五等买者按每件商品价值 1 个卢布的价格出卖其余没卖掉的商品。在市场上，由于卖者的协议和垄断的出现，存在 3 种价格：对一等买者的价格为 3 卢布；对二—四等买者的价格为 2 卢布；对五等买者的价格为 1 卢布。总之，卖者由于协议而攫取的不是过去的 20 卢布（2×10），而是 22 卢布（3 个商品单位可按 3 个卢布，6 个单位按 2 个卢布，1 个单位按 1 个卢布）。

那么，在这种情况下，垄断的作用就表现在：对购买能力较高的一伙买者来说，商品价格是抬高了，而对购买能力较低的一伙买者来说，商品价格却降低了。

但是，这种级差价格不是永远如此。有时，甚至通常在垄断占统治地位的情况下，市场上卖者按买者购买能力和其他标志来区别买者的等级，这是件困难的事，因此形成一种统一的价格。[①] 在这种情况下，垄断者只能采用一种方法来抬高这种统一价格即减少相应商品的供应。无论如何，不能认为垄断价格是由垄断者按自己的意图确定的。垄断者表现为一个卖者，同样屈从于价格的最高规律即供求规律，其他各个生产者也都如此。在没有级差价格的条件下，垄断者与在自由竞争条件下制造商品的生产者的区别仅仅在于，垄断者可以根据自己的意图来调节供应，减少供应，只要这样做对他有利。通常，减少供应会造成价格上涨。当然，产品价格上涨要造成对产品需求的下降。但是，出卖产品的数量减少可以通过抬高其价格来抵消亏空。

当然，这不是经常发生的事。正因为如此，垄断者不可能无限制地抬高价格，因为垄断者本身的利益驱使他害怕过分抬高价格将引起对相应产品的社会需求猛烈下降。

此外，几乎所有的商品在某种程度上都与满足同一消费需要的其他商品进行竞争，并可能在社会消费中被其他商品所代替。例如，几乎所有的粮食都在竞争；咖啡与茶叶和巧克力进行竞争；煤油与其他照明材料，如电力、蜡烛和煤气等进行竞争。因此，一种商品价格的大幅度提高，一般来说，必然引起与其相竞争的其他商品的消费增加，这样一来，在商品供应垄断化的条件下，对前者商品价格不断上涨就设置了障碍，正因为这样，许多垄断某一商品销售的企图都会遭到了破产。

---

① 但是，在垄断经济的许多场合下，价格级差为数极多。例如，在铁路经济中，所谓的**级差运率**就起着非常大的作用。卡特尔和托拉斯（见第 7 章）通常力求根据同其他公司竞争的条件来采用级差价格。卡特尔经常在国外同其他国家产品进行竞争中，压低自己所出口的产品价格，而在自己国内则提高价格，因不用担心国外的竞争。

四、抽象价格理论的范围

但是，不应当忽略上述价格理论只有在下述情况下才是正确的，即在一切抽象政治经济学体系中所假设的某一默契的前提下，也就是在卖者和买者充分了解市场和全部遵守经济原则等情况下，才是正确的。当然，这些前提只能在具体的实际中才能局部地予以运用。愈能运用这些前提，则实际价格愈遵守上述价格构成规律。

因此，批发价格即商人在购买大量商品所付出的价格比买者为自己消费而购买少量商品所付出的零售价格更具有规律性。零售价格一般失去统一性，因为在不同的商店里，价格是不一样的，而且经常即使在同一个商店里，不同的买者对同一种商品所付出的价格也是不同的(当商店根据询价来确定价格时)。一般来说，人们在以消费者的身份出现时，比在提供其生活资料的经济活动中，更少地遵守经济原则。经常在自己经济业务中精打细算的交易所的生意人，当他被迫以消费者的身份出现时，总是不加任何盘算把货币抛出去。

那么，批发价格和零售价格之间究竟存在什么对比关系呢？批发价格是由零售价格确定的，还是相反的情形？零售价格的特点是具有很大的稳定性，而且它向上限和向下限的变动，一般是随着批发价格的变化而缓慢地进行。看来，由此必然得出结论，零售价格是由批发价格确定的。但是，须知价格取决于消费者的评价，而消费者按零售价格来买东西，换句话说，批发价格应当由零售价格来确定的。这样，出现了由下述方法来解决的似是而非的矛盾。

的确，零售价格的变化通常是随着批发价格的变化而变化的，然而，批发价格最终受零售价格控制，而恰恰不是相反。批发商人预见到某一种零售价格水平，就据此来确定批发价格。例如，在国家粮食歉收的情况下，批发商人预见到粮食的零售价格必定抬高，于是相应地就抬高面粉的批发价格，随之，粮食的零售价格也就抬高。因此，所预料的零售价格水平决定实际的批发价格，而且后者影响着实际的零售价格。总而言之，零售价格有着决定性的影响。

同样，还要指出上述价格理论的一个非常重要的限制情况。价格理论是建立在买者和卖者都同样有效地捍卫自己利益的设想上，并使双方都享有社会平等。既然谈的是资本主义生产的商品批发价格问题，那么这种预测在方法论上是完全行得通的，因为认为在经济上资本主义的买者一方比卖者一方更精明，或者相反，都是无稽之谈。但是，当在市场上出现各种社会力量的社会阶级代表人物时，这种情况不能不影响通过他们的经济斗争而确定下来的价格。举例说，手工业者向收购商出卖自己制品，或者农民向大商人出卖自己的产品。由于手工业者和农民在经济上都弱，所以他们被迫出卖自己产品的价格将低于并且经常过分低于供求比率(关系)所指定的那种价格。所有这一切必须注意理解为，抽象的理论只有在或多或少的限制条件下才能运用于具体的实践。

经济理论所设想的是人在自己的估价中总是严格遵循高一级的享乐比低一级的享乐要好一些的经济原则。但是，人的行为在经济上不总是合理的。因循守旧和顽固的、几乎是一成不变的习惯决定了绝大多数人的生活制度。消费者按规定的价格去购买一定的商品是因为他确信用那些钱买到的物品能够满足自己最大的享乐，但却简单地仿照他人而已，因为所有的买者都是按这种价格去购买该商品。可见，习惯是对价格形成整体的和局部无意识的过程产生重大影响的一种力量。

自然，买者个人的评价仍然是商品价格的基础，但是一旦价格形成，它必然照常也影响个人的评价。因此，产生了商品价格不以个人估价为转移的似是而非的独立性。

商品价格类似于法和习惯势力，因而它是局部无意识的社会过程的整体的结果，而且这里经济理论触及全部自然的界限，即它不可能渗透到无意识的范畴里。

详尽地分析一下上述（本书第 7 页）所引用的买者个人的估价图表，就可帮助我们不仅弄清一般的，而且还可弄清极为少见的价格构成情形。上文中曾设想，在市场上假如出售 10 个单位的商品，而且商品的价格为 2 卢布。现在假定说，商品供应缩减到 9 个单位，根据文中所作的推测，可得出结论：在这种情况下，商品价格仍然不变，仍旧是 2 个卢布，那么在该供求关系的条件下只有这种价格在经济上才是可能的。在供应 8 和 7 个商品单位的情况下，商品的价格仍然是 2 卢布，只有商品供应降至 6 个单位时，商品价格才提高到 3 个卢布。同样，商品供应要增加到 11 个单位，将使商品价格降至 1 个卢布，而且继续增加到 12、13、14 和 15 个单位，则对商品价格不产生任何影响，仍然是 1 个卢布。

这样一来，由于分析图表的结果，我们看来可以得出与事实完全矛盾的奇异的结论来。商品供应的增加和减少，在一定的范围内，对商品价格并不产生任何根本的影响，而只有超出这个范围，才能改变价格。同时，这些范围是很宽阔的。例如，在上面列举的例子中，当商品供应单位为 10 和 7，或者 11 和 15 时，价格仍然不变。换句话说，百分之三十至四十之间的供求变化，并不能改变商品的价格。

不论这个结论多么荒诞和与供求规律的一般理解多么不一致，这是不能削弱抽象推理的原理。这项推理似乎是不可责难的，同时又好像是荒谬的结论。

但是，对价格构成的实际事实进行详尽的研究表明，实际事实也经常像理论一样，有这样令人奇异的说法。例如，假定在集市上出售同样质量的10匹马，愿按100卢布的价格购买这些马的人有15个，而其中谁也不愿以高于100卢布的价格来买马。在这种情况下，就得按100卢布来卖马，有5个人就买不到马。如果集市上出售的不是10匹马，而是15匹同样质量的马，那么，这些马仍是能按同一价格100卢布出售，供应量增加百分之五十，对价格并没有产生任何影响。因此，我们面前正好出现这种情形即商品价格具有不以供应量为转移的独立性，符合于我们理论所得出的那种必要的结论。

从这个例子中可以看出，庞巴维克所提出的供求规律是错误的，他说道："市场价格的高低是根据供求在数量上相互平衡的水准来确定的。"[①]如果我们回过头来再看一下那个图表，假如在市场上有7个商品单位，那么每个商品单价按2个卢布，将要解答的是10个商品单位的情况；按3个卢布价格来看，将要解答的是6个商品单位的情况。从庞巴维克的观点来看，应当得出的是，商品价格确定为3卢布，因为在这种价格条件下，要解答的商品数量最接近于所假设的商品数量。事实上，如上所说，价格定为2个卢布，在这种情况下，要解答的商品数量将明显地超出所假设的商品数量。

这样一来，在某些情况下，我们确实地发现，甚至供应量的大幅度变化，对商品价格也不产生任何影响。但是，当然这些情况在现代经济中则是一些特殊情况。正如一般的规则那样，甚至供应量发生微不足道的变化，都会立即影响商品价格。这是应当加以阐明的。

不难看出，在所研究的例子中，在供应量发生变化的情况下，价格的稳定性受供对需的非饱和状态所制约，也就是说，出售的情况愈是如此，则市场上按上述价格对产品的需要量就更大。如果在经济上有统一价格的情况下，供应量不能满足需求量，那么，当达不到这种饱和状态时，供应量的增加并不影响价格。但是，只要供应量满足需求量，一切供应量的增加，即便是少量的增加，都立即引起价格的变化。

---

① 庞巴维克：《资本实证论》，第22页，1891年。

在现代经济条件下，供对需的非饱和状态是一种罕见的例外。商业总是多少拥有商品储备，这些商品保存在仓库里，一旦出现对其需求时，立即出售。另一方面，资本主义生产拥有大规模的生产资料，一般来说，商品的供应量总是超过需求量，供过于求。正因为需求的饱和状态和拥有未出卖的商品储备，所以商品的价格在现代经济中对供应量的一切变化都是极其敏感的。

因此，本文所阐述的价格理论，既说明了在供应量微不足道的情况下，商品价格发生变化是现代经济条件下的普遍规律，又说明了当供应量明显变化时完全不影响价格这种比较罕见的情况。这两种情况构成了供求规律（为销售而生产的商品）的一般公式，其内容是能够把所提供销售的商品数量卖出去的那种价格是商品的最高价格。

参考书目

“价值”一章所引用的全部文献，也适用于价格理论。此外，还有：

奥斯皮茨和利本：《价格论研究》，1889 年。

楚克坎德尔：《价值理论》，1889 年；《价格》（载于《国家学说词典》）。

庞巴维克：《资本实证论》，第 2 版，1900 年。

F. J. 诺伊曼：《价格的形成》。

恩贝尔格在《政治经济学手册》中的论文，第 4 版，1894 年。

第二章 货 币

一、货币的产生及其职能。充当过货币的各种商品。金和银成为世界货币的原因。货币的职能。货币的属性。二、货币的价值。贵金属材料具有很高价值的原因。货币的数量理论。开采贵金属材料和价格的变化。价格的巨大革命。贵金属材料开采量的新的增长。三、铸币和货币制度。单本位体系和复本位体系。格雷欧姆规律。英国金单本位制。法国复本位货币制。劣币制。四、纸币。纸币与信用凭证的区别。纸币的价值。贴水。商品货币的价值。世界纸币。纸币流通的弊端。恢复货币本位的方法。集聚。贬值。五、俄国纸币。俄国纸币的历史。向金单本位制的过渡。六、对货币在现代经济中的作用的总评价。

一、货币的产生及其职能

一种商品与另一种商品的交换是比较简单的过程。而商品同货币进行交换却是另外一件事。这种复杂化首先是什么原因呢？商品与商品直接交换不是更简单吗？

在古代和中世纪，人们认为货币是作为立法行为的结果而产生的。这正是人们认为货币起源于国家的最令人瞩目的特点的原因，即它的属性是公共需求物品。出售商品很困难，但花钱买商品既容易又方便，钱能获得想要的一切东西。

这种货币属性是特殊立法行为的结果。但是，对货币历史的实际研究证明，最初创造货币的立法行为是不存在的，而货币总是不知不觉地和缓慢地出现，正像其他很多自然社会产物一样，例如，语言和习惯等等①。未必能指出历史上最初出现货币的时刻。在所有民族中，当经济发展到一定的阶段，必然会出现货币。除了人们不管有什么协商之外，交换本身在自己发展的一定的并且很早阶段中会产生货币。实物交换即产品与产品不借助货币的交换，会碰到很多不便和困难。在实物交换中，只有在交换的双方相互需要对方的产品情况下，才能完成交换。然而下列情形比较罕见，即必须做到交换的每一方所需要的产品数量正好是对方提供交换的产品数量。这种在相应数量上的相互需求的吻合显然是很少见的。与实物交换这两种困难相联系的第三种困难，是很难确定投入交换的产品价值，因为当时不得不通过交换该产品的许多其他产品的价值来确定该产品的价值。必须进行长时间的价格平衡，因为对产品价值进行一定的计量几乎是不可能的。

所有这些实物交换的不可逾越的困难，就造成在某些发达的交换中自然产生，也可以说是在交换中固定形成了货币。这样一

① 这种观点目前遇到了以克纳普为首的强烈的反对者。他在其极为有趣的著作中（《货币国有论》），发挥了相反的货币理论，该理论基础是“货币是法权制度的产物”（《货币国有论》，第1页）。但是，不论克纳普的许多看法多么俏皮和令人信服，总的来说，它的称为“罢市论”的货币论区别于科学中占主导地位的理论，就其“金属理论”的术语，是不能被人接受的。货币不是法权的产物，而是交换自然发展的结果。

来，某一种产品在下列情况下就进入交换，即得到商品的人不直接需要它，但是可以把它销售给另一个人。这种商品在销售上不存在更大的困难，而且大家都愿在心目中认定它的这种属性，这种商品就是原始货币。

同时，突出的是，在交换的初期阶段，货币不是一种，而是许多种商品，在它们的价值之间，一般有一定的比例关系。出现一系列的价格平衡。例如，在古代日耳曼，采用6头猪＝1头牛，成年奴隶＝1匹马，24舍非尔[①]黑麦＝16舍非尔小麦＝12舍非尔大豆＝120只鸡，等等[②]。由于习惯所固定的这些关系具有不变性，所以每个人在交换中能够轻而易举地接受其中任何一种商品，而且它的价值是固定的。商品一般具有所凝固的价值，起着货币的作用，确切些说，这些商品就是原始货币，而最初不是指定为某一种商品，而是整个一类商品。[③]

但是，在这种商品中，远远不是所有的商品都能同样地适用于货币的作用，也不是所有的商品同样地都能为人们愿意采用。在某一民族中，在一定的时间内最为适用于货币的某些商品便逐渐地分离出来。例如，在狩猎民族中，兽皮和皮毛自然成为货币；在游牧民族中，各种牲畜就是货币；在农业民族中，农业产品，如小麦、大米、玉蜀黍和烟草等成为货币。任何地方，不能用作货币的物品极少。在新几内亚，采用鱼类；在挪威，采用干鳕鱼；在阿比西尼亚，采用食盐。在某些国家，几乎越来越普遍地用金属（且不说贵金属）当作货币，例如，铁、锡、铅和铜。在中非洲，把各种布匹当做货币。在野蛮民族中间，经常把珠串当做货币。亚当·斯密指

---

① 舍非尔（Шеффель），旧容积单位，等于23—233升。——译者

② 施穆勒：《政治经济学原理》，第2卷，第66页。

③ 马克思著名的“价值形态”，看来符合历史实际。本文所引用的价格平衡再现了马克思的“扩大价值形态”。参见《资本论》，中文本，第1卷，第77页及以下各页。

出，在苏格兰制钉地区，钉子曾起着货币的作用，等等。

在这些不同的货币商品中，有一些特别能起货币作用，并在广泛地区内和较长时间内作为货币使用。特别值得注意的是，多半是装饰品变成这种国际货币。例如，在印度洋广阔区域内，直到最近，成串的货贝当钱使用。其原因在于，在自然经济占统治地位的情况下，当每个人都是用自己的劳动满足自己的主要消费时，装饰品是最为重要的贸易物品，也是最为广泛需要的物品。

在装饰品中，有一类物品本身最为适用于国际货币的作用，这就是贵金属。因此，我们实际见到，在世界上，除了某些民族和国家存在某种协议之外，都是逐渐自然地或自发地把稀有金属（金和银）当做钱使用。在各种商品之间，可以说为起到货币的作用而进行过竞争，金和银确切地说是金在这种竞争中成了胜利者。

为什么？因为金和银由于自己具有天然的特性而更加适合做钱用。这些金属材料最能履行货币职能。

货币职能主要有三种，也可以说只有三种。第一种，货币是**商品价值的尺度**；第二种，货币是**商品交换的工具**；第三种，货币是**法定的支付手段**。货币作为价值尺度发挥职能是很理想的，它可以测定商品的价值，不需要像在测量物品长度时，我们手里握着俄尺那样握着货币。货币作为交换的工具或者法定的支付手段，已经是发挥职能的实际形式，也就是说，为了用钱购买东西或者抵偿债务，需要自己拥有钱。货币作为价值尺度和交换工具，这两种职能之间有紧密的联系。两种职能互为前提。没有价值平衡，交换是不可能的，而价值平衡是在交换中完成的。

这两种职能不需要特别的阐述。另外，应说明一下货币作为法定支付手段的职能。这种职能确定货币与现行法律制度之间的联系，这也是与前两种职能不同之处。前述两种职能是自发产生的，而且不需要国家的核准。相反，货币作为法定的支付手段的职能，是由国家建立的，因为立法者根据自己的意愿来决定：应用何种物品抵偿债契，而这种物品因此就成了货币。

格奥尔格·克纳普不久前曾试图改革全部货币学说，认为货币最为本质的特征在于货币是法定的支付手段。实际上，货币在现代国家中按自己制定好的形式，首先是一种法定支付手段，而且因此成为价值的通用尺度和交换的通用工具。国家以其威严的权力规定：一切重大债务可以借助某某货币符号的支付来抵偿，正如国家以其威严的权力规定邮局发送的信件需要贴上某某邮票一样。从宣布一定的法定支付手段符号之日起，货币就成为国家公民之间抵偿一切可能支付债务的唯一手段。然而，由于相互支付义务本身包括极为重要的私人财产关系，所以，法定的支付手段自然成为公共需要的物品，而且作为通用的交换工具和通用的价值尺度开始发挥职能作用。但是，国家尽管在法律形式上可以完全自由地认定经济流通的任何一种物品为法定支付手段，或者为此制造一种新的符号（纸币），但是经济生活使这种自由受到一定的和非常狭窄的限制。不是所有的物品都能同样适合发挥货币职能的作用，而且国家因此被迫只能把下述经济物品宣布为法定的支付手段，即按其自然特性，最能适合履行货币两种基本职能（通用的价值尺度和通用的交换工具）的经济物品。经济生活可能不承认这种国家所宣布的法定支付手段，那时，国家把法律上的货币变为实际货币的一切努力将成为徒劳的。甚至于在断头台的威胁下，也不能迫使法国社会承认革命政府发行的纸币。①

从法律形式的观点来看，作为法定支付手段的货币职能是原

① 克纳普断定货币是“罢市的支付手段”（《货币国有论》，第 31 页）。译为通俗的语言，则意味着“法定支付手段”。B. Я. 热列兹诺夫公正地指出，早在克纳普之前，德国经济学家盖恩在其著作《货币制度方面的错误》中（1900 年）曾发挥过这种类似的货币观点。

始的,而作为价值尺度和交换工具的货币职能是派生的,因为国家宣布某些物品为法定支付手段,其目的在于促使公民利用这些作为价值尺度和交换工具的物品。相反,从经济的观点来看,作为价值尺度和交换工具的货币职能是原始的,而作为法定支付手段的货币职能是派生的,因为为了使某一物品能够完满地履行支付手段的职能,它就自己的本性来看应当适合履行前两个职能。在历史上,金子的这些职能远远超越通过缓慢发展而从中逐渐产生的法律职能。

从上述货币基本职能中产生以下派生职能,如:1. 价值贮存手段(货币同宝物一样);2. 价值转移手段(在货币转寄的情况下);3. 信贷工具(发放债款)。在这些派生的职能中,每一种职能都是来自基本的职能,但是,在逻辑上不同于基本职能。例如,货币作为宝贝来发挥职能,仅仅是因为货币是交换工具和法定的支付手段罢了。同样如此,货币其他派生职能也都是起源于基本职能。

执行货币职能的物品(首先是其基本职能)也就充当了货币。因此,货币的定义如下:在一定的社会经济中,执行通用的价值尺度、通用的交换工具和法定的支付手段等职能的物品就是货币。

货币职能如此,而如果金和银又成了世界货币,那仅是因为这些金属正是由于本身具有天然的特性而能出色地执行上述职能的缘故。

首先,金和银(近来只有金)最适合作为价值标准。尺度单位本身不能在量上遇到变化。价值尺度在价值上不能摆动。因而,我们看到,贵金属的价值即便发生波动,但是比较其他商品的价值波动要小得多。贵金属的价值,具有相当的稳定性。正如金子作为装饰品,在价值上不像必需品那样波动大(按价格波动的一般规律)。但是,主要问题在于金子的年开采量与社会掌握的贮备量相比是微不足道的。金子饰物的需要和利用,最终不会是消灭它(例如像面包那样),而是把它保存下来。所以,贵金属的贮备量年复一年地在增加(当然,有部分贮备量在利用的过程中被消灭掉,但是这部分很小);而且尽管贵金属的年产量波动比粮食年产量要大一些,但是这些波动与社会掌握的贵金属贮备量的波动要小一些。

全世界黄金总贮备量在1900年达到近二百亿卢布。至于在同一年黄金的产量还没有达到五亿卢布,即是黄金贮备量的四十分之一。也就是说,如果下一年黄金产量即使再大幅度增长,但这种情况对社会掌握的黄金总贮备量的影响仍然是很小的。

货币作为交换工具,在经济学上的含义上应当是可分割的,因为它的价值应当同物品数量成比例,即使在分割的情况下,也依然存在。

例如,马在经济含义上是不可分割的。至于贵金属是可以分割为任何部分而并不减少任何价值。

其次,仍然由于货币作为交换工具,应当是便于随身携带的即容易掺和在一起,为此,它应当具有很高的价值,因为它的价值越高(在一定的重量条件下),那么用于掺和的同一数量的价值所用的耗费就越小。

在这一点上,金子具有很高的价值,所以比其他大多数商品值钱。例如,很容易想象,在铁的价值很低时,要掺和铁币将是多么地困难。

再次,对作为宝贝的货币职能来说,在贮存的条件下,货币本身的不变性是很重要的。在大气作用下不发生变化的贵金属,尤其适用于这种货币职能。其次,贵金属具有均质性和简单的差异性(重量、叮当声、外形),同样这也是交换工具所必备的。

这就是贵金属成为世界货币的一些基本原因。只有贵金属或多或少具有对成为货币商品所要求的那些特性，正因为这样，金和银才成为世界货币。金和银不是最理想的货币，但是在人类试验过的一切货币中，它们是最好的货币。

十六和十七世纪的经济学家们（重商主义者）认为国家一切财富都是货币。当然，他们并没有愚蠢到那种程度，好像觉得除了金银之外，社会不需要任何东西。不过，他们确信：国家拥有的金银数量能决定国家的经济实力，而且由此把贵金属当做主要财富。反对这种观点的一派势力是斯密的学说，它认为货币也和其余一切商品一样。那么货币究竟是什么呢？是商品，还是别的？

任何商品只能暂时处于流通领域，商品可以由一手转移到另一手中，可以多次被出卖掉，但是，它的最终使命在于从流通的领域中走出来并进入社会消费。如果这种转移完成不了，那么，这种商品没有完成自己天然的使命，就成为最糟的商品。

相反，货币的使命正是要力争处于流通领域，不脱离流通领域。在货币诸职能中，还没有一种表现为转入社会消费的职能。货币的天然使命在于不是离开流通，而是要永远留在流通内。

任何商品都应当在交换领域内具有满足某种社会需要的能力。所以，商品不能不具有自己的价值。凡是不具有自己独立价值的物品，任何时候都不能算为商品和进入交换。

相反，像上述情形的货币，却不能在流通领域内为任何一种消费服务。所以，不具有任何自己的独立价值的物品而成为货币的情形则没有什么不可能。不能在交换领域外满足任何社会需要的物品可能成为货币。例如纸币就是如此。当然，这是一种最糟的货币，但是最糟的货币毕竟还是货币。任何人不能把纸币称为商品，但人们却认定它的特性是货币。

于是，货币就其内在属性来看，绝非是商品。商品可以成为货币，但是，当它作为货币发挥职能作用时，却不能作为商品发挥职能作用。反过来，它作为商品发挥职能作用时，却不能作为货币发挥职能作用。货币与商品的经济属性的差别，最明显地体现在纸币，即不具有任何内在价值而执行一切货币职能(其中包括价值尺度)[①]的一张张纸上。

二、货币的价值

商品的交换价值表现在货币上面。货币交换价值本身则表现在一切商品上面。换句话说,商品价格的一般水平就是货币交换价值的体现。那么,究竟什么确定商品价格的一般水平呢?

当然,金子是商品,任何商品的价格都直接取决于供求关系,而受取决于劳动耗费的生产费用的调节则作用较小。货币商品的价格应当也决定于上述那些因素,但是却是有特殊复杂性的并符合于货币商品特点的因素。

金子的最高价值直接决定于人类拥有这种商品的有限数量,但对它的需要又比较大。这种大量的需要,首要条件是金子作为装饰品具有吸引力。甚至目前,金子已成为整个文明世界的货币金属,但是,金子年产量的 1/4 到 1/3 却用于工业需要,而没有用于货币流通的需要。在十九世纪八十年代初,根据季别尔的计算,金子年产量的一半以上用于工业需要,而在三十年代,甚至达到 85%[①]工业对金子的需要,总的来说,是因为金子具有消费品的特性。

---

① 对货币的需求是无限的,而对商品的需求则是有限的。货币对任何人都是需要的,而每种具体的商品,只能对某些人需要。但是能否使所有的商品具有成为共同需要的商品能力呢?有些经济学家,例如蒲鲁东曾幻想一种社会组织,在那里一切商品都能像目前货币那样轻易地寻找到销路。但是,蒲鲁东并不了解金和银已经成为作为共同需要的物品的货币了,而不是相反,因为金和银不是作为货币而成为共同需要的物品。换句话说,为了使某种商品成为共同需要的物品,必须使其具备金和银的特性。但是,由于我们不可能赋予其他商品以金银物理化学的特性,所以我们也不能赋予它们以货币的特性。

同时，正如以上所述，社会拥有的金子贮备量与对它的需要量比较，前者是很少的。金子贮备量相对少的原因，首先在于金子生产费用高昂，这是技术原因（金子劳动耗费价值高）所造成的。为了采掘出数所洛特尼克（旧俄重量单位，等于4.266克），必须淘洗数百普特沙子，毫无疑问，金子价值高昂的基本原因就在于很难取得它。[①]

但是，这一点还没有阐明商品价格，换句话说，即每时每刻都能被观察到的货币交换价值一般水平的变化原因。那么为什么引起这些变化即货币金属本身的价值或者用货币所买到的其他商品的价值变化呢？这样那样的原因应归结为商品价格的变化。假设金子的价值由于某些原因的影响降低了，而其他商品的价值没有发生变化，那么，这一点应当引起商品价格的上涨，但是这种商品价格的上涨完全是另外的原因（在金子价值不变的情况下，商品价值提高了）造成的。对于商品价值，其结果将是一样的，尽管引起的原因不是共同的，而且对于国民经济的作用差别很大。

在这个形式中，关于每时每刻都能被发觉的商品价格一般水平的变化原因，直至目前仍然是科学界激烈争论的问题之一。有些经济学家倾向于主要利用货币金属价值的变化来解释上述变化，另一些人企图在商品生产和销售条件中寻找商品价格一般水

① 瓦格纳：《国民经济货币论》，第347页。但是，金子作为装饰品，其生产费用和价值之间的联系，较比其他多数商品的要疏远得多。正如已指出那样，黄金的年产量仅是其总贮备量的极小一部分。生产费用的变化，应当因此而非常稳定和持久，以便深刻地影响金子总贮备量，进而影响其价值。此外，金子开采本身由于自然条件的关系而不具备正常工业生产的特点，例如，偶然性和危险性因素在金子开采中起着突出的作用。

平变化的原因。

所谓的货币**数量理论**认为，在每个具体的国家和具体的时间，商品价格水平，在持久平稳的条件下，取决于国家所拥有的货币数量。如果，在持久正常的条件下，一个国家的货币数量增加了，那么根据这个理论来看，一般的价格水平相应地就要提高。相反，就会相应地降低水平。这个理论倾向于把商品价格一般水平的一切实际变化看做是一个国家货币贮备数量变化的结果。

这种理论属于最古老流行的经济理论。早在十六世纪，让·博当根据这种理论解释说，价格上涨是从美洲涌进大量的金银所造成的。这种理论在十九世纪上半叶著名的经济理论家李嘉图的著作中得到了充分的科学发展，而且，直至目前，在经济学家中还有很多拥护者。

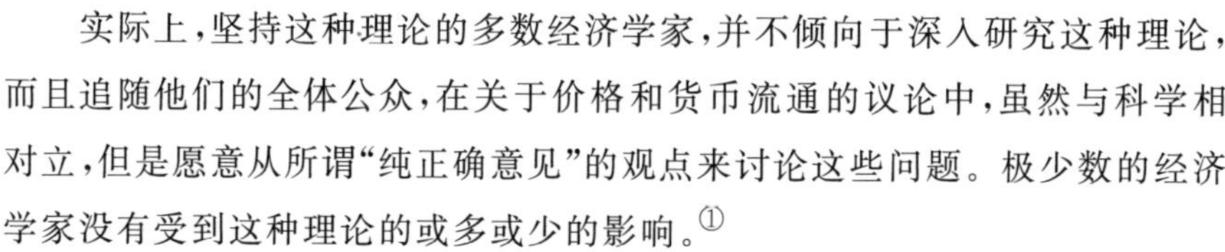

实际上，坚持这种理论的多数经济学家，并不倾向于深入研究这种理论，而且追随他们的全体公众，在关于价格和货币流通的议论中，虽然与科学相对立，但是愿意从所谓“纯正确意见”的观点来讨论这些问题。极少数的经济学家没有受到这种理论的或多或少的影响。[①]

货币数量论盛行的原因在于它的简单和表面上与通用的价格理论相符合。任何人都不怀疑，市场价格取决于供求关系。价格

① 最近，关于货币的一篇最新论文的作者劳克林，在列举货币数量理论的现代追随者时，指出了沃盖尔、尼科尔森、戈申、吉芬、马歇尔等等。这些都是非常权威的名字。其中，马歇尔在英国现代经济学家中几乎享有最高的权威，他坚决地向一个议会委员会声称自己赞同货币数量理论。他说道：“我接受现行的理论，主张价格在持久平稳的条件下，通常与充当货币的金属数量成比例地上涨。”（见劳克林：《货币原理》，1903 年，第 293 页。）同样，瓦格纳也在自己关于货币的最新著作中，承认自己在一定的有限意义上是货币数量理论的追随者。《社会经济货币理论》，第 204、211 页等。

的一般水平同样也应当取决于供求关系。但是对商品需要表现在什么地方呢？不是表现在别处，而正是表现在用于购买商品的货币上面。所出卖的商品数额就是供应量。看来，由此得出结论，货币数量理论主张，商品平均价格取决于所供应的商品数量和国家手中的货币数量①。

数量理论是这样来想象问题的，好像在一个国家里，在规定的时刻里，全部货币一次用于购买商品，没有剩余，而商品同样地在规定的时刻里一下子用货币全部买去。例如，我们要知道，携带一定数量货币的商人从远方来到一个国家，他决定把所携带的货币全部用于购买这个国家的商品，而这个国家的居民们同样决定把自己的全部商品出卖给这个商人。在这种情况下，所出卖的商品一般价格水平，当然要用商人货币数额除以所出卖的商品额得的商数来确定，并且根据货币或商品数额的变化而正常地变化。但是，试问：所设想的这幅情景是否起码符合国民经济的实际条件呢？

为了评价货币数量理论的意义，首先需要指出的是，同样数量的货币可以购买到比与这些货币相应的数额更多的东西，因为货币周转愈快，同样数量的货币愈能买到更多数额的商品。货币周转速度的加快同在增加货币量的条件下去影响商品价格，在意义上完全是相同的，然而货币周转的速度绝非是某种不变值或者变化很小的值。

如果有 100 卢布要用于购买商品，假如这 100 卢布这一年内只周转一次，所以利用这些货币额只能买到 100 卢布的商品；但是，假如同样的 100 卢布在一年内周转了 5 次，那么这些同样数量的货币将能买到 500 卢布的商

① 约翰·穆勒说道："在其他情况不变时，货币的价值与其数量成反比变化：一定的货币数量的增长，使货币的价值以同样的比例下降，而一定的货币数量的减少，则货币价值将以同样的比例增加。"（《政治经济学原理》，佩平出版社，第 2 卷，第 14 页。）

品，假如同样数额的货币周转了 100 次，那么将能买到 1 万卢布的商品。

其次，绝非仅用现款来购买商品，还可以用信贷购买商品，况且信贷购买完全同样地影响商品价格，正如现款购买一样。为了确定社会需求的实际数额，我们应当把全部现款购买（包括与国家货币数量有任何一定比例之外的购买）和全部信贷购买金额加在一起（与国家货币贮备关系不大的购买）。

另一方面，远非国家拥有的全部货币都用于购买商品，因而影响着商品的价格，因为货币不仅执行交换工具的职能，而且还执行一系列其他的职能，如支付手段，价值保存、价值转移和信贷手段等职能，也就是说，在执行这些全部职能的情况下，货币在国民经济中掺和到一起了，并不直接影响商品价格。在上述场合下，价值保存职能尤为重要。当然，在现代资本主义经济中，货币不是由个人作为宝贝来贮存的，然而在资本主义经济中，对固定的巨额货币贮备（银行准备金和私人库存金的形式）产生一种新的贮存需要，以便有可能随时履行自己义务。因此，在每一个国家，都拥有巨额的金银，被无益地放置在银行金库和私人银行，完全不进入流通。

显然，这些没有进入流通的货币不能对商品价格产生任何影响。如果贸易兴隆，生产增长，商品价格上涨，市场需要大量的货币进入周转，那么，所需要的货币数量就要从货币贮备中取出，货币贮备则减少。相反，在贸易衰退的情况下，周转中货币数量就减少，而银行贮备相应地增加。如果，根据国际交换条件，硬币流入一个国家，而市场的一般条件又不需要在国内周转中增加货币，那么，这就要把新流入国内的硬币贮存到银行金库里，因此，国内硬币数量不调节商品的价格，而是商品价格调节周转中的硬币数量。

货币数量理论的基本错误是把国内的社会需求同国内货币数量看成差别不大或者混为一谈。但是前者和后者不存在任何直接的比例关系。在一定的时期内，国内的购买和出售总额通常超过一个国家所拥有的货币额的数倍。

例如，计算如下：英国所拥有的硬币和未含金属的纸币总额不超过1亿5千万英镑。但是，仅仅伦敦票据交易所的周转额，在1909年就达到了135亿2千5百万英镑，也就是伦敦信用机构的流转额仅在一年之内就超过全国拥有的各种货币总额1百倍。

总之，我们应当坚决反对货币数量理论，因为该理论所设的“永恒的同等条件”，实际上不是同等的，而是十分变化无常的。[①] 一个国家的货币数量在实际中可以观察到的三个条件之下，对商品价格的一般水平并不产生有力的影响，因为对商品的需求在货币储存量不变的情况下可以经受相当大的波动，而且这方面有最好的论证，那就是商品价格水平的巨大周期性的波动，而且这些波动最近就存在，并且无论如何也不能说它与货币数量有关。在十

① 在十九世纪三十和四十年代，在英国，在数量理论追随者〔主要有O.劳埃德（奥维尔斯顿勋爵）〕直接影响下，由于1844年英国银行章程的变化，货币数量理论曾激起了长期论战。作为这次改革也就是货币数量理论的反对者图克即《价格史》多卷集的作者以及富勒顿显著地与众不同。最近，数量理论仍然多次成为科学讨论的对象。劳克林在自己引的货币著作中，曾用很多篇幅对其进行过批评，但是，劳克林的批评没有效力。最为成功的和令人信服的是施皮特霍夫的批评。（见施皮特霍夫：《数量论》，载《阿道夫·瓦格纳纪念文集》，1905年。）至于谈到瓦格纳，则他尽管对李嘉图学派所叙述的那种数量理论持批评的态度，但仍然认为该理论的基本思想是正确的。按他的意见，“北美洲、大不列颠和大陆上的大规模的工业发展，其相当大的部分在近百年后半期应该算是受到新金币的影响。”（《国民经济货币理论》，第194页）瓦格纳反对这种意见，而在分析十九世纪后半期的价格运动时，不得不做出结论说：“在这段时间内，证明价格运动与贵金属数量运动有依存关系是不可能的。”（同上书，第445页。）

九世纪，每个十年，在资本主义周期阶段的影响之下（它的实质将在本书结束部分予以阐述），都出现商品价格上涨和下跌的巨波。在上升周期阶段，物价高昂，然后出现危机，物价又急剧下跌。但是，一个国家的货币数量不会遇到重大变化。因为在第一阶段，货币从它早先无益被闲置的全部贮备中进入周转，另外，信贷购买额却急剧增加。在第二阶段，周转中的货币数量减少，而无益闲置的硬币贮备量却在增加，同时信贷购买额在减少。可见，商品价格的一般水平调节周转中的货币数量，而不是货币贮备量调节商品价格的一般水平。

我们知道，在经济史上有两个时代，当时文明人类掌握的贵金属数量大量增加，第一个时代是发现美洲的时代；第二个是十九世纪四十年代末和五十年代初，发现加利福尼亚和澳大利亚矿场的时代。

美洲的发现促使欧洲贵金属供应条件得到根本改造。与此同时，随之而来的是所谓价格的伟大革命。而根据一般的看法，这场革命是由周转中货币量的增加直接引起的①。

现代人，特别是连让·博当认为：在十六世纪，价格比前一世纪暴涨了9倍。后来，又开始说价格上涨了5倍，斯密认为价格上涨了2—3倍。近来，这个问题的研究者维贝比其前辈拥有相当多数量的事实材料，他得出结论说："在十六和十七世纪，阿尔萨斯和法国的商品价格平均提高了约1倍；在英国提高了1.5倍；西班牙和英国可以说一样，而在意大利，几乎没有提高或者提高不大。"总之，维贝说道："奇怪的是，每一项新的研究成果都不得不承认已出现的货币猛跌幅度是很小很小的。"②

---

① 例如，像累克西斯那样的权威作者断言：从让·博当时代以来，谁也不能提出严重的和有根据的怀疑来，认为十六世纪价格革命的原因是美洲生产白银所致。（舍恩贝尔格：《政治经济学手册》，第4版、第1卷，第357页）。瓦格纳的说法亦是如此（见《国民经济货币论》，第438页）。

② 维贝：《十六世纪和十七世纪的价格革命史》，1895年，第180页。

可见，十六世纪的“价格革命”的范围远没有那些习惯说中世纪商品价格一般水平是稳定的现代人所想象的那样大。但是，在十六世纪和十七世纪，西欧许多国家特别是英国商品价格猛涨的事实是不会令人怀疑的。那么，究竟是什么引起商品价格上涨呢？

维贝本人只好得出结论说，引起诸如农业生产多数商品价格上涨（即主要是这些农业产品价格上涨，工厂产品价格上涨较低）这一普遍现象的唯一共同的原因，只能是贵金属，尤其是白银生产扩大所致。但是，维贝的结论完全基于他不能再指出已出现的价格共同变动的任何其他原因。

其实，完全可以圆满地阐明十六和十七世纪价格水平上涨的原因，而且不需要像维贝和当代其他研究者那样依据货币数量理论。首先必须丢下下述念头，说什么农产品价格在 100 年期间上涨 100％～150％纯是一种例外。我们举俄国为例说明，俄国在十九世纪，极为重要的农产品价格上涨的比例一直是很高的，在这个期间，我们经历过比西欧十六和十七世纪更大的价格革命，但是，要阐释这一革命，未必采用价格数量理论。按照公众舆论，俄国物价上涨的原因在于，在这个期间，俄国货币经济得到迅速的发展，而这个过程总是与商品价格上涨同时发生。在自然经济占统治地位的情况下，不存在对产品的正常的和固定的货币需求。货币经济的发展表现在对家庭生产产品的急剧需要激增，而过去这些产品都是在自然经济的范围生产和消费的。产品开始时按较高价格出卖，因而由自然经济转化为货币经济的过程，正如日常经验向我们证明的那样，必然伴随着过去为自身消费而生产的产品价格一般水平的上涨。例如，我们现在可以经常观察到在自然经济的荒凉地带敷设新铁路线时出现的这种过程。结果是，当地生产的各种产品，尤其是农业产品和各种原料的价格普遍提高。

正因如此，十六和十七世纪，在西欧货币经济迅猛发展中，才应当看到与这个时代有关的价格革命的基本原因。当时，在西欧，正在形成已存在的资本主义制度的基础，即新的工业形式在发展，贸易蒸蒸日上，农业经济的条件也在发生变化，有赖于农村的城市也在发展，因而，在这些变化的影响之下，可以看到：在欧洲的极为重要的国家里，过去长期生活在固定不变的环境里的人口在增加，也就是说，这一人口增加主要是指城市而言的。城市的发展与用于农产品货币需求的增长是同等的。所有这一切足以阐释物价不断上涨的原因。因此,只有这种对“伟大价格革命”的阐释才符合事实,而这种事实绝不能被货币数量理论的追随者们企图装入货币数量理论的框框里。

例如,首先不容置疑的是,价格的上涨早在大量的美洲白银流入欧洲之前就开始了(至于谈到黄金,则其开采量相对讲非常少,并且对价格没有任何影响)。早在十六世纪前半叶,价格已经相当大幅度地上涨,而白银仅在该世纪的下半叶才大量地流入欧洲。因此,把习惯看法当作伟大价格革命的原因的格尔菲里赫承认,“货币周转中发生的变化行为”是 1560 年以前价格上涨的最为重要的原因,也就是在中世纪,贵金属是作为宝贝来保存的,而从新时期到来以后,贵金属就进入流通,而且与此同时,借贷交易也开始发展起来。[①] 但是,正是这一点体现了货币经济的发展。

如果说,十六世纪前半叶价格上涨是由其他原因引起的,而不是美洲白银的流入引起的,那么为什么把那个过程的持续说成是贵金属数量变化所造成的?

其次,英国表现出的物价上涨最为厉害,应当承认这是非常有特色的。美洲白银不是直接流入英国,但是英国新经济制度的发展过程最为强烈,并且在十六世纪英国曾经历了一系列的土地改革。

如果十六世纪物价普遍上涨是美洲白银的流入引起的,那么,这种情形是可以意料的。物价上涨开始于该世纪下半叶,反映最强烈的是直接获取白银的国家即西班牙。之后,随着在世界一些国家之间逐步地流传着西班牙白银,物价上涨就又席卷了其他国家。

但是,实际给我描绘的完全是另外一种情形。用维贝的话来说,“物价上涨的很大一部分(在西班牙)要标在 1560 年以前的时间”,[②]即大量白银刚开始从美洲流入的时候。当时,西班牙本国政治势力正处于极盛时期,开发广阔领土所取得的收入汇集到了西班牙。西班牙政府和西班牙贵族拥有巨大的收入,必然在西班牙造成用于商品的货币需求增长和物价上涨。但是,正如维贝认为的那样,十六世纪物价上涨剧烈的情况发生在英国,况且早在

① 维贝:《十六世纪和十七世纪的价格革命史》,第 192 页。

② 同上书,第 162 页。

1560年之前，即在西班牙白银通过贸易流入英国之前就开始了。①

坚持对"价格伟大革命"一般阐释的维贝本人，看来也感到这种阐释是站不住脚的，他认为："当数量理论占优势的时候，并不感到有必要寻找价格革命的其他原因，因为货币数量大量增加的情况无疑是存在的。但是……愈仔细地研究当时的经济史，倾向只认定货币数量的增加才是这场大规模的和深刻的革命的原因就显得愈少。"②

当然，在欧洲经济史上，贵金属从美洲的流出并不是无关重要的事实。如果没有这种流出，那么，在十六世纪，欧洲随着其货币经济的迅猛发展，将会感到现金的严重不足，势必就得发展借贷交易或加速货币周转。贵金属从美洲的流出是有利于货币经济发展的客观情况，然而仅仅在这一点上起了促使的作用，但是，绝不能成为"价格伟大革命的最终原因"。

当贵金属的开采量突然不增加的时候，即上一世纪后半叶又成了另一个时代，这时，锎砂矿和澳大利亚矿场，以及后来大量德兰士瓦金的发现，都提高了世界黄金的开采量，而此后不久，在白金开采的条件下，也发生了类似的变化。在下列表中，将实际的数据分类如下。

金和银的年产量（普特）③

年　份	金　子	银　子
1493—1545	395	4 730
1546—1645	485	22 715
1646—1745	790	22 280
1746—1845	1 200	41 200
1846—1908	14 600	163 000

① "西班牙的金银流入英国只能在1560年以后开始的"。（维贝：《十六世纪和十七世纪的价格革命史》，第304页）当时，罗杰斯、维贝所依据的资料指出：在十六世纪前四十年，价格尽管是缓慢地、适度地涨，但究竟是上涨了。在前十年，主要日用品、小麦和其他粮谷的货币价值，一般说来，保持前两个世纪的水平。在四十年代，则上涨20%～40%。这一上涨显然令人吃惊（罗杰斯：《英国劳动与工资史》，B. Д. 卡特科夫译，1899年，第282页）。

② 维贝的上引书，第194页。

③ И. И. 考夫曼：《俄国的银卢布》，1910年，第218页。

发现美洲远远没有引起像在上一世纪后半叶所发生的那种贵金属开采条件中发生的转折。在1851—1860年的10年期间，黄金的开采量与过去50年间黄金平均开采量，几乎提高了9倍，但是白银的开采条件并未发生很大变化。不足为怪的是，很多持货币数量理论观点的经济学家认为，黄金贬值将是不可避免的。但是，尽管试图证实这种贬值，而商品价格的实际变化却截然与其相反，正如英国统计学家索尔贝尔（这方面的杰出权威）所分类的英国平均价格运动证实的那样。

英国的平均价格

1838—1847…………93	1868—1877…………100
1848—1857…………89	1878—1887…………79
1858—1867…………99	1888—1897…………67

在1838—1847年的10年即锎砂矿发现的10年期间，物价不是上涨，而是下跌。到19世纪末，物价比黄色金属开采量猛增时期以前的还要低。对最近几年出现的在各种外文资料中可找到其产生原因的生活费高昂，不利用货币数量理论也完全可以加以充分地阐明（尽管多数经济学家倾向于利用周转中的货币数量的增加来解释这种涨价）。

李嘉图的有利于货币数量理论的主要论据之一是这样一种见解，即如果一个国家的商品价格不是由货币数量来调节，那么在一定的条件下，货币就要流出这个国家。例如，假设一个国家的商品输入超过输出，因此必须用金属来支付自己的过剩输入。如果这种状态持续时间较久，那么该国家最终必然全部失去硬币。但是，毫无疑问，实际上类似这种情况不会存在。显然，存在着某种隐蔽的力量，它能把货币返回这个国家①。这是什么力量呢？李嘉图认为，不是别的，正是一个国家的货币数量直接影响商品价格一般水平，因为一个国家的货币剩余愈少，则其价值愈高，商品价格下跌愈甚。商品价格的下跌促使土产商品进一步向国外输出并延迟外国商品向这个国输入，可见，商品加紧输出的不能不追随商品的加紧输入，因而货币又返回这个国家。

① 李嘉图问："为什么在对输入的商品继续出现需求时，输入国家不能完全失去自己的货币和金属锭呢？"按货币数量理论的意义来回答它。（见《大卫·李嘉图文集》，季别尔译，第313页。）

现有的阻碍货币从一个国家流出的因素是什么，对这一点不能说一点怀疑也没有。相反，取决于自己对外贸易波动的每一个国家，就会周期性地遇到或货币极端缺乏或货币过剩的问题，而这些货币却分散在取决于对外贸易偶然性的各个国家中。事实上，我们看到：货币通常从一个国家向国外每一次大量流出，接踵而来的必然是货币又从国外向该国家流回。也就是说，存在着一种能保障每一个国家在其国内流通中拥有足够数量的货币的机制。但是，这种机制可以不用货币数量理论就能得到阐释。

问题在于，货币通常从一个国家的流出不是别的，而是商品向该国家流入的表现，因为货币不是白白地流向国外，而是交换商品。但是，在这个国家的市场上，商品供应的增加就会有降低商品价格的趋势，这不是因为这个国家的货币数量减少，而是因为商品供应增加。由于鼓励输出和节制输入而出现的商品价格下跌，直接造成贵金属流动方向的变化，并且使贵重金属开始流回原来流出的国家。因此，李嘉图的错误在于他在货币供给范畴内找到了商品价格变化的原因，进而代替了在商品供给范畴寻找这一原因。①

① 在发达的信贷经济条件下，各国之间的货币移动，还受另一种迅速起作用方法调节，即利用贴现率。如果货币流出一个国家，那么，可借用这种方法减少银行的金属积存，即银行现金柜的硬币贮备就会减少。这一点将导致银行为保护自己的金属贮备而开始减少自己的信贷，并且因此而提高贴现率即银行为自己客户期票的贴现的利率。贴现率的提高直接降低全部长期期票的价格，这就是国外对这些期票的需求增加的缘故，并且国外资本开始流入这个国家以购买这些期票，正因为贴现率提高，通常会很快地出现硬币向这个国家倒流。但是，另外在获取信贷方面的困难对商品价格还产生间接的作用，因为贷款愈困难，对需要贷款的所有商人来说，则愈有理由促使他们匆忙出售手中现有的商品储备。所以，提高贴现率面临着引起商品价格下跌的趋势，也就是说从国外吸收货币。只有通过贴现率的手段，一个国家的货币数量才实际上影响商品价格。但是这种影响是间接的和暂时的，因为，贴现率的平均水平不影响商品价格，而且这种水平本身与一个国家的货币数量不存在任何直接的关系，也就是说，贴现率的波动与一个国家的货币数量的波动有联系，仅仅前者才能引起商品价格的相应波动。无论如何，现代经济具有一种保存一个国家免遭硬币损失的力量。在 1897 年俄国货币改革的准备时期，充分表现出对上述情形是无知的。俄国报界经常流露出惧怕的看法，说什么：在恢复纸币兑换黄金的情况下，国家很快就会失掉自己的黄金准备，它足以在数年内减少俄国输出自己的粮谷（例如，因为歉收），足以让黄金流往国外交换外国商品。这种表现出来的顾虑并不明白：我们输出减少必然造成输入也减少，这样看来，惧怕一个国家失掉货币是不切实际的。

最终，究竟用什么确定商品价格一般水平的变化？用的是商品价值的变化，用的是对于每一种商品及其总和的供求条件的变化。货币的独立价值则是一个很少变化的恒定数值。由于货币的职能的多样性，商品市场上的货币供应自动地适应对货币的需要，这就是稳定性的原因。

当然，我们可以设想这样一种情形，货币金属的价值由于受自身诸因素的影响而发生变化，并引起商品价格一般水平逆向变化。假如说，采掘黄金的耗费价值下跌到采掘白银的耗费价值，并且黄金的数量相应地增加，那么这就不能不影响黄金的价值，进而影响商品价格，价格可能上涨。黄金开采量的剧增就会扩大从事开采黄金的公民对一切可能的商品的需求。在开采黄金的地区，商品价格的一般水平就会上涨。这样一来，需要加紧从其他地方向这一地区运送商品。因而，按同心圆来看，提高物价的波浪就逐渐地扩及得越来越远，遍及世界经济的大部分。在发现加利福尼亚和澳大利亚的黄金时，就出现过类似这种情况，即这些地区的商品价格提高了数倍，其后果是由其他地方向加利福尼亚和澳大利亚大量增加输送商品。但是，在这些地区增加黄金开采量所造成的对商品的这种新的需求，就全世界对商品的需求来看，其数量是不大的，而且没有因此对世界市场产生冲击的影响。为了根本改变货币金属的世界价值，要求大量增加黄金开采量，已达到历史上空前的程度。

三、铸币和货币制度

尽管货币的产生是自然交换过程的结果，但是它为了自身充分的发展，需要国家政权批准承认该物品为货币即法定支付手段。国家的这种批准是以作为法定支付手段的货币的最本质东西而需要的。货币仅仅依赖国家才能取得自己的独特形式（铸币形式）。**铸币是上面印有一定标记的货币金属块**，**作为国家政府赋予它一**

定支付效力的证件。

铸币的原始形式是多种多样：有椭圆形的、有八角形的和四角形的，等等。但是，最终圆盘形的占了上风，取得了经济地位。为了使铸币圆满地履行自己的职能，必须使它的实际重量与压模所证实的一致。所以，必须把铸币制造成在使用中尽量减少磨损的一种样式，而这种样式就是圆盘式的。球形的铸币更符合上述目的，但这样的铸币在流通中不方便。

使用纯金或银制成的铸币，质地较软，且又容易被磨损，因此造币时，掺入非贵重金属（合金）。配加的合金量一般占铸币重量的十分之一（俄国和拉丁铸币协会成员国德国、奥匈帝国、美利坚合众国的金币；而英国铸币的合金占金币重量的十二分之一）。掺入合金可增加铸币的硬度。但是，铸币仍然要被磨损。铸币重量容许偏离规定的程度由法律确定，而重量不够的铸币要从流通收回。

铸币常常分为足值的和非足值的或非纯银的辅币。第一种铸币是用稀有金属制成的，并且是不受限制的法定支付手段，符合法律规定的重量。第二种铸币是用非稀有金属制造的（或者用银制造；但不是纯银，即在重量上较规定的铸币价值要少一些的），用于小额交易，它的债务偿付受到一定数额的限制。可见，非纯银的辅币不是无限制的法定支付手段，而仅仅是国家在支付赋税时才无限制地使用它。

国家确定的支付单位称为货币单位（本位）。货币单位的金属是商品价值的标准。国家的货币单位由于分类而形成货币体系。当前，可以（既然金属货币是货币单位）分为两种基本类型的货币体系：单本位制和复本位制的货币体系。也就是说，货币单位或者是用一种金属（单本位制）制成的铸币，或者是用两种金属按照法律确定的比例，自由铸制两种金属的（复本位制）的铸币。

所有可能类型的货币体系不限于这两种。复本位制是以自由铸制两种金属为前提的，但是这种自由早先完全不被人认识，因为铸制货币金属被视为国家收入的来源。况且，在从前的货币制度中，货币单位通常不是一种金属，而是两种稀有金属即又是黄金、又是白银。

单本位制在其解释上并没有引起任何困难，因为在单本位制的条件下，用某一种金属（金和银）制造的铸币被确认为货币单位。这绝不意味着，在单本位制的条件下，只用一种金属铸制货币，然而仅仅是用一种金属制造的铸币才是无限制的法定支付手段。

在过去利用两种金属制造的货币制度中，还可以分为选择的和并行的货币制度（本位制）。在第一种情况下，允许按债务人所认定的这种或那种金属铸币对全部债务进行支付。在第二种情形下，对于一些债务来说，一种金属被认定为法定支付手段，而对另一些债务来说，则为另一种金属。由此也就定出下列货币制度即债权人和债务人之间的特殊协议，可以决定用哪种金属来进行支付。

目前，国家政权尽力设法确认自由铸制货币金属为铸币政策的基本法规，即国家要承担少量的、与铸制开支相适应的（或没有任何支付）费用义务以及承担把私人提供的相应的金属锭制成各种数量的当地铸币的义务。当然，这种自由铸制并没有用于非纯银的辅币。

在复本位制的条件下，用两种金属（金和银）自由冲制的铸币同时成为货币单位，而且法律还确定了两种金属铸币的比值。两种金属制造的铸币都是法定的支付手段（无限制的）。

复本位制碰到以下困难。在国际市场上，作为商品的金和银的价值比率是由自身条件决定的，而国家政权只能在有限的范围内，对其施加影响。所以，在国际市场上，两种金属块的价值比率与所在国家法律规定的铸币价值比率常常是不一致的。但是，早在十六世纪，英国曾发现过，在流通中不可能同时握有各种内部价值的铸币。英国铸币曾是严重磨损的，但是英国政府却努力改善它的质量，发放足价的流通铸币。但是，结果是足价铸币不能从流通中把非足价铸币排挤出去，相反，足价铸币却从流通销声匿迹了，而在市场上只剩下损坏的铸币。政府曾全力以赴反对这种行径，但都徒劳无益。格雷歇姆曾对这种现象的内在作用做过解释，正因为如此，这种解释也就称作“格雷歇姆定律”，因为已磨损的铸币也会像未被磨损的铸币一样，仍作为法定支付手段，所以任何人都不打算，也不愿意用完好的铸币来支付。各种人都力求把不好的铸币花掉，而把好的铸币再熔化为铸锭，到市场上高价做铸锭买卖。因此，“格雷歇姆定律”提出，如果在流通中存在不同内部价值的（即从价值观点看，其中所含金属的铸币价值不同）但同样都是法定支付手段的铸币，如果在流通中存在劣等铸币，其数量又足以满足流通的需要，那么，劣等铸币就把优等铸币从流通中排挤出去[①]。我们也可以把这种“格雷歇姆定律”完全应用于复本位流通

① 为了使“格雷歇姆定律”能够发挥自己的一切作用，需要自由冲制任何一种铸币。如果不存在自由冲制铸币的话，那么劣等铸币（如果其数量受限）可能与优等铸币并行，而前者不会排挤后者。为什么在十六世纪前半叶在流通中不可能保持住英国足值铸币，其原因在于存在大量的已磨损的铸币，足以满足流通的全部需要。在一般的形式中，格雷歇姆定律不仅适用于各种质量的铸币，而且也适用于各种硬币和纸币，因为劣等货币（如果它的数量相当大的话）就具有排挤优等货币的趋势。

现象。

譬如，假定在国际市场上，银锭（价格）跌落于该国法律确定的标准，但是，该国确定金币和银币价值比值为 1∶15.5，而在国际市场上成锭的金子，每磅估价不是 15.5 磅，而是 17 磅银子。这时，如果能自由铸制银币的话，也就是说，如果国家无代价地或者似乎无代价把私人提供的银锭铸制任何数额的银币，那么任何人都能用 15.5 磅的一块银锭铸制那种在该国家中能交换 1 磅金币的银币，然后到国外不按标明的价格，而按市场价格即一磅成锭的金子交换 17 磅银子去出售。这种交易如此有利可图，以致在自由铸制银子的情况下，可从该国流通中，迅速地把金币吸收过来。金币再熔化为锭，流往外国，那里有两种金属铸币的自由市场，而从银锭中铸制的银币将占据金币的地位。可见，在国际市场劣等钱币（高出法律认定价）仍然留在国内，而在国际市场上属于优等钱币（低于法律认定价）却要流往国外。

于是，在复本位制的条件下，当国际市场上，两种货币金属中的一种价格下跌低于该国法律确定的水平时，价格下跌的金属仍然留于流通之中，而在国际市场上其价格较高的金属则离开流通。在复本位制的条件下两种金属同时能够在流通中存在的情况，仅仅是在国际市场上这两种金属得到的估价同在本国内法律确定的估价一样时才行。

在欧洲大多数国家中，过去流通中，既有金币，又有银币，无论哪一种都被确认为无限制的法定支付手段。但是，因为不存在铸制的自由，所以一种钱币不能排挤另一种钱币。最初自由冲制银子，发生在 1666 年的英国。在 1717 年，金币与银子同时被认定为法定支付手段，造币厂可自由铸制金币。因此，在英国，复本位制被奠定下来。但是，在很短时间内，成锭的金子价格在国际市场上下跌，低于英国法律确定的金子对银子的比率，因而英国逐渐地失掉了银子。在 1774 年，法律确认只有金子是无限制的法定支付手段，从此英国转用金本位制[①]。

相反，1803年，法国确定了复本位货币制。金子和银子的足值货币都被同样确定为法定支付手段(无限制)。允许自由铸制金子和银子，况且金币和银币价值比值法定为1∶15.5。最近这种比值接近于市场比值。但是，不久成锭的银子价格在国际市场上下跌几成。在这一影响下，银币开始代替金币。由于在该世纪五十年代，发现了锎砂矿和澳大利亚矿场，金子对银子的比值，金子的价值亦略微下跌，因而金币在法国开始代替银币。

复本位制无论如何被坚持下来，原因是贵金属和法国法定金属的市场价值差异不是很悬殊的。在1865年，法国、比利时、瑞士和意大利签订了所谓的拉丁货币联盟：规定每个国家采用统一的复本位货币制度并且有义务铸制足值的金币和银币，其数量不限。在1867年，希腊和罗马尼亚也加入了这个联盟。

在七十年代，在欧洲货币流通史上出现了新的时期。在五十和六十年代，金子生产量大幅度增长。这一点引起某些国家企图将银本位制改为金本位制。例如，在1872年，斯堪的纳维亚诸国以及后来的荷兰改用金本位制。在1871—1873年期间，德国也采用金本位制(代替银本位制)，它认为这种变换会很容易成功，因为同法国战争结束后，它取得了50亿的赔款。金马克(代替旧三马克银币)确定为货币单位。德国的计划曾是很简单：德国拥有大量的银币(三马克银币)储备，打算从流通中将其取出，铸成银锭出

① 见克纳普：《国家货币理论》，第295页，克纳普阐述的英国货币流通史，与客观实际情况略有出入。

卖。银锭购买者可将银子运往法国，重铸制成法国银币，同金币进行交换。这样一来，德国打算将自己的银子销售到法国来，交换后可得到金子。从1873年开始，在德国就开始这种交易。银子从德国流向法国和拉丁货币联盟诸国（那里可自由铸制银子）。在德国出售银子的直接影响下，此外事实上有许多西欧国家已停止将银子作为货币金属使用，也就是失去了最为重要的市场，因而在国际市场上，银子的价格已开始下跌，并很快达到低于拉丁货币联盟确定的1∶15.5的比值，同时在美洲银子生产量大幅度增长，也促使了银子价格的下跌。如果在拉丁货币联盟中复本位制还能有效的话，则拉丁货币联盟诸国必须丧失自己的金子，在这些国家中银子要排挤金子，这是不允许的。因而在1874年，法国作了限制，并且在1878年也就完全停止了自由铸制银子的做法（同样，拉丁货币联盟诸国也照样办理）。

可见，在拉丁货币联盟诸国中，实际上已停止了复本位货币制，并采用新的货币制即所谓的劣币制。在这些国家中，金子可以自由铸制，但是银子的铸制数量是有限的，只能视政府货币流通的需要而定。但是，旧五法郎足值银币仍然像金币一样作为法定的支付手段。那么，在这种情况下，什么是价值尺度呢？是金子，还是银子？因为按银子持有者的愿望，银锭不可能变为银币，所以银锭和银币之间的全部使用价值联系已经丧失掉。在这种情况下，银币的价值是用金币的价值来调节，因为在交换中，用银币可以得到金币（就像辅币的价值是用在交换中可得到的足值币价值来调节一样）。

如果，每 5 法郎银币的五分之四需要支付 20 法郎的一块金币，那么 5 法郎银币的价值也就等于四分之一的 20 法郎的金币，因而价值尺度在这种情况下就是金子，而银子则类似于辅币，但其本质区别在于，即采用辅币的方式受到限制，而采用足值银币方式，则不受限制。

因此，劣币制不同于复本位制，它的价值尺度仅仅是一种金属即金子；而它又不同于金本位制，即法定的支付手段（无限制）则是两种金属的货币，或者是金币，或者是足值的银币，就像拉丁货币联盟诸国所拥有的那约达 30 亿法郎的货币（足值银）。

一方面，在停止自由铸制银子的影响下；另一方面，又在该金属生产大量增长的影响下，国际市场上银子价格开始大幅度下跌，因而在 1902 年竟比黄金价格低 38.15 倍（后来略有上升）。整个世界划分为金币国家（欧洲、北美洲、澳大利亚）和银币国家（亚洲和南美洲）。银子价格下跌的结果是鼓励了使用银币国家的产品出口，而使用金币国家的产品在输入时得征税。例如，印度银卢比价格愈低，则从印度往欧洲输出小麦的出口商愈能收到更多的银卢比（按同一的金价计算）。同时，银卢比的价格愈低，则往印度销售自己印花布的英国棉织厂商收到的金镑愈少（按同一的银价计算）。因此，使用银币的国家在输出自己的商品方面，比使用金币的国家有更大的优势。在这个基础上，欧洲和美洲出现了一种有利于恢复复本位制的宣传倾向。凡是认为银价下跌对己不利的人，都表示赞同复本位制。例如，在美洲，银矿持有者曾是这种宣传的倡导者；在欧洲，则是地主（指望在恢复复本位制时抬高粮谷价格）以及东方的各种商品出口商。在英国，出于同样的缘故赞同复本位制的有棉织厂商。这种宣传在上一世纪八十年代特别强烈，当时欧洲的工业处于极度萧条，企业主抱怨商品价格水平非常低。曾经举行过数次国际会议，讨论复本位制问题，然而都没有收到任何实效。

但是，后来有利于复本位制的宣传逐渐地减少，现在几乎已停止。原因在于，金子完全地占居了国际市场。在 1893 年，印度停止了银子自由铸制，因为尽管银子价格下跌，还是有利于印度产品出口于欧洲，但是，印度国家金库因这种价格下跌曾经承受了巨大的困难，因为卢比金价愈低，则国家支付外债的卢比愈多。此外，印度存在的货币，就其对金子即欧洲货币的比率来说，在价值上是浮动的，使同欧洲的交易变得困难重重，结果迟滞了欧洲资本流向印度，而印度是缺乏这种资本的国家，非常需要它。制止自由铸制银子乃是停止卢比比值下跌的唯一的手段，此后卢比价值与银子价值之间的任何联系都被切断。日本直接从银币改用金币。金子的开采量（因发现德兰士瓦矿场）激增，现在可以认为整个世界将逐渐地改用金币，因此，国际贸易因世界各国存在各种货币而造成的困难将自然消失。目前，只有中国保持了银币。

四、纸币

货币产生是作为商品交换发展的自然结果，而且最能畅销的商品成为了货币。但是金属形式的货币本身就是劳动产品，而且是复杂劳动的产品；其转移同样需要劳动。金属货币是最贵重的交换工具，并且社会要耗费大部分的劳动来创造和保持这种交换工具的适应形式，而这工具又不为社会其他需要服务。

假如能够制造这样一种货币，它对社会来说不值分文，而只是一种假定的符号，这对社会来说可能是最适宜的。纸币的宗旨也就在这里，它只是简单的纸制的符号，即象征性的货币形象，能够代替流通中的金属货币和履行其一切职能。

严格来说，具有履行三种基本货币职能的纸制的货币符号，才能称为纸币，即交换工具，价值尺度和法定的支付手段。因此，纸制辅币（即被发行机构用金属货币交换来的）并不是纸币，因为兑换用的纸制辅币符号的价值是由交换中所得的硬币来确定的。只有成为交换工具和法定支付手段的非纸制的辅币符号才是这个词的含义中的纸币。

瓦格纳说[1]，纸币要成为这种科学含义的纸币，必须具备两种特征："一、与其他货币不能兑换性……，二、相应的国家权力机构应赋予这种纸币成为法定支付手段的特性即货币单位，换句话说，付给它以强制性的市价。"后者不是十分确切的，因为纸币可能不具有强制性的市价（强制性的市价指的是按照国家确定的市价接纳货币的指令），例如，我们的纸币仅在1812年告示上才确定有强制性的市价。"在这以前纸币的特点是，纸币的票面价格对居民来说是不一定的，而且也不必接受。纸币取得广泛的使用，仅仅是因为习惯而已，即纸币可以支付官款并且纸币比沉重的铜币轻便。"[2]然而，纸币在票据债务方面却是法定的支付手段。纸币是交换工具和商品价值尺度，可见，尽管纸币没有强制性的市价，但是它毕竟是货币。

那么，用什么来确定纸币的价值呢？纸币就其形式来看，是国家债务，或者是纸币发行机构向执票据者支付一定数额硬币所负的债务。在形式上，纸币是一种由相应的机构发行的不定期的期票。而且类似一切负债凭证的价格，首先均由对支付债务的可靠程度来确定，于是，可以想到，纸币的价值也应由那种斟酌情形而定。

但是，事实上并非如此。负债票据的价格任何时候都不能超出票据所欠的负债数额，然而纸币的价格却可以低于或高于纸币标示的硬币额。

例如，澳洲纸币首先用银盾标示。在1892年，澳洲银盾纸币在柏林金价为170芬尼，同时，同样重量的银锭也像银盾一样，在柏林估价为130芬尼，这样一来，银盾纸币在价格上比相应数量的银子高出31%[3]。银盾的市价如同银盾纸币价格，过去银盾纸币市价低于银子，后来逐渐地不仅与银子平价，

① 瓦格纳：《社会主义经济的货币论》，第674页。

② 考夫曼：《俄国银卢布》，第184页。

③ 累克西斯：《纸币本位》，见《政治学辞典》。

而且还超过了银子价并抬高了银盾价，使其市价超过同样重量的银锭价格31%（当然，在澳洲不存在铸制银子的自由）。这个例子十分清楚地表明，纸币有自己独立的价值，而不借用自己价值为债务而支付一定数额的硬币①。

在纸币长时间存在的国家里（例如，俄国或澳洲的情况），根据纸币支付硬币的国家债务，在确定纸币价值的因素中已失去任何作用，因为这种债务不必履行，也不存在任何实际意义。纸币成为独立的价值尺度，是因为居民习惯用这种货币，并且用其测定一切商品的价值；在这种情形下，硬币甚至也成为商品，其价值用纸币测定，而不是用硬币。

下面谈到确定纸币价值的因素时，首先必须严格地划清纸币在硬币中的价值和纸币在一般商品中的价值之间的界限。

通常，在纸币的价值中，硬币比同一票面价值的纸币具有较高的价值。硬币和纸币相比，前者超出的价值称为贴水。不妨举例说明，在市场上，一块金卢布可卖一卢布五十戈比的纸币，在这种情况下，为了取到一块金卢布而要给纸卢布添上的五十戈比就是贴水。相反，如果纸币估价高于金属货币，那么我们就遇到所谓的升水。通常在纸币流通中贴水用于硬币（即在非兑换开的纸币占统治地位的情况下），这种情形比较罕见，那么用什么来确定贴水呢？

货币数量理论的答案非常简单。根据这个理论，商品价格是由一个国家的货币数量确定的。存在纸币流通的国家中，贵金属（即硬币）就是货币。因此，硬币在纸币中的价格（即贴水）是由一个国家的纸币数量决定

① “在用纸币的交换中，国家不提供其他某种支付手段，因此纸币不是国家债券，即使表明纸币是债券也罢。”克纳普，《货币国有论》，第42页。

的：纸币数量愈大，则贴水愈多。反之亦然。纸币数量增加一倍，在相等不变的条件下，其对硬币的价值要降低一半，一般来说，纸币对硬币的价值与它们的数量成反比。按照这个观点来看，确定贴水非常简单，即增加一个国家的纸币数量便会提高金子的价格，如同其他任何商品一样。但是，对贴水提高的程度如此解释是非常肤浅的，并且与事实不符。这种解释来源于上面已谈到的站不住脚的货币数量理论。纸币的历史表明，尽管增加发行纸币并且有增加贴水的趋势，但是根本谈不到它们二者之间有什么样的严格比例关系。

我们用假定的例子来解释贴水产生的过程。假设，国家发行一亿卢布纸币以支付在国外订造的船只和大炮等等。但是，在国外，该国家的纸币不能作为支付手段，必须用金子支付给国外供货者。但是，国家没有金子，只好用纸卢布支付货款，显而易见，它的国外供货者只好接受纸卢布以便迅速兑换金子。最终纸币卢布又返回其发行国家，然而从这国家将流出的仍然是那一亿卢布硬币。

假设纸币继续发行，那么国家的硬币将越来越被纸币代替。最终，在这个国家的流通中，硬币将分文不剩，即全部硬币被纸币所代替。在一个国家硬币被排除出流通之前，贴水的出现不具有必然性。当一个国家硬币枯竭而继续发行纸币时，情况就不同了。假设又取得一亿卢布的船只和大炮，为此就要再发行该金额的信用卢布。那么这个国家用什么来支付其国外供货者呢？须知，这个国家的黄金已经枯竭。

一个困难的、甚至似乎不能解决的问题出现了。在一个国家里，纸币是唯一的货币，而其他国家又全然不需要它，但又必须进行支付。要解决这个难题，就要发生贴水，由于贴水的出现，国家要同国外债权人进行结算。债权人取得本国不需要的纸卢布以后，必须出售到国外去，但是须按低价出售，否则他们得不到所需的金子，因此就出现了对金子（纸币的）贴水。这种贴水使发行纸币的国家有可能按下述办法向国外供货者偿还债务。由于出现贴水，这个国家的国际流通的所有商品以当地纸币计的价格就要上涨。输入物品和输出物品的价格（以纸币计）也要上涨。但是，在该国家，输入物品价格的上涨却降低了对该物品需求，换句话说，迟滞了该商品的输入，而该国输出物品的纸币价格的上涨，使往外输出更加有利可图。这就是说，由于出现贴水，减少了由国外向该国的输入却增加了向国外的输出。国家使用输出剩余商品来偿还因用于取得国外商品而发行的纸币所造成的国外债务，也就是说，这个国家用自己的商品来支付。仅仅由于出现了贴水交易，没有硬币的国家可用商品来支付从国外购进的商品。

我们假设，所发行的货币用于购买在国外制造的物品。但是如果这些货币用于购买当地生产的商品，那么其结果可能是相似的。例如，政府用新发行的一亿卢布在国内购买呢绒、麻布和军粮。增加对这些商品的需求，必须抬高其价格。但是国内商品价格的上涨，又必须减少当地产品输往国外和增加国外产品输往该国，因此，新发行的纸币从流通中排挤出相当部分的硬币。当全部硬币从一个国家流出时，再继续发行纸币就会产生贴水，根据以上所述，这种贴水将有迟滞国外输入和扩大当地商品向国外输出的趋势，因此，国家将有可能使用自己的商品来支付从国外的输入。总之，不管是将发行的纸币用于国内，还是用于购买国外生产的物品，在该国家的货币流通领域内，将发生相似的现象。

贴水是在国际交换中而绝不是在国内形成的。因为纸币，它不是贵金属那种世界通用的货币，而是一个国家的地方货币，所以，在国际贸易中，纸币不可避免地要用硬币即贵金属进行交换，而且如果从该国家一方向国外债权者提供的这种货币愈多，则从国外债务人一方对这种货币的需求愈高，那么，当没有可能用硬币进行支付时，纸币对硬币的市价必然下跌，贴水也就必然出现。扩大发行纸币，促使贴水增加，但是，在发行纸币的数量和贴水程度之间不存在任何比例关系，因为在国际贸易中介之下，贴水形成的过程是非常复杂的过程，有时发行量小却比发行量大对国际市场产生更为强烈的影响。例如，如果在一个国家里，工业和贸易发展迅速，相应地对货币的需求增长也很快，那么，新发行的纸币会被国内流通途径耗费掉，一点不会落到国外，在这种情况下，新发行的纸币将丝毫不会影响贴水。相反，如果国内工业和贸易处于停滞状态，那么，即使纸币发行量不大，也能大量地增加向国外提供这些纸币，并且大幅度地增加贴水。总之，贴水是在该国收支差额（即该国家对其他国家的支付和其他国家对该国的支付之间的比例）达到平衡所处的那种水平下形成的[①]。这种水平本身与纸币发行量之间没有直接比例关系。

下面再谈另外一个问题，即用什么来确定纸币对商品的购买力？新发行的纸币通过两种办法即直接的和间接的办法影响商品价格。

一方面，有了纸币，直接地提高对用这些货币购买商品的需求，因为纸币通过金库和由金库取得薪俸的人员购买一定量的商品的途径进入流通，而任何新出现的购买力就是对商品新的需求。由于一切商品价格之间存在着一定的相互作用，所以提高一类商品的价格，其趋势将使所有的商品都要提价。

它是如此发生的，例如政府用新发行的货币购买粮食、靴鞋、呢绒、亚麻等军用商品，这同时也提高了那些生产和出售这些商品的居民阶级的购买力，而由于其购买力的提高，所以他们对其他商品需求也随之提高。

所以，随着纸币不断的发行，通常商品价格普遍上涨和工业繁荣就接踵而来。这就是为什么发行纸币在企业界中如此普遍的原因所在。但是，这种纸币发行所引起的工业增长，具有瞬时表现的

① 无论如何，数量理论在对纸币的问题上，比对金属货币问题上有着更大的意义。其原因在于纸币是地方货币，而金属货币则世界通用货币。纸币在国家发行纸币的限度之外，不再是货币，因为由此出现贴水，而金币仍然是通行的货币。这就是其价值不稳定的特点所在。

性质，因为它的原因是外部条件，随着工业增长，商品价格下跌，工业停滞，因而所发行的货币离开流通，被积存在银行里。

发行纸币借助于贴水，对商品价格所产生的间接影响，是比较稳定而持久的。由于贴水，列入一个国家对外贸易的全部商品价格就会上涨。但是，贴水却间接地强烈影响着只在国内贸易中流通的商品（尽管全力表现出这一影响需要或多或少地一段较长时间）。输入和输出的物品涨价首先导致国内生产的生产资料的商品涨价。其次，同外国商品进行竞争的一切国内生产的商品都要涨价，等等。一句话，最终由于贴水的缘故，一切商品都要涨价，尽管涨价的程度不一。贴水转嫁到各种不同的商品价格上，生活费用昂贵，特别是其货币收入不能与生活费用涨价按比例增长的居民阶级更为受苦。这里首先是工人，他们的工资提高会遭到很大的阻力。

但是，似乎会产生一种错误的想法，即一切商品价格同贴水按比例上涨。贴水远远不会全部地转嫁到这些或那些商品价格上，或者甚至一点也不会转嫁（特别是在国内贸易中流通的商品价格）。贴水短暂的变动可能对价格不产生任何影响。这一点正好表示纸币不是简单的金属代用品，**而是独立的货币**，独立的价值尺度。

纸币履行金属货币履行的那些职能，其中也包括价值尺度的职能。纸币本身的价值基础是，国家认定其作为法定的支付手段，然而，国家无力赋予它以任何法定价值，也就是说，纸币的价值是由复杂的经济过程来确定的，其实质上面已经阐述过。

同金属货币比较，纸币最本质的弱点在于，就必要性来说，纸币不是国际通用货币，而是狭窄的地方货币，是纸币发行国家的货币。硬币的购买力丝毫不受因其转到国外而带来任何损害。相反，纸币一旦与其发行国家失去联系就完全丧失自己的购买力。因为在国家政权制定法令时，纸币的价值就被国家权力范围限定住了。因而，只有在该国家的范围，纸币才是货币。

由于纸币超出国家的界限不再作为货币使用，所以纸币在这些界限之外就丧失了价值的稳定性，贴水变动就产生了。但是，贴水变动在某种程度上也转嫁到国家内部的价格上。因此，纸币在国际贸易中的不稳定性，也使国家内部纸币价值产生不稳定性，因为纸币在国家内部变为劣币，不能很好地履行货币的基本职能即价值尺度职能。

但是，如果纸币是劣币的原因在于纸币是地方货币的话，那么似乎把它变为国际通用的货币后就能够补救这一点。我们假设所有的文明国家之间签定一项协议，据此，每个国家所发行的并且在其他一切国家又是法定支付手段的，不兑现的纸币就变为统一的世界通用的货币。这时，每个具体国家纸币的发行，当然不能决定于该国家的愿望如何，但是应当根据每个国家和各个国家综合的货币流通的需要由国际协议来调节。那么同金属货币比较，这种纸币是否是劣币呢？不仅不会这样，反而这种纸币比金属货币具有更大的优越性。它的价值会十分稳定，因为纸币的发行仅仅是由于是由货币流通的需要、而不是由影响贵金属生产的偶然原因决定的。假如社会把现在用于生产货币金属的劳动，保存起来用于社会其他需要，纸币生产也毫不费力。纸币的运送比硬币需要较少的耗费和支出。目前在国际贸易中，主要的交换工具不是金属货币，而是期票了，因为硬币的运送耗费太高。我们假设的纸币在这一方面完全能够代替期票。于是，这确实是一种理想的货币。但是，国际通用的纸币是纯粹的空想，空想的原因不在于纸币是劣币，而在于这种国际协议及其实践不能实现。现实的纸币只能是地方货币，因而也就是最为劣等的货币了。

纸币对国民经济最为不利的一面，就是贴水经常发生变动，因而使整个国民经济也有波动性。在国际支付比例的影响之下，贴水时而增加，时而减少，贸易价格也上涨或下跌，这样使工业和贸易以及国家预算产生严重的失调，因为国家收入是纸币，而国外支付的是金属（例如外债利率）。贴水愈高，则国家预算对这些支付的负担就愈沉重。因此，通过发行新的纸币来抵敷国家预算赤字，对国家无论有多么大的吸引力，纸币流通占主导地位毕竟会成为国家的沉重负担，因而国家力图重新注重金属货币。

完成这种转变有两种方法，即延期偿还或者货币贬值。延期偿还的内容是把纸币的市价提高到平价，即法价的水平，并且恢复纸币按法价（al pari）进行兑换。在这种情况下，贴水就消失了，其手段就是从流通中抽回并取消过多发行的纸币，直到贴水消失为止。像英国和美利坚合众国这些富裕国家，就是用纸币改用金属货币的。

与此相反，在贬值的情况下，法价降至市价。法律承认市价是法价，因而纸币按市价兑换又恢复起来。实现贬值有两种办法，或者在旧金属货币单位不变的情况下，旧纸币兑换成数额相对少的硬币，或者金属货币单位降至同纸币等价，纸币交换成为数额相等，重量上较旧硬币有所减少的新硬币。如果商品价格通常用纸币而不用硬币表现，第二种贬值优于第一种贬值，因为在第二种情况下商品价格的货币没有什么变化，而在第一种情况下则一定发生明显变化。

在俄国，在 1839—1843 年期间，坎克林主持的财政部试行第一种贬值。在市场上买 1 金属卢布，需付 3 纸卢布钞票。政府逐渐地从流通中抽回纸币并用“国家信用券”代替它，而且把信用券卢布全部兑换为金属卢布。但是，1信用券卢布仅付3卢布50戈比的纸币。按照这种伴随发行新货币（国家信用券代替旧纸币）的办法进行贬值，即全部价格必然要相应地按新信用卢布降低。结果必然引起商品市场的紊乱。最近一次贬值，是维特主持的财政部在1897年用第二种办法进行的。虽然新的纸币没有发行，但是却改变了货币单位。信用卢布的市价接近于$\frac{2}{3}$的金卢布。政府把金卢布的重量减少了$\frac{1}{3}$，因此，新的金卢布和信用卢布的市价相等，并在这个基础上恢复兑换。在这种情况下，商品价格一点没有变动。

应该偏重哪一种做法，是贬值还是延期偿还呢？如果从严格的法律角度出发，自然，延期偿还比较好一些，因为贬值是国家性质的破产，即在贬值的情况下，国家放弃履行自己的责任，并不全部抵偿债务，只抵偿一部分。但是从经济的观点出发，问题远非如此简单。如果金属货币的贴水不多，居民不习惯于纸币，商品价格不能随着贴水进行变化，那么，当然应该认为延期偿还比较好。然而，在纸币长期占统治地位和贴水很多的国家里，以及在商品价格已经受到贴水上涨的影响并且价格水平较高的国家里，把纸币市价提高到硬币的水平，等于商品价格的相应下跌，结果破坏了工业生产的正常进程。人为地降低商品价格要引起工业普遍紊乱，这就是在长期存在纸币的国家里，贬值是恢复货币本位最为适宜的办法的原因所在。

五、俄国的纸币

俄国纸币出现在叶卡捷琳娜二世。1768年，在莫斯科和彼得堡创立了“纸币兑换银行”，宣言声称：它的任务是减轻作为流通手段的货币职能。纸币银行曾发行了数量上包含了硬币的纸币，而且所发行的纸币必须用金属货币来兑换。假设市民群众认为纸币比金属货币更好一些，因为金属货币（特别是现代流通中一般都用铜币）由于重量关系流通不方便。这些希望是无可非议的，而且纸卢布群众也愿意接收，尽管实际上没有进行兑换。但是，政府迅速地开始利用发行纸币来抵敷自己的需要，在完全忽视宣言承诺的情况下，结果所发行的纸币将完全被硬币储备予以抵敷。在 1786 年以前，纸币和银子达到等价。所发行的纸币数量在这一年度达到 4500 万卢布。不久，又数千万地大量发行纸币，接着又成亿地发行了卢布，于是这些卢布的市价开始下跌，被确为 25 戈比银子。И. И. 考夫曼指出："这种居民创立的新货币单位，获得了国家的估价为理想'卢布'的四分之一，并按 4 纸卢布等于 1 银卢布进行结算，成为人民的固定不变的习惯，在十九世纪前半叶牢固地保持下来。"[①]但是，由于实际的贴水同这种理想的纸币市价不相符，那么，所谓的"民间贴水"就成为它的修正量。在实际流通中，对理想的纸币市价（25 戈比的银价）做了一些补充，即把理想的纸币市价接近于实际的交易所行情（一般超过 25 戈比的银价）。这种"民间贴水"在不同的地方是不一样的，在人民群众对纸币在国际市场上的市价全然无知的情况下，经常是具有偶然性的。因此，俄国国内的货币流通似乎失去了一定的货币单位，因为在不同的地区和不同的居民阶级中，纸币对金属货币的价值是不尽相同的。但是，"民间贴水"的这一事实本身表明，银子同纸币是作为货币进行竞

① 考夫曼：《俄国的银卢布》，第 178 页。

争的。因而，实际上在纸币市价暴跌之后，金属货币开始重新进入俄国并同纸币并列进行流通。对此需要补充一点，纸币长期不具备强制性的市价，也不是必须接受的货币。仅仅在1812年的宣言中，由于表明允许可用纸币、亦可用银子签订债务，这才把接受纸币作为按对银子的市价进行一切货币交易所必需的货币。因此，纸币在1812年取得了强制性的市价，但是一点也没有促使其市价的上涨及其对金属货币的统一估价。恰好在1812年之后，“民间贴水”特别广泛流行。同时，在俄国货币流通中，硬币(银子)也获得了更大的作用。正是这个原因，政府准备通过减少纸币数量的三分之一来提高纸币市价的企图即通过向硬币流回国库来补偿纸币的减少的企图遇到了失败。

这一点迫使政府承认从根本上改革俄国货币流通的必要性。这一改革通过1839—1843年一系列的法律条文予以实施。改革的结果是纸币停止流通并被新的货币即国家信用券所代替，信用券全部换成硬币。3卢布50戈比的纸币等于1卢布的信用券[①]。

在克里米亚战争时期，兑换又被停止，贴水重新出现。在后来的土耳其战争时，信用卢布的市价下跌到63戈比金卢布，流通中信用券的数量达到12亿卢布。政府采取了延期偿还的预备措施，但是未能奏效。在八十年代末期，整理公债的念头仍然存在，因而政府倾向于货币贬值。为此目的，把纸卢布行市保持在同一水平上采取措施，在其行市下跌到一定标准之下时，耗费大量金额去购买国外信用券，并在其行市上涨到一定标准之上时，再将其销售出

① 参见И.И.考夫曼货币改革史的货币通论部分，《俄国货币史》，第11—18章。

去。采用这些保卫措施已在九十年代前期，将纸卢布的行市保持在67戈比金卢布。

政府，尤其是在维特任财政部长时，开始坚持力争改用金币，尽管社会多数人抵制这一措施。停止实行纸币制度总是会碰到认为纸币制度对已有利的那些社会各阶层的反对。在这种情况下，俄国卢布的最低市价有利于地主，因为俄国粮食价格（使用信用卢布）必然高于对金子的贴水。但是这一抵制未能阻止货币改革。其他实力利益，首先是国家工业发展的利益，要求进行改革。维特政策的主要目的是发展工业，但是只有在外国资本流入俄国的基础上，工业发展才成为可能，因为外国资本家担心自己的货币在货币本位不稳定国家里受到阻碍。在交换中，资本家要求用同样的纯金来交换。这就决定了改革的命运。

为了不损害地主的利益，政府按1信用卢布为66 $\frac{2}{3}$ 戈比黄金的最低市价进行贬值，达到按最高市价恢复货币本位可能的目的。在1899年，发布了新的货币令，认定金卢布（含有17.424纯金成数）为货币单位。在私人之间的交易中，接受每笔足值银币（每卢布为50戈比和25戈比）到25卢布，而每笔非足值银币和铜币达到了3卢布。

发行信用券的定额如下：在发行6亿卢布以下时，必须占用半数黄金抵敷，发行超过这一数量的信用券，必须全部用黄金抵敷。

目前，经过维特货币改革后的17年，不能否认改革已取得全面的成效。俄国经受住了艰苦的战争和国内革命，而且没有停止兑换。俄国货币体制稳定的原因在于，用金属货币抵敷信用券的标准高，这项标准已用法律定下来，并且时刻加以坚持。外债使政府有可能完整地保持积蓄的黄金储备。但是，外债显然不是抵敷俄国预算赤字的无限制的来源，因而俄国将来保持金属货币流通将陷于危险状态。

六、对货币在现代经济中的作用的总评价

货币在现代经济中的巨大作用引人注目，但是，要阐述这种作用建立在什么基础上却不是轻而易举的事。阐述货币在现代经济中的作用的初次尝试引起了过高地评价这种作用。重商主义者把货币看做是主要的，甚至是唯一的国家财富。从这个观点出发，国家的全部经济实力取决于该国拥有的货币数量。目前，这种观点谁也没有异议，但远不是一些重商主义者的理论有这种过高评价货币在当代经济制度中的作用的弊病。如果说重商主义者把货币当做国民财富的最为重要的形式，那么其他一些人则倾向于把货币当做当代社会整个贫困的原因和当代经济体制主要的和基本的祸害。所谓空想社会主义的一系列的代表人物都醉心于通过货币改革来改革现代的制度即通过组织无货币交换（现代词义）从现代社会中把贫困根除掉。

例如，欧文通过下述方式进行论述。现代社会的贫困并不是取决于市场上产品的短缺，而是取决于居民缺少购买手段。目前，这种购买手段就是货币。如果能使居民不借助于货币购买物品，那么贫困也就无影无踪。但是，怎样来组织无货币的交换呢？为此目的，欧文设计这样一种体制即称为工人交易所——每个生产者都可把自己产品交给这种机购出售并在交换中取得自己需要的产品。谁有某种商品出卖，谁就带着该商品找工人交易所，交易所承当关照他们的销售。商品由交易所按照其劳动耗费价值给予估价。交易所发给商品供应者以收据，上面标明在该商品上花费多少工时。在交换中，商品供应者凭着这张收据能够在交易所取到

他需要的同等劳动价值的商品。因此，欧文式的工人交易所必需完成双重任务，一方面组织无普通货币手段的商品销售；另一方面使商品价格同劳动价值相适应。

毫不奇怪，欧文式的交易所不能站住脚并会很快地垮台。交易所担负着商品经济中绝对不能解决的任务，第一个任务即提供销售全部商品的可能性之所以不能完成，其原因在于商品经济是非组织的经济，每个人均按自己个人的核算进行生产。因此，要做到生产的商品正是社会所需要的那种数量的商品，是没有任何保障的。如果一些商品生产的比需要的多，而另一些则生产的少，那么社会劳动比例就遇到破坏，有一部分产品就不能找到销路。任何机构也不能为这些多余商品找到销路。为了有可能把全部商品销售出去，需要按计划组织社会生产，而绝不是在于交换，祸根不在于交换，而在于生产。

因此，欧文的在无组织商品经济中要做到销售全部产品的想法是严重的误解。但是，他犯了这个错误之后，又连续犯了第二个错误，即他认为在无组织商品经济中能使商品价格符合其劳动价值的水平。欧文不了解市场价格波动的作用，市场价格波动在商品经济中对恢复社会劳动比例是多么需要。欧文企图破坏商品经济赖以存在的机制，因为正如以上所述，在商品经济中，商品价格的波动对社会生产起着调节者的作用。把商品价格下跌到一般水平之下，这是促使减少市场上生产超过需求数量的商品生产的唯一手段。

但是，继欧文之后，还有许多同样不了解资本主义经济规律的社会主义者顽固地坚持这种错误，幻想不通过改变资本家对工人的关系而通过改革货币流通的途径来帮助工人阶级。像欧文一样，蒲鲁东也企图建立贸易银行以期达到欧文式工人交易所那种目的，所不同的是蒲鲁东避开了欧文的第二个错误，他不想根据商品的劳动耗费价值来确定商品的价格。蒲鲁东的任务比较有限，他仅仅想采用市场条件所允许的价格，组织全部商品的无现金销售。但是，这个任务也没有完成，因为社会生产的非组织性使无货币的社会交换成为不可能。

从货币理论的观点出发，在阐明货币在现代经济中的真正作用方面，不借助货币来组织交换的尝试是很有意思的。货币绝不是资本主义世界的统治者，把货币看成是这个法制的全部祸根更是错误的。不是货币，而是资本充满在这个世界里，它有着特殊的社会关系，其基础是生产资料集中在少数人手里，而绝大多数的居民丧失这种资料。至于货币交换的必要性，自然是根据社会生产的无政府状态和商品经济所固有的那种无计划性而来的。

参考书目

关于货币的一般文献：

舍伐利埃：《货币论》，1850 年。

杰文斯：《货币与交换机构》。

克尼斯：《货币》，第 2 版，1885 年。

希尔德布兰德：《货币论》，1883 年。

A. 米克拉舍夫斯基：《货币》，1895 年；《文献中的货币问题》，1896 年。

劳克林：《货币原理》，1903 年。

赫尔弗里希：《货币》，1903 年。

克纳普:《国家货币理论》,1905 年。

齐美尔:《货币哲学》,第 2 版,1907 年。

霍夫曼:《货币价值理论的批判学说史》,1907 年。

L. 冯·米泽斯:《货币论》,1912 年。

施皮特霍夫:《数量论》(《瓦格纳纪念论文集》,1905 年)。

罗维勒:《货币》,1907 年。

A. 瓦格纳:《货币和货币制度的社会经济学理论》,1909 年。

A. 雷卡乔夫:《货币与货币统治》,1910 年;《国家货币理论》(载于《新经济思想》,第 6 分册,1914 年)。

复本位制:

沃洛夫斯基:《黄金和货币》,1868 年;《货币问题》,1868 年。

德·拉弗勒:《复本位货币》,1876 年。

阿伦特:《条约规定的复本位制》,1880 年。

舍夫勒:《国际复本位制》,1881 年。

累克西斯:《货币本位问题》,1881 年;《货币现状问题》,俄译本,卡涅夫斯基译,1897 年。

赫尔茨卡:《国际货币问题》,1892 年。

海因:《对复本位制的批判》,1897 年。

拉斐洛维奇:《什么叫反复本位制》,1896 年。

布特曼:《货币改革问题》,1897 年。

俄国纸币和货币流通:

A. 瓦格纳:《俄国的纸币》,1868 年(俄译本)。

И. 考夫曼:《关于俄国信贷货币体制革新问题设计方案的概述(1861—1878 年)》,1878 年;《纸币设计方案和特殊的财政》,1899 年;《信用券及其衰落和复苏》,1888 年;《谈谈俄国纸币的历史》,1909 年;《俄国的银卢布》,1910 年。

尼科利斯基:《俄国纸币》,1892 年。

卡什卡罗夫:《俄国的货币流通》,1893 年。

П. 绍斯塔克:《关于信用卢布市价对粮食影响的问题》,1896 年。

《俄国货币流通的改革》,在自由经济协会上的报告和讨论。

И. 米古林:《俄国纸币的调节》,1896 年;《我们的银行政策》,1904 年。

古里耶夫:《货币流通的改革》,1896 年;《十九世纪俄国的货币流通》,1903 年。

什瓦涅巴赫:《货币改革与国民经济》。

货币文献目录:

A. 索尔贝尔:《1500 年以来的货币制度及铸币业的参考文献》,1802 年(载有独立的见解和统计资料)。

利佩特在上述赫尔弗里希的著作第 532 页及以后协助撰写的目录。

第三章 信　用

一、信用的本质和信用凭证。两类信用凭证。期票的历史。期票市价。支付差额。二、银行。金融银行和信用银行。短期信用银行。银行业务。银行券。动产贷款银行。俄国银行。三、储蓄银行。四、信用的国民经济意义。

一、信用的本质和信用凭证

货币给一个商品持有者提供把自己商品交换成其他商品的可能性，即货币排除了商品交换在区域中的障碍。但是，不仅是在区域中存在交换障碍（即不仅仅对同时存在的商品），而且还在时间上存在障碍，即列入交换的商品可能不同时存在。一种商品可能准备妥当，而另一种交换前一种商品，可能在很久以后才能准备妥当。在这种情况下，用现金进行交换是不可能的，因为后种商品生产者为了买到前种商品却没有什么东西可卖。那么，要克服因不同时间生产商品而出现的障碍，就要利用信用。下述交易称为信用交易，即在交易中，用一段时间间隔来分开得到某一种价值的时刻与返还它的等价物的时刻。

信用一词起源于拉丁词“credo”，表示“信任”。根据这一点，很多经济学家就把信任因素提到首位，作为信用的基础。但是，这种解释是站不住脚的。远非所有的信用都以信任为基础。对债务人的一定的信任仅仅是以个人信用为先决条件的，在这种信用中，债权人没有放款的特殊物品保证。至于谈到物品信用，它是以某种经济物品做保证的，即在动产典当时，债务人向债权人转交所典当的物品，而在抵押非动产时，债权人尽管不握有所抵押的财产，但对这些财产却有一定的权利，首先是在不偿还债务时，有出卖这些财产的权利。物品信用显然不能建立在个人的信任上。

但是，个人信用毕竟不是建立在个人信任上，而是建立在商品周转的客观条件的基础上。例如，在俄国商业中，很久以来，较长期信用占统治地位。早在阿列克谢·米海伊洛维奇时期，俄国同外国人就进行信用贸易（一般期限为一年），但是，绝非是俄国商人享用了外国人的特殊信任。相反，所有外国人都异口同声地埋怨俄国商人缺乏诚挚和正直。然而外国人还是把自己的商品赊卖给俄国商人而且客观上必须是长期赊卖，因为俄国商人的现金很少，所以只有在俄国境内把商品售出后，才能抵补贷款，况且由于俄国领土开阔，交通不便，所以商业资本在俄国的周转需要很长时间。因此，主观信任因素在信贷交易中仅起十分次要的作用。

根据借款归还的期限，信贷分为短期的和长期的，而根据借款的经营目的，又分为生产性的和消费性的。生产性的信贷指的是为生产目的服务的，即作为生产手段提供给贷款人，按生产目的性质，分别分为商业贷款、工业贷款和农业贷款。消费者的信贷指的是为借款者的消费目的服务的。在生产性的信贷条件下，所得到的借款要创造新的价值，这是归还贷款的来源。在消费者的信贷条件下，贷款不创造新价值，因而只有在借款者掌握的其他经济来源为此而吸收贷款的情况下，才有可能偿还贷款。因此，在没有物质保障时，生产性的借贷偿还借款，要比消费性的借贷牢靠得多。

信用合同交易借助于信用凭证完成之。凭证可分为两类：偿还命令和偿还诺言。属于前者的有汇票和支票；属于后者的有期票、借款收条、银行券和债券。

最为重要的信贷工具是期票，而且主要是汇票。汇票不同于期票，前者至少有三者参与。就其形式来看，汇票是A者对B者提出的命令，付给C者以一定数额的货币。A者是B者的债权人，命令债务人B者向第三者C（同样是A者的债权人）付出必要的金额。

汇票是在完全不同于现在它所满足的那些需要的基础上产生的[①]。意大利在中世纪末是许多小国组合的，其中每个国家都有铸造货币的主权。在缺乏有组织的邮政和经常禁止货币输出的条件下，享有主权的各个城市之间的支付是相当困难的。由于国际支付中存在这些困难，在十三世纪意大利出现了汇票。

例如，某一佛罗伦萨的商人参加米兰博览会，与其随自携带货币带来不方便和不安全（避免被抢劫的风险），不如把货币交给佛罗伦萨银行业主，再由银行业主向米兰市的自己办事处或自己客户（债务人）发出书面命令，付给佛罗伦萨商人相应数量的米兰货币并发给相应的凭证。这个凭证也就是汇票。

最初的汇票主要不是信用凭证，而是货币汇兑的工具。但是，由于这种汇兑不能即刻表现，所以其中就存在信用交易的因素：银行业主得到货币要比通过自己的代理处的中介把它交给自己的委

① 戈尔德施米特证实说，最古老的期票是一种普通期票。

托人要早得多。有时，整个这项业务是隐蔽的债务即取得借款利息的手段，这在当时法律是不允许的[①]。

汇票在国际贸易中具有重要的作用，直到目前，它仍然是占主导地位的信用手段和支付手段。

任何国家对其他国家来说，同时是债务人又是债权人。让我们举例说明，俄国粮食商人往英国输出小麦，而俄国的企业主却从英国输入机器。俄国和英国相互的债务可由下列方式进行清算：俄国企业主可把硬币转汇到英国，而英国的俄国小麦买主又可把该付的金额转汇到俄国粮食商人。但是，从一个国家往另一个国家转汇硬币得付很高代价，即必需付出转汇费用价值。此外，俄国企业主可以购买俄国小麦输出者提供给英国人的期票，再将这个期票寄往英国的债权者以抵偿自己的债务。因此，在俄国，货币由企业主（进口者）转给小麦商人（出口者），而在英国，由俄国小麦购买者（进口者）手里转到机器企业主（出口者）。货币与其从一个国家转到另一个国家，不如在每个国家内走非常简便的道路。但是，很明显，只有当期票价值比转汇货币便宜的时候，俄国企业主才能购买英国期票，也就是说，在俄国，用俄国货币购买的，作为英国货币提供给英国的期票价格绝不能超过相应数量硬币价值加上其转汇价值。

当地货币本位的外国期票价格［即以该国货币本位提供给其他国家的称为期票（汇票）行市］叫做期票行市。期票行市只能在一定的范围内摆动，也就是说，它在任何一个国家不能偏离平价（即不离开与每一个国家的货币单位相对价值相应的价格）高于从一个国家向另一个国转寄硬币的费用价值。因为，如果期票的价格高于这个标准，那么通过简单的硬币转寄会更有利一些。

① 当然，这种禁令经常出于实践所迫。不仅犹太人，而且基督教商人也大规模从事贷款业务。（见约瑟夫·库利舍尔《中世纪的货商和贷款商》，载《国民经济、社会政策和行政机关》杂志第 17 期。）

一个国家期票行市的高低取决于该国家支付差额，即该国家向其他一些国家的货币支付和其他一些国家向该国家的货币支付的两者之比。如果收支差额对国家有利，即该国应该得到的收入比应支付给其他国家的要多，那么，该国的期票价格提高转寄硬币的费用价值；如果收支差额对该国不利，则该国的期票价格减少转寄硬币的费用价值。

应当将贸易差额与收支差额区别开来。前者是一个国家向另一些国家商品输出和从另一些国家向该国家商品输入之比。如果我们着手统计各个国家的输入和输出的话，那么我们将会看到具有剩余资本的国家（例如，英国、法国和德国），通常商品输入多于输出（它们有不利的贸易差额），至于穷国（例如，俄国、印度和中国）通常输出多于输入（有着有利的贸易差额），这个事实与过去的经济理论是相矛盾的（重商主义者），后者认为，商品输出超过输入，这是国家富强的象征，其理由在于具有剩余资本的富裕国家是其他国家的债权者。例如，英国资本遍布于全世界，因而全世界都是英国的债务人。债务人应当向英国支付所占用资本的利息。英国利用这种利息即其他国家占用英国资本而作的付款来支付商品输出剩余部分，相反，债务人的国家，例如俄国，商品输出多于输入，其原因在于通过自己商品的输出来支付其占用的和存放的外国资本的利息。

一个国家的收支状况决定于下列因素，首先是决定于该国家向其他国家的商品输出同由其他国家向该国家的商品输入两者之比（贸易差额），其次决定于相应国家在付出利息和存放在外国的资本红利方面存在的相互债务的多少；决定于该国用其他国家船只载送商品的运费和其他国家用该国船只载送商品的运费多少；决定于该国家旅游者在国外的费用和其他国家旅游者在该国家的费用多少，总之决定于该国家和其他国家之间的所有拨款的金额。

任何一个国家的收支状况都是摇摆不定的，况且，随着不利的收支状况,会出现有利的收支差额,反之亦然。这些波动(反映在期票行市的波动上)借助于上一章讲述的机制,导致国际货币流通中的均衡再度出现。但是,这一点毕竟不影响某些国家仍然是货币金属的输出者,而另一些国家则成为货币金属的输入者:开采贵金属的国家将其输出到国外,最后因此出现不利的收支差额(货币输出多于输入),而从国外获得贵金属的国家,最后出现有利的收支状况(货币输入多于输出)。

二、银行

银行是组织贷款业务的机构。银行办理双重(两种)性质的业务即在货币支付中银行只作为一般中介人的货币业务和专门的贷款业务。正像期票一样,银行最初产生于中世纪末的意大利,由于当时许多意大利的小国家里的货币质量和耐磨程度不同,所以首先在意大利出现的社会银行(例如热亚那圣乔治银行和威尼斯银行)是按重量接受自己客户硬币存款(储存)的机构。这些机构代替该客户承担支付的义务。通常,存款户都是一些该共和政体的最大的商行。当需要为该存款者支付时,银行就从存款者的账户上把一定数额的存款转到另一账户上。这项业务称为"转账"(来自意大利词系:"giro"即"转账"),因而这样的银行就被称为"转账银行"。这些银行是一种特殊的货币银行,即它们无权办理贷款业务,必须把客户转交给它们的硬币完整地保管在自己地窖里。自然,他们不仅不向客户付出利息(因为客户无权享用利息),相反,却要求自己的客户因受托支付账户每年交付一定的费用。1609年建立的著名的阿姆斯特丹银行就是这种银行。后来,所有这些

原始银行都垮台了，其原因是这些货币银行不能经受享用存放在其保管库中的硬币诱惑，来为国家办理贷款业务，这些情况导致银行丧失威信和倒闭。

按照彼得松的方案于 1694 年创立的英格兰银行是现代式的第一座银行。彼得松考虑到，在此以前的银行拥有大量的硬币，存放在银行是徒劳无益的。因为存款者不要求取回硬币，况且银行完全可以利用这种无损于存款者的硬币达到贷款的目的。因此英格兰银行不同于过去货币银行，提出了贷款的目的。银行根据政府批准的章程向政府签定达 1 200 英镑的资本贷款，而且获得同样数额贷款业务权，发放自己的票证用于贷款业务。英格兰银行机构在银行事业史上开创了新的时代而著称，即信贷银行代替了货币银行。

现代银行分为短期信贷银行（主要向商业和工业贷款）和长期信贷银行（抵押银行，不动产抵押贷款，例如土地和房屋），银行的信贷业务分为负债业务和资产业务。负债业务是一种银行利用这种方法获得资本再贷款给自己客户的业务。银行的各种投资方法即贷款方法称为资产业务。银行短期信贷负债业务主要是接纳存款和发放给执券人银行债券。银行最主要的资产业务是商业期票和各种有价物品抵押借款贴现。期票贴现是银行从期票持有者手中购买扣除期票数额的相应利息的期票。为了更好保障付款，一般情况下，仅仅办理不少于两次签署的期票（即不少于两个人担保付款的期票）。

存款分为定期的和留存待取的存款。凡是在银行存款留存待取者，银行都为其开立日常账户，发给它支票簿并有银行支票签发权。支票是一定形式的贷款凭证，是向支票持有者(尤其是指名的或者无名的)付一定数额货币的支票发放者的银行流通书面命令。支票不用于流通，因而仅在期票内有效(不超数日)。

借助于支票，可在不用现金的情况下进行支付。某一人的现款存入银行，同时以存款形式存放在银行的款额可按日常账户利息形式给予存款以一定的所得。

如果取得支票付款的人亦是该银行的存款户的话，那么银行就不需要用现金支付支票而简单地把相应的货币金额由一者账户转到另一者账户就是了。如果取得支票付款的人是另外一个银行的存款户的话，那么可通过银行协商，互相使用支票，不需要银行动用现金。例如，如果 A 银行的存款户得到 B 银行存款户提供的付款支票时，那么 A 银行向自己的存款户支付这张支票时，要记在 B 银行的账户项下，并给自己的存款户的账户上增加相应的数额，同时 A 银行成了 B 银行相应数额的债权者。同样，B 银行也办理这种业务以处理与 A 银行以及与其他银行之间的关系。为了清算银行的相互债务，建立专门的票据交换所，每年将各银行的债务加以平衡，并用现金支付差额。

支票代替了现金支付银行客户，而票据交换所又取消了银行间的现金支付。其结果，使巨额支付只动用微不足道的现款就能成交。在广泛推广支票付款的条件下，几乎私人全部库存现款都积蓄在银行里，这样一来，银行借助于交易所同样不需要大量动用现款，并把自己的储备存在国立大银行里。例如，在英国，国家金属货币储备主要保管在英国银行，起着全国货币流通的调节作用。

由于存在这种组织，所以减少了对硬币的需要。在英国，大量使用支票，不论多么有支付能力的人在此支付大量金额时，几乎毫不例外都使用支票，这样一来，英国贸易巨额周转所需要的硬币数量，都相对极小。

1909 年，英国金币总数确定为 23 亿 7 千 1 百万马克；德国确定为 43 亿 8 千 7 百万马克；法国确定为 38 亿 9 千 1 百万马克。英国在最为富有的极盛时期，由于发展了信用，比法国和德国使用少量的金币数量就足够了。

银行发行业务即发放持票人银行券，具有特殊的理论意义。银行券是用于与货币同时流通的信用凭证，含有向凭证持有人支付凭证标明的金额的银行债务。银行券能提供相当可观的一笔金额用于支付，它是交换的工具，同货币一样在贸易周转中流通。银行券不同于货币，是独立的价值尺度，因为它由银行兑换成货币，所以它本身的价值是由货币衡量的。

这也正是这种银行券与非兑换用的纸币区别所在。同时，发放的方法也不同于普通纸币。银行券通常由银行通过信贷主要是通过期票贴现办法发放到流通中去。因此，银行只能暂时把其银行券余额投入到流通中去，当支付期票时，银行券又返回了银行。在银行券由银行进入流通的同时，银行券又由流通涌入银行，这样不至于使银行券过多地充斥国家的流通领域。

由于银行券同货币大量地流转于市场，政府采取特殊的措施以保障银行券的兑换。存在四种用金属抵敷银行券的基本保障体制。英国体制是一定数额的银行券完全不能用金属抵敷，超过这个数额则完全由金属抵敷。

根据 1844 年罗伯特·皮尔法，英格兰银行提供了 1 400 万英镑的无任何金属抵补的银行券（后来，这一金额又有增加），而超出这一标准的银行券数量，必须全部由硬币予以抵敷。

法国体制允许银行无限制地发放一定的最高数额的银行券。德国体制对非抵补银行券的发放没有规定一定数额，但超过一定标准的银行券课以附加税。美国体制所准许发放的银行券的金额由银行的固定资本确定。

短期信贷银行即所谓的商业银行，主要为商业和工业目的服务，为它们提供流动资本。但是，经营企业不仅需要流动资本，而且需要固定资本。提供给经营企业以固定资本的贷款，按其本质来说，应当是长期贷款，因为固定资本周转缓慢。在长期贷款的条件下，保障贷款的形式必然是另外的形式即私人贷款，因为在短期信贷银行中要取得私人贷款是办不到的。信贷要有必要的物质保证。在所谓的抵押银行里，不动产成为抵押品：在城市里，是地皮和建筑物；在农业中则是土地（农业银行）。这类银行在不动产抵押之下发放长期贷款，这些贷款在多年期间分批偿还。抵押银行通过发放所谓的抵押单据即用抵押财产担保的债券来获得作为贷款所发放的资本。

长期信贷银行独特类型是所谓的动产信贷银行（credit mobilier），它特殊目的是向企业提供固定资本并建立新的企业。这些银行把长期贷款和短期贷款业务合并到一起，曾在法国第三帝国时期，取得轰动一时的成功，但是，由于存放在该银行中的资本得不到保障，所以这些银行变为极不可靠的信贷机构。实际上，向新建立的和旧的企业提供资本，本是普通商业银行日常的业务（即所谓的利用在交易所出售股票和债券并通过抵押这些证券进行的贷款），尽管这种业务违犯了短期贷款原则。

在俄国信用组织中，国家起着突出的作用。私人商业银行仅仅在十九世纪五十年代末才产生。尽管从那时起私人商业银行得到很大的发展，但是直至目前，在短期贷款机构中起着主导作用的还算是国家银行，它履行商业银行普通业务，而且同时还调节着国家的货币流通即根据法律确定的标准，发放信用券（这一点已在上一章里谈过）。俄国再没有第二家银行有权发放自己的信用券，因为发行业务是国家银行垄断的。

目前，在存在兑换的条件下，俄国的信用券不是纸币，而是必须接受的并由官定行市供给的银行券，类似于英格兰银行的债券，但是又与后者有重大的区别，即英格兰银行是根据商业情况发放自己债务的私人机构，而俄国国家银行则是国家机构，它的全部活动都从属于国库的利益。

在组织长期信贷方面，俄国国家还起着更为卓越的作用。在 1882 年创立的国立农民土地银行（这一点已在第 2 篇第 7 章谈过），最初所要达到的目的仅仅是扩大农民的地产，而只在 1906 年，该行受权发放农民份地抵押贷款。在 1885 年，又创立了国立贵族土地银行，其目的是通过提供尽可能优惠贷款的途径，协助贵族的地产。为了降低贵族银行贷款利息，甚至发放有奖公债，银行借此有可能控制贷款利息低于其用抵押证券支付的利息。由于采取了这种有利的贷款条件，贵族银行迅速地开展了自己的业务并成了占统治地位的国家土地银行。

三、储蓄银行

这种形式的贷款机构在英国出现于十八世纪末。储蓄银行的任务主要是使贫寒的人们从所能办到的不大一笔储蓄中能够得到利息。英国最初的储蓄银行是私人机构，它的头领是当地有影响的人物，如地主和僧侣们。这些银行的业务开展得比较缓慢，仅在 1861 年，当格拉斯顿组织了所谓邮政储蓄银行即隶属于邮政系统的巨大政府储蓄银行网，储蓄银行的存款才迅速地增加。所有这些存款（邮政储蓄银行和过去形式的储蓄银行的），在英国几乎毫不例外地存放为国家有息证券，由此储蓄银行就成为把平民的积蓄抽出来再将其送给政府的唧筒。

德国储蓄银行（在各个方面都是一种极好的银行）为两种目的服务：一方面使平民们从自己储蓄中得到利息；另一方面协助当地小生产者获得低利息的贷款。这些银行是独立自由的，办理各种业务：发放金额不大的贷款；为当地小农买卖土地；协助工人的建造房屋：支持小额贷款合作组织，等等。这些银行将自己的资本尽量地为当地农民和小工业者的利益服务，想出各种办法帮助他们。德国储蓄银行这些积极促进的业务正是优越于英国和法国储蓄银行，法国经济著作经常抱怨法国银行将自己的资本几乎毫不例外地存为国家有息证券，从当地小持有者手中调走资本，从而使当地小生产软弱无力。德国储蓄银行避免了这一点，而将自己的资本用于协助最需要贷款的当地小生产者。

德国银行的这种业务即长期不动产抵押贷款，看来不符合银行业的原则即资产业务与负债业务一致的原则，在短期存款的条件下，贷款是短期的。但是，因为银行业务限制在狭窄的地区，那么银行就能个别地处理自己的业务。这些银行清楚地了解自己存款户，他们索取存款的需要程度，因此能够比某种大银行更为自如地支配这些存款。经验证明：上述不符合银行事业一般原则的办法，对银行支付能力不会出现任何不利的后果。

在俄国，储蓄银行乃是一种受财政部控制的官僚机构。在1913年1月1日，货币存款达到159 490万卢布，有息证券达到31 830万卢布。这些银行将自己的资本存为国债或者列为由政府担保的有息证券。不同于英国和法国储蓄银行的一切异议，都最大程度地被用于俄国银行。

四、信用的国民经济意义

经济学家们多次争论贷款是否是资本。这种争论是经济学家们陷于书本上争执的典型例子。不论把贷款叫做什么，毫无疑问，贷款发展了国家的生产力，而且从组织商品交换的意义上说，这是巨大的进步。信用交换是对交换的完善，正如货币交换对实物交换而言一样。前面已经说过，布鲁诺·希尔德布兰德把信用经济同货币经济进行比较，认为信用经济是最高类型的经济。同时，希尔德布兰德提出了如下看法，在没有信用的情况下，只有那些拥有资本的富裕人们才能成为企业主，而没有资本的人们，不论它们具有什么样的企业主的天才，却不能成为企业主。希尔德布兰德认为，信用能给干练的和天才的人们带来资本，因为信用经济是恢复了人们统治资本。希尔德布兰德的这些思想是由著名的法国社会主义者圣西门学派引起的。但是，圣西门之流知道，为了实现这种类似的想法即根据每个人的干练和才能程度在企业主之间分配生产资料，那是需要社会掌握生产资料这样的必备条件。而希尔德布兰德却扬弃了圣西门之流的社会主义，认为信用本身在资本主义制度统治下完全可以做到使生产资料转到最为干练的人们手里。无疑，这是一种乌托邦思想。巨大的信用不会消灭，相反会使资本统治得到全面发展。巨大的信用导致资本越来越囤积在像资本家这类有经济实力的人的手里，资本家利用信用，不仅成为自己资本的统治者，而且还成为别人资本的统治者。因此，仅仅近来才

创立了使小生产者也有可能利用信用的组织。

信用对现代经济产生的普遍影响是，由于存在信用，扩大了个体经济之间的联系，使它们越来越结成为一个不能分割的整体。在只用现金进行交换占统治地位的条件下，交换关系仅在交换行为发生时才把单个经济直接地连结起来，而在信用交换的条件下，单个经济的交换却在信用的全部时间里，即在或长或短的持续时间里发生着联系。因此，由于存在信用，个体自主经济相互自然依存关系所产生的现代经济制度的一切现象就获得特别的发展，例如，经济危机（这一点在本书结束时将谈到）。

资本主义制度最新发展的重要特点之一，就是在整个现代经济制度中信用机构银行的作用越来越大。就是说，货币资本成为具有决定意义的经济力量，并把其他形式的资本即工业资本和商业资本屈服于自己的统治。不论在西方，还是在俄国，都同样出现这种过程。银行是新的工商企业的创办人，也是其股票的独占者。因此，银行有可能直接控制工商企业，而后者经常只保持法人的独立性，完全依赖于银行。同时，银行通过其给商人们通融资金还把各种产品的直接贸易控制在自己手里。例如，在俄国，银行实际上是最大的粮谷商人，尽管这种贸易在银行章程上没有规定，而且也不符合信用机构的正常职能要求。

最后，由于股份公司的普遍建立并逐渐成为资本主义企业占主导的形式，银行把整个资本主义的生产和交换制度都控制在自己手里，进而形成聚集资本和联合社会经济的最为强大的工具。近年来，在经济文献中，这个问题引起人们很大的注意，并出版了很多著作，其中首先应指出的是，将希法亭《财政资本》一书译成俄文。

参考书目

信用与银行一般资料：

A. 瓦格纳：《对银行理论的贡献》，1857 年；《货币政策》，第 2 版，1873 年；舍恩贝尔格教程中的《银行业务》。

麦克劳德：《银行的理论与实践》，第 4 版，1886 年。

И. 考夫曼：《信用、银行和货币流通》，1873 年。

白哲特：《隆巴德街》，1872 年。

克尼斯：《关于信贷》，第 2 卷，1876 和 1879 年。

戈申：《关于外汇的理论》，1866 年。

夏林：《银行政策》，1900 年；《全部主要国家的银行史》，4 卷本，1896 年。

塞乌斯：《储蓄银行，信用银行和金融公司》，1901 年。

科辛斯基：《德国小额信用机构》，1901 年。

韦贝尔：《储蓄银行和投机银行》，1902 年。

雅费：《英国银行业》，1905 年。

B. 苏杰伊金：《国家银行》，1891 年。

米古林：《俄国银行政策》，1904 年。

R. 克劳斯：《俄国银行》，1898 年。

科莫钦斯基：《贷款的国民经济学理论》，1909 年。

里塞尔：《德国大银行及其集中》，1910 年；《财政金融大发展》，1912 年。

希法亭：《财政资本》，译自德文，1912 年。

普伦格：《贴现政策对金融市场的控制》，1913 年。

迪特默：《农业国的储蓄银行》，1913 年。

不动产借贷银行与农业信用：

波里：《有关法国及对外的农业信用和财政信用的探讨》，1877 年。

戈尔德施米特：《德国抵押银行》，1880 年。

B. 霍茨基：《关于土地抵押贷款》，1883 年。

加姆普：《农业贷款》，1883 年。

黑希特:《德国土地贷款的机构》,2 卷,1891 年;《欧洲土地贷款》,1900 年。

储蓄银行:

赛德尔:《德意志储蓄银行制度》,1896 年。

R. 沙赫纳:"《国家学说词典》中的'储蓄银行'"。

第四章 保　　险

一般保险理论。保险的实质。相互保险及第三者的保险。按投保对象所分的保险种类。保险的一般经济意义。保险在政治经济学体系中的地位。

在许多单个经济单位之间，分担因不能预见事件发生的时间而给某一经济单位造成的经济损失的经营业务，称为保险。保险是同偶然发生的不幸进行斗争的特殊方法，偶然不幸的事件不是同时使一大批经济团体受到损害，而是使个别经济团体受到损害。在这种情形下，单个经济大多数仍然未受不幸事件的触及，因而有能力协助那些因这种不幸而受害的单个经济。保险本身并不能减小不幸事件给整个国民经济造成的损失程度，但是由于在许多单个经济之间来分担这种损失，所以保险可使这种损失变得更加容易承受，从而最根本地减轻遭受损失的单个经济以及全部单个经济的难以忍受程度。

为了实现保险的目的，保险首先需要把某些受不幸事件的威胁并能彼此之间共同分担由此而造成损失的单个经济团体联合起来。加入这种保险团体以抵补这种损失的每一单个经济的缴款称为保险费，而交付保险费的人称为投保人。收取保险费并向投保人因上述不幸事件而遭到损失承担赔偿一定数额保险金的机构称为保险人。由保险人所支付的金额称为保险金额。

为了能够办理保险业务，要求做到使能够预见到的不幸事件仅仅损害某一些单个经济，而不是损害全部经济。所以，在大规模不幸事件的条件下，如水灾、地震、对城市的轰炸，等等，保险就变为全然不能实现的，因为这时剩下能够分担援助蒙难单个经济的而本身没有遭到损失的单个经济已寥寥无几。

另一方面，为了使保险在某种程度上发挥较好的作用，保险必须时刻吸收广泛的单个经济组织。保险力图将某些地方因一不幸事件而造成的单个经济的巨大损失，变为正常的、定期重复的小额付款。保险力求从经济中排除偶然性的冒险因素。但是怎样才能排除这种偶然性的因素呢？只有增多能够预见到的事件，才能办到。保险业务涉及单个经济组织的数量越多，保险业务排除的冒险因素就愈充分。

如果保了险的房屋数量譬如仅仅有数千幢，那么本年度因偶然的、个别的火灾所造成的损失，很可能将数倍超过下一年度因火灾所造成的损失，也就是说，保险的目的即排除偶然性的因素将不能完全做到。反之，如果保了险的房屋数量定为数万幢，那么每年因偶然性的火灾所造成的损失，则是一种数量很小的变动值，由此可见，为抵敷火灾损失，摊到每幢保了险的房屋的交费同样也是一种变动的数额。这就是保险组织必须拥有而且实际上已拥有非常广泛的范围的原因所在，因为在较小的范围内进行保险，达不到上述目的。

这样或那样偶然事件出现的或然率，可用分数予以表示，其中分母是全部偶然事件的数量，即可能出现的现象，而分子则是实际出现的偶然性现象的数量。但是，这样或那样偶然事件出现的实际数量，任何时候都不与它出现的理论或然率相吻合，而总是或多或少地偏离开理论或然率，然而，这种偏离却是按照众所周知的大数法则进行的，即可能出现的现象数量愈大，则对数字的依存性就愈小。在偶然情形无穷数的条件下，偶然事件出现的实际情形的数量，必然与其数学或然率相符。但是，当该偶然事件可能出现的情形愈少，则该事件实际出现情形偏离其数学或然率则愈大。

就保险组织而言，保险分为两种基本类型或体系，即相互保险和第三者保险。在相互保险的条件下，投保人就是保险承办人自己，因为这一组人员组成保险公司以抵补因某些不幸而造成的损失，并通过在本组范围内分担损失的办法来达到保险的目的。相互保险也可能再分为局部的相互保险和公共相互保险。前者保险公司是根据私人的愿望组成的，而后者相互保险组织则是建立在公共的法律原则之上的。

第三者保险的存在则与投保人相对立的，即第三者投保承办人与投保人没有关系，前者收保险金并在不幸事件出现的情形下，负责向投保人支付契约规定的保险款。在这种情形下，保险企业的主人则是保险承办人，而投保人则仅仅是它的客户。同样，第三者保险亦和相互保险一样，分为局部的和公共的第三者保险。前者投保人是部分的企业（即股份公司），而后者投保人则是国家或者其他的机构。

这两种基本类型的保险即第三者保险也好，相互保险也好，在保险的目的方面是相似的，即通过在投保人之间分担因不幸事件而造成的损失来实现保险的目的。尽管在第三者保险的条件下，偿还保险款的法律责任全部落到保险承办人的身上，但是，在经济上这些保险款是由投保人偿还的，而保险承办人则是使用保险投保人的保险金构成履行本身义务的基金。保险承办人所拥有的私人资本仅仅起着补充担保的作用，但是，对保险承办人来说，对保险投保人履行自己的义务的实际可能性完全取决于保险金足于抵补支付保险款的程度，因为保险企业的私人资本仅是数额不大的一笔款子以担负对投保人的义务罢了。

上述两种保险制度的本质差别在于，相互保险仅仅是为了保险投保人的利益，而第三者保险的保险企业则是直接为保险承办人的利益服务的。这种差别是很重要的，尤其是当我们办理私人保险的情况下。相互保险力求尽可能降低保险费，因为这种办法不能使达到保险目的遇到危险。相反，私人保险公司也像资本主义的所有企业一样，仅仅力求达到最大的利润而已，而且力求尽可能提高保险费，因为市场条件允许这样做。

相互保险的保险费，原则上不是一成不变的数值，而它要随着所支付的保险款的波动成为有弹性和可变的数值。实际上，在存有过去年代积累起来的大量资本的情况下，以及在相互保险的条件下，保险费波动是很少的。相反，在第三者保险的条件下，保险费通常是不变的，因为在这种情况下，保险承办人因投保人每年支付一定数额的保险费，在不幸事件出现时，承担着向该投保人支付与其保险费能否抵补所必需支付的保险款无关的一定数量的款项的义务。对私人保险公司来说，这是促使它们掌握高标准的保险费，以致在各种最不利的情况下，使用保险费来补偿所欠投保企业的全部债款的原因。

由于上述这种情况，从社会利益的角度出发，应当认为：第三者私人保险是一种不尽合理的形式。保险应当成为不追逐最大利润的公众机关的业务。从纯技术观点来看，这种机关也像私人保险公司一样，完全有能力有成效地担当起保险业务。

按保险对象来看，保险分为两种基本类型即**财产保险**和**人寿保险**。财产保险指的是使财产受到威胁的事件保险，而人寿保险则指的是使人的生命或工作能力受到威胁的事件保险。

财产保险又相应地按照威胁人们财产的各种不幸事件的种类分为以下各类：其中重要的是**火灾保险**、**交通运输不幸事故保险**、**雹灾**和**牲畜疫灾保险**。

火灾保险，早在十五世纪西欧就以建筑物保险的形式出现了，但仅在十九世纪才得到大规模的发展，况且在十八世纪，又把动产保险合并到建筑物保险中去。目前，火灾保险是最为广泛的保险形式。这种保险形式的保险费，通常根据威胁该财产的火灾危险性分为：木制结构房屋的保险费高于石制结构的房屋保险费，等等。在俄国，农民庄园定居范围内的农民建筑物，要是未在某一保险公司投保，就实行强迫性的火灾保险。这种强迫性保险机构是地方自治省的省自治局。

交通运输不幸事故保险是最古老的一种保险。早在十三世纪就出现了海运保险形式，到十六世纪，已发展到西欧大多数海运国家中去。在海运保险中，保险的对象既有船只，又有货物，总之是与海运有关的所有财产利益。近年来，在铁路运输中，又大量发展了货物的保险。

庄稼雹灾和牲畜疫灾保险是**农业**保险的种类。这两种保险推广应用较少。一方面，庄稼雹灾保险受到限制，原因是迄今对某一地区雹灾或然率的考察较少，因而确定合理保险费缺乏充分的依据；另一方面，确定雹灾造成的损失又困难，因为庄稼受害后，还能在某种程度上得到恢复。至于谈到牲畜疫灾保险，则根据如何引起牲畜疫灾的情况，它又分为多种形式：当因偶发疫病出现疫灾时，保险则通过局部程序予以组织，但是，当因牲畜传染病兽疫造成疫灾时，唯一合理的形式是国家强制性的保险。全社会所关心的是，能够尽快地制止兽疫，要做到这一点，即在可怕的兽疫发生时，只有立即销毁得病的畜类才行。但是，要做到这种销毁，只有畜类持有者不承受这种财产损失才行，换句话说，就是把被销毁掉的畜类的价值偿还给他。只有在这种强制性的牲畜疫灾保险基础上，才能合理地与兽疫进行斗争。

另外一种基本保险形式是人寿保险。在这种情形下，投保人支付一定的保险费，在一旦出现未能预见到的、与他本人生命或者第三者生命相关的事件时，就有为自己或第三者获得一定数量货币或每年定额收入的权利。最为普及的人寿保险形式是死亡保险：保险机关在投保人死亡时，承当向投保人的继承者或者由其指定的第三者支付一定数量货币的义务；或相反，承保人按该投保人达到一定年龄承担向投保人支付一定数量货币的义务（即在这期间，该人没有死亡）。总之，存在非常多种形式的人寿保险，都是力求通过多种情形的配合使投保人能接受这种保险。

在死亡保险的条件下，保险费的多寡是根据该者死亡的可能性而变化的，也就是根据他的年龄和健康状况变化的。根据统计资料，可计算出一定年龄的人的生命可能持续的时间；根据这一点来确定保险费金额大小，即生命可能持续时间愈长，那么保险费自然就愈低，反之亦然。因此，人寿保险要求以生命统计资料具有一定的准确性为前程，也只有在十八世纪中叶，当根据统计资料编制在某种程度上适应实际目的需要的死亡表即每一个别年龄生命平均持续时间表之后，人寿保险才有所发展。

死亡保险指的是保证继承人得到一定数额的保险金。这一目的也可通过下述途径来达到即利用许多年的存款。但是，保险对储蓄具有明显的优越性，保险和储蓄虽有许多共同之处（支付保险费类似于每年进行储蓄），但在储蓄的情况下，达到目的就不一定能保证成功（即该人刚开始储蓄就很快死了，他就不能为自己的继承人保证得到预想的一笔款额）。而在保险的情况下，就能保证达到此目的，即投保人在交付第一笔保险费的第二天去世，其继承人还能全部得到保险金。但是，另一方面，保险的方法与储蓄方法相比较，前者具有下述不利的条件，即在储蓄的情况下，全部储蓄款始终掌握在拥有者手里，而且其全部储蓄都列入自己的财产之中，但是，在保险的情况下，投保人则把自己的存款交给第三者掌握，自己就失去了支配该款的可能性。另外，当投保人如果活过了其生命可能持续时间，那么他在整个生命持续时间里以保险费形式交付的款额将会大大超过其继承人所取得的款额。

各种形式的保险并不直接创造任何新的财产，只是通过某种方式将财产在有关的人员之间进行分配罢了。但是，由于在这种分配条件下，因某一不幸事件对某一单个经济造成财产损失，可在许多单个经济组织之间进行分摊，以大大地减轻这种损失的重担，而国民经济也很容易承受这种不幸事件。至于谈到不幸事件，那么保险业务对不幸事件出现的影响是很复杂的。保险对其中某些不幸事件根本不能产生任何影响，例如，对雹灾的出现，与人的活动不存在任何关系。相反，在其他情况下，保险间接地成了预告相应不幸事件的有效手段，例如，疫灾保险就是一例。只有在这种保险基础上，才能够有效地警告疫灾的扩大，因为对制止和警告疫灾来说，最有效的手段就是销毁患病的兽畜，也就是说，只有当牲畜的主人得到其损失的补偿时，才能在大范围内达到此目的。最后，在第三种情形下，部分保险有利于相应的不幸事件的出现；部分保险又不利于它的出现。例如，火灾保险就有造成蓄意纵火来取得保险金的危险，而且无论如何投保人在警惕火灾危险方面存在着严重的疏忽大意。但是，另一方面，由于提高对可能遭受火灾危险

的财产的保险费，保险机关在促使居民须建造不易遭受火灾的建筑物方面对居民还是能够施加间接的压力。如果保险业务集中控制在公众机关的手中，那么，这种保险就有可能以最有效的方式，通过各种防火措施来减少火灾的危险性。这样一来，我们的自治局（农民房屋强迫性的火灾保险机构）可采取各种措施来预防和减少火灾的损失，譬如，在居民中推广耐火房屋，构筑灭火用的贮水池，等等。

在一般经济科学体系中，尚未完全确定保险的地位。通常，把保险放在消费篇章中。但是，这种做法并没有任何理论根据，相反，非常清楚，无论保险是何物，保险终究不是消费。对威胁人的财产和收入的偶然不幸事件进行的斗争，就其经济意义来说，它与用这些财产和收入来满足人的消费而付出的耗费没有任何共同之处。被火烧毁贮存的谷物，就其经济意义来说，它与人在给养过程中消耗掉那些贮备相比，前者实属一种反常的事情。至于保险，它是与这类不幸事件进行斗争的独特方法，不是销毁财产，而是尽力通过一定的定期牺牲即付款，为该单个经济组织保存财产。因此，把保险列在消费篇章的原因，一方面不懂保险契约的本质；另一方面，主要原因在于消费篇章是经济科学的空白篇，需要用什么来填补而已。

事实上，保险契约就其实质而言，它不是别的，而是一种交换契约。在保险契约中，一者（投保人）向另一者（保险承办人）交付一定数量的款额，而后者（保险承办人）承担代替他在将来一旦出现不幸事件时向前者（投保人）支付另外的一大笔款额。对我们来说，无疑这是一种交换行为。因而，契约双方都负担支付款额的义务，这种情形毫不影响契约具有交换的性质，正像信贷是一种不容置疑的交换契约一样，尽管偿还的贷款是由贷款者发放的款项组成。在保险契约中，什么是交换对象呢？用保险费换取将来出现不幸事件时获得更多一笔保险金的权利，这种交换，类似于信贷中暂时提供资本（劳务）将来换回一定的酬资（利息）一样。投保人类同于债权人，而保险承办人则是债务人。所以，一般保险理论的真正的位置是在交换篇章之中。

但是，某些人寿保险的种类，最好放在分配一篇中进行研究，而且恰好那些与工人阶级福利和收入直接相关的种类称为工人保险。这将在最后一篇中进行研究。

参考书目

A. 瓦格纳："保险的实质"，载于 H. 舍恩贝尔格和 K. 布兰梅尔教程，1896 年。

鲁林：《人寿保险的基础》，1901 年。

梅内斯：《保险的实质》，1905 年；《关于保险实质的要点》，1906 年；《现代的保险问题》，1906 年。

尼科利斯基：《保险的基本问题》，1895 年。

第五章　贸　　易

一、贸易和贸易机关。集市。交易所。贸易种类:分配贸易和投机贸易。贸易企业及其发展。二、对外贸易政策。自由贸易体制。保护关税政策。各国的贸易政策。贸易的国民经济意义。

一、贸易和贸易机关

随着交换的发展,贸易作为取得利润为目的不发生本质变化而转卖经济物品的经济活动的特殊形式独立起来。在交换的初级阶段,作为这种含义的贸易是不存在的。后来,当出现正常的贸易时候,它在长时间只涉及一小部分社会劳动产品,而主要的大量社会需求仍然用实物方法予以满足,只有少量的产品(主要是满足上层阶级的奢侈品)是通过贸易来提供的。在贸易不甚发达的情况下,贸易在一年四季里并不是连续不断地进行,而是安排在一定的时刻(集市和市场等等),这是不足为奇的。贸易越发展,贸易时间的间隔就越短,最后,贸易全年都进行,失去了定期的性质,变为经常性的活动。当代贸易的特点正是这种连续性,而早先的集市越来越失去了其意义。

除了集市衰败之外，我们发现正在诞生和发展新的贸易组织并开始起着重要作用。这种贸易组织就是交易所。它与集市有相似处，但是，就其实质来看，这种机构完全是另外一种类型的，一种经济制度所特有的组织。正像集市在一定的时间里，聚集着购买者和贩卖者一样，交易所也成为商人们（购买者和贩卖者）有组织的集会场所。交易所和集市的区别在于，首先，集市是商人们临时集会场所，而交易所则是经常性的场所，当然，这还不是重大的区别，另外的区别在于：商品要运到集市，而在交易所，办理贸易额却不用提供实物形式的商品。样品或者商品的理想形式以及对与实际提供的商品相符的性能和质量作的某种规定代替了商品的地位。在交易所，实际的商品流通似乎脱离了自己的物质基础，也就是说，商品不作为实际的物体，而仅作为理想的价值进行流通。在一般的贸易中，商品从一个商人手里转移到另外一个商人手里的同时，还有其物质的转移。在交易所，商品并不出场。正因为如此，交易所周转才能达到相当大的规模。

但是，为了有可能达到这种理想的商品交换，需要商品符合交易所流通的一些要求，也就是要求商品不具有个性，换句话说，要成为无个性的代替物：每一份商品都能自由地代替另一份商品。

远非一切商品都具有这种特性，例如，马或牛、羊就不可能成为交易所流通的物品，因为每一份这种商品都具有个性。但是绝大多数的商品（粮食、金属、棉花、煤、糖、茶、咖啡等等），容易做到按照一定的特征分为一定的品种，而其中每一品种商品可以代替另外一种。

这种商品出售可以不直接见到商品来完成。在这种情况下，为了有可能进行商品交易，不要求商品掌握在贩卖者手里。甚至于商品实际上还不存在，仍有可能成为交易所流通的对象，例如，出售即将成熟的庄稼。因此，由于交易所的缘故，交换的范围就明显地扩大了。

交易所业务最有效的材料就是有价证券，如国家公债凭证，期票、股票、债券和有抵押的证券，总之是作为各种抽象价值体现物的证券。根据交易所中流通的价值种类，交易所分为商品交易所和证券交易所。有时，商品业务和证券（有价证券）业务都集中在同一个交易所内办理；有时证券交易所和商品交易所独立分开。

商品交易所也往往按照商品种类划分，例如，在伦敦和纽约，几乎每种较大的贸易部门都设有自己的特殊的交易所。

在交易所的业务中，分为现货交易和期货交易。在后者交易中，有一方要承担在规定的时期内按一定的价格向另外一方提供一定的有价物即商品或有价证券。由于到期提供，所提供的有价证券或商品的市场价格发生了变化，那么这种交易可能变为一场纯属差额的赌博，也就是说，获取商品或有价证券的一方，绝不是指望获取这些财物，而只是想从价格变化中取胜罢了。这种交易常常在没有提供任何商品或有价证券、只简单支付价格差额就告结束：即如果到供货时间价格提高了，那么卖者要向买者支付价格差额，相反，买者要向卖者支付价格差额。在这种情况下，交易所不从一方向另一方做商品或有价证券的任何转移，只不过是一种冒险赌博的隐蔽形式。但是除了这种虚假的交易之外，在交易所仍然进行提供各种财货的巨额的真正的交易，其基础就在于进行这种实际的交易，因此，交易所具有巨大的国民经济意义。

特别是谈到商品贸易，交易所在这一方面所执行的职能是，在它的协助之下，有可能在最大限度内平衡社会的供求。现代经济交

换越发展，则正确地确定社会生产与消费的平衡越显得既重要，也困难。每个商品生产者在没有政府监督或协助的情况下，都是怀着恐惧和冒险的心理进行生产。然而，只有在社会生产按比例分配的条件下，所生产的商品才能销售出去。交易所在资本主义经济中因为不存在社会生产组织而是自然发展起来的一种机构，它能够帮助一些商品生产者把社会生产哪怕是粗略地适应社会的需求。在交易所里，所涉及的社会供求是极其广泛的，因而，在这种接触之中，商品价格也就确定下来了。如果没有交易所的协助，商品的价格恐怕在多数单独的交换场所中，只能成为供求偶然比例的指数罢了。

至于谈到交易所在有价证券流通方面的作用，那么它的职能更为重要。在交易所，确定期票的行市，也就是确定国家的收支平衡。交易所估价有价证券，也就是确定了相应企业的信贷和生存的能力。最终，也只有在交易所的协助之下，才有可能把社会资本尽快吸收到新办企业或普遍需要资本的各种场所(如国债)。由于交易所的作用，很容易地把很多小额资本凑成巨额资本，所以当代巨大的企业才能够出现。总而言之，交易所是资本主义经济的最高调节者，也是不可缺少的组成部分。

根据贸易在国民经济中的作用，可分为分配贸易和投机贸易。由于商人的任务在于根据各个居民集团对某些商品的需求进行分配商品，所以这种贸易是分配贸易。在分配贸易的情况下，商人从商品价格低廉的地方买来，再到商品价格高的地方出售。在这种情况下，产生了商品价格在空间中的新的分配，即商品转移到更加需求商品的人手里，而商人的利润建立在对该商品不同交换点的不同的价格标准基础上。在分配贸易的情况下，商品最终根据国民的需求进行分配，这种贸易的作用是不容置疑的。

下述贸易称为投机贸易，即虽然价格差价构成商人的利润，但是这种贸易可以说不取决于在空间上即在不同的交换点的商品价格之差，而取决于时间上的商品价格的变化。问题是，商品价格在时间上不是一成不变的，而是经常变化和波动的。在投机业务中，商人购买到商品后，贮藏一段时间，不予出售，当看到这种商品的价格上涨时，就再将它出售以获取较高利润。投机计算的要素是任何贸易都固有的，即使在纯属贸易分配之中，贸易业务本身也在一定的时间内完成，这就是商人不能不考虑在时间上的价格可能波动的原因所在；然而在某些情况下，在时间上对价格变动的计算都是交易的主要的实质，这就是我们说的纯属投机贸易了。

人们常常认为：如果分配贸易是有利的，那么投机贸易就是有害的。但是，后者仅在某种程度上还是必不可少的。所以把投机贸易分为两种。在某一种情况下，投机者力求提前预测到商品价格与其业务无关的未来变动，并尽力使其业务适应这种变动。例如，假设在一个国家里，出现灾年。粮商因预见到粮食价格上涨，就在粮食危机时间到来之前，大量购买粮食。这种垄断提前购买粮食，必然提前招致粮食价格的上涨。但是，正因为价格上涨发生在投机购买行为之前，那么这种价格上涨则是逐渐的和平稳的。假如没有投机购买行为，那么粮食价格上涨可能就会迟一些，但是这是异常罕见的。可见，投机贸易总是因提前预测到未来的情况和避免价格的暴涨，起到平衡该商品价格的运动和调节消费。整个社会因此而得到好处，因为随着更加平稳的价格运动，社会的消费也更加平稳发展。

但是，还存在另一种投机贸易。在这种情况下，投机者力求不预测未来的商品价格的自然运动，而尽量控制其运动，制造人为的商品短缺，以便利用高昂的价格，将低价购买来的商品按高价出售掉。在这种情况下，投机者造成人为的价格波动，即人为的商品困乏，使社会消费的正常进程紊乱，投机商靠社会贫困而发财。

但是，要知道，只有那些大资本家才能够进行这种投机，因为他们能够控制商品市场。资本家联盟的目的在于利用一定的商品进行贸易垄断，在这类投机方面，已有无数的例子。在美国，几乎任何一种重要商品都是每时每刻成为这种投机的对象，而且常常其参与者收到巨额的利润，但是从社会利益的观点出发，这种投机贸易却是极为不利的、有害的形式。

根据出售交易的规模和购买者的种类，贸易分为零售贸易和批发贸易。在第一种情况下，商人出售给消费者的商品数量不多，而在第二种情况下，出售给商人或者加工该商品的生产者的商品数量却是很多的。这类或那类贸易的整个组织，有着本质不同的性质。批发贸易打交道的是那些获取商品、而目的在是为卖而买即制造或加工成品出售的商人。

所以，正如科恩正确指出的那样，批发贸易是“行家之间的贸易”，反之，零售贸易是“行家（或者大体上是行家的人）与非行家的贸易”①。问题在于批发贸易中的购买者是与作为自己经营业务的一种购买行为有关，在某种程度上，与贩卖者同样要了解市场的一般状况，等等。相反，为自己消费而购买商品的消费者，则与较少经济核算的购买行为有关，并且远远比不上卖者那样地了解市场的状况，比卖者相差甚远。因此，批发价格的变动对零售价格的变动来说，具有另一种性质，批发价格要低于零售价格，比零售价格更符合

① 古斯塔夫·科恩：《贸易和交通经济学》，1898 年，第 222 页。

于市场一般水平；另外在空间上，批发价格是一样的，而零售价格在不同的交换点上是不一样的，有时在同一个店铺里，对不同的购买者实行不同的零售价格。

在贸易中根据商品流通的形式，又可分为商品贸易和有价证券贸易。根据交易中商人的经济地位和法律地位，贸易分为费用自负贸易和委托贸易（后者交易是委托完成的，费用由第三者负担，而商人只是委托人，本身不负责交易中财产的责任）。根据商人和购买者的关系，贸易分为静止贸易和流动贸易（前者，商人在自己的贸易场所内，向购买者出售；后者，商人携带自己的商品到购买者家里出售）。根据贸易活动涉及的范围，贸易分为内贸（在国内）和外贸（在各国家之间）。外贸又分为出口贸易（把产品运往国外），进口贸易（把国外产品运往国内）和转口贸易（如果在国外转卖外国商品，而且又仅仅通过该国家）。

在经济发展过程中商业企业的范围是如何变化？正如我们所见到的，在工业中，经济发展表现在企业范围的扩大和资本的积聚上；而在农业上，不仅看不到大企业战胜小企业的情况，而且相反，小企业或保持自己的阵地，或甚至排挤倒大企业。至于贸易，在这个领域中，贸易发展走中间道路。问题在于：在贸易中，一方面大企业的赢利远不像工业那样大，完全可以说，在贸易中，不能大量采用机器；另一方面，在贸易中不存在能使小企业变得像农业中那样有生命力的企业的条件，因为在农业中，劳动是在自然环境中实现的，并被用于生化作用的过程中。这是贸易中不能做到的。因此，根据企业进化的性质来看，贸易处于工业和农业之间的地位。

根据其社会构成来看，贸易人员也正是占据工业和农业人员之间的中间

地位。根据德国统计资料，德国的贸易人员分成以下各类：①

	企业主 以千人为单位		雇佣工人 以千人为单位		高级职员 以千人为单位	
1895年	884	38%	1 123	50%	261	12%
1907年	1 012	31%	1 699	53%	506	16%

各类贸易人员都增加了，但是，增加最多的是高级职员一类。企业主阶级绝对数量增长了，但是按与各类贸易人员的百分比来看，却是下降了。

但是，尽管小额贸易具有相对的稳定性，然而它却受到大贸易企业竞争的严重损害。近几十年来，在欧洲所有的巨大中心飞快发展大商店，即所谓大商场，大市场出售广大民众所需要的一切可能的商品的商场。其中最大的商店拥有数以千计的营业员，并且每年能出售数亿卢布的商品。除了商场以外，近年来又出现经营某些品种商品的大型企业。小商人的经济地位因此而恶化，而且零售贸易也如同手工业在工业中那样衰败下去。

在俄国，表面上贸易比西方集中，总的来说，巨额资本在俄国比在西方起着更大的作用。② 此外，贸易的很多陈腐的形式又是

① 根据戈申资料计算得出，见阿尔贝特·黑塞：《德意志帝国的职业和社会大纲》，载《国民经济年鉴》，Ⅲ. F. 40 Band Heft 6。

② 根据1889年官方资料，俄国行会贸易企业的周转额在当年达到近70亿卢布，非行会贸易企业仅达到5亿3千3百万卢布。在行会企业的近70亿卢布周转额中，约有40亿卢布是周转额都超过1百万卢布的那些企业占有的，即这些巨大贸易企业的周转额构成了全部贸易企业周转额的一半以上。周转额低于10万卢布的行会企业，总计占有2亿7千6百万卢布的周转额（详见《1889年摊派税和三厘利率税的统计结果》，1892年，贸易企业和手工工场出版社出版）。当然，我们的官方统计很不准确，但是它仍然具有一定的意义。如果说，上述所引的资料即便夸大了俄国巨额贸易的作用，那么俄国巨额贸易的优势是不会引起怀疑的。很遗憾，有关俄国贸易按周转额多少进行贸易分类的最新资料却没有。

俄国贸易制度的特点，例如，至今俄国集市仍然保持的那种巨大作用。它的流通额达到10亿卢布以上。当然，从十九世纪八十年代开始，俄国集市的作用开始下降，其原因是交通道路未得到发展，但是，它仍然没有退出舞台。

二、对外贸易政策

关于各国在贸易方面相互坚持的政策问题，过去和现在都是引起经济科学激烈争论的问题。政治经济学这门科学的创始人(魁奈和亚当·斯密及其亲密的追随者们)，都曾是所谓自由贸易的拥护者，他们完全拒绝国家在对外贸易方面所采取的任何一种限制措施。[①] 他们认为：国际贸易也应当像国内贸易那样自由。当然，他们并不否认国家有权对国外运进的物品课以海关税，但是，他们认为：这些关税应当是财政(国库)关税，而不是保护关税，也就是说，其目的应当是增加国库的收入，而绝不是为了鼓励当地工业而对某些引进的产品设置人为的障碍。

根据自由贸易学派的主张，每个国家都应当发展对其他国家占重大优势的工业部门。如果某种产品在其他国家生产比在本国生产成本较低，而且因此在市场上出售的价格又较低，那么将这种价格较低廉的外国产品引进来，并制止本国价格昂贵的当地产品

---

① 对斯密而论，这一点需要有一定的限制。例如，斯密认为对英国通航优惠的一套措施克伦威尔“航海协定”是“英国所有的贸易决定中最为贤明的一个决定”(《国民财富》，比比科夫译，第2卷，第280页)，而且作为自由贸易的一种破例。它的最亲密的追随者之一马尔萨斯曾是粮食关税的拥护者。但是，总的来说，斯密学派是坚持国际贸易完全自由的原则。

的生产，该国就会得到直接的益处。如果把国民劳动引向在该国占更大优势的部门中去，那将因此而创造巨额的社会财富。至于国家干预的目的在于鼓励某些工业部门，这种做法只能减少社会财富，原因是通过对国外竞争制造困难的办法来帮助一些部门同消费外国生产的产品的一些部门遭受的损失，两者得失相当。

自由贸易的追随者（自由贸易主义者）断定：不论是保护关税，还是用于国家阻止外国工业和本国工业自由竞争的措施，都是同样不允许的，例如出口费（本国产品输出到国外的费用），为此目的而设的铁路运价，等等。国家应当放弃这样一种主意，即国家比私人更了解自己的利益，使每个人都有保护这些利益的健全观念。放任主义（“Laissez faire，laissez passer”），这是早在十八世纪第一批重农主义者之一古尔诺给国家任务作出的定义。

这种学说长期地、几乎无限制地在科学中占据优势，而社会舆论渐渐地习惯于把它看做是政治经济学最本质的东西。但是，就在经济学家本身中，逐渐地形成了这一观点的反动派。早在弗里德里希·李斯特的著作中，就有过系统的表述。

与斯密在当时从直接影响国民财富总额的角度出发来估价某一贸易政策的后果相反，李斯特提出了贸易政策影响国家生产力发展的观点。国家以有意识地为未来的利益而牺牲当前的利益。国家对从国外输入的、而且在本国又能够生产的某一商品所课以的保护关税，在最初并没有创造任何新的财富，而在迫使消费者购买较昂贵的本国产品，却成为加到消费者身上的额外负担了。但是，如果因为有了这些暂时的牺牲，国家能够在国内发展了新的工业部门，而后有可能生产价格低廉、甚至比国外生产的产品还要低廉的产品，那么，最终这个国家还是赢得到益处，即国家利益暂时的牺牲得到生产力发展的补偿。

李斯特并不否认：自由贸易是国际经济关系的理想模式。李斯特同时也不否认，对于认为自己是最强盛的国际竞争者的国家来说，保护关税并没有意义。保护关税只是对那些在工业方面比较软弱和落后的国家才是需要的。但是，当还存在经济关系比较落后的国家，它们必然采取保护贸易政策制度（保护关税主义），因为只有通过这种途径，它们才能发展自己本身的工业，也就是说，在自由贸易的制度下，它们可能注定永远为工业发达国家提供原料的角色，可以预料到其一般文明水平是很低的。

自由贸易者和保护关税主义者之间的这场争论，直到目前仍在进行着，况且在理论方面不管哪一派都对旧的论证很少提出重要的和新的补充。自由贸易者们坚持尽可能的更广泛的国际劳动分工；而保护关税主义者们则提出了尽可能更全面地发展民族经济的理想。

这场争论在理论上没有成果的原因在于，实际政策问题是不能只用抽象的原则加以解决。实质上，自由贸易的追随者和反对者之间的分歧，远非哪一方似乎能够站得住脚。目前，很少再见到纯粹拥护这种贸易政策的某一原则的经济学家。现代自由贸易的追随者认为：如果民族工业的条件允许，在一定的条件下，保护关税政策制度具有合理性，正像现代保护关税主义者不否认自由贸易的适宜性一样。所以，这两派之间的分歧主要不是原则性的，而是实际性质的分歧。但是，在某种特殊情况下的实际政策的问题上，以及在一般情况下，自由贸易原则的例外情形之多，或者在保护关税政策的程度和范围的问题上，争论总是不休止的，因为对具体的、个别的情形的评价，总是允许有主观的分歧。

在这一方面，现代社会中不可消除的经济利益的差别还有着很大的作用。保护关税（如同其他各种保护关税主义的措施一样），就其实质来说，对所有的平民来说不可能是同等有利或不利。它对一些人来说必然是有利的，而对另外一些人又是无利的。如果提高国内产品的价格，保护关税对生产该产品的企业主是有利的，而对该产品的消费者又是不利的。降低产品价格，取消这种关税，对前者必将不利，而对后者有利。在这种无法消除的经济利益的对抗矛盾中，在对任何贸易政策制度的关系方面以及在赞成和反对其中每一政策的论证相对性的条件下，毫不足奇的是，关于某一个别情形下的贸易自由主义和保护关税主义优越性的争论，丝毫不会中断的。可以十分有把握地说，只要上述经济利益的对抗矛盾存在下去，换句话说，只要现代社会继续存在下去的话，经济学家们将继续对贸易自由的大小优越性争论下去。

大多数现代经济学家不否认保护关税制度对工业生产较为落后的国家来说是适宜的。当然，由此不能得出结论说，保护关税越高，对国家发展生产力就越有益处。必须清楚懂得保护关税的意义是什么。这种关税的直接目的在于提高国内相应产品的价格，并因此而提高相应企业主的利润。这种利润增加是靠损害消费者的办法来达到的。国家对消费者的课税，似乎当做贡品有利于企业主；一些平民的课税有利于另外一些人，这是一种与现代法制不相适应的东西。因此，类似的做法，非在极端必要之时，国家不应采用。只有当没有任何其他办法来达到重要的国民目的时，国家才可以、而且必须用牺牲一部分人的利益而有利于其他一些人利益的办法来解决。

于是，国家应当时刻争取将保护关税制度应用于最小的范围。保护关税应固定在这样一种水平上，即使该国相应的生产能够得到发展所必须具备的水平。提高关税超过这个水平，不仅导致消费者担负额外的和已经没有必要予以抵补的课税使生产者得利，而且阻碍达到保护关税主义的最终目的即发展本国相应的生产部门，因为高额利润的水平直接迟缓了这种发展。受到关税保护的生产者有着高额利润水平，再没有提高生产技术水平的动机，因而该工业不是发展，而是非常容易地陷于全面停滞的状态。另外，应该注意到：每个生产部门都离不开其他工业部门的生产资料即产品，因此，在保护关税主义制度下，鼓励一个工业部门生产，总是通过损害其他工业部门办法而达到的。

例如，提高铁的价格，必将有利于铁的生产者，同时却不利于所有的铁的加工工业者。提高纱线的价格，能够促进国内纱线生产的发展，但是由于提高了纱线的价格而迟滞了织布技艺的发展，等等。所以，过度地、没有必要补偿地提高铁的关税，纵然还是对加工铁的许多工业部门的发展产生很不利的影响，例如，机械制造工业、造船业，等等。

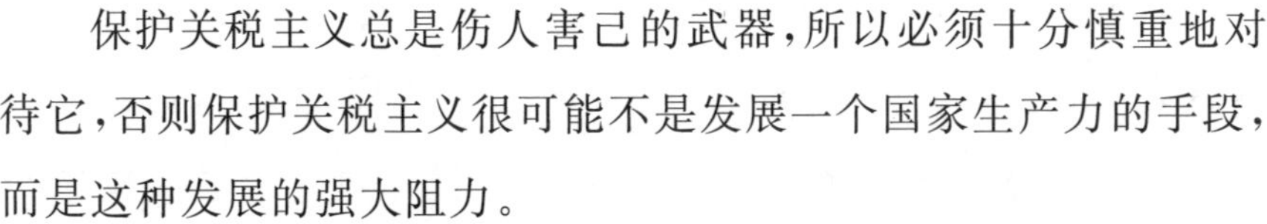

保护关税主义总是伤人害己的武器，所以必须十分慎重地对待它，否则保护关税主义很可能不是发展一个国家生产力的手段，而是这种发展的强大阻力。

这就是为什么甚至承认在一定的条件下保护关税主义的必要性，仍然坚决反对在某一国家占统治地位的保护关税制的原因所在。从企业主利害观点出发，保护关税愈高愈好。但是对注意力没有放在该企业主集团的局部利益上而放在全社会利益上的经济学家来说，问题就不一样了。因此，站在全社会利益立场上的经济学家们，实际上通常是反对人们所竭力追求的过分的保护关税主义，而这种过分保护关税主义的主张常常又是成功的，因为政权一般是操纵在大企业主的手里。

在所有的资本主义国家里，无一例外，资本主义工业都是在保护关税制度庇护之下发展起来的。尤其是在英国，直至十九世纪头十年，占统治地位的不仅是保护关税，而且还有禁制关税（即国内市场对外国工业所有的制品一律不予开放，因为本国生产者担心与它竞争）。英国全部经济实力都是在极端的保护关税主义制度的作用之下形成的，而且其社会舆论都习惯于这种制度以至连亚当·斯密都认为在英国随便什么时候推行自由贸易的愿望纯属于空想。

但是，正是在英国，也就是说不是在任何别的资本主义国家，自由贸易取得了彻底的胜利。从十九世纪三十年代起，英国从根本上改变了自己的贸易政策。推行了一系列的非常重要的税率改革，最终在十九世纪后半叶保护关税从英国的税率中完全消失。目前，英国税率仅仅掌握某些纯国库性质的关税，也就是说，大量的商品可以完全自由地进口。

不难理解：为什么恰好在英国，并仅仅在英国，彻底实行了自由贸易制度。直到目前，英国在经济方面一直走在其他社会的前面，即它的保护关税制度已完全取消了。其他国家的状况则不是一样，因而四十年代和五十年代的英国自由贸易主义者希望以本国范例吸引它的邻国，并把自由贸易制度普遍地建立起来，这点是远远不用再证实了。

当然，英国范例发生了一定的作用，十九世纪五十年代和六十年代的特点是在贸易政策方面，保护关税主义处处都松弛下来。可以认为，资本主义世界尽管速度缓慢，但仍朝向自由贸易的方向运动。

但是，后来向保护关税主义方面发生了急剧的转折。在1878年，德国帝制实行了严厉的保护关税税率，其中各种农产品关税起着特别突出的作用。随之，法国效法德国的模式，在八十年代及九十年代，大幅度地提高了一系列商品关税，尤其是农产品关税。在这方面，其他很多第二流的国家也修改了税率。总之，西欧保护关税主义新时期的特点主要是农业保护关税主义，即在西欧不是工业，而是农业使用新的较高的税率来保护自己。其原因在于发生了总的农业危机，在十九世纪九十年代，西欧在大洋外的各国和俄国粗放农业产品与西欧的集约农产品竞争影响下，度过了这场危机。相反，像德国如此发达国家的工业，已经几乎不需要特殊的优惠了。

在这一点上，美国的保护关税主义却具有工业的性质。1890年麦金利税率和1897年更高的迪格利税率，大大提高了美国工业的一些最为重要的产品关税，只是在1913年，在威尔逊被选为民主同盟主席之后，逐步地降低了关税。

美国北方各工业州是美国保护关税主义的支柱，但是当时南方农业却坚持自由贸易政策。依照这一点，国家分成两个主要的政党：共和政体的拥护者主张保护关税制度，而民主主义者则坚持自由贸易政策。

但是，在英国，近年来由于下述原因却出现了有利于保护关税主义的强大派别，即在十九世纪末期，英国失去了自己先前的工业至上主义，越来越因美国和德国的竞争而受到损失。新的英国保护关税主义者把自由贸易(free trade)原则和公道贸易(fair trade)原则对立起来。英国是唯一的、允许自由地输入一切可能的商品的资本主义国家，当时它的竞争者们都谨慎地保护自己的国内市场免遭英国商品的输入。“公道贸易”的追随者们认为，实行通过签定有利于情愿做出让步于英国工业的国家的特殊契约而可能降低的保护关税，可使英国有可能降低英国商品的关税。以张伯伦为首的英国保护关税主义的有影响派别，首先要同英国殖民地的附属国达成经济上的联合，目前他们为了发展自己的工业，以保证英国产品享有保护关税。为此，英国在实行粮食和原料的关税时，应当做到：殖民地的产品关税要低于其他国家。

主张自由贸易制度的自由党取得了胜利，把所有这些方案都依次地予以撤销。但是，等到保守党分子重新掌握了政权，又迫使考虑那些方案。

至于谈到俄国，我们也同样看到：十九世纪九十年代，保护关税主义者（在俄国几乎都是工业性质的），也在努力这样办。在1903年公布的而在1906年实行的税率，使关税更高。说明我们税率过高的标准，不仅未使我们的工业进一步发展，反而造成相反使我们的工业技术极端落后的后果。俄国的工业者不怕外国竞争的危险，因而也不打算提高劳动生产率。同时，俄国工业产品价格昂贵，使其在市民中间进行推销碰到许多困难，而且迟滞了俄国国民经济其他部门的发展。所以，降低关税确属我们国家利益的需要。

在转到评价贸易在现代经济制度的作用时，首先不能不承认贸易和工农业在职能上是有本质区别的，即生产在一切社会制度中都是需要的，而贸易仅仅是在历史上的暂时的资本主义制度下所必需的。所以，不足为奇的是，社会主义首批理论家在自己批评中首先抨击贸易。特别是严厉地抨击了傅立叶的贸易。

按照傅立叶学派的见解，商人是榨取社会财富脂膏的剥削者，不会给社会带来多大好处，而且会有害于社会。事实上，贸易在资本主义经济机制中履行像工业那样一种必要的职能：在资本主义经济中，没有产品交换，生产也就不可能进行。[①] 而且正因为交换是由商人们完成的，也就是说，商人作为一个阶级，乃是现代经济机制的不可缺少的一个轮子。但是，过多的贸易及其过分的发展，都要依靠社会经济其他部门，而这种趋势是深深建立在资本主义制度之上的，无疑这是一种坏事，因而傅立叶在这一方面是正确的。另外傅立叶还正确指出，不管贸易为社会做出何种服务，但它要求对这些服务支付报酬。

最新的工业发展表明，要避开商人的劳务，生产者和消费者要建立更为直接的关系。各种消费者合作组织也力求排挤掉并且完全可以排挤掉零售商人，乃至某些批发商人；而小生产者力求建立私人组织，不通过商人把产品销售给消费者。在直接目的用于反对资本主义贸易的合作运动的文献中，直至目前，仍然发现渗透着傅立叶思想的推论和腔调。合作者的最终理想是在生产者和消费者之间建立直接的关系，完全排除掉商人。

在这一方面，目前工业也在发展，并不与合作组织发生关系。生产的聚集化和个别小企业向巨大的资本协会的合并，导致资本协会有可能在获取其

① 马克思在自己的《政治经济学批判》序言中指出：生产方式是决定整个社会制度及其发展的基本因素。根据这一点来看，可以想到，马克思认为，商业比生产具有次要的意义。但是，马克思在其他场合下说的又完全是另外一种意思。他在《资本论》许多地方指出商业条件具有重大的意义。例如，他在《资本论》第3卷中说到："毫无疑问，在十六世纪和十七世纪，由于地理上的发现而在商业上发生的并迅速促进商人资本发展的大革命，是促使封建生产方式向资本主义生产方式过渡的一个主要因素。"（《马克思恩格斯全集》，中文版，第25卷，第371—372页）随后，马克思又在第3卷其他地方说到，"在资本主义社会发展以前的阶段中，商业支配着产业；在现代社会里，情况正好相反。"（同上书，第369页。）当然，马克思的正确不在于当他认为生产比交换具有重大的意义的时候，而在于当他承认这种一般形式的原则性的解答具有不可能性的时候。总之，像通常所认为的生产重于交换一样，断定交换重于生产也是错误的。诚然，为了有利于生产占主要地位，可以援引下述见解即产品应当先生产，后进入交换。但是，如果这种论据还有某种意义的话，那么在这种情况下，必然承认农业占主导地位，并且一般来说，开采工业重于加工工业，因为加工产品之前，首先需要开采产品。但是，按一般意见来看，恰恰是工业，而不是农业在现代经济制度中具有决定性的意义。经济过程是不能脱节的链条，因而也就不能说，在一般的形式中，它的某一部分在任何时候都具有头等重要的意义。

所需要原料方面排挤掉贸易中间人，而直接从生产者那里得到。总之，正如前述那样，在庞大的资本主义生产范围内，例如在制造大型机械、铁轨、铁路附属品和船舶等方面，定购业务是普遍的办法。

因此，贸易中介作用丧失了自己先前的作用，自然，这对社会来说是一大好处，也是社会劳动力的很大节约。但是，除了这一点之外，由于交换经济的发展过程还在起作用，实物经济越来越消失不见，于是，总的来说，贸易在现代经济中的作用，尽管上面指出它的趋势限制了它的作用，但并没有丧失，而是迅速增长，这一点用从事各种贸易业务的人员数字增长情况就可以证实。在普鲁士，小铺子和商店的数量变化如下：①

	小铺子的数量（以千为单位）	每千人中的小铺子
1837	47	33
1861	82	44
1895	200	77

关于贸易的经济作用的扩大，可用德国的下列数据进行评论。

	人员数量（以百万人为单位）			增加的百分比
从事：	1882 年	1895 年	1907 年	1882—1907 年
农业	8.23	8.29	9.88	20
工业	6.39	8.28	11.26	26
商业和交通运输业	1.57	2.33	3.48	121

不管工业人口增长多快，商业人口增长更快。

参考书目

一般贸易：

累克西斯：《贸易》，载《舍恩贝尔格教程》；《贸易的实质》，2 卷，1906 年。

宗德夫勒：《世界贸易的技术》，1889 年。

① 施穆勒：《国民经济学纲要》，第 2 卷，第 38 页。

埃伦贝格:《贸易及其经济意义,国际义务和各国的关系》,1897 年。

马塔耶:《大仓库和零售业务》,1891 年。

胡贝尔:《百货商店和零售商业》,1899 年。

G. 科恩:《贸易和交通国民经济学》,1898 年。

范·德·博格茨:《贸易和贸易政策》,1900 年(有俄译本)。

M. 索博列夫:《世界贸易史概述》,1899 年;《俄国商业地理学》,1900 年;《十九世纪后半叶俄国的关税政策》,1911 年。

交易所:

施特鲁克:《交易所》(《国家学说词典》);《证券交易所》,1881 年。

哈滕贝格尔:《立法与交易所的投机》,1887 年。

小科尔特瓦:《交易所贸易》,第 10 版,1888 年。

西格夫里德:《交易所和交易所买卖》,1887 年;《西欧和美国的商品交易所》,贸易和工场手工业出版社,1893 年。

斯图坚斯基:《交易所、投机和赌博》,1892 年。

粮食贸易:

卡斯帕罗夫:《世界粮食市场》,1887 年。

克洛波夫:《关于 1887—1920 年伏尔加河粮食贸易的考察报告》。

费奥多罗夫:《俄国港口的粮食贸易》,1888 年;《世界粮食贸易概述》。

D. 科恩:《粮食期货交易》,1894 年。

沃尔科夫:《世界粮食贸易的行情》,1910 年。

对外贸易政策:

F. 李斯特:《政治经济学的国民体系》。

索姆涅尔:《保护关税政策》,1893 年,译自英文。

门捷列夫:《详解税率》,1891 年。

波勒:《十字路口上的德国》,1902 年。

艾希利:《税率问题》,1904 年。

娄:《美国的保护关税》,1904 年。

济韦金格:《对外贸易政策》,П. 司徒卢威编译,1908 年。

第六章　资本主义企业及其形式

一、资本主义企业的形式。一般企业。资本主义企业及其形式。股份公司。二、企业主联盟。早期的企业主联盟。现代企业主联盟及其分类。对卡特尔和托拉斯的经济评价。

一、资本主义企业的形式

追逐纯经济目的并借助交换手段达到其目的经济组织称为经营企业。所出售的商品或者在该企业内制造(这时,企业具有一定生产组织的性质),或者是企业通过从它方购买来的(这时,企业具有贸易性质)。不论哪一种情况,企业的特点一方面是这种组织的目的始终是要使该企业获取最大收入(例如,为什么说慈善机构虽从事经济工作但不是经济企业的原因就在于此);另一方面,企业借以达到自己目的办法正是在市场上销售商品。从后种原因来看,不管这种组织如何复杂,如果它不与销售商品相联系的话,这种经济组织就不是企业,如古罗马贵族或我国农奴制时代的领地地主的自然经济,因为这种经济与市场不发生联系,所以也不是企业。

目的在于用所支付的资本获取最大利润的企业称为资本主义

企业。例如，独立的手工业者有自己的企业，但是因为它单个劳动和获得劳动收入，所以它的企业不是资本主义企业。同样，生产者联合会（见下章）有自己的企业，但也不算资本主义企业。在当代经济制度中，资本主义企业正是它的特征，这也是此种制度称为资本主义制度的原因所在。①

按企业主人的成员构成来看，资本主义企业分为：1. 个体企业和 2. 合资企业。后者还分为：1. 无限公司；2. 信任公司；3. 股份有限公司。

个体企业的头领是一个人，他是企业的全权主人，同时承担企业的全部责任。这种企业的形式比其他的企业形式的主要优点在于，整个业务的领导权都统一在一个人的手里。在这种情况下，领导者本人与他所领导的业务完全融合在一起。另一方面，个体企业的弱点正好就在于企业和企业主本人之间的这种密切联系，因为企业要受到企业主个人发生的一切不幸事件的损害。业主的疾病和死亡随时都能使企业破产。企业的规模必然受业主拥有的资本的限制以及受到业主管理企业有关经营业务进程的实际可能性的限制。因此，个体企业常常不能发展到非常大的规模。

企业主是数个人，而且其中每个人都担负企业的全部责任的这种企业称为无限公司。他们中每个人要按企业规定的义务对自

① 与一般见解相反，资本主义企业突出的特征在于目的，而不在于利用雇佣劳动。借用雇佣劳动的企业，也可能不是资本主义企业，例如消费者联合会。另一方面，为了使企业具有资本主义性质，不必一定利用雇佣劳动。高利贷的企业是资本主义的企业，尽管它不借助雇佣工人，而用放债生利的办法来完成自己的业务。见桑巴特《现代资本主义》（第 1 卷，第 195 页）所下的资本主义企业的定义。

己的全部财产承担责任。这种企业形式提供这样一种便利条件，即它有可能把数个利益相当的人吸引到企业中来，他们既可以通过亲自参加劳动和参与领导，也可以使用资本来参加该企业。但是，另一方面，由于数个人都使劲地关注同一业务上，所以很难使他们相互间的活动协调一致。

在信任公司或合资公司中，有两种合资人：一个人或其中一些人对公司承担完全责任，而另一些人只用出资方式参加企业，并且只担负该出资范围内的责任。前者是企业的领导人，而后者（合资者）只参与利润分配，并拥有一定的监督权。由于把全部权力交给了主要参加者，所以这种合资形式要求合伙人对全权合资者赋予特殊的信任，因为这只有在特殊（少见的）的条件下才能取得成功。

股份有限公司与上列各种公司相比是最重要的资本主义公司形式。在这种形式的公司中，企业本身的资本是由同等的股金——股票组成的，股票的持有者根据企业义务要求仅对所交付的股票数额负责。每一股票持有者（股东）按自己的股金取得相应份额的利润即红利。股票既有记名股票，又有无记名股票（普通股票）。无记名股票可以通过买卖自由地转手和在市场上作为各种交易证券进行流通。股东的全体会议是整个业务的主人，但是，业务的直接管理和领导却委托给特定的机关即董事会。

股份有限公司（也与其他的公司一样）是法人，而且作为法人，以它自己的名义参与一切财产交易。它也像其他各种人员一样，可以办理贷款业务，但同时有可能使用个人办不到的办法吸收借贷资本。例如，它可以通过发放所谓的债券（即其持有者有权从股份公司每年取得一定的、事先规定的收入的凭证）来获取资本。债券持有者是股份公司的债权人，这也是与股东重要区别之点。

股份有限公司比其他所有形式的资本主义公司具有许多优越性。其中最重要的是：第一，股份有限公司与某一个人身份不发生联系（因为数量不定的股东们是股份企业的主人），它比其他形式的资本主义企业能更方便地征集巨额资本，即每个资本家都可变为股份企业的参加者。为了这一点，仅仅需要购到通常在市场自由出卖的相应的股票就可以了。第二，在股份有限公司中，企业每一个参加者的责任受到其为购买股票所支付的金额或归其所有的股票金额的限制。因此，参加该企业有关的冒险就大为减少。第三，由于股票发放的金额一般不大，所以有可能使小资本家也能参加到企业中来。第四，由于有可能随时转卖股票，所以股东退出非常方便。第五，由于企业不存在个人的特性和由此而产生的必要的严格的会计制度，所以企业容易获得贷款。由于以上这些优越性，股份有限公司在现代经济制度中，越来越具有主导地位。

当然，股份有限公司仍存在它固有的不利方面，这是它的基本特点导致的，即股份有限公司与某一持有者个人身份不发生联系，没有个别的特点。个别的股东，如果他掌握的股票数量不大，就很少关心企业的成败如何。因此，股东们都不愿意参加股东者全体会议，并且这种会议常常纯属是流于形式。股份公司的全部业务，通常由人数不多的一组大股东领导，而直接的业务管理由雇佣的负责人主持。所以，股份公司的经营，通常不具有节俭的特点。同时，由于有可能在市场上轻易地出售股票，所以居领导的股东们有可能损害其余的股东，例如，不从企业利润中得到收入，而是从不同时间的股票行市（价格）之差中（即低价购买和高价出售股票）获取收入，况且这种行市的波动是由有关人员造成的。

股份有限公司过去和现在常常就是只按照这种主意设立的。在工业危机的历史上，记载着许多这样极端离奇的公司企业，而它的奠基者们虽然也了解它的不可靠性，但是指望通过大肆招贴广告的办法，为这些企业的股票在轻易相信它的公众中寻找到市场，并且常常在这方面取得全面的效果。

但是，所有这些不利的方面，远远不能够超过股份公司便于吸收资本的主要优越性。因此，资本越聚集，则股份有限公司越能发挥其重要作用。当代最大的股份企业，例如铁路、运河等等。都是或者通过股份有限公司的形式，或者通过国营企业的形式来实现的。

股份有限公司特别是从十九世纪后半叶开始更为迅猛地发展。在最为发达的资本主义工业中，它们已成为占统治地位的企业形式。

例如，在美国、英国和德国，股份有限公司的生产价值大大超过了其他工业企业的生产价值。但是，不应忘记：企业的股票形式还是当代最大的企业如铁路企业的主导形式。世界铁路的绝大部分属于股份有限公司。

二、企业主联盟

当然，不论通过个别企业的发展和大企业吞并小企业的办法，使资本积累如何迅速发展，而资本主义的进化条件近年来却出现了使资本越来越合并为更大的金额的新形式。不久以前，个别资本主义企业之间发生了激烈的斗争，在斗争中，弱肉强食，但是强者往往在价格上使自己的企业受到损失，因为伴随这场斗争的是产品价格降低，使所有竞争者的组织受到损失。上一世纪八十年代，是许多资本主义工业的最为重要的产品价格严重下跌的时期。资本主义工业出现了严重的危机，为此，资本主义就获取建立新的资本组织形式，即所谓的卡特尔、辛迪加或托拉斯。

各种旨在减少相互斗争和提高价格的企业主联盟和协调，当然不仅仅是新时期的现象。罗马帝国的法律，如同以后中世纪的法律一样，有许多严厉的规定，其目的在于反对因企业主提高价格而举行的罢工。从合理的原因来看，最令人担心的是粮谷商人的密谋。

但是，上述协调涉及的是产品销售，而不是产品生产过程本身，因此它与新的企业主很少有共同协调之处，通常是暂时性的和过渡性的。在小生产占统治地位的条件下，即在产品生产是由数以千计的独立生产者从事的时候，它们之间的协调最为困难。但是，生产某一种商品的企业数量愈少，则企业主越容易达成协调，而且用共同的力量来保卫自己的利益以代替相互间的斗争。

尤其是下列一种企业股份形式更容易达成协调，即股份有限公司是无个性的，并且每一企业的股东同时又是相应购买股票的其他任何一个股份企业的股东。这样便于实际上把数个股份企业合并成一个企业，而在这种情形下，其中每一个企业在名义上应保存自己的完全独立性。另外，由于股东很少关心业务，所以他比把自己的资本移入该企业的私人企业主更加受到该企业行动自由的限制。

当代的企业主联盟按照每个企业之间的联系稳定程度又可分为下列四种：

1. 协定式；

2. 囤积式或临时投机买卖联盟；

3. 卡特尔或辛迪加；

4. 托拉斯。

企业主只调节加入联盟的企业的少量的和次要的活动方面，这种协调称为协定式的，例如，商品记账销售的贷款期限，现金交易的折扣范围，等等。

企业主（通常是商人）临时的协调，目的在于通过垄断商品销售的办法抬高商品价格，这种协调称为囤积式，或者临时投机买卖联盟。正因为如此，这种协调的形式，换句话说，商人的密谋，是企业主联盟最为可怕的形式。近年来，除了其他形式的企业主联盟外，这种形式在美国得到了迅速的发展。仅多次垄断世界铜制品市场的企图，就完全可以成为例证；在小麦、棉花和其他产品的贸易方面，也经常出现这种囤积式的联盟。

为了调节自己企业活动的重要条件（主要是产品生产或销售条件）而组成的多少是长期的和固定的企业主联盟，称为卡特尔或辛迪加。近年来，正是这种企业主联盟（与托拉斯一样）具有代表性。卡特尔绝非是商人们的临时密谋，而是追逐固定的、长期的目标，因而它是标志资本主义经济上升到更高阶段的资本主义企业的新类型。卡特尔具有两个特点：一方面，在卡特尔中，各个企业还没有丧失自己的独立性；卡特尔企业不是一个企业，而仅仅是数个企业的联盟。另一方面，在卡特尔中的各个企业的独立性受到一定程度的限制，即每个企业只能作为整体的一部分去实现自己的目的。上述第一个特点表明，卡特尔区别于托拉斯；第二个特点表明，它不同于上述两种形式的企业主联盟。

影响企业活动的经营条件都是卡特尔调节的对象。参加卡特尔的企业协调涉及：

1. 所买和所卖的商品价格，同时，卡特尔可以确定各种市场上的级差价格；2. 通过缩减生产和降低商品价格的途径，提高生产的规模；3. 分配各个卡特尔企业之间的销售范围以排除它们之间的竞争；4. 调节价格、生产规模和销售范围；5. 在调节价格、生产规模和销售范围的同时，根据总的协定分配卡特尔企业之间的全部订货单。在第五种情形下，各个企业的独立性已降低到最低限度，而且仅表现为：各个企业在自己的生产组织中保持独立性，并且只有通过压缩生产费用才能增加自己的利润。

托拉斯（系美国根据公民法特点产生的企业主联盟的独特形式）是企业联合的最高形式。参加托拉斯组织的各个企业完全丧失了自己的独立性（只名义上保持自己的独立性）。组成托拉斯的企业股票转交给全权管理业务的几个有威信的人员；至于股东取得充当股票的托拉斯证券，用此来计算利润。目前这种形式的托拉斯几乎不见了，因为立法禁止这样做，取而代之的是以参加托拉斯组织的企业合并为庞大的股份有限公司。各个企业失去在托拉斯中保持的那种名义上的独立性，而直接变为一个统一的资本主义的股份有限公司。但是，它仍保持托拉斯称号。

卡特尔和其他形式的资本主义联盟组织建立的基本原因在于：资本的积聚能增强它的经济实力。卡特尔是资本联合的新形式，是大企业逐渐代替小企业和工业发展道路的新阶段。由于资本家联盟的存在，资本积聚化过程具有无比迅速发展的特点，因为在这种情况下，大企业没有排挤小企业。这种情形在长期的斗争后才能出现。但是在共同的利益上，这些和那些企业却合并为一个共同的庞然大物，为此只需要在利益方面一致。

卡特尔也像所有的资本主义企业一样，拥有提高自己利润的经济实力。为此目的，卡特尔力争抬高其出售的商品价格，因为这是市场条件所允许的，同时，还降低工资（以及其获取原料和其他生产资料的价格），因为这样做会促使增加利润。因此，毫不为奇的是，卡特尔无论在广大的消费者群众中也好，还是在工人中也好，一般来说，都不享有声誉。他们两者都不得不为自己利益向卡特尔进行斗争，因为卡特尔严重地威胁着他们的利益。

但是，不能认为：卡特尔的影响总是表现在抬高卡特尔企业所生产的商品价格以及恶化劳动条件上。通常，甚至很多人认为：在卡特尔最大限度发展的国家里，卡特尔主要对上述两者却产生完全相反的影响。问题在于，尽管卡特尔增强了资本家的实力，并以此便于他们剥削消费者和工人，但是，卡特尔同时却提高了社会劳动生产力，并最后达到使产品降价和改善劳动条件的结果。卡特尔组织得越严密，越接近于统一的企业，那么对生产技术越能产生积极的影响。

无疑，美国托拉斯对生产的技术进步已产生了特别的促进作用。由于在建立托拉斯时，所有的企业合并成为一个企业，所以托拉斯直接关心所有企业的生产技术都能同样地提高。为此目的，托拉斯要求在技术装备上不够理想的工厂停止生产，而且要把生产集中在技术水平最高的地方进行。例如，伏特加托拉斯在自己建立之后不久，就关闭了八十家工厂中的六十八家，只留下十二家进行生产；砂糖托拉斯和其他托拉斯也照此办理。结果是大大地降低了生产成本，从而托拉斯按低价出售商品，攫取了大量的利润。但是，此外也不应忽略高昂的商品价格会限制其销售，这也是卡特尔经常大量出售低价商品、少量出售高价商品，进而获取更多赢利的原因所在。

至于谈到工人，那么由于生产的集中化，提高了劳动生产率，所以这又便于提高工资。同时，资本的统一把大量工人分类配置在工厂里，在技术上有利于工人的联合。这样就增强了工人阶级的社会实力。因此，在这一方面，资本家卡特尔的最终结果是适合于大多数居民的利益。

适合于卡特尔产生的最重要的条件之一是保护关税制。假如，在一个国家里占主导地位的是保护关税政策，那么卡特尔的发展将得到比自由贸易制占统治地位情况下无比多的有利基础。原因在于：在前种情况下，该国的工业面临的是闭塞市场，因而卡特尔容易成为国内的垄断者；相反，在强大的外国竞争的条件下，国内企业联合并不能排除外国企业的竞争，并且卡特尔也无能为力来调节销售条件。

由于这种原因，卡特尔在保护关税政策的国家里，例如在美国和德国，都得到了最大限度的发展。相反，在英国，卡特尔的发展就比较缓慢。而英国没有发展原因，除了贸易自由之外，还在于英国的工业远比其他任何国家只是更多地为出口而生产，而且是这种出口分布于全世界。这种做法的后果，使英国工业的民族组织在调节所生产的产品销售条件上存在着极端的困难。①

如上所述，在美国，企业主联盟（主要是很多企业完全合并成为一个企业的形式）得到最为广泛的推广。评论这些组织的作用如下，例如，所谓的钢铁托拉斯，它产生于 1901 年，拥有 14 亿多美

---

① И. 戈利德什坚：《企业主联盟，历史与理论》，1908 年，讲稿第 7、8 页。

元的资本；石油托拉斯拥有约 1 亿美元的资本；铜矿托拉斯拥有 7 500 万美元的资本，等等。这些庞大的资本组织几乎包括了全国范围的生产。

在俄国，同样也有很多卡特尔，俄国占主导地位的是极端关税保护制，它对卡特尔产生了促进的作用。

在 1887 年建立的糖厂卡特尔获得了最大的声誉，指的是它通过出口部分糖到国外的办法来调节糖的价格。这样卡特尔迅速取得了官方的批准，并且做到在相当长的时期内，使这样重要的消费品价格比没有卡特尔时保持相当高的水平。砂糖"配合制"在社会舆论上使卡特尔威信扫地，实际上，这种卡特尔迟滞了俄国甜菜制糖工业的发展，并为某些大的工厂主的利益而向消费者课以沉重的赋税。

在俄国，从本世纪开始，严重的经济危机对建立卡特尔产生了强有力的推动作用。特别是制铁工业，机械制造业和采矿工业，受危机之害最甚，因而出现了许多卡特尔。其中有些卡特尔是在政府的支持下产生的。最有代表性的卡特尔是著名的《铁路订货分配委员会》，即政府机关，它赞同铁路物资保持高昂的价格，并且阻止新的铁路附件厂的建立。

总之，现代的经济发展随一种自然发展过程的力量把资本联合成为更大的经济组织。毫无疑问，这种过程伴随着许多有害的现象，社会政权不应该对之持漠不关心的态度听之任之。现代政府不要惧怕积极地干预经济生活，它完全有可能制止各种资本主义组织的有害影响，因为卡特尔在保护关税的庇护下，已具有特别危险的性质，这件事表明：政府能通过相应的关税政策，即允许外国竞争的办法，去有力地影响卡特尔，并且政府能够轻而易举地挫败卡特尔抬高产品价格的企图。但是，不允许建立卡特尔的任务，绝不意味着是违犯资本主义的发展规律。美国政府同托拉斯的斗争不在于消灭资本主义联盟，而在于使托拉斯具有更加狭义的特点，并把托拉斯变为庞大的股份有限公司。但是，这种股份有限公司不再留有各个企业保持独立性的任何痕迹。现代国家已完全无能为力反对把许多单个企业合并成为一个企业。因而，国家对托拉斯和卡特尔所采取的有益政策，应当不是力图消灭它们，而是对广大的居民有害的方面及其活动的后果进行斗争。特别是在这些新的资本组织严重地威胁工人阶级方面，政府应当给予充分自卫的自由和工人用工会组织反对资本组织的自由。联合的劳动应当抵制联合的资本。

企业主联盟的出现，是迅速发展中的资本主义工业无政府状态的必然结果。资本主义企图利用这种联盟，实行社会生产的组织方法，然而它是独特的资本主义方式即不是为了社会的利益，而是为了资本家的利益。同生产过剩所引起的产品降价进行斗争，其发展趋势是以资本主义经济的本质为基础。卡特尔总是要把生产限制在它能使投资获取最大利润的范围。由于缩减了生产，卡特尔面临着加剧失业的发展趋势。否认卡特尔的有害一面是不可能的，但是卡特尔仍然被认为是资本主义发展的必要阶段，这个阶段也类似于工厂，尽管工厂的发展使人民群众遭受极大的痛苦，但是它无疑同样也是进步的现象。总之，以卡特尔为表现的进步，是资本主义独特的进步，但是它含有无法排除的对抗性的社会矛盾。因而卡特尔的一切进步都不能不引起在利益上受卡特尔害的社会阶级的反抗。

参考书目

股份公司：

特尔纳：《股份公司》，载《国家知识汇编》，第 2 卷，1875 年。

Л. 彼得拉日茨基：《股份公司》，载《股份的非法利用及股份公司在国民经济中的作用》，1898 年。

W. 奥尔巴赫：《股票交易》，1873 年。

厄歇尔霍伊塞：《股票业的害处和股票立法的改革》，1878 年。

L. 戈尔德施米特：《贸易公司的新旧形式》，1892 年。

R. 勒曼：《股份法的历史发展到商业法典》，1895 年；《股份公司法》，2 卷，1898 和 1904 年。

企业主联盟：

皮赫诺：《工商阴谋》，1885 年。

И. 扬茹尔：《手工业辛迪加》，1895 年。

A. 古里耶夫：《工业辛迪加》，1898 年。

库尔钦斯基：《企业主联盟》，1898 年。

A. 韦斯宁：《北美托拉斯》，1906 年。

A. 拉斐洛维奇：《工业辛迪加》。

И. 戈利德什坚：《辛迪加与托拉斯》，第 2 版，1912 年；《企业主联盟》，载《历史与理论》，1908 年。

克莱因韦希特尔：《卡特尔》，1883 年。

贝克：《垄断与民族》，1889 年。

利夫曼：《企业家联盟》，1897 年；《保护关税与卡特尔》，1903 年；《卡特尔与托拉斯》，1905 年。

契尔斯基：《卡特尔与托拉斯》，1903 年。

格伦采尔：《关于卡特尔》，1902 年。

施泰因—布赫尔：《卡特尔事业的发展》，1902 年。

哈尔曼因：《工业成为托拉斯的必然发展》，1904 年。

希尔施:《卡特尔问题》,1904 年。

卢齐耶:《生产者工会》,1901 年。

詹克斯:《托拉斯问题》,1900 年。

冈顿:《托拉斯和公众》,1900 年。

克拉克:《托拉斯的控制》,1902 年;《垄断问题》,1904 年。

伊利:《垄断与托拉斯》,1902 年。

蒙塔古:《当代的托拉斯》。

赫维:《美国的钢铁工业》,1905 年。

麦克劳施:《英国工业中的托拉斯运动》,1901 年。

H. 莱维:《垄断、卡特尔和托拉斯》,1909 年;《各国关于辛迪加和托拉斯的立法》,И. 莫利德什捷纳译,1910 年。

Л. Б. 卡芬豪斯:《俄国铁路工业的辛迪加》,1910 年。

A. 卡明卡:《商法简述》,1911 年。

沙斯基:《托拉斯和辛迪加》,1912 年。

第七章　合作企业及其形式

一、合作社的定义及其分类。二、信用和储蓄贷款合作社。人民银行(舒尔采—德里奇)。赖法伊岑信用合作社。赖法伊岑原则。中央组织。俄国的小额信用。三、消费合作社。英国消费合作社的历史。罗契台尔原则。俄国和其他国家的消费合作社。消费合作社的一般评价。四、农业合作组织。农业合作社的各种类型。乳品合作社。西方和俄国的农业合作社。五、生产的、劳动的和辅助生产的组合。俄国日用品生产组合。西方生产组合。组合生存的条件。俄国和西方的劳动组合。六、合作化和政党

一、合作社的定义及其分类

资本主义企业的目的是获取最大的利润。但是,在现代生活中,还存在追逐另外目的和遵循其他原则的完全是另一类型的企业即合作企业。什么是合作企业?这是由若干自愿联合起来的人员形成的经济企业,追逐的目的不是获取投资的最大利润,而是借助于它的经济经营,扩大自己成员的劳动收入,或者减少自己成员用于消费需要的支出。

合作企业既截然不同于资本主义的经济组织，又不同于强制性的社会经济组织。例如，国家和市政机关在广大的范围内实行的经济绝非以追逐最大利润为目的，在这一点上，又与合作企业没有区别。但是国家或城市经济具有强制性质，而合作企业与此相反，始终是建立在有关人员自愿协调的基础上。因此，合作企业的特点有：1. 目的在于扩大自己成员的劳动收入或减少用于消费需要的支出；2. 自愿组建；3. 公共经营。

合作企业能够包括一切可能的经营活动形式，而且按照每种特点，建立特殊的形式。因此，出现各种类型的合作社（合作企业），它的分类如下：

合作社的分类

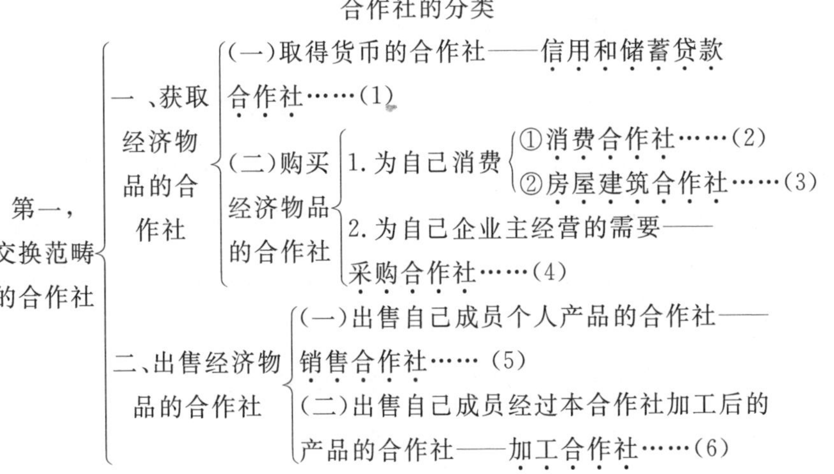

第二，生产和交换范畴的合作社
- 一、共同利用生产资料的合作社——辅助生产组合……（7）
- 二、共同出售自己合作劳务的合作社——劳动组合……（8）
- 三、共同生产销售用的产品——生产组合……（9）

因此，可以将以上九种基本类型合作社加以区别如下：

（1）信用和储蓄贷款合作社；

（2）消费合作社；

(3) 房屋建筑合作社；

(4) 采购合作社；

(5) 销售合作社；

(6) 加工合作社；

(7) 辅助生产组合；

(8) 劳动组合；

(9) 生产组合。

在实践中，信用合作社、消费合作社、采购合作社、销售加工合作社具有更大的作用。三种生产合作社（组合）具有理论上的重要性。下面将评述所有这些合作社的特点。

二、信用和储蓄贷款合作社

德国是以向小生产者、而不是向大私有者提供贷款为目的的信用合作社的故乡。在十九世纪五十年代，几乎同时产生了这样两种机关，并且得到迅速的发展。其中一种机关（储蓄贷款合作社）的倡导者是舒尔采—德里奇，另一种机关（信用合作社）的倡导者是赖法伊岑。

舒尔采—德里奇信用合作社主要指的是向城市小商人和手工业者提供贷款。每个小资本家和生产者的贷款能力都很小，但是在相互团结负责的条件下，它们这样或那样的团体却具有充分的贷款能力。舒尔采—德里奇“人民银行”就是债务人联盟，其中每个人都为另一个人担保，并且通过相互负责的办法以代替每个债务人财产保障不足。这种“人民”银行的固定资本，是由银行成员交付的股份（数目不大）形成，而这些成员又把吸收到银行的资本进行放款，正像主要通过存款的方式把资本吸到一般商业银行一样。

由于这些银行要求交付一定数量的股份(计股息),并且只能拥有一定资本的人们(哪怕资本数额不大)才能办到,所以,这些银行要受到资本主义变种的危险,也就是说,在顺利的条件下,“人民”银行很容易变为一般的资本主义银行,近年来,许多舒尔采“人民银行”已经发生了这种变化。

大量进行小额贷款的机关是在德国按赖法伊岑倡议所建立的信用合作社,它的主要任务在于为农民群众组织贷款。它与舒尔采—德里奇银行基本区别在于其股份规模非常小,甚至原则上不接受股份。这些合作社贷款能力的唯一保障,是其成员们根据合作社义务所承担的相互责任。

赖法伊岑型的信用合作社从现代经济制度的观点来看完全是一种非常独特的机关。这些机关的创建者赖法伊岑对其活动曾提出过许多原则,后来都被其继承人当做珍宝来看待。这些原则中重要的是:

1. 各个成员对合作社义务承担无限的责任;2. 在“地方化”的原则即合作社活动限制的原则上,地区的界限很狭窄;3. 禁止合作社成员同时参加数个合作社;4. 原则上不接受股份,因为这是现行法律所允许的;5. 禁止给合作社的工作人员固定薪水(会计人员例外)。

这些原则中的第二、第四和第五项原则似乎像与赖法伊岑组织进行激烈斗争的舒尔采及其追随者所宣称的那种经济谬论一样。例如,地区化原则要求合作社不能超越狭窄地区(通常指某一农村)的框子。但是,根据现代经济制度的普遍规则来看,扩大企业,就是增强了企业的经济实力。看来,用较小的规模限制企业也就是限制了发挥其经济作用。如果企业经营得好,为什么不能扩大企业的规模呢?

原则上不接受股份资本,看来更是难以理解的。不论何种企业,况且以向自己的成员提供资本为任务的贷款企业,如果没有自己的资本,怎能站住脚呢？又用什么向自己的成员贷款呢？

最后，拒收劳务付款似乎更加荒谬。所有现代经济都是建立在私人利益之上的，以劳动不需补偿的原则为重点的经济组织更是如此。建立在这种原则基础上的企业，是否能不仅打算赢利，而且又图暂短的存在呢？

实践表明，不仅能够做到，而且正是这种组织才能适应农民经济条件的要求。上述每一项原则，都是牢固地建立在赖法伊岑合作社所指望的那种社会环境的特点之上的。

承担无限责任的原则，乃是这种合作组织中存在不拥有资本的人们所导致的必然的后果。这种组织同资本主义一般企业一样，不能以自己的资本保证本身义务的履行。它采用自己成员之间的连环保来填补资本的不足。

“地方化”的原则，指对最贫困的成员提供贷款作为合作社的主要任务，这些人由于没有足够的财产，被普通的信贷机关认为是无贷款能力的人。对债权人来说，是什么代替了债务人财产保证的不足呢？只有对债务人的个人信用，这种信用是建立在最熟悉他们身份及其经济活动的全部细节的关系之上。在这种与债务人密切往来当中，债权人对自己贷款，就像对有坚实财产保证的贷款一样安心理得。在某一村庄里，每个人相互间都最了解，而且知道谁值得信任。此外，不向同村的人提供监督相互活动的任何劳动。所以，涉及一个村的信用合作社可以完全自行处理自己的业务，因为，这种合作社向自己的成员提供的贷款，完全可从每个成员自己的特点出发，而不以它的财产保障为基础进行办理。但是，如果仅仅合作社超过了一定的界限，那么合作社将失掉成员相互间的个人密切往来的优越性，当开立信用贷款时，势必就得履行像其他所有信用机关所采用的原则，即根据该贷款人的财产支付能力办理贷款业务。

第三项，赖法伊岑原则也是根据整个合作社组织所赖以建立的个人因素而产生的。一个人参加几个合作社就可逃脱每个合作社的监督。

第四项，说原则是信用组织作为财产支付能力很弱的人们的合作社所具有的基本特点导致的结果。如果合作社拥有股份资本，那么它只能为交付股份的人员开户，而不会为较贫困的那部分人开户。这种合作社就会向合作社存款的成员进行贷款。当然，开办业务，总是需要资本，哪怕是小额资本。但是，合作社的这种困难可通过外借资本的办法应付过去。合作社借到资本后便开展自己的活动，吸收存款，然后用合作社的利润来抵敷开办业务时的债务。因此，合作社在最初没有任何自己的资本情况下，同样也能像其他任何一个资本主义银行一样稳固。

最后一条赖法伊岑原则也是从农民信用合作社的特点中产生的。这项原则同样是建立在个人的信用之上。主办这种业务的人们参加合作社的目的不是为了得到好处，而只是想给自己的成员带来利益。他们不取得货币报酬，但得到的是与担任的社会职务紧密结合的尊重和名誉。然而，由于合作社的规模微乎其微，而且在它的活动中，全然不存在官僚主义，所以合作社的管理所耗费的劳动最少，这样带来的损失不会太大，而且一般人也能承受。

赖法伊岑类型的信用合作社，最能够适应于农村生活的条件。每一个合作社在经济上无论怎样软弱无力，但合作社却仍是一股巨大的力量，而且地方的和全国组织将联成一体。这种广泛的组织包含单个的合作社，它是单个合作社天然的和必不可少的补充。因此，仅仅有数十个成员的最微小的信用合作社，也能得到全国合作社组织的强有力的支援。

赖法伊岑信用合作社远非只从事一种信贷业务，而是力争在经济生活的各方面都能对其成员给予帮助。例如，合作社组织联合采购农村经济所需要的物品，出售合作社成员的劳动产品，组织联合使用机械设备，采取措施以推广农业知识，等等。

每一个信用合作社都会遇到因合作社内部缺乏资本供求平衡所带来的不便。在其狭窄的经营区域内，在一定的季节里，存款极为过剩，在当地找不到广泛的出路；但是在另外的季节里，又缺乏资本，不能满足当地对贷款的要求。另外，每个合作社只能吸收当地的资本，其规模就不可能扩大。由于每个合作社存在这些弱点，产生了一种特殊的、所谓的“中央信用局”，它把一定地区的数以千计的合作社联结起来，与上述弱点进行斗争。中央信用局有能力做到：把一些合作社过剩的资本发放到某些资本不足的合作社。同时，由于中央信用局是比较大的信贷机关，所以它能扩大信用合作社和广大金融市场之间的联系，并且能从这种市场把雄厚的资本吸收到合作社里来。同样，近年来，德国中央信用局也被 1902 年建业的帝国农业合作银行合并在一起。到 1913 年，该家银行停业。

所有这些组织完全是由合作社本身组建的，也没有得到国家的任何支持，而大多数合作社原则上反对，或确切些说反对过这种支持。近年来，在这方面发生了变化，合作社机构越来越多地准备接受国家的援助，德国就表示愿意接受它们的要求。在 1895 年，普鲁士政府建立了"普鲁士中央合作信用局"，拥有逐步达到 7 500 万马克的资本。该信用局的活动非常广泛，目前大多数信用合作社与信用局发生来往。

在俄国，也存在各种小额信贷机构。我们"储蓄贷款合作社"在某种程度上就是舒尔采人民银行类型的机构，它的历史早在六十年代就开始了。"储蓄贷款合作社"，最初与俄国人的最殷切的希望联系在一起，但是辜负了人们的希望，这并不奇怪，因为就其类型来看，储蓄贷款合作社不大适应农民经济条件。储蓄贷款合作社因要求股份而不向普通农民开放，因此，在普遍贫困和小资产阶级的作用甚微小的情况下，俄国没能推广它。不过，由于它的股份比较少，可以不同时而部分支付，所以，这些合作社与赖法伊岑类型区别不大。

很久以后，俄国出现了"信用合作社"(纯属赖法伊岑类型)，近年来其数量增加得很快。这种类型的机构是在俄国 1895 年关于信用合作社新宪法公布后产生的。这种合作社在开办业务初始，就从国家银行借款作为必需的资本，而且它的活动要受到国家的监督。合作社接受存款并发放给自己的成员以短期贷款。

这些机构与纯赖法伊岑类型的合作社的区别在于：前者一般不要成员承担无限的责任（每一个成员通常按合作社的义务，只承担为每一成员发放的最大贷款额的数倍的责任），并在实践中，对所选择的负责人不按无偿劳动的原则对待。其次，俄国的农民合作社也不遵循“地方化”的原则，大大超出农民合作社的规定范围。在德国，一个赖法伊岑合作社平均至少拥有 100 个成员，而俄国却在 450 个成员以上。原因在于：俄国合作社数量比较少，自然每一个合作社都要在更为广泛的地区开展自己的活动。因此，它就丧失了德国合作社那种贷款交易独立自主的优越性。

近年来，在俄国某些地区，农民合作社广泛流行，并且成为向农村高利贷进行斗争的非常有效的手段。一个中等的农民可用它所发放的贷款去实现各种各样的目的，如购买牲畜、生产工具、租赁土地、购买土地等等。农民合作社除了为自己直接的使命外，作为农民自救组织也是非常重要的。在这一方面，这种合作社也像其他形式的合作机构一样，对俄国农民具有巨大的教育意义。

到 1914 年 1 月 1 日，俄国拥有 12 789 个信用和储蓄贷款合作社，资产达到 62 100 万卢布和 800 万成员。它自有资本金额相当大，达到 8 320 万卢布。

俄国的信用合作社（也像西方的一样），是一种小额信贷机构，最适宜于农村。但是，孤立的信用合作社并不能充分开展自己的活动。在德国，这类机构联成一体，成为中央信用局和帝国联盟。俄国也是需要这样做。近来产生的信用合作社联盟表明：俄国已经开始明显地感到有必要把各个合作社联合起来。

信用合作社联盟应当发展成为类似于德国中央信用局那样的机构。此外，还需要建立一种把全国小额信贷合作机构联合起来的中央组织。第一个全苏合作联盟表示反对用国家金库的资产建立中央帝国合作银行，担心用国家监督排挤掉合作社贷款。原则上不应当有什么理由反对国家对合作化事业的援助，但是，须注意到俄国存在着占统治地位的官僚主义制度，不能不同情联盟的忧虑，即国家金库的援助将是用高价买到的，也就是说，俄国合作社机构现在所享有的那部分活动自由将被缩小。而且，国家银行现在打算把信用合作社变为自己所隶属的机构之一。假如这种打算实现了，那么俄国的年轻的合作社贷款事业被染上办公室职员们的那种呆板习气，只能全部垮台。所以，不能不赞同俄国合作社联盟的方针，始终坚持合作社运动最需的一点即消除政府的监督。

在1912年，莫斯科建立了"莫斯科人民银行"，力争成为全帝国中央合作社贷款机构。

三、消费合作社

购买消费品、然后将其转卖给自己成员们的消费者联盟，称为消费合作社。通常在购买商人们的消费品时，购买者要向商人付出(超出商人自己的商品劳动耗费价值)高价，消费者合作社力求使消费者保存这笔多付出的钱。它的组成部分如下：一部分人通过交付股份形成一定的资本，并用其购买消费品和设立向合作社成员出售这些消费品的场所，这种企业对消费者非常有利。

在英国，消费合作社是根据著名的英国社会主义的奠基者罗伯特·欧文的倡议建立起来的。这些消费合作社最初建立于上一世纪二十年代到三十年代，英国已拥有数以百计的消费合作社。但是，这些最初建立的合作社所取得的成绩并没有保持下去，而在三十年代后期，几乎全部垮台。合作社迅速崩溃的根本原因，一方面在于这项事业是新事物，而另一方面则在于第一批消费合作社缺乏内部安排。

合作社运动的新纪元开始于1844年，即从英国北部小城市罗契台尔由28个工人按新原则建立消费合作社开始。创建者称为“忠实的罗契台尔奠基者合作社”，曾取得了显著的成就并成为后来的消费者合作社的榜样。这种合作社的章程基础是，它采取新的组织和活动的原则，命名为“罗契台尔原则”，主要有以下几项内容：

1）所有成员，不论其拥有多少股份，权力一律平等，每个成员应该只有一票表决权；2）股票数额很少，甚至贫困的市民也有可能得到；3）商品出售仅用现金，不予赊卖；4）所出售的商品价格接近于市场水平即采用平均利润加采购价格；5）按每一个成员购买额的比例分配利润。

上述第一、第二两项原则，赋予消费合作社以民主的性质。由于推行第三和第四项原则，所以，年终合作社拥有大量的余钱，将其按成员购买额的比例进行分配。可见，合作社成员获取好处，不是从消费合作社店铺购买低廉商品（通常这种店铺出售的商品价格与一般公道的商品价格一样）中实现，而是从营业年度结束所分配到的金额中实现的。因此，合作社的职能作用不仅是作为一个店铺，而且还作为一个储蓄所，因为，所谓合作社的利润实质上不是别的，而是合作社成员在一年当中从小额购买额中所累计起来的储蓄钱。这些存款是合作社成员全然不知不觉积累出来的，因为每一个成员都是按普通市场价格购买商品，因而它就没受到任何损失。

第五项原则即分配余钱遵循独特的制度具有更为重要的意义。假如按照它们所交付的股份比例在合作社成员之间分配余钱的话，那么合作社不可避免地要具有企图获取最大利润的资本主义企业的性质，合作社企业越兴旺，股份产生的收入越大，则股东们就越倾向于少吸收新的享有同等权利的成员参加合作社。

因此，出现的趋势不仅限制了股东的数量，而且也限制了合作社的业务开展。相反，在按照每一个成员购买额的比例在成员之间分配余钱时（况且股份的普通利息从余额中计算），不仅每一成员关心尽可能多地购买合作社的商品，而且所有的成员们都关心增加成员的数量，因为合作社成员越多，则合作社每一成员所得到的余钱就越多。

这种消费合作社组织应付实际需要的能力是显而易见的。每一成员在满足自己当前需要又不受到任何损失的情况下，有可能得到大量存款(在英国，为此一个消费合作社的成员年平均可以得到约 4—5 英镑)，而且能避免商品伪造和低劣的危险，这在普通的店铺里，会使购买者受到极大的危害(特别是在为贫困购买者开设的店铺里)。

目前，大不列颠全部工人消费合作社都是按罗契台尔原则建立起来的。到 1912 年，在大不列颠，其数量已达到 1 520 个，拥有 2 876 872 个成员，股份资本达 5 700 万英镑，成员之间分配的纯利润达 1 300 万英镑。消费合作社在这一年的周转额计为 122 885 411 英镑。四分之一以上的大不列颠的公民因此而享受到参加消费合作社的益处，在合作店铺里，可购到一切可能的日用消费品，如不仅有食品杂货和零星商品，而且还有肉、乳、青菜、面包、衣服、煤炭、家具和器皿，等等。

大不列颠消费合作社分布在两个中心的周围。两个批发采购(一个为英格兰，另一个为苏格兰)合作社是它们的经济中心，而“合作联盟”(产生于 1869 年)则是宣传合作思想为宗旨的精神中心。这种联盟每年举行合作社代表大会，力争使合作运动不致蜕化和脱离自己遥远的崇高目的。至于谈到批发采购合作社，则它是强有力的经营组织，是消费合作的自然补充，排除批发商的中介作用，如同消费合作社排除零售商人的中介作用一样。

消费合作社不仅能够在向外采购所需要的商品，而且还能在自己的作坊里制造产品。因此，就产生了消费合作社的生产部门，在合作运动发达的国家里，近年来越来越发挥最大的作用。

但是，不应该把消费合作社的生产企业同另外一种生产组织即生产组合混起来。后者没有雇佣操作，而工人就是生产资料的主人。而消费合作社的工厂则是完全靠雇佣劳动操作的企业，并且利润为其主人消费合作社所得。因此，消费合作社作为业主的身份出现，当然不同的一点在于，消费合作社不会滥用自己业主的地位，它作为普通资本家却要更多地顾及工人们的利益。消费合作社的生产企业具有充分的生命力，并得到迅速的发展，而当时的生产组合却勉强地维持生存。

比利时的消费合作社是一种特殊的类型，它和政党紧密地结合在一起。特别是社会主义政党在其经济组织中找到了强有力的支柱，消费合作社在其中起着主要的作用。

至于谈到俄国的情况，俄国的消费合作社建立于六十年代。到九十年代末，俄国消费合作社的成员已达到25万人。但是，这个比较可观的数字并不证明俄国的合作运动有力量，因为在俄国的消费合作社中，当时大多数隶属于工厂经营的合作社，几乎不享有独立的支配权。实际上，这不是自由的合作社，而是另外一种类型的组织即在某种程度上变为工厂的店铺。仅在1905年后，随着俄国社会团体的共同发展，俄国各种形式的合作运动才开始迅猛地发展起来，其中包括城市和乡村的消费合作社。到1913年1月1日为止，根据农村储蓄贷款合作社彼得格勒分部第三处的统计资料，俄国已有8 790个消费合作社。这些消费合作社的成员数量约达150万人。大部分消费合作社建立在农村。农村合作社之所以得到迅速的发展，原因是：在商人们的利润水平相当高的情形下，即使是管理不善的消费合作社也能成功地与商人们进行竞争。而且，由于商品运往农村要课以非常高的利润息金，所以，几乎没有什么经验的农民也能在消费合作社里收回足以发展合作社的利润，这是毫无疑问的事。

1905年后，俄国合作运动的发展，不论在城市，还是在农村，都全面地表现出来。不仅出现数以百计的新型合作社，而且旧式的合作社也贯彻新的精神。在许多工厂，工人们有效地把持消费店铺，进而把这些微不足道的合作社变为有实际能力的合作社。特别是，由于持续的工业危机所造成的粮谷和其他消费品猛烈涨价，过分地影响了工人们的开支，所以，1907年合作运动更为发展。

目前，几乎谁也不会否认，消费合作社对工人阶级来说是具有重要的意义。英国消费合作社的成员年平均所得的那几个英镑，已经远远不是略微增加工人一般生活开支的情况了，尤其是再补充一点的话，由于存在消费合作社，工人们得到的是货真价实的商品。消费合作社对商品价格的间接影响也是很重要的。在商品竞争发展比较差的地方，这种间接影响可能更甚，促使零售价格大幅度下降，例如在俄国，农村店铺的价格就有时下降，在附近开设消费合作社后，价格要百分之数十地下降。因此，不仅是合作社的成员，而且所有的居民都会从消费合作社得到收益，而商人们从居民们那里所得到的“贡品”就大量地减少了。

其次，在消费合作社中，建立不同于资本主义经济的另外一种新的经济组织，对于现代经济制度普遍进步是很重要的。消费合作社直接排除资本主义的交换，而用有利于消费者的有计划的交换组织来代替资本主义经济自然的交换机制。这一点使现代经济制度贯彻一种有利于居民的、自觉地控制社会经济过程的原则。消费合作社的业主不是资本家，而是广泛的社会集团，而且消费合作社的目的不是用所耗费的资本来获取最大的利润，而是在每个成员为消费需要消耗自己的收入时，使他们尽可能有大量的存款。因此，消费合作社的收入不是利润，因为它是消费者积蓄的存款，不是所耗费的资本换来的利润。

消费合作社在改革交换时，并不满足于这一点，还企图改革本身的生产，也就是说，它以企业主的身份，在排挤掉商人资本家之后，还企图排挤掉工厂资本家。尽管消费合作社是这样一个徒具形式的业主，就像一切其他的企业主一样，但是，异常重要的是，在这种情形下，业主却并不是与工人异己的资本家，而是合作社，它的成员恰恰就是工人自己。因此，在这种情况下，集体的工人就是每个工人的业主，就像社会主义制度下的情形一样。

但是，需要指出的是，消费合作社是一个非常强大的组织，比如在英格兰，它拥有四分之一的居民和每年掌握数以千万计的英镑流通额。因此，我们面前出现了在资本主义旧世界内部以不可抑制的力量向前发展的新的经济世界，这个世界是建立在根本上否定旧世界的原理基础上的。

在这些新的经济组织里，无产者获得了一种经济教育，不经过这种教育，无产者永远不会完成建立未来制度的神圣任务。将来，工人要独立地掌握异常复杂的和庞大的经济机制，为此，工人应当具有高水平的经营本领、经济进取心和核算精神。如果工人为资本家雇佣劳动，那么他不可能得到这些素质。合作教育必须给工人以这种培养，伟大的合作化历史事业就包括了这一点。

消费合作社与其他合作形式本质上的区别是，这是无产阶级合作的唯一形式。在交换范畴中，其他合作社就是为小生产者的利益服务的，向他们提供生产资料，或者组织加工和出售小生产的产品。无产者丧失了生产资料，不是自己劳动产品的主人，因而也就不需要上述类型的合作社。他的所有财产就是消费品。因而，他仅仅作为消费者、消费品购买者，才成为合作组织的成员。

恰恰这一点赋予消费合作社以特殊的重要性。资本主义的发展导致生产竞争和居民的无产阶级化。鉴于这一点，无产阶级的合作组织的作用日益增大。因此，消费合作社的巨大成就促使许多社会主义者产生一种想法，即消费合作就应当把所有的重大社会现实问题加以解决，看来这是不足为奇的。事实上，目前消费合作社已经成为巨大的经济和社会的力量了。难道消费合作社进一步发展就不能做到逐渐地把整个国民经济都包括进来？也就是使消费合作社手里集中全部社会的生产资料，并因此资本主义世界逐渐地和悄悄地变为新的世界，合作的世界和社会主义的世界，在这个世界里，统治者将不是资本家，而是工人。

然而，不论这种幻想多么自然，它却是一种虚幻。消费合作社是一股巨大的经济力量，但是它毕竟有自己特定的界限。

但是，这些界限来自消费合作社本身的特性。消费合作社的力量及其在与资本主义企业进行斗争中占主要优势是在于它是一种永远有着得到保障的市场。消费合作社不需要寻找购买者，因为正是这些消费者组成了消费合作社。由此应当看到，在消费合作社的帮助下工人们之所以手里掌握生产资料，仅是因为他们充当着市场上的购买者的缘故。但是，一般说来，消费品，特别是工人阶级的消费品只是市场上的部分商品。除了消费品之外，消费合作社还生产不列入民用的生产资料。路轨、铁路附属品、船舶和其他等等，这些都不是工人们要购买的，也就是说，这些物品的生产都不是消费合作社所组织的，但是，对发达的资本主义经济来说，其特点却正是逐渐扩大构成生产资料的那部分社会产品，并缩小构成消费品的那部分社会产品。

诚然，其他类型的合作社正是为生产资料的需求而建立的，这就是把小生产者联合起来的合作社，例如，农民采购合作社，等等。但是，在现代技术的条件下，小生产只有在农业经济中才能得到顺利发展，资本主义大生产往往在工业中占上风。所以，采购合作的范畴在很大的程度上自然就不包括广泛的、主要是其作用日益增长的工业生产资料的生产部分。资本主义世界占支配地位的生产，目前是铁路工业（近年还有棉织工业）。在这一方面，我们看到了资本的过分聚集即握有数十亿卢布资本的企业。工人消费合作社完全无力掌握这些现代资本的主要支柱。消费合作社完全是另外一种范围，就其国民经济作用来看，是非常狭窄的，也就是国民消费的范畴。

而且，这还不是全部居民的消费，而仅是其局部的即主要是工人阶级阶层和次要的资产者阶层的消费。无产者的低层之所以不能成为消费合作社可靠的顾客，是因为他们不是可靠的市场。工资低下的无产者需要过半游荡的生活，并且不能把自己和消费合作社联系在一起，在这一点上，无产者是十分无援和贫困的。同时，消费合作社就需要现金出售，而无产者惯于赊购。相反，合作社上层有产者阶级是合作社需要的富有者。消费合作社却不能满足富有人们的阔绰的要求，因为消费合作社是为广大消费者开设的。对富有者来说，不需要合作化。因此，消费合作化即便其最为发达的时期，也只能涉及部分日用消费。

最后一点，在现代经济的条件下，相当一部分社会劳动耗费在出口商品的生产上。例如，英国相当一部分棉织产品运往国外。不论英国消费合作社多么发达，它也能找到以世界为市场的这部分英国产品的销路。

当然，在合作化发展的一定程度上，最后一点障碍并不是无法克服的。合作化可以超出某些国家界限，把各个国家的合作社联系起来。例如，英国消费合作社就直接与丹麦的乳品合作社有往来关系，而丹麦的农民不经过任何资本主义贸易的中介，直接向英国消费合作社组织内的工人们提供牛奶。但是，要做到这一点，不论是输入国，或输出国，需要有非常发达的合作社；然而这种情形是罕见的。向没有合作社的文化落后的国家输出商品，自然是超出了消费合作化的影响范畴。

这样一来，非常清楚：消费合作化不论怎样发展，正如其他合作化形式一样，都不能够摧毁资本主义世界的堡垒。但是，也非常清楚，合作化却提供了钱财并组织了获得新制度胜利的力量，没有合作化，这种胜利在相当的程度上是不可靠的。

四、农业合作组织

农业经济合作社是最重要的形式之一，是主要为农民服务的信用合作社。但是，此外，农业合作化还表现在其他一系列的组织中。采购合作社、销售和加工合作社在农业经济中多半都有份。

特别是农业加工合作社别有风趣。它需要与生产组合加以严格区别。在生产组合中，企业属于其从事劳动的工人。相反，在加工合作社里，生产则是用雇佣劳动进行的，而且企业的主人是一批小生产者，他们经营企业，为自己的某些产品加工，费用由大家共同负担。这种类型的企业以及最为广泛的形式可算为油脂加工合作社了。

丹麦是当代油脂合作社类型的古典式的国家。在丹麦，1882 年由斯蒂林—安德森创建了首批油脂业合作社。这批合作社立即引起公众的注意，在翌年又有一些新的油脂合作社建立起来。之后，这种新式企业的发展速度异常之快，每年都有数十家企业出现，之后就是上百家企业出现。到 1913 年，丹麦拥有 1 177 家油脂合作社，其成员达到 156 000 人。这些企业的周转金在这一年达到 32 600 万马克。

油脂合作社的组织方式如下：油脂合作社属于一伙农民，也有属于较大的户主。用于建立油脂合作社的费用通常是由发达的小额信贷合作企业提供的。油脂合作社的主人们有义务用自己的产业向油脂合作社供应牛奶。同时油脂合作社所使用的牛奶按其质量进行严格核算。这种办法所收集起来的牛奶,在有经验的技师管理之下,在合作社里通过其他雇佣工人们的协助加工成为油脂,然后予以销售。所获得赢利额在合作社的户主之间按每一户主提供的牛奶数量,有比例地进行分配(当然首先要抵敷一切支出之后)。

在丹麦,当时每一个油脂合作社都是完全自主的,通过一系列的组织同全国其他油脂合作社发生联系,共同形成一个严整的和互相有联系的全国性的整体。丹麦油脂合作社的发展结果是,大大提高了生产技术水平。制造油脂的全部过程是完全合情合理的,并且油脂的质量不断得到改进,以至于丹麦的油脂就其美质来说,可列为世界市场的头等产品。油脂的个体生产似乎完全无力与合作社的生产进行竞争,而且,目前,百分之九十以上的丹麦制造的油脂,属于绝大部分是中层和低层农民参加的油脂合作社制造的。

上世纪九十年代起,其他国家里的乳制品合作社也迅猛地发展起来。

其他样式的加工合作社有:葡萄酒业合作社、淀粉磨制业合作社、合作磨坊、酿酒厂,等等。

采购和销售合作社的目的在于使农业生产者摆脱商人们的剥削。在各个国家里,采购合作化,作为相当广泛的合作化,得到了特殊的发展。

这些合作社之间都联成地方的和国家的联合会。德国的销售合作社较之丹麦的,其作用不是很大,因为丹麦拥有一系列大型国立组织来销售各种农业产品。

在德国南部（以及在其他国家里，例如，在瑞士），近年来农民中间联合使用农业机器的合作社（农业生产和副业组合）得到了相当的普及。一伙农民合力购买机器，并且每一个成员可以轮流利用机器。这样一来，农民们有可能使用（小农经济来看很贵）比较昂贵的机器，例如，蒸汽脱粒机以及播种机和收割机，等等。

法国农业合作社的发展一般比德国的要慢。然而，法国共有 4 千多个所谓的农业辛迪加即各种性质的合作组织。酿酒业、园艺业、果园业、烟草业和其他的辛迪加，其追逐的目的在于合力购买所需要的生产资料，销售产品，获取所需要的资料，利用贷款，等等。近年来，法国大力发展加工业合作社，如酿酒业合作社、橄榄油生产者合作社，制糖业、淀粉和酿酒合作工厂，等等。

意大利农村的合作社运动非常奇异。它令人感兴趣的不是自己的规模，而是它企图建立在实践中很少成功的合作社形式。这一运动力图（成功地）解决组合生产的极端困难的任务。在这一方面，意大利内尔伊米利—亚勒佐省的各种合作社尤为突出。雷焦—艾米利亚的合作化运动是在社会主义者的直接影响之下发展起来的，原因是它有独特的性质。在该省份的农业合作社组织中间，近年来出现的租赁合作社特别令人注意。这些合作社是在 1900—1901 年期间，意大利农村广泛的罢工运动失败之后建立起来的。罢工引起大量的失业，于是农民的社会主义组织为了给其成员们寻找工作，决定着手集体耕种土地。在 1901 年，工厂里建立了第一批由 471 户组成的这种合作社。它租赁了 4 个庄园，并且非常顺利地操办自己的事业。全部农业劳动由推选出来的管理委员会进行领导。合作社的经验表明，完全可以大量租赁土地。在意大利，有 30 多个这种共同耕种土地的租赁合作社。

近年来，俄国也开始推广农业合作化。俄国首次试图建立干酪制造业合作社，是在六十年代和七十年代之初，当时韦列夏金和其他一些人在某些公用机构和地方自治局的支持之下，在特维尔、雅罗斯拉夫、诺夫哥罗德和其他省建立了一整套合作社（所谓的租赁干酪制造业合作社，尽管这种名称并不十分确切，因为它不是生产合作社、生产组合，而是加工合作社，如同西欧组建的乳制品合作社）。然而，这些尝试都没有取得成效，仅仅对俄国油脂业和干酪制造业的发展起了促进作用，况且，其中这种事业的有些领导者，最后变成了大的资本主义企业主。这种失败最大的特点在于，它表明居民们的首创精神对整个合作化取得胜利是多么需要啊。当时，俄国农民还不善于支持知识分子向其提出的新的经济组织，而知识分子的一再努力，对填补这一重要缺陷似乎都无济于事。

可以想一想，俄国农村为什么完全不善于接受新的合作化形式。知识分子和地方自治局对合作化开始冷淡起来，而且在这一方面知识界合作事业的朋友们所搞的某些尝试（例如，H. B. 列维茨基建立农业组合的尝试）照旧归于失败。但是，俄国的农村略微觉醒起来，农村中逐渐地出现了像西欧那种类型的强大的合作化运动。

令人特别感兴趣的是，西伯利亚像丹麦那种类型的油脂合作社，迅速发展起来。到 1910 年，西伯利亚已拥有 1 337 个合作社。在西伯利亚，正如同在其他国家一样，合作化生产的发展显著提高了技术水平。尽管西伯利亚的油脂远远赶不上丹麦的，但这并非是遥远的事，并且由于合作化的结果，已在国际世界市场上占有稳固的地位。

据统计，约有半数的西伯利亚油脂是合作油脂业生产的。它经受过与个体的资本主义油脂业的严峻斗争，并在斗争中成为胜利者。在西伯利亚许多地区，合作社排挤个体工厂的过程“几乎已经结束，而且几乎全部个体油脂业都没有经受住合作浪潮的强大袭击，或者停办事务，或者转移到合作化的手中”。[①] 西伯利亚合作油脂业的成功在颇大的程度上取决于：西伯利亚油脂合作社得到了在 1902 年出现的“建立西西伯利亚合作油脂业合作社的特殊组织”的援助。到 1907 年末，建立了“西伯利亚油脂业组合联合会”，其成员包括 400 个组合。该联合会在 1911—1912 年期间，其商品周转额达到 2 100 万卢布。

情况是变化无常的：不久以前，俄国油脂合作社变成了资本主义的油脂业。目前，资本主义油脂业又经受不住合作油脂业的竞争。

① A. A. 巴拉克申：《西伯利亚油脂业合作化》，全俄第一届合作代表会议丛刊，第 401 页。

但是，不仅西伯利亚的农业合作社发展得比较突出，而且在1905年俄国农村基本上行动起来以后，其他地方也开始产生了各种形式的农业合作社，即油脂合作社(北方各省)，消费协会，信用合作社，小型农业协会(履行采购和销售合作社的职能，有时还履行信用合作社及其他职能)。总之，不容置疑，虽然俄国合作化运动的发展面临着不利的政治条件，因而俄国甚至同一性质的合作机关也完全没有联合起来，而且，在这一方面，与西方通过国家联合会互相联系起来的合作相关相比，则是一种奇特的相反情形，然而俄国的合作化注定会引起像西方合作化已经起到的那种巨大的创造性作用。

五、生产的、劳动的和辅助生产的组合

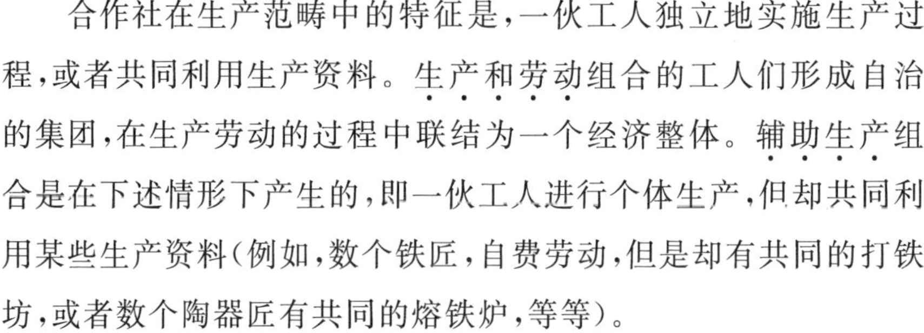

合作社在生产范畴中的特征是，一伙工人独立地实施生产过程，或者共同利用生产资料。**生产和劳动**组合的工人们形成自治的集团，在生产劳动的过程中联结为一个经济整体。**辅助生产**组合是在下述情形下产生的，即一伙工人进行个体生产，但却共同利用某些生产资料(例如，数个铁匠，自费劳动，但是却有共同的打铁坊，或者数个陶器匠有共同的熔铁炉，等等)。

在某个手工业中，出现**生产**组合的一般条件是，一方面该手工业在技术条件上需要大规模地生产；另一方面，生产资料的必要费用为数不多。手工业的技术越简单，资本主义工业在该手工业中越不发达，在该手工业中越需要把若干工人劳动力联合起来，则组合就越容易出现。在拥有发达的资本主义工业的国家里，资本主义企业很少允许组合的存在。相反，在文化较落后的一些国家里，组合才能广泛流行。俄国就属于这类国家之列。

例如，在俄国北方省，狩猎业的组合迄今仍然起着非常大的作用。北方省的狩猎组合一般有4—10人参加，其中每一个人都必须向组合提供一定数

量的食物和火枪。捕获的野物在狩猎者之间平均分摊。在捕鱼业中，组合同样广泛流行。狩猎和捕鱼业的组合有时则是一伙人为了一定的经济目的而纯属于临时性的联合，一旦这个目的达到，就散伙；有时却是长期的和稳定的经济组织。在捕鱼业组合里，一般有推选出来的领导者，即通常比组合成员获得较多份额捕猎物的组长。有时，这种组合完全不用雇佣工人，至于在其他情况下，则按季节对外雇佣工人。所谓的白海和北冰洋手工业流动者的捕鱼业组合是最典型。它没有自己的捕鱼工具，而是从企业主那里取得它，还给业主时，则付出一定份额的狩猎物作为资本的补偿。

A. A. 尼古拉耶夫所描述的普斯科夫湖的捕鱼业组合令人特别感兴趣。在每一个组合里(被考察过的组合数量达到 100 个)有 4—5 户参加，有 12 个工人以上，参加者提供给组合所必需的资本的份额不等(主要是大鱼网)。在所得到的猎取物中，一部分用于资本的酬金，按组合每一个成员股份比例办理；一部分用于劳动报酬，按相等的份额在组合成员之间进行分配。组合组长是被推选出来的领导者，并没有任何独立的权利，组长的威信完全建立在其丰富经验和业务知识上。①

在采矿工业中，组合同样得到相当的发展，原因是在采矿工业中缺乏原料费，同时，需要很多人合作才能取得事业的成功。在乌拉尔有采金组合；在俄国许多地方建立采石组合，各种矿石开采组合；在顿河边区有采煤组合，等等。在某些手工业中的家庭手工业中间，非常广泛地建立了辅助生产组合(采矿、锻造、温床和擀毡洗濯组合，等等)。

俄国的古老组合完全类似于原始氏族存在的那种经营组织。还建立过西方一度曾把这种联合会同彻底改造欧洲社会制度的希望交织在一起的“生产联合会”，这种联合会是在当代社会运动直接影响之下产生的。

在 1848 年，巴黎无产者暂时掌握政权的革命之后，法国曾极力试图广泛

① A. 尼古拉耶夫：《合作化的理论与实践》，第 1 卷，第 177 页。

建立这种生产联合会。临时政府曾拨款300万法郎用于建立生产联合会，数年后就出现了数百个这种联合会，其中有56个合作社得到了政府的借款。但是，到五十年代初，联合会的绝大部分都垮台了。

为了对生产合作社生存条件进行评价，首先必须严格地把生产组合和劳动组合区分开。生产组合在现代经济条件下应当生产用于销售的产品，因为现代经济具有交换的性质。它是独立的经营企业，它的主人是一伙工人，共同掌握生产资料和用共同的劳动所制造出来的产品。为市场销售的生产组合服从于所有的市场规律。它同其他一切企业一样，要与别的企业进行竞争，而在这种竞争中，强者得胜。

作为独立的企业，这里非常重要的是，生产组合不仅在生产上，而且在采购和销售上，都是合作组织。生产组合的成功不仅取决于它有效地管理生产过程，而且非常重要地还取决于它成功地采购其所必需的生产资料和销售自己的产品。生产组合的收入在颇重要的程度上取决于其领导者善于采购在价格上尽可能低的必需产品和销售在价格上尽可能高的产品。

可见，生产组合比仅仅在生产范畴里合作化更为重要一些，因为这种组合是全面合作化的典型，它把一伙工人们联结成为一个经营整体，全面地面向市场。由此也产生了特殊的困难，这些困难正是这种合作化典型所碰到的。

在生产组合里，不存在雇佣劳动。它的成员不仅应当用自己的力量组织生产过程，而且还组织企业的全部营业部分。但是，如果说在组织生产上工人们是完全得心应手的因素，因为生产过程必然是他们最熟悉的，那么对企业的营业部分来说，却绝不能也这样说。一个普通的工人不掌握任何有关他所生产的产品销售条件。在现代经济条件下，企业的成就首先决定于对市场的全面了解以及适应市场需要的本领。企业活动很少有因循守旧的特点，并且需要具备特殊的知识和才能，而这一切远非所有的体力劳动者能成功地完成的。

生产组合尽管与手工业或家庭手工业相比是一种大型的企业，但是比资本主义企业来说，它通常却是一种小型的企业。形成组合的工人们不具有资本，一般来说，也就不能够建立大型的企业。但是，小型的工业企业超不过大型的企业。所以，除了构成组合的工人们没有商业经验之外，组合由于其规模不大，所以比与能竞争的资本主义企业也是软弱无力的。

但是，生产组合软弱性的主要原因在于，它同其他种类的合作社最根本的区别就是原则上否定雇佣劳动。在其他全部合作社中，合作社的业务是在雇佣工人的帮助下进行的。正因为这样，合作社才能够把最有用的劳力吸收到这些业务中来。相反，在生产合作社中却不存在雇佣劳动。许多人认为这一点正是组合超出其他类型合作社的根本长处所在。但是，对这一点不仅不能说是无争议的，而且有可能很快发生分歧的看法。从一般的社会主义思想观点来看，不可能有理由否定雇佣劳动，因为即便在社会主义制度下，劳动者并不是生产产品的主人，而是社会的从属代表，它用自己的劳动获取一定的工资。只有希望停止把人附属于社会的无政府主义思想，才根本上否定雇佣劳动。如果还指的是现代经济制度的条件的话，那么否定雇佣劳动的原则，势必被认为是极端不合理的和无法实现的经济要求。由于这种否定，生产组合在选择最优秀劳力方面就把自己束缚住了，并且，与自由选择对其目的最有用的劳力的其他一切经济企业比较，就陷于了最困难的境地。正因为如此，生产组合从根本上比其他一切合作社弱，因为它在最主要的选择最优秀的劳力方面被限制住了。

由于这些原因，生产组合仅在个别情况下才能取得成就。要取得成就，就需要有非常特殊的条件，首先是加入组合的工人们要具有特殊的素质，即工人们不仅应当是一般意义上的好工人，而且还应当具备(尽可能其中某些人)组织企业和安排其商品生产部分的天才。但是，仅有一些企业主的天才还是不够的，还需要组合的参与者们具备一定的道德水平即自然献身的准备(不是说一般的忠诚)，因为在取得成就之前，需要长年能忍受甚至失败和损失。

然而，这些还是不够的，因为除了个人的天才外，为取得成就还需要工人们用各种办法从自己存款中或者从别处借贷交付足够的资本。

这些条件在有些地方能够达到，但是在发达的资本主义经济中，仅仅在罕见的情况下，生产组合才能在争取自己生存的斗争中站住脚。在建立成百个组合中，被保存下来的单位不多。但是，就是这些幸存的组合在自己的发展道路上，仍然遇到新的特殊的障碍，总是使其纯劳动的类型失去原意。

问题在于：生产组合也像其他为市场而生产的所有企业一样，应当使自己的生产规模适应市场的需要。但是，资本主义经济条件下的市场，是一个不稳定的数值，即市场需求时而紧缩，时而增长。因而，每个资本主义企业也时而减少、时而增加本企业的工人数量。组合却不能减少本组合的成员数量，因为，所有的工人都是企业的具有平等权利的主人。另一方面，组合也不能把其临时需要的工人作为补充成员吸收进来。总之，组合在吸收新成员中不得不非常拘谨行事，因为只有中等水平以上的工人才能够成为组合的有用成员，而把不具备组合需要的工人吸收到组合里来，意味着葬送了组合的一切事业。

摆脱这种境地，只有一个办法即在补充成员的同时，组合必得还有雇佣工人，对待他们，原则上同其他任何资本主义企业没有区别。因此，有成就的组合注定必须改变自己的纯劳动的类型，甚至于不顾及组合成员的愿望。

但是，已获得成就的组合成员必然成为非常特殊的人们，坚决主张保持组合成为纯粹的劳动类型。在有成就的组合里，组合成员的收入应当超出一般的工资水平，这正是组合成就的表现之处。在按照与老成员平等的条件吸收新成员时，老成员必然要放弃其多年来用心血和意志力所取得的部分收入，这有利于对组合尚未有任何贡献的新成员。打算依靠这种自我牺牲的精神以保持远离现实的劳动原则，显然是不允许的。

我们事实上看到，一切有成就的组合，都在某种程度上向雇佣劳动前进，因而在某种部分上已经是资本主义企业。某些取得成就的组合，最终都变为一般的资本主义企业，仅用雇佣劳动经营，因为组合原有的劳动成员开始成为资本主义企业的入股者，而且因为无用而放弃依靠个人的劳动参加生产。

其实，四十年代末，法国产生的某些生产合作社的命运也曾如此。这些合作社曾因其创始人具有杰出的品质而取得了成就，并发展成为巨大的企业，但却属于纯资本主义类型。例如，在当代产生的法国光学用具生产者合作社,一直保存到现在,并拥有上百万的周转金,但却是一般的资本主义公司。

可见,生产组合在发达的资本主义经济界中处于二者必择其一的窘境,或者灭亡(这是一般命运),或者变为某种资本主义类型的企业。西方生产组合的实际状况,完全验证了这个普遍的理论结果。生产组合很少,其数量明显没有增多,在这一方面,与其他合作社的迅猛发展相比,呈现出截然相反的情形。

生产组合就其本来的含义应当严格区别于**劳动**组合。生产组合就掌握生产资料和产品。组合就像资本主义企业一样,在市场销售该产品。相反,劳动组合出卖的不是产品,而是自己的劳务。劳动组合的成员为报酬金而劳动,如同其他工人一样,但是不同之点在于:它与雇主的关系却是不能分割的一伙人,共同取得报酬金,酌情分配,并且或多或少地自行组织生产过程。当时,正像在生产组合里一样,合作的原则本身涉及该企业经济生活的全部领域,而在劳动组合里,仅仅是劳动过程和劳动出卖过程建立在合作原则上。

劳动组合就其过分的朴素性质来说,为自己的生存所遇到的困难,比生产组合要少得多。劳动组合不仅在文化不很发达的国家能够取得成就,就是在高度发达的资本主义经济中,也能取得成就。工人们在这种情况下能够从雇主那里得到生产资料,也就是说,能够避开购买生产资料的困难任务。工人们不是作为销售产品的独立生产者身份而出现的,首先不承担非他们所固有的贸易作用。另一方面,工人们在自行组织劳动过程时,更多关心提高劳动生产率,因而劳动组合比简单的雇佣工人能更多地生产东西。

所以，劳动组合能成功地与其他劳动报酬形式进行竞争。

在俄国，劳动组合得到广泛的推行。俄国劳动组合普遍形式之一，就是各种建筑组合。这个手工业合作社受益是很大的，而生产工具又极为简单。建筑组合就是根据这一点得到了推广。建筑组合雇佣经营，但所得到报酬可在自己的成员之间自由分配并自由组织劳动过程。在农村建筑业中，究竟有多少推行组合形式，难以说清，但是农村房屋的相当一部分是由木工组合建筑的。这种组合是由组合的领导者雇来的工人主持的，他担当组织组合和承揽活计。他是被推选出来的组合头目，但不是组合的主人。木工组合成员的数目非常不稳定，通常在一个组合里有 4 至 5 个人，多到 10 人。一般来说，多半是不大的组合。在小的组合里，全体成员的所得一样。在比较大的组合里，报酬按劳动技能分配，例如，组合成员所得到的钱分给“三种人”即分为三等，按 6、5、4，或 6、4、3 的比例进行；有时，第四等工人即(初铸工)也掺和到里去分钱。领班人有时也没有特殊报酬，偶尔得到不多的额外报酬。

除了建筑业外，俄国各种挖土业、疏通河流和开辟道路等等的劳动组合，以及伐木和木材流送、各种货物的装卸等业的劳动组合，都得到普遍的推广。

至于谈到发达资本主义国家的劳动组合，虽然我们没有多少关于它被推广的统计资料，但是，无论如何，它也比生产组合普遍得多，而且令人感兴趣的是：在最近，这种劳动组合又有进一步发展。

在意大利，最老的挖土业组合建立于 1883 年。到 1889 年，它拥有 2 127 个成员，在本世纪初，其成员已达 3 000 人。在米兰，建立于 1887 年的砌石工组合，发展到 1902 年，拥有 869 个成员。它的工作主要是按市政机关的指示进行。在意大利，这种类型的组合总数(砌石工、挖土工、装卸工、大车和小车工，等等)，到 1902 年已达 454 个，其成员超过了 63 000 人。①

在法国，情况亦如此，越来越多地推广把市政工作队移交给独立的工人组合管理的风俗。在巴黎和法国其他城市，砌石工、铺路工和挖土工合作社

① A. 尼古拉耶夫：《合作化的理论与实践》，第 1 卷，第 177 页。

都承担市政工作队的大量工作。

但是，最为普遍运用这种制度的新西兰，"在1891年，诸如大部分铁路、公路、桥梁和房屋等等，都是国家利用类似这种组合进行建筑的。维多利亚和澳大利亚其他某些国家，虽然也同样运用了这种制度，不过在某种程度上情况稍差一些罢了"。[①]

在英国，劳动组合以某些生产部门（特别是矿业）采用的"合作工资制度"的名义而闻名。所谓的"工人参加分红制度"与劳动组合有些相似，它受到英国某些合作社的热烈拥护。这种制度的特点如下：企业属于形式上与一般股份公司没有任何区别的合作社，此外，股票的票面价格尽量采用小额。但是，实际上的股票在某种程度上属于在企业从事劳动的工人，而且有时全部属于工人。在后种情况下，企业实际上是属于工人们的，并且它是一种生产组合。但这是罕见的情况，因为按分红原则建立的工人企业，一般仅属于部分工人、部分（常常是大部分）各种人员和合作机关。通常，消费合作社通过按分红原则购买企业股票的途径，变为了这些企业的部分主人。这类企业最重要的特点是，其工人们有权参与企业管理，同时还有一份利润分配权。在主持这种企业的管理委员会中，有一定数量的成员不是股东推选出来的，而是由在该企业从事劳动的工人们推选出来的。大部分列入英国统计报告中的生产合作社，就是按分红原则建立起来的企业。

假如按分红原则建立的企业股票很少属于该企业的工人，或者根本就不属于他们，那么，这种企业就不是生产组合，它具有一定的、与劳动组合相似的特点。在这种情况下，工人们不是事业的主人，不以企业主人的资格行事，但是，由于它们多少参加了该企业生产过程的组织和利润分配，所以它们又区别于与企业没有任何关系的那些普通的雇佣工人。这一点使分红接近于劳动组合的特点。

在合作化运动的活动家们对一些原则问题的争议中，关于生产合作化问题的争议具有特殊意义。

---

① B. 托托米安茨：《意大利的组合》，载《无产者联合会》，1907年，第16—17期。

在这个问题上的分歧实际上是一个深刻而又原则的分歧。有一些合作化者是工人生产合作社的热烈拥护者，认为它是合作化的高级形式；而另一些人则对这种合作社持否定的态度。坚持第一种观点是最老的一些合作化者，如法国的傅立叶，英国的戈利奥克及其学派，德国的舒尔采—德里奇。俄国同样存在大量的合作化运动的同情者，认为生产组合是合作化的高级形式。不久以前，那种认为组合是医治好现代社会制度的全部社会弊病的手段的看法在俄国社会舆论中占统治地位。

这些醉心于组合的理论倾向曾对政策产生了一定的影响。不论在西方，还是在俄国，各种社会集团都积极促进生产组合的建立和发展。在西方工人阶级内部，过去和现在一直存在着赞同组合的强大潮流。在英国，有一段时间（特别是在失业期间，工人从资本主义企业主那里得不到工作时）这种潮流表现为：很多企图不从外界得到任何援助（除各种工人组织、主要是工人联合会的支持外），由工人自己建立生产合作社。现在赞同生产合作社的学派主要表现为：工人们建立分红原则的工业企业。在法国二月革命时代，社会政权在工人阶级的压力之下支持组合的活动。在德国赞同生产组合的学派不是那样强有力，但是德国也还有一些工人集团，此时彼时地试图建立组合，如1908年最后那次失业，充分地表达了这种企图。

至于俄国，直到最近我们的工人群众的特点是觉悟不高，而且醉心于组合需要有教养的团体即知识分子作为自己的媒介。在这种吸引的影响下，于六十年代，有些地方自治局采取大量的不同措施和计划来发展组合。特别是俄国最先进地方自治局之一特维尔地方自治局在这一方面行动得力，建立了许多制钉工人、制鞋靴工人和焦油工等组合。这些试图遭到了失败，引起了知识分子对组合产生了一定的冷漠感情。但是，到九十年代，在俄国知识分子中间，又兴起了建立组合兴趣的浪潮（沙德林组合，H. B. 列维茨基组合，等等）。最后，在最近几年里，我们看到了赞同组合的非常强大的新潮流，这一次不是出现在知识界，而是工人们中间。在1905年发生大批失业的影响下，很多工人试图用自己的力量，通过建立组合来援救自己的灾难，像这类组合为数不少。在彼得堡一地方，工人们就建立了数十个组合[1]。

尽管组合的思想有这样的生命力，但是西方大多数合作化运动的活动家们，就其原则依据来看，却对工人的生产合作社持不赞成的态度。在这种情况下，俄国也存在着深刻的原则分歧，分歧表现在各种社会理想的基本原理上。当代合作化运动存在工人是主人的两类对立生产企业，一种类型（生产组合），生产企业属于在企业里从事劳动的工人；另一种类型（消费合作社的生产部门），在企业里从事劳动的工人是雇佣工人，就像在资本主义企业里劳动的工人一样，但是企业的主人不是资本家，而是组成消费合作社的一伙工人。那么应当偏重于哪一种类型呢？这是社会理想的问题。在第一种类型中，每一伙工人是独立自主的经营集团，它与工人阶级其他群众不发生关系。如果生产组合在经济制度中占据优势，那么，社会经济就会由许多互不相关的个别的经营单位组成，它们也会像现代资本主义企业一样，相互间发生斗争。生产组合会给构成组合的工人集团以广泛的自由，但这种自由要以工人阶级解体为代价来换取的，即工人阶级分到许多带有不同利益，甚至对立利益的个别集团中。相反，在消费合作社生产企业里，在该企业从事劳动的工人集团却是广大工人集体的附属工具并且因而丧失在自己劳动组织里的自由，但是这样能换回工人们整体的团结和它们的利益的一致。无政府社会主义的追随者们必然赞同生产组合，而集权社会主义的追随者们则必然赞同消费合作社的生产企业。

在分红原则上建立的并属于消费合作社的企业，则是这两种类型企业的

---

① Б. П. 托尔加舍夫和 К. С. 列依捷斯曾对彼得堡的组合进行过考察和描述（见《合作化通报》，1909 年，第 2 期）。其中谈到，组合远远没有发展起来，在捍卫自己生存的斗争中，很少有成功的希望。关于莫斯科的组合情况，见 Л. Т. 科瓦列夫斯基撰写的小册子：《合作化与组合》，1908 年版。在文献中，唯一出名的范例，即生存很长时间的广泛工业组合，就是巴甫洛夫斯克制刀工组合。见该组合创始人，А. Г. 施坦格在第一届全俄合作社代表会议关于该组合的报告（载于《第一届全俄合作社代表会议文献》，1908 年版，第 441 页及以后）。关于俄国社会“组合起源”的历史，沃龙佐夫先生曾在他的《组合起源》为题的著作里以及 А. 波特列索夫在其论文集《对俄国知识分子的探讨》的“组合长篇史诗”一文中作过描述。

折中产物。在这种情况下，该企业的主人是广大的工人集体，但是，在该企业从事劳动的工人享有组织生产过程和参与管理企业的自由。

六、合作化和政党

关于合作化运动与政党的关系问题，在合作化活动家中间，引起重大的分歧。英国、德国、瑞士和其他国家的合作化者，根本不主张合作社和政治组织之间存在任何联系。他们的口号是，合作化运动在政治关系上完全中立。相反，在比利时（有一部分在法国和意大利）合作社却归附于各种政治组织。但是在这个问题上的分歧没有很大的原则意义。在英国，合作化的政治中立地位乃是英国直到目前没有存在合作运动赖以归附的政党所导致的自然结果，因为英国独立的工人政党现在刚刚诞生。在德国，合作化原则上的政治中立地位是担心政府反无产阶级合作化而采取镇压措施所迫使接受的，因为合作社如果与工人阶级政党联合在一起，那么，政府会千方百计地干涉这种成就。但是，在德国，尽管合作化运动原则上否定政治，但是仍然涂上了政治色彩，例如，消费合作社没有像英国那样形成一个国立的整体组织，而是分解为两个独立的国立组织：舒尔采—德里奇建立的“德国合作社全国联合会”和由多少近似于社会民主党员组成的“德国消费合作社中央联合会”。

总之，在剧烈的政治斗争和在工人中存在享有声望的工人独立政党的条件下，合作化保持政治中立地位是困难的，尽管政治中立的立场有利于合作化运动的发展，因为这种立场可促使建立更大的合作化联盟。

在哥本哈根举行的最后一次国际社会主义者代表大会上，经过长时间的辩论之后，代表大会对这个问题做出如下的决议：

“代表大会邀请党员和工会会员为合作社的活动成员，并且按社会主义精神参加本社的活动以制止合作社变为涣散工人阶级团结和纪律的组织。社会主义者—合作化者必须在自己的合作社里关心：1. 利润不准仅在成员中间分配，应形成基金，使消费合作社及其联合会或者批发采购合作社有可能进一步发展自己的生产和关心自己的成员教育和资助；2. 工资和劳动条件根据同工会的协商确定；3. 工作安排要规范，采购商品要斟酌考虑在某一生产部门从事劳动的工人劳动条件。对政治或工会运动的直接支持，必须得到每个国家合作社组织决议的允许。代表大会继续认定：为了工人阶级及其与资本主义斗争的利益，必须做到：工人运动的所有成员之间的关系（政治的、工会的和合作社的）要更加密切，但也不能以此破坏其中每种关系的独立性。”

这项决议是社会主义范围内各种潮流之间的仲裁协议，也可算为这个实际问题的最好的解决办法。

参考书目

西方的生产合作社：

恩伦德尔：《法国工人社会史》，第 4 卷，1864 年。

A. 伊萨耶夫：《法国和德国的工业合作社》，1879 年。

克吕格尔：《各国的营利合作社和经济合作社》，1892 年。

汉奇克：《德国的手工业者生产合作社》，1894 年。

奥本海默：《搬迁合作社》，1896 年。

Б. 韦伯:《英国的合作社运动》,译自英文,1905年。

俄国的合作社:

卡拉乔夫:《古俄罗斯和现代俄国的组合》,1864年。

谢尔宾:《俄罗斯南部组合的概论》,1880年。

A. 伊萨耶夫:《俄国的组合》,1881年;《关于发展组合生产的措施》,1882年。

施特尔:《关于俄国生产合作社的起源史、性质和意义》,第2卷,1890—1891年。

沃龙佐夫:《家庭手工业中的组合》,1895年;《俄国社会组合的开端》,1895年。

A. 波特列索夫(守旧者):《组合的长篇史诗》(载于其论文集:《关于俄国知识分子的探讨》,1906年);《赫尔松省的农业组合》,自由经济协会出版,1896年;《家庭手工业和农业组合的参考书》,1896年。

C. 普罗科波维奇:《俄国的合作化运动》,第2版,1913年。

马约罗夫:《劳动合作社》。

A. A. 尼古拉耶夫:《合作化的理论与实践》,1908年。

Л. 科瓦列夫斯基:《合作化与组合》,1908年;《全俄第一届合作机关代表大会的文献》,1908年。

B. 斯洛博扎宁:《合作制度的检查》,1909年。

关于组合事业的丰富材料,见《圣彼得堡分会关于农村借款、存款和信用合作社的报告》和《合作化通报》。

消费合作社:

霍利约克:《英国合作史》,第2卷,1875—1885年。

波特(韦伯):《英国合作运动史》,1905年。

克吕格尔:《各国的营利和经济合作社》,1892年。

"德国消费合作社中央联合会"年度报告中有各国合作化状况的资料和合作化的论文。

对消费合作化理论同样有重要意义的著作有:

F. 施陶丁格尔:《消费合作社》,1908年。

Ш. 日德:《合作化》。

奥泽罗夫:《消费者合作社》,1900年,第2版。

普罗科波维奇:《俄国的合作运动》,1913年。

B.托托米安茨:《消费合作社》,1913年,第3版。

P.格勒:《德国工人消费团体》,1910年。

切实的指示,见A. B.梅尔库洛夫和M. Л.海辛的《怎样组织和办理消费合作社》一书,1910年;《合作化教程》,沙尼亚夫斯基大学第2版,1913年。

信用合作化:

B.科辛斯基:《德国小额信用机关》,1901年。

安齐费罗夫:《德国和法国的农业合作化》,1906年。

C.博罗达耶夫斯基:《小额信用汇编》,1910年,第2版;《德国农业合作化》,1908年;《合作化教程》,沙尼亚夫斯基大学第2版,1913年。

农业合作化:

罗基尼:《农业联合会》,安济米罗夫译,1907年。

安齐费罗夫:《德国和法国的农业合作化》,1906年。

沃龙佐夫:《俄国社会组合的开端》。

波特列索夫:《组合的长篇史诗》(关于俄国知识分子的探讨,1906年)。

B.托托米安茨:《俄国农村的合作化》,1912年。

第八章　交通工具

交通工具在国民经济中的意义。资本主义大企业在交通工具发展影响下的成长。铁路。铁路企业的特点。

交通工具，人们理解为两种经营组织：一种是用于运送人和经济物品（陆运和水运），另一种是传递消息（邮政、电报和电话）。不论哪一种在国民经济中都起着非常重要的作用。

生产与经济物品的移动是不能分开的，而且甚至正如穆勒所说的，它最终只能在这种移动中实现。[①] 然而，当我们谈到运输的时候，指的不是经济物品在生产的劳动过程中的那种移动，而是经济物品在其不长的距离中移动的独立的和特殊的经营业务。因而，在这种形式下的运输是与生产同时发生和随之发生的。一方面，生产资料如果它不是产生于生产者本身的经营中（在现代经济中，是罕见的情形），必然要从外运往该生产企业。另一方面，所制造的产品，如果它是为销售而生产，那么必然要运送到消费者手中。可见，支付运输耗费价值的费用要以构成要素列入全部商品在市场上形成的价格之中。交换（自然，除了不移动交换）不可避

① 人能借助于各种物品的移动，可以影响外部自然界，而且整个生产归结于这种移动。见穆勒：《政治经济学原理》，第 1 卷，第 2 章。

免地要与经济物品的移动同时发生。至于传递消息,它是某些发达的交换不可缺少的条件,因而在交换中利用各种交通工具,乃是各种经营劳动的不可缺少的部分,这也就是交通工具在国民经济中具有异常特别重要的意义的原因。

由此可知,降低利用交通工具的费用,必须最有利于影响国民经济的发展。每一商品在这样地区才能被销售掉,即当地的生产价格加上运输耗费价值不超过购买者购买这种商品所能支付的那种价格。运输耗费价值愈低,则商品销售地区就愈广阔。我们假定商品销售地区成为一个圆形面积,而运输线作为这个圆的半径,那么,我们可得出结论:商品销售地区(换言之即商品市场)与商品运输的耗费价值的自乘积成反比,例如,在运输耗费价值降低二分之一的情况下,用同样的费用运送商品的路途的长度要增长1倍,从而圆的面积要扩大三倍,在这个范围内,商品可以得到销售。[①]

由于生产条件必然会不同,各地商品价格在不同的地区不能不有所差别,而且这些差别常常是很悬殊的。交通工具的发展促使减少这些差别,趋于价格总的平衡,这种情况越明显,则运输耗费价值就愈降低。这种平衡是这样产生的,即在生产输出商品的地方,相应的商品价格抬高,在输入商品的地方,价格则降低,况且,在同一的重量和数量的情况下,商品的价格越低,那么,运输条件的变化对商品价格的这种影响就越大。运输耗费价值占贵重商品价格的部分不大,因而降低这种耗费价值对其价格不产生很大

① 扎克斯的这个定律公式略有不同,见他的舍恩贝尔格教程中一文,第4版,第1卷,第553页。

的影响。但是，商品越便宜，则它对运输耗费价值就越敏感。所以，运输价格的降低首先反映在价格低廉的大宗商品的价格上，例如，各种原料、燃料和粮食，等等。

总之，降低交通工具的价格是发展商业和工业的强有力的刺激因素。同时，它也促进资本主义企业由小发展成大，因为企业的规模必然受到市场规模的限制，而市场的扩大又与交通工具降低价格相关。仅仅由于当代具有代表性的交通工具的大力发展，才使资本主义大企业，例如美国的托拉斯，有可能不仅垄断大国的国内市场，而且企图（也不是无成效地）成为世界市场的主宰者。

交通工具的发展对社会劳动的分工起着非常巨大的推动作用。每种商品的销售地区越广阔，则一定地区的生产专业化就越有可能，即仅生产具有很大优势的产品。因此，就产生了劳动分工的理论。在这种情况下，随着交通道路的发展，那些邻近原料供应地点的地区优势同那些先进的劳动技能和雄厚资本等纯社会性的优势相比较，前者就逐渐失去了自己的作用。例如，我们看到：棉纺织工业不是在产棉的国家，而主要是在欧洲发展起来的。整个经济世界慢慢地联结成为一个世界经济庞大的整体。

但是，交通工具不仅仅为经济目的服务。它还直接影响着社会生活的各个方面。当代权力集中的国家实力，非常重要的一点是，依靠中央国家权力所掌握的并且能够使其在任何时刻和在所愿望的方面及国土的任何一个地方发生影响的交通工具。交通道路在国家发生军事行动时也起着巨大作用。最后它便于人们之间的往来，对文化和文明的发展产生非常大的促进作用。

在交通工具的历史上，蒸汽和电起着决定性的作用。在铁路时代，水路运输是搬运笨重物资的唯一费用低廉的方法。由于这一点，交通主要集中在海岸和船舶能通航的河流一带。把蒸汽运用到交通上，引起了交通工具的伟大革命，电报的发明更加速了消息的传递，使这场革命更加深刻。

铁路最初出现在英国，到十九世纪四十年代末，基本上形成了铁路网。之后，在五十、六十和七十年代，西欧其他国家和俄国部分地区（尽管俄国在十九世纪九十年代和最近几年才大规模建筑铁路）相继加紧铁路建设。

铁路作为经营企业，有着自己独具的特点。首先，这种企业规模很大，因为建设铁路需要巨额资本。因此，不管有多少的铁路，不可避免地要成为垄断的企业形式，因为只有许多人集体筹措的资本才能达到建设铁路所需要的那种规模。这种庞大的企业规模，自然地使铁路本质上具有垄断企业的性质。其次，铁路没有国家的任何干预是不可能作为一般的常有经营企业出现的，因为铁路需要把铁路线经过的地区划归铁路使用。最后一点是，铁路涉及各界居民和整个国家的最高利益，必然引起国家对铁路的调节活动。

铁路按照国家的需要正常地发展对国家的全部经济生活具有巨大的意义。但是，必要时，远非铁路网的全部铁路线都能提供同样的收入，虽然其中有些铁路线可能是收入最少的，但是，它却是整个铁路网中不可缺少的部分。因此，当国家让自由的私人企业家经办铁路网时，就容易成为不完全的或者发展不平衡的铁路网。

后来，国家所关心的是，铁路线的使用要与国家总体利益一致，铁路公司的经办不能损害其垄断范围内的居民利益。由此，要求国家直接调节和监督铁路线的使用,尤其是调节铁路运费率即各种客货运费。

这些目的在国家是铁路线的持有者的情况下能够得到全面的实现。所以,在很多国家里,全部或近乎全部的铁路网属于国家所有,并受其控制使用。属于这种情形的有:德国的大部分、匈牙利、挪威、塞尔维亚、罗马尼亚、保加利亚、澳大利亚、开普殖民地和埃及。相反,在美国、英国、瑞士、西班牙、希腊和其他国家,铁路线属于私人公司所有。在俄国、奥地利、法国、比利时和其他国家,一部分铁路线属于国家,另一部分则属于私人公司。总之,近来出现一种令人信服的趋势,那就是国家铁路依靠私人铁路而发展。

在这种情况下,必须指出:在大多数的国家里,政府已把私人铁路的活动置于非常周密的监督之下了,而且,这种监督已达到这样一种规模,即私人和国家铁路之间区别已经消失。例如,在俄国,运费率和铁路管理总则,都是由国家权力机关制定的,并且对官方和私方同等有效。

实际上,各种运输(运送人和经济物品)应当被认为是生产部门之一即运动性的工业。由此看来,关于交通工具的学说,应当在生产篇中而不应在交换篇中占有适当的位置。运输本身与交换没有共同之处。如果交换完全消失了,例如推测在社会主义国家的条件下,那么运输还是依然存在。但是,根据合理性的设想,还是把关于交通工具的学说摆在交换一篇中为好。在现代条件下,交换与运输紧密地联结在一起,因此,只能在研究交换现象时,才能理解资本主义经济中的运输的意义。

参考书目

E. 扎克斯:《运输业和交通业》,载《舍恩贝尔格教程》;《国民经济各部门间的交通工具》,第 2 卷,1878—1879 年。

范·德·博格茨:《现代交通发展史》,1894 年。

皮卡德:《关于铁路协定》,1887 年。

胡贝尔:《现代交通发展史》,1893 年。

丘普罗夫:《铁路经济》,第 2 卷,1875 和 1878 年。

戈洛瓦乔夫:《俄国铁路事业史》,1881 年。

维特:《铁路运费率的原则》,1884 年。

П. 格奥尔吉耶夫斯基:《俄国国家与私人铁路公司之间的财政关系》,1887 年;及其《十九世纪交通铁路发展的历史概要》,1893 年。

吉阿钦托夫:《铁路运费业务的组织原理》,1887 年。

皮赫诺:《铁路运费率》,1888 年。

扎戈尔斯基:《铁路运费率理论》。

A. 瓦格纳:《社会经济学理论》,载《交通和运输业》,1909 年。

第 四 篇

分　　配

第一章　关于社会阶级的学说

一、社会阶级的概念。关于阶级学说的历史发展。社会阶级概念的定义。二、资本主义社会的主要阶级。三个主要阶级。农民。小资产阶级。次要阶级的分类。知识分子。生产和分配关系是阶级差别的基础。阶级和政党。

一、社会阶级的概念

关于在社会经济过程中分化为几个具有不同地位的阶级的现代社会这一观念，与其说是亚当·斯密，不如说是经济科学之父——重农学派领袖、天才的法国人魁奈首先提出来的。魁奈把现代社会分为三个阶级：生产阶级（农民）、私有者阶级（土地所有者）和不生产阶级（产业家、商人以及其他所有的人）。[①] 魁奈之所以认为产业主和商人是不生产阶级，而农民是唯一的生产阶级，是来自他认为唯有农业劳动才具有生产能力这一基本观念，这种观念在今天无须证明是站不住脚的。不过魁奈把现代社会区分为几个在创造社会财富过程中起着不同作用的阶级，这一点却是很重

① “国家是由三个公民阶级组成：生产阶级、土地所有者阶级和不生产阶级”。魁奈：《经济表分析》(E. 德尔编：《重农学派》，1846 年，第 1 部，第 58 页)。

要的。

魁奈把以农业为收入来源的居民分为两个阶级：土地所有者和直接农耕者。与此相反，他把不以农业为收入来源的居民看做是一个不可分割的阶级。但是，不难看出，不少于农业人口的工业人口，分为两个经济地位和经济利益根本不同的集团：资本家—企业主和工人。在阶级学说的发展方面向前迈出这一步的是最杰出的魁奈信徒、大革命前法国著名的社会活动家杜阁。他不再把现代社会划分为三个阶级而是划分为四个阶级，一方面是土地所有者和农业工人；另一方面是工业企业主和工业工人；同时，他着重指出，农业工人和工业工人的经济地位是一样的。[①]

在这以后，亚当·斯密就毫不费力地提出了资本主义社会分为三个阶级这一著名的划分，即土地占有者、资本家和工人。为了得出上述划分，斯密只能把农业工人和工业工人并为一个阶级（实际上杜阁已经这样做了），并把工人阶级同其他两个阶级——土地所有者和资本所有者对立起来。

这样一来，资本主义社会就划分为三个阶级，并随后在科学中被进一步确定下来了。然而，无论是魁奈和杜阁，还是斯密，他们都认为，阶级概念最重要的一点，不是各个不同社会阶级的利益差别，而是他们在创造社会财富过程中的作用差别。重农学派和斯

① 诚然，杜阁效法魁奈，只提社会中存在三个阶级，但是，随后又指出，后一个阶级（不生产阶级）可分为两类：第一类是企业主——手工工场主、工厂主。他们拥有大量资本，从中获得收入，通过消耗资本来推动生产；第二类是普通的手工业者（artisans），他们单靠双手每天消耗自己的劳动，而得到的只有工资。杜阁：《关于财富的形成和分配的考察》，载《杜阁选集》，E. 德尔编，1884 年，第 1 部，第 39 页。

密几乎都忽视这种利益差别。魁奈也完全没有涉及农业工人和土地占有者的利益差别，尤其没有涉及工业工人和资本家（他把资本家和工人归为一个阶级）的利益差别，他只提到农业和工业居民在经济作用上的差别，并强调不生产的产业家同唯一生产的农民之间存在着的尖锐对立。但是，由此而产生的利益差别，魁奈并不认为是不可克服的，在他看来，使全体居民阶级在其经济活动中享有充分的自由，是调和全体居民合法利益的可靠手段。相信各种利益的自然协调，是魁奈整个世界观的基点，因此构成现代社会制度特点的利益差别的观念，在他的这种世界观中是没有立足之地的。

杜阁和斯密也完全坚持这种世界观。尤其是斯密坚定地相信，居民各阶级的利益都可以通过建立自然的自由制度的途径达到和谐一致。因此，对斯密和魁奈来说，社会阶级与其说是按照其利益，不如说是按照其在社会经济过程中的不同地位来区分的。

阶级学说的进一步发展是在下列极其重要的观点中反映出来了：各个不同阶级在创造社会财富过程中经济地位的差别，必然要引起他们之间无法消除的经济利益的对立、对抗。对于发展这个观点，圣西门学派有着巨大的功绩，这个观点第一次阐明了社会阶级的划分对于了解其内在的历史具有特殊的意义。圣西门主义者把整个西欧现代史描写成社会各阶级争取各自对立利益的斗争史，从而为科学历史观奠定了基础[①]。

① 圣西门的门徒巴扎尔说："人剥削人，是对抗状态的原因和结果。而对抗是过去全部历史最突出的事实。"（《圣西门理论的论述》，载《圣西门和安凡丹的著作》，第41卷，1877年，第190页）。

圣西门学派的事业，被马克思完成了。科学在社会阶级学说方面迄今所提供的最深刻的东西，无疑都包括在马克思和部分是恩格斯的著作中。但是，尽管在这两位伟大社会主义者的许多著作中有丰富的资料可资解答什么是阶级概念的基本特征的问题，但是，我们在这些著作中却找不到这个概念的定义。

如果坚持圣西门主义者和马克思发展的阶级学说，就必须承认，社会各个不同集团深刻而又无法消除的经济利益的对立，是社会阶级形成的特征；没有这种利益的对立，也就没有阶级。原始社会没有阶级，现代社会有一些职业集团，如医生或律师，也不形成特殊阶级，因为这些社会集团的利益与其他社会集团的利益并不处于不可避免的对立状态。

当经济发展到一定阶段，出现利益对立时，便产生了阶级。一个社会集团占有其他集团的剩余劳动，就是现在和过去经济制度的主要对抗性矛盾。因此，可以认为，社会阶级就是这样一个**社会集团，其成员在一些社会集团占有其他集团剩余劳动的社会过程中处于相同的经济地位，因而在经济过程中有着共同的敌对者和共同的经济利益**。阶级的存在，只能归因于剩余劳动的占有，这种占有一旦停止，阶级随即消亡。这是因为阶级概念和职业集团概念有着重大区别，职业集团是由从事相同劳动，因而有着相同经济利益的人组成的集团。这样一些集团，在社会主义制度下也会存在，但它们不是阶级，因而在这种制度下不产生对抗性的利益冲突，因为阶级的特征不是利益的共同性，而是利益的对抗性。

这些就是使某一社会集团成为阶级的客观特征。但是，这个集团要成为一个阶级，绝不需要它**意识**到自己集团的利益是与其他社会集团利益相对立的。一个阶级也可能意识不到自己是阶级，即意识不到自己的阶级利益。这种失去阶级意识的阶级，马克思称之为自在的阶级，也就是所谓未成熟的阶级；而自为的阶级，即完全成熟的阶级，则是具有阶级意识，亦即意识到自己的利益与其他阶级的利益相对立的阶级。

二、资本主义社会的主要阶级

现代资本主义社会，首先可分为三个主要阶级：大土地占有者阶级（贵族）、产业和商业资本家阶级（资产阶级）和工人阶级（无产阶级）。这三个阶级是资本主义社会所固有的，或者说，它们的存在是以资本主义经济的本质为前提的。可能产生这样一个问题，为什么土地占有者成为不同于资本家阶级的特殊阶级，尽管两者都有相同的对立面——雇佣工人。这是因为土地占有者和资本家虽有共同的对抗性矛盾，但却是特殊的对抗性矛盾。土地占有者收入（地租）的运动规律与利润（资本家的收入）的运动规律迥然不同。由于这种区别，资本主义社会便出现了土地占有者和资本家利益相对立的现象，因而把两者都视为特殊的社会阶级是完全正确的。

但是，除这三个主要阶级外，任何现实的资本主义社会还包括许多其他社会阶级。例如，大多数资本主义社会还有人数众多的劳动农民阶级。劳动农民阶级（用我们的术语说，就是中农，他们不使用雇佣劳动，也不受雇于人，独立从事劳动农业经济），显然不能把它归入土地所有者阶级，因为土地所有者阶级是靠农业雇佣工人的劳动为生的，而劳动农民却是靠自己的劳动为生的。然而，劳动农民和雇佣工人（无产阶级）是不是一个阶级呢？也不是。农民和雇佣工人有许多根本不同的经济利益，这是因为农民和无产者的劳动经济条件截然不同：农民占有生产资料，从事独立经营，在市场出卖自己的产品；而工人没有生产资料，只能出卖自己的劳动力。工人有许多对农民来说是没有什么意义的利益，例如，工人关心缩短劳动日、提高工资、改进劳动保护法规、扩大工会自由，等等。这一切对农民都没有直接的利害关系。从另一方面看，农民却有许多工人所没有的农民的切身利益：农民关心的是如何扩大自己的私有土地、减少抵押借款利息、减少土地税和地租等。这些利益差别十分重要，并在此基础上产生了社会对立的差别：工人不得不与资本家—企业主斗争，而农民则主要地不得不与土地占有者和货币资本家斗争。所有这些都充分证明农民阶级和无产阶级都属于特殊的社会阶级。

但是，绝不能由于农民和工人社会对立的差别而得出结论，说农民和工人是社会的对抗者。他们有不同的利益，这是毫无疑问的，然而，他们的利益是不是对立的，他们之间是否有利益冲突呢？绝对不会。诚然，农民提供粮食，工人购买粮食，这里存在着一定的利益的对立现象，但是，只要产品按照与生产费用相适应的正常的市场价格出售，这种利益的对立也就迎刃而解了。

卖者和买者利益的对立，不是不可解决的对抗性矛盾，因为不同的产业家集团（如购买生铁和铁的机械制造业买主与出售生铁和铁的制铁业卖主）之间也有这种情况，但这并不妨碍他们都属于广大的资本家阶级。

总之，这种农民阶级和无产阶级利益的对立，比起这两个阶级的共同利益来，是微不足道的。农民和无产阶级都是劳动阶级，由此而来的利益的巨大一致性，足以使他们携手并进。农民的孩子进工厂做工，能使农民经济从工人经济状况的改善中得到好处，而工厂工人也关心农民经济状况的改善，否则，进城谋生的农民就会同工厂工人发生竞争。工人得到的任何重大利益，归根结底，也是农民的利益，反之亦然[①]。

从形式上看，劳动农民是独立生产者，似乎处于资本主义剥削之外，实际上，农民受有产阶级剥削并不亚于雇佣工人。

现代经济制度的资本主义基础，仿佛以千百种方式存在于小生产者经济之中。农民要向银行缴付押地利息，要向阶级国家缴纳土地税，要把自己的产品卖给商人资本家，要租种大土地所有者的土地并向他们缴纳地租，等等。所有这些经济关系，都不过是攫取农民剩余劳动的各种形式而已。

小资产阶级，也是现代社会的一个特殊的社会阶级，是处于资本与劳动对立两极之间的一个过渡的阶级。尽管这个阶级带有中间性质，但终归还是一个具有阶级利益和阶级对抗的阶级。这个阶级主要由富裕的手工业者和小商人组成，他们都属于使用雇佣劳动的业主。既然是业主，就必然会与雇佣工人相对立。但是，对他们经济福利威胁最大的，并不是工人，而是大资本家。小资产阶级虽然也剥削工人，但自己却是大资本家的牺牲品。这个阶级有为数不多的人地位上升，转入大资产阶级的行列，而其余的人则地位下降，补充了无产阶级队伍。小资产阶级的这种动摇地位，决定着这个阶级的社会性质，但不能消除阶级对抗，小资产阶级也和其他阶级一样，都处于阶级对抗的范围。

① 关于这个问题，可参看切尔诺夫写的颇有兴趣的小册子《农民和工人是经济范畴》，1906 年。

有时,人们力求使小资产阶级与劳动农民阶级靠近。诚然,这两个阶级都占有生产资料,但是,两者之间却有着极大的差别。劳动农民阶级在现代社会属于被剥削阶级,而小资产阶级却属于剥削阶级。当小资产阶级在经济进化过程的影响下行将灭亡和让位给其他阶级的时候,而劳动农民阶级却牢牢地保持着自己的地位,有时也依靠其他阶级而发展。这就使农民和小资产阶级的整个社会面貌产生深刻的差别,农民阶级没有理由害怕经济进步。

一般说来,作为资本主义社会基础的不劳动集团占有社会剩余劳动的对抗性经济关系,使这个社会赖以构成的所有经济上独立的集团带有一种对抗的性质,从而使它们变成不单单是经济集团,而且是社会阶级。

由此可见,现代资本主义社会至少有五大阶级:土地占有者阶级、资本家阶级、小资产阶级、农民阶级和雇佣工人阶级(唯独英国由于独特的历史发展条件而没有农民阶级)。但是,不应当忽略阶级概念是一个极度相对的概念。在现代社会中,由于人们对某些利益对抗的意义认识不同,阶级划分可多可少。

例如,马克思把1848年革命前夕的德国至少划分为八个阶级:封建贵族阶级、资产阶级、小资产阶级、大中农民阶级、小自由农民阶级、对地主有封建依附关系的不自由农民阶级、农业工人和工业工人①。

每一个阶级也不是完全一样的,又可以分为阶层或二等阶级,而后者还可分为三等阶级,等等。哪里有持久的利益对抗,哪里就有阶级差别;然而,在现代经济制度下,因为对抗是极其多种多样的,而且渗透到全部经济生活中,所以,阶级差别也是多种多样的。就拿资本家阶级或资产阶级来说,这个阶级在经济和社会关系中

① 马克思:《德国的革命和反革命》,1896年,第7—11页。

远远不是一个同一的整体。首先，这个阶级明显地分成两个阶层：金融资本家和工商业资本家。金融资产阶级和工商业资产阶级之间虽有某种共同的利益，但也存在着相当大的利益对抗。金融资产阶级向工商业资产阶级提供贷款，但却收一定的利息，即从工商业主利润中提成。资产阶级这两个阶层，他们的收入来自工人，在瓜分赃物时，却如同仇敌。

金融资本的利益与现存的国家制度息息相关。最大的信贷机构通常有一半或全部都是国家企业，由于与政府关系密切而得到多方面的好处。其次，发行国债是投放金融资本极重要的方式。国家经常需要金融资本，所以，自然而然地就产生了对它的依赖性。所有这一切表明，金融资产阶级在现代社会通常是接近土地贵族的保守分子，而且同贵族一道维护现存制度。

工商业资产阶级的社会面貌则不同。它关心工商业的发展，而现存国家制度却有碍于这种发展。政府在土地所有者阶级的影响下，不惜牺牲工商业阶级的利益来维护土地占有者的利益。在英国历史上，土地占有者和工商业资产阶级，很长时期是两个互相竞争和斗争的阶级，而且，工商业资产阶级通常都反对土地贵族。在法国它也起过这样的作用。

同时，工商业资产阶级内部也存在着严重利益对抗。这个阶级既有商人又有产业家；在许多场合，他们的利益都是截然对立的。产业家通常拥护保护关税的政策（商业政策），因为他关心的是如何减少外国的竞争。与此相反，对商人来说，出售的商品是本国还是国外生产的都无所谓。对他们来说，最重要的就是商品的购进价格尽可能低些，因为售价和买价之差关系到他们的利润。

因此，商人是自由贸易的天然拥护者。商人的利润是产业家利润的扣款，因此，商人和产业家之间不能不存在一定的利益对抗。

最后，拿产业资本家这个较狭小的集团来说，我们在这里会看到彼此间经常发生冲突的种种利害关系。面向国内市场的产业家比起主要从事出口生产的产业家来，更加需要保护关税的贸易政策。进行国外原料加工的产业家，由于保护关税而得不到原料，而进行本国原料加工的生产者却得到了好处。例如，提高生铁进口税，对铸铁厂厂主有利。但是，提高生铁的价格，却会阻碍机器制造业的发展等等。

总而言之，因为在资本主义制度下，利益对抗现象大量存在并多种多样，所以，社会阶级的划分也是大量的、多种多样的，甚至想怎么划分就怎么划分。但是，这绝不是抹杀几个较主要的阶级划分如第一类阶级划分的意义，因为我们把阶级分得越细，阶级的社会意义也就越小。

谈谈在现代社会起着非常重要作用的社会集团——我们称之为知识分子的脑力劳动代表集团的阶级性质，是很有意思的。应当把知识分子归入哪一个阶级呢？从形式上看，靠出卖自己劳动力为生的脑力劳动的代表，也同体力劳动的代表一样，是雇佣工人。但是，实际上脑力劳动的报酬要比体力劳动高得多，脑力劳动者就其出身和生活条件而言，与有产阶级非常接近，因此毫无条件地把他们划归雇佣工人阶级，显然是抹杀事实。

例如，硬说厂长就其总体利益及其社会经济地位而言，更接近于干粗活的工人，而不是工厂主，这显然是没有道理的。如果把俸禄优厚的国家官员划入无产阶级，那就更加没有道理了。

从另一方面说，要把脑力劳动代表划归资本家阶级，也有极大的困难。资本家靠占有雇佣工人剩余劳动生活，而脑力劳动者不仅不靠这种来源生活，相反，他们自己还出卖劳动力。

可见，不能把知识分子划入现有的任何一个阶级。但从另一方面说，知识分子也不能形成一个与众不同的(sui generis)独立的阶级，尽管大部分知识分子从事不带有经济性质的劳动(如律师、法官、医生、作家、科学家等等)。只有某一社会集团利益和其他任何一个社会集团利益之间存在着无法消除的对抗，才能承认这个社会集团是社会阶级。单凭经济地位相同这一点，根本不足以认定某一社会集团的人们可能是社会阶级。资本家之所以成为特殊的社会阶级，只是因为他们与工人对立。工人也是阶级，只是因为他们与资本家对立。究竟有谁，有哪一个社会阶级与律师、医生、牧师等等相对立，而且他们就其经济地位来说，又同哪一个阶级处于对抗状态呢？他们不同任何阶级相对立，是因为他们的活动是非经济活动，处于占有有剩余劳动的经济过程之外。

由此可见，知识分子不能形成一个独立的阶级，同时也不属于其他任何一个阶级。换句话说，知识分子是没有一定阶级色彩的社会职业集团的总和。由于收入靠自己劳动获得，而所得报酬又比一般体力劳动高得多，所以脑力劳动者就其利益和意志来说，可以归附于现代社会所有的阶级。社会每一个阶级在脑力劳动者中间，都有自己忠实的公仆、保护人和领袖，他们能够卫护各种不同的经济利益而不与自己的经济利益发生冲突，因为后者同某一社会经济制度没有直接的联系。因此，我们看到，一部分知识分子把劳动人民群众的事业看做自己的事业，而另一部分却同有产阶级一道走。

我国知识分子所起的特殊作用，是我们社会结构的特点之一。在这种情况下，我们所说的知识分子不单单是脑力工人，而是具有十分明确的心理特征的社会集团。一般认为，我国知识分子的特征是社会世界观的激进性、"爱人民"的思想以及由此而来的社会主义同情心。俄国知识分子，不论从哪一方面来看，它在许多方面比起西方有教养的阶级来。无疑是一种不同的类型；西方知识分子，就其理想和社会同情心而言，绝大部分与资产阶级紧紧连在一起。

这种情况可以用俄国历史和俄国社会制度的特点来说明。俄国没有城市经济，因此俄国没有产生西欧那种起过出色作用的社会阶级，包括城市小独立生产者、行会手工业者(即西欧小资产阶级的主要成分)。小资产阶级创造了西欧全部文明，直到今天，脑力劳动者主要还是来自这个阶级。我们没有行会制度，也没有在社会和政治方面有某种影响的小资产阶级。我们的脑力工人完全出身于其他社会集团。在上一世纪的前半期，俄国有教养的阶级几乎与贵族合成一体了，只是后来才开始补充所谓各种阶层出身的人，包括僧侣、小市民、农民以及商人。

我国有教养的阶级，与西方有教养的阶级相比，由于社会出身不同，面貌也有所不同。西方有教养的阶级仅仅与他们赖以形成并给他们世界观打上深深烙印的社会阶级有着有机的联系。与此相反，我国知识分子的特点是脱离他们得以产生的那些社会集团，因此，他们也就不可能接受这些集团的世界观[①]。

究竟什么阶级概念的基础，对这个问题的看法在现代文献中远非一致。根据上文所述观点，某一社会集团的阶级性质，是由它在占有社会剩余劳动过程中所起的作用决定的[②]。伯恩施坦在批评我的阶级定义时，承认它更符合于马克思学说的精神，但他又提出另一种阶级观点。这就是说，在他看来，

① 关于形成俄国知识分子独特的心理状态的社会原因，可参看拙著《俄国知识分子和社会主义》一文，载《俄国知识分子》文集，1901 年。

② 考茨基在《阶级利益—特殊利益——一般利益》(载《新时代》第 21 期，第 2 册，第 241 页等)一文中，也提出了类似的观点。关于阶级对抗问题，是 Ю. 杰列夫斯基的《历史上的社会对抗和阶级斗争》(1910 年)一书探讨的对象。

不同居民集团的财产状况才是社会划分为阶级的特征[①]。财产状况相同的人同属一个阶级；阶级差别就是不同社会集团财产状况的差别[②]。

按照伯恩施坦的观点，不应当说资本家阶级、土地占有者阶级和无产阶级，而应当说社会富有阶级和贫穷阶级。我认为，这样来认识阶级的本质，对经济和社会研究的目的来说是根本不合适的，因为这种认识掩盖和抹杀了对历史发展方向有巨大影响的各社会集团的重大差别。在现代社会中，斗争不仅发生在富有阶级和贫穷阶级之间，而且也发生在财产状况相同的阶级之间。占有土地的贵族和资产阶级的斗争，在西欧的近代史上起过非常重大的作用，尽管土地占有者和资产阶级都属于有产阶级。本书关于社会阶级本质的观点，把社会发展的真正动力即现代经济制度无法消除的对抗提到了首位。社会发展的现实过程是各阶级为维护相互对立的经济利益而斗争的结果（虽然不是唯一的结果），要比简单的贫富之间的斗争复杂得多得多。不妨再重复一句，这是因为不仅富人同穷人要斗争，而且富人同富人、穷人同穷人也要斗争。

在俄国文献中，关于社会阶级本质问题的争论，非常激烈，而且在我国民粹派社会主义和马克思社会主义代表人物之间引起了一场激烈的论战。民粹派主张阶级概念的基础是分配要素，而马克思主义者主张是生产要素。然而，这场论战由于双方对问题的提法根本错误，在理论方面毫无建树，而且丝毫也没有丰富阶级学说。正因为双方认定生产和分配因素是两个完全独立和性质不同的经济范畴，所以，要承认生产因素是决定性的阶级特征，就不能承认分配因素是决定性的阶级特征，反之亦然。然而，这正像下一章所说的那样，分配因素绝不是独立的经济范畴，事实上，它无非是从另一种角度来看

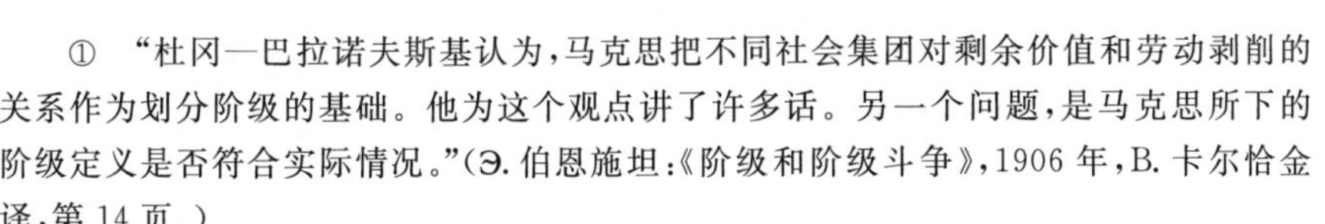

① “杜冈—巴拉诺夫斯基认为，马克思把不同社会集团对剩余价值和劳动剥削的关系作为划分阶级的基础。他为这个观点讲了许多话。另一个问题，是马克思所下的阶级定义是否符合实际情况。”（Э. 伯恩施坦：《阶级和阶级斗争》，1906 年，В. 卡尔恰金译，第 14 页。）

② 同上书，第 16 页及以下各页。

的资本主义生产范畴。因此，上述这场争论不能把阶级学说向前推进一步①。正因为如此，无法发现恩格斯时而用生产关系差别，时而用分配差别来解释阶级差别这种情况的内在矛盾②。但是，必须记住（马克思主义者却常常忽视这一点），不仅资本主义生产关系，而且资本主义交换关系也导致社会分化为阶级。商人或者银行家也和工厂主一样，都是资本家。本书提出的阶级定义，既指生产关系，又指交换关系，因为占有剩余劳动，既发生在资本主义的生产领域，也发生在资本主义的交换领域。

在马克思看来，政治斗争无非是维护自己经济利益的阶级斗争。果真如此，那么，政党也只能是各阶级的政治组织，每个政党应当维护其所代表的那个阶级的利益。但是，这种观念是否符合现实情况呢？

在所有政党中，社会主义政党，特别是德国社会民主党，有着最鲜明的阶级性。因此，饶有兴趣的一个问题是，德国近年来投票选举社会民主党代表的几百万选民，究竟是由哪些阶级成分构成的呢？

关于这个问题，布兰克先生用统计数字作了说明③。布兰克先生所作的1903年选举统计，后来有一部分得到证实，有一部分被其他作者修正，但其结果却说明，即便是德国社会民主党也不能像它自称的那种纯粹是阶级的政党，即产业无产阶级政党。一方面，德国大约三分之一的工商业无产阶级没有投社会民主党人的票，却投了资产阶级政党候选人的票。特别是许多工人（天主教徒）的选票，投到天主教中央党那里去了。另一方面，拥护社会民主党的选民远不都是工人阶级。社会民主党代表所得选票中至少有50万张（也许还要多得多，当时这种计算方法，只能大约规定一个最低数，绝不会有

① 参看B.切尔诺夫：《社会主义的探讨》（1908年，第311页及以下各页）对这场争论的叙述。

② 一方面，恩格斯在反驳杜林的"暴力论"时，主张生产关系是社会阶级构成的基础；另一方面，他又断言，"随着分配上的差别的出现，也出现了阶级差别。社会分为享特权的和被损害的、剥削的和被剥削的、统治的和被统治的阶级"。（参见《马克思恩格斯选集》，中文版，第3卷，第187—188页。）

③ R.布兰克：《德国社会民主党选民的社会成分》，载《社会科学文献f》，1905年，第3册。

更真实的选票数字)不是工人阶级选民投的。至少有 50 万资产者,投了那个自称为无产阶级政党的票。

但德国社会民主党的阶级构成最单一。其他社会主义政党在这方面远不如德国人。许多国家社会主义政党在产业无产阶级人数最少地区得票最多。例如,意大利有一些地方社会主义政党得的票数超过无产阶级选民人数好几倍。在保加利亚,社会主义"政党组织中小资产阶级占优势,为党员人数的三分之二。所得选票绝大部分来自农村,只有很小一部分来自城市"①。

但是,不管怎样,社会主义政党都或多或少带有阶级的性质。这些政党的拥护者,如果说不单单是工人,那么在绝大多数情况下也都是来自被压迫和被剥削阶级。而其他政党的阶级构成却是形形色色的,根本谈不上什么阶级构成的单一性。

这一点还可以从下述事实得到证明:某一政党在不同时期所得票数波动很大,虽然国家人口的阶级结构没有发生多大变化。但是选民群众却从一个政党转而支持另一个政党,而在随后的选举中又回到了原来在政治上所支持的政党。不妨以英国为例。按照马克思的观点,英国要成为欧洲资本主义经济最发达的国家,就必须有阶级性质鲜明的社会主义政党。英国有两个政党——保守党和自由党竞相争取执政。总的来看,在现代保守党人要比自由党人力量大,常常执政。从传统的观点来看,保守党属于土地所有者的政党,自由党则是工商业资产阶级的政党。然而,试问:这一点又怎样能跟近三十年来英国保守党人执政(而在前三十年却是自由党人占据绝对优势)次数多于自由党人的事实统一起来呢?原来英国早就不存在它是工商业国家还是土地所有者国家的问题了。于是我们看到,正是在这个国家里随着农业的衰落保守党人力量加强了,而自由党人力量却削弱了。很显然,认为英国保守党主要是农业党的传统观点,早已过时,已经不符合实际情况了。

在这种情况下,英国选民极不稳定。1880 年大选时,自由党人获得辉煌胜利。1885 年自由党人再度获胜。1886 年自由党人遭到惨败,而保守党人获得

① П. А. 贝林:《西方的政党》,1907 年,第 101 页,在这部有趣的书中对阶级和政党有许多细腻和正确的论述。

绝大多数选票,从而巩固了统治地位,多年来,除一度短暂中断(1892 年大选)外,一直执政。在最近三次选举中自由党人获胜。然而在这一时期内并没有发生任何足以说明英国选民从一个政党转向另一个政党的阶级构成的变化。

世界上没有一个国家能像英国那样,无产阶级占人口的绝大多数,而且拥有如此强大的经济组织。英国在经济发展方面远远走在欧洲其他国家的前面,同时它又是实行议会制度和政治自由的古典国家。从所有这些情况来看,按照马克思的观点,只有英国无产阶级有希望建立一个特别强大、而且具有政治影响的政党。然而,也恰恰是在英国,工人阶级表露出对其独立的政治作用最不感兴趣。独立的工人政党只是在近年来才在英国出现,而且直到今天,其政治作用还很小。

所有这些情况表明,马克思主义者通常把政党与所构成的阶级等同起来的观点是何等错误。严格意义上的阶级政党是根本不存在的,任何政党就其实质而言,应当是一种超阶级的组织,因为政党力求包括尽可能多的不管属于任何阶级的人。即使是德国社会民主党也不能避免这一点,正如我们所看到的,它的队伍里也包括几十万资产阶级选民。

这是因为阶级利益不论多么巨大,也只是激发现代社会许多利益之一。人们联合为一个政党,不仅考虑到阶级利益,而且考虑到该党所维护的其他方面的全部利益。英国保守党的力量,就在于英国保守党人是帝国主义推行大胆的旨在增强不列颠帝国实力的国际政策的代表。自由党之所以变弱,是由于它支持了爱尔兰运动,在大多数英国选民看来,这个运动使不列颠帝国面临分裂的危险。

总之,国民的感情是极其重要的政治因素。除国民感情外,宗教利益是影响政党构成另一个强大的超阶级因素。例如,如上所述,德国信仰天主教的工人接受社会民主党的宣传远不如新教徒,因为宗教利益使他们厌弃社会民主制。极其复杂和多种多样的感情、利益、传统、习惯和动机决定着居民的政党派别,而在这些因素中,阶级利益并不是永远都起着首要的作用。

参考书目

马克思和恩格斯:《共产党宣言》。

Г. 普列汉诺夫对宣言关于阶级和阶级斗争学说发展的大段前言的历史性评述。

马克思：《哲学的穷困》；《波拿巴雾月 18 日》；《德国的革命和反革命》；《资本论》，第 3 卷（最后一章）。

恩格斯：《反杜林论》；《家庭的起源》。

考茨基：《阶级利益》，A. 帕西译，1905 年。

伯恩施坦：《阶级和阶级斗争》，德译本，1906 年。

桑巴特：《十九世纪九十年代德国国民经济》，1903 年。

C. 普罗科波维奇：《关于马克思的批判》，1901 年。

切尔诺夫：《农民和工人》，1906 年；《社会主义评论》，1908 年。

A. 沃尔斯基：《智力工人》，1906 年。

E. 洛津斯基：《知识分子究竟是什么呢?》，1907 年。

伊万诺夫—拉祖姆尼克：《马哈伊斯基派是什么货色》，1908 年；《俄国社会思想史》，1908 第，第 2 版。

M. 杜冈—巴拉诺夫斯基：《马克思主义的理论基础》。

П. 贝林：《西方的政党》，1907 年。

杰列夫斯基：《历史上的社会对抗和阶级斗争》，1910 年。

第二章　分配问题

一、分配现象概述。分配问题的特殊性。二、国民收入的基本划分。劳动收入和非劳动收入。萨伊关于生产性服务的理论。该理论的空洞性。非劳动者对劳动者的剥削是非劳动收入的基础。剥削概念的剖析。边际效用派和马克思派对分配问题理解的错误。

一、分配现象概述

收入范畴是特殊的历史的交换经济范畴之一。收入总是某种交换价值；在自然经济占统治地位的条件下，不存在收入范畴①。

在交换经济中，对每一种经济的收入和支出价值进行数量计算，不仅是可能的，而且是必要的。只有通过这种计算，才能够弄清楚该种经济在经济上的合理性。总收入是指该种经济正常的，

① 毕歇尔谈道："我们称之为收入的东西，在正常条件下，是交换的产物；在闭塞的家庭经济中，这是自给经济中产生的使用价值额，是主人所得的全部产品。但是，经济对天然意外情形的依赖使得储备积累愈感到必要，则收入与财产就愈难以分开。收入和财产成了一种分割不开的物质。""甚之，在国民经济发展这一阶段，根本就谈不上什么'收入'；例如拉丁语 reditus 这个词的含义，就是从地里所获得的全部产品。"毕歇尔：《国民经济的起源》，第 130 页。

定期收回的全部收入的总价值，即作为相应经济过程的成果，全部归该种经济正常支配的总价值。纯收入则指补偿各种经营开支后归经营者支配的那部分价值，或者说，可用于经营者需要而无损于收入来源的那部分价值。经济活动的目的，是尽可能多地获得纯收入，而不是总收入，因为只有纯收入才是能满足主人需要的来源。

经济活动在产品生产和产品交换中表现出来，全部经济仅此而已，因为产品消费不是经济活动。因此，不妨认为，只要弄清楚生产和交换的因果依存关系，就足以了解收入现象了。而且事实上，在许多场合，情况确实如此。农民在自己的并且不是在抵押的土地上，不借助雇佣劳动而自力经营，他所得到的收入，完全取决于生产和销售其产品的条件。在这种情况下，除生产和交换学说之外，任何特殊收入学说，都没有立足之地。

因此，在经济科学中有特殊的分配（或者说，资本主义社会各阶级收入学说）部分似乎令人难以理解。难道独立的分配问题可以与生产和交换问题并存吗？这就是非常重要的，而现代科学又没有认识到方法论问题，要回答这个问题，就必须揭示分配现象的方法论实质。

首先，应当承认，分配问题远远不能包括各种社会收入。不妨以农民收入为例，很明显，农民收入范畴不能列入生产和交换的范围，这早已不是什么新问题了。一般说来，所有小独立生产者的收入，不是分配学说的研究对象，因为这些收入是建立在纯属这些生产者个人劳动产品的生产和销售的基础之上的。

这后一学说（分配学说）是在历史上形成的，只包括某些与其他社会收入有严格区别的收入，即由资本主义生产过程的实质所决定的资本主义社会三个主要阶级的收入：雇佣工人收入（工资）、资本家的收入（利润）和土地占有者的收入（地租）。

分配部分就是仅仅与这三种社会收入有关的理论。至于其他社会阶级的收入，政治经济学就不列为特殊的研究对象，只是对这些收入的形成条件在生产和交换部分中顺便加以研究。要把一类社会收入列为特殊的研究对象，很显然，就必须有方法论根据。

实际上，上述三种社会收入与其他收入不同之点，首先在于这些收入在其产生过程中彼此有着密切的联系。例如，产业资本家的利润和工资，用逻辑的语言说，构成了逻辑上的相关论。工资以利润为前提，而利润又以工资为前提；同样，地租也是以资本主义生产的条件为前提的。所有这三种国民收入，只不过是把一定条件下生产的社会产品分成三个部分而已。

上述三种社会收入之间的这种联系，是建立在什么基础上的呢？这个基础就是：资本主义生产必须以雇佣工人、资本家和土地所有者三个社会阶级在生产过程中的联系为前提。在资本主义生产方式下，工人不占有生产资料，生产资料分别属于两个特殊的阶级——资本家和土地所有者。然而，没有生产资料，生产是不可能进行的，所以，在这种情况下，只有使工人、资本家和土地所有者在生产过程中相互间发生一定的联系，生产才有可能进行。从这种联系中也就自然地产生了相应的社会收入之间的联系。这些收入通过资本主义生产的条件结成一个解不开的纽结，所以要了解其中一种收入的形成规律，不弄清楚其他两种收入的形成规律，是不可能的。

政治经济学中分配（sui gencris）这个特殊的问题，就在于解释这种联系，而不能归结于任何其他联系。独立小生产者的收入，不包括在上述联系之内，因而在分配理论中就没有它的一席之地[①]。

这种联系被资本主义的交换关系弄得更加复杂了。资本家凭借自己的资本不仅参加生产过程，而且也参加交换过程；商业资本，也和生产资本一样，是消费者获得产品的必要条件。只要注意到这一点，就能确定：分配问题是指通过资本主义的生产和交换条件而联系起来的社会各阶级收入之间相互依存的关系问题[②]。

然而，显而易见，不可能把分配视为资本主义的生产和交换领域以外的现象。分配现象不是独特的经济事实；而从某种观点来看，也如同资本主义的生产和交换过程。资本主义生产要有雇佣劳动。而雇佣劳动是什么呢？就是以工资换取工人履行其劳动契约，换句话说，就是一定的分配关系。因此，资本主义生产，离开分配现象，就是不可思议的；同时，分配现象，就其特殊意义而言，离开资本主义经济，也是不可思议的。

因此，分配现象只能是资本主义生产和交换过程的一个方面。究竟是一个什么方面呢？在资本主义生产和交换过程中某些价值在产生和转移，而在不同意义上参加这一个过程的是三个社会阶级——雇佣工人、资本家和土地所有者。我们说生产和交换现象，

① 当然，独立小生产者的收入在很大程度上决定于他们之间生产资料的分配。但是，生产资料在不同的社会阶级之间的分配，是与社会收入分配问题根本不同的另一种性质的问题。在后一个问题中，生产资料的分配是以社会收入的分配为前提的。

② 从广义来说，分配问题包括了在经济来源的条件方面相互间有着内在联系的一切收入。例如，在前资本主义经济中，高利贷利息或商人利润都可能是分配学说的研究对象，因为高利贷利息和商人利润，如果不同其他社会阶级的收入联系起来，就不可能弄清楚。

指的是过程本身，我们说分配现象，指的是与过程参加者即上述三个阶级的利益有关的过程的最终结果。

二、国民收入的基本划分

各种国民收入可分成截然不同的两类：来自劳动（工资）的收入和来自占有财产（利润和地租）的收入，或者说，劳动收入和非劳动收入。

工人要获得生活资料，是生产必不可少的条件。从劳动收入方面来说，也不可能产生收入来源的问题。十分明显，没有劳动报酬，就不可能有经济过程。至于说非劳动收入，则是另一回事。非劳动收入的来源，远不是如此明显的。这种收入并不是经济过程的实质所要求的，它在社会基础上产生，是社会制度的历史交替特点的产物。

的确，可以认为，资本家和土地所有者的收入，也和工人的收入一样，在生产过程中是必要的。对生产来说，土地和生产资料（资本）也和劳动一样是必要的。J. B. 萨伊从这一点出发，创立了著名的"生产性服务"学说，力图证明非劳动收入在经济上的必要性。萨伊的证明极其简单，因而显得有说服力。生产三要素对生产来说都是同等必要的，其中每一个要素都归一个特殊的社会阶级所有，即劳动属于工人，资本属于资本家，土地属于土地占有者。要进行生产，就必须从总产品中拿出一部分来付给生产三要素（不论是劳动还是资本和土地）提供的生产性服务。为这种劳务所付的报酬就是有关社会阶级的收入：劳动服务的报酬为工人的收入，资本服务的报酬为资本家的利润，土地服务的报酬则为地租。利润和地租，也和工资一样，都是生产要素提供生产性服务的必要报酬①。

---

① 参看 J. B. 萨伊：《政治经济学概论》，第 7 版，第 67 页等，以及《应用政治经济学全部教程》，1828—1829 年，第 4 册，第 64 页。

这种推理是拙劣的诡辩，它来自逻辑学中所谓的“四名词”(quaternio terminorum)，即前提和结论使用同一个术语表示不同含义。也就是说，前提中谈的是生产的要素——土地和资本，而在结论中谈的是社会阶级——土地所有者和资本家。萨伊说得对，土地和资本(作为生产资料)也和劳动一样，对于生产来说都是必不可少的，但是，绝不能由此得出结论，说资本家和土地所有者对生产来说也是必不可少的。如果同意萨伊的观点，认为资本和土地本身也具有生产力，那么，无论如何也不能由此得出结论，说来自土地和资本的收入必须属于非劳动者。须知，土地或机器如果归工人支配，其生产属性丝毫也不会消失。土地和资本的生产属性怎么能证实非劳动收入的必要性呢？得到非劳动收入的，不是资本和土地，而是资本家和土地所有者，因为他们占有资本和土地；如果工人占有生产资料，则土地和资本也会对工人提供“生产性服务”的。因此，关于生产资料的“生产性服务”问题，同下述问题毫无共同之处：为什么从使用生产资料中受益的，不是直接支配生产资料的工人，而是不直接参加生产的人。

不论用什么原因来说明利润和地租的现象，都不得不承认这两种国民收入与劳动收入有着根本的区别：劳动收入来自生产过程本身，而非劳动收入来自社会，它可以、也可以不取决于社会的阶级构成。资本主义利润这种特殊的非劳动收入之所以能存在，只是由于工人不占有资本；地租这种特殊的非劳动收入之所以能存在，也只是由于工人失去土地。非劳动收入的存在，只有在除劳动阶级外，非劳动阶级也能得到社会产品份额的特殊社会条件下才有可能。

在现代社会中存在着非劳动收入，是现代经济制度所固有的社会不平等的明显表现。这种不平等在于社会一部分人为了其生存向社会另一部分人出卖自己的劳动，而得不到等值的劳动报酬。工人向资本家出卖自己的劳动力即自己的身体。资本家付给工人的则是自己的一点点资本，而不是他的身体。工人出卖其自身时，即确认自己是奴隶，而资本家购买他时，则确认自己是自由的，不需要劳动即可维持自己的生存。土地所有者的非劳动收入——地租情况也是如此。

尽管资本家的雇佣劳动与奴隶劳动，就其法律形式而言是截然对立的，但是这两种社会现象就其经济实质而言又是相近的，因为无论哪一种情况，都是外部的需要，而不是内在的动机迫使一个人为另一个人劳动；而这种外部条件又使另一个人可以不劳动即能维持生存。资本家和土地所有者的收入，也和奴隶主和农奴制时期地主的收入一样，都来自外部的强制和暴力。诚然，在奴隶制度下，这种外部的强制形式是体罚即鞭笞，而在资本主义雇佣制度下，体罚改为经济暴力即以饿死相威胁。然而，暴力并不因此就不再是暴力了。

既然承认非劳动收入是社会不平等的表现，那就得承认靠劳动收入的阶级受非劳动阶级的剥削。

剥削概念是经济科学所固有的概念中有代表性的例子，在经济科学概念中存在和应有的因素相互紧密地交织在一起，形成一个不可分割的整体。一方面，劳动剥削概念本身具有纯客观地确认劳动者阶级和非劳动者阶级经济上不平等的含义；另一方面，在这个概念中也夹杂着而且不能不夹杂着伦理因素，因为在说明一个人对另一个人的关系是剥削关系时，我们总是把对这种关系的道德谴责同它联系起来。甚至可以说，恰恰在道德评价中也含有剥削概念最本质的东西。

剥削概念,我们并不总是在伦理意义上使用它的。就这个词的广义来说,剥削概念与在这个意义上利用什么来达到某种外部目的的概念截然不同。在这个意义上我们可以说经营铁路、兴办邮政、开采燃料等等。如果把这个概念移用到人上来,那么,我们则认为人剥削人是指一个人使用另一个人的人身(个体),然而,这种使用是违反平等原则的。在劳动等价交换的条件下没有剥削。如果一个人给予另一个人的劳动报酬少于他所付出的劳动,那就会破坏人类个性的等值原则,我们所说的人剥削人,就是指道德上不可容忍的行为。

因此,人类个性的等值观念,便是劳动剥削学说不可排除的伦理因素。古代社会及其伟大代表都没有这种观念,因而古代最高尚的哲学家也看不出奴隶制度有什么可耻的和道德上不可容许的行为①。

但是,劳动剥削学说中的伦理因素,绝不会削弱这个学说对政治经济学的作用和意义。因为政治经济学不仅要解释存在的东西,而且要设定应有的东西;不仅要分析现存的国民经济体制,而且还要激发人们进行社会的创造;

① 从这个意义上说,把柏拉图的社会理想与现代社会主义理想作一番比较是大有裨益的。人们往往认为柏拉图是第一个现代社会主义的预言家。然而,这是最大的错误。诚然这位古代的伟大哲学家要求在其国家中将来消灭私有财产,但这仅限于社会的统治阶级。在这方面,柏拉图的国家根本不是现代的国家。现在,统治阶级拥有财产,被统治阶级没有财产,而柏拉图却想使统治阶级失去财产,被统治阶级占有财产。消灭私有财产对唯心主义哲学创始人来说,是使统治者成为最完美的国家维护者的手段,必须消灭他们的自私的感情、动机和利益,进而使他们成为"瘦弱的守护畜群的良犬"。然而,在柏拉图的国家里,除军人和执政者外,所有其他居民阶级都保留私有财产,在那里依然存在人剥削人,甚至还保存最野蛮的形式——奴隶制;只有希腊人不应成为奴隶;至于野蛮人,在柏拉图看来,他们当奴隶是战败者注定的命运。柏拉图的国家完全具有贵族的性质,与现代社会主义的理想有天壤之别。人们通常就是这样来看待柏拉图的,尽管佩尔曼反对这一点,但是他的反对意见完全不能令人信服(参看佩尔曼:《古希腊罗马时代的社会主义和共产主义史》,1910 年,第 133 页及以下各页)。稍后,随着希腊社会制度的瓦解,古代思想的代表才慢慢接近人类平等的思想。斯多葛学派的观点就是如此。这样一来,便有可能建立一种具有新的社会世界观与现代社会主义毫无二致的社会乌托邦。埃夫盖米尔和雅布尔的社会小说,就是现代社会主义奠基人托马斯·莫尔的"乌托邦"的原型。

它不仅是不成熟的理论，而且是活生生的实践。这种两重性是任何社会学说都无法避免的，因为任何社会学说都在追求实际的以至伦理的目的，而不会囿于冷漠无情的客观科学的范围之内。重要的仅仅在于：第一，我们要如实地认识我们加进社会科学中的伦理观念（而不要把它们所没有的反映客观现实的意义强加给它们）；第二，伦理观念是普遍适用的，也就是说，不是我们主观的和任意的理论体系，而是适用于每一个正常人的道德意识的必然结论。劳动剥削学说的基本伦理观念完全符合于这些要求，因为人类个性等值思想是普遍适用的我们现实理智的基准。

现代政治经济学甚至还没有意识到分配问题中所包括的方法论问题。在所有有关政治经济学的文章中，都有分配部分，但是，究竟什么是分配，经济学家对此通常都不去思考。这个问题就是提出来了，也根本得不到正确的解决。绝大多数经济学家倾向于把分配现象看做是价值现象。持这种观点的正是边际效用论者（维塞尔除外）。例如，这一学派最杰出的代表之一、美国经济学家克拉克说道："价值理论和团体分配理论，实际上是一个东西。"①诚然这个观点看起来自然单纯，因而大有值得赞许之处。可是难道说工资不是劳动力的价格、利润不是使用资本的价格、地租不是使用土地的价格吗？在这种情况下，分配现象是否只能是某些经济物品的交换现象呢？

这后一种关于分配现象的观点是不正确的，这将在下面几章谈到分配论时详加说明。这里只要指出分配现象与交换现象的下述区别就够了。从上述情况可以清楚地看出，所谓三种国民收入在资本主义经济过程中密切相关，因此，其中一种收入，如果离开其他两种收入，都无法弄清楚，然而，把工资视为劳动力的价格、把利息视为使用资本的价格以及把地租视为使用土地的价格的方法，恰恰是忽视了这三种国民收入之间的联系。

此外，从一般的价格理论（边际效用论）的观点来了解利润是根本不可能的。这种理论认为，生产资料的价值是由生产资料制造出来的消费品的价值决定的。但是，利润恰恰在于制造出来的产品价值不是等于、而是大于所消耗的生产资料的价值。那么，这种剩余的价值究竟是从哪里来的呢？边际效

① J. B. 克拉克：《财富的分配》，1908 年，第 24 页（见中文版第 18 页）。

用论完全陷入试图解决这个问题，但用其观点又无法解决的困境，这是因为边际效用论从根本上忽视了交换双方的社会不平等现象。利润现象就是建立在社会不平等的基础之上的。

同时，马克思学派把分配问题看做是一般的价值问题，也同样遇到了一些无法解决的困难，但却是另一种性质的困难。这就是说，用马克思的劳动价值论解释不了工资现象。如果说劳动创造价值，那么，为什么工人得到的不是他创造的全部产品，而只是一部分产品呢？要解释清楚这一点，就必须超出一般价值论的范围，提出一些劳动价值论和边际效用论都根本没有的社会因素。应当承认，马克思试图在劳动价值论的基础上建立工资论，如下文所述，是完全失败了。

因此，无论是边际效用论，还是劳动价值论，都不能充分解释分配现象。这种情况促使政治经济学出现一个新流派，其代表目前还只是一位经济学家——施托尔茨曼，他力图把价值问题归结为分配问题。施托尔茨曼认为，产品的价格不过是社会产品在不同社会阶级之间分配关系的表现。可见，施托尔茨曼把分配问题和价格问题混为一谈，尽管两者意义相反①。

然而，施托尔茨曼理论的根本错误就在于这一点。他不懂得分配关系具有完全历史的、暂存的性质，而价值却是任何经济所固有的，而不管经济的内部结构如何。在社会主义经济中，即使没有现代意义的分配关系，但价值却丝毫不会失去其意义。产品即使不用于交换，也会完全保留自己的社会价值。

如果说分配现象是经济的历史范畴，而价值是逻辑范畴，那么，十分明显，分配学说与一般价值论就应该有严格的根本区别。摆在我们面前的是两个不同的科学问题，如果把它们混同起来，那就是不懂得它们的认识论的实质。

在本教程中，试图提出一种原则上不同于一般价值论的分配理论。当然，不同社会阶级的收入在资本主义经济中是通过价格实现的，然而，价格只

① 参看施托尔茨曼：《国民经济学理论的社会范畴》，1896 年；及《国民经济的目的》，1908 年。

不过是更深刻的统治和被统治社会关系的表现，而社会关系，归根结底，支配着社会收入的分配。

本教程所阐述的分配理论，与边际效用学派的分配理论毫无共同之处，在我看来，边际效用学派的分配理论已失去任何科学的意义。至于说马克思主义，我同它的分歧并没有所想象的那样大，我认为我的分配理论只不过是被改造了的和清除了一切不科学因素的马克思的理论。诚然，经过如此深刻的改造，后者已经无法纳入马克思的体系，但是，新旧理论的联系，在我看来，还是很明显的。也就是说，这种联系就在于：我的理论和马克思的理论都认为，社会各阶级的收入是某些社会阶级分占仅由工人阶级劳动创造的产品的结果，从我的观点来看，非劳动收入是有产阶级剥削失去生产资料的工人阶级的结果。然而，马克思试图从根本站不住脚的绝对的劳动价值论出发，以极其人为的方法来证实这种剥削的存在。随后他又根据这个理论得出工资取决于最低生活资料的完全错误的理论。我用另一种方法证实剥削的存在，提出了另一种工资理论，这就是新旧理论的重要差别（且不谈其他方面）所在。

由于把分配问题看做是一般价值问题一样的特殊问题，我赞同李嘉图在他给麦克库洛赫的信中所表述的方法论要求："归根结底，与地租、工资和利润有关的所有重大问题，都必须用土地所有者、资本家和工人据以分配产品的比例来说明，而这些比例是任何价值学说都解释不了的。"[①]然而，李嘉图本人在自己的分配学说中并没有严格遵守这种方法论的要求。

参考书目

M. 杜冈—巴拉诺夫斯基：《马克思主义的理论基础》；《现代社会主义》；《社会分配学说》，1914 年。

施托尔茨曼：《国民经济理论的社会范畴》，1906 年；《国民经济的目的》，1908 年。

① 大卫·李嘉图：《大卫·李嘉图致约翰·拉姆齐·麦克库洛赫的信》，1895 年，第 72 页。

第三章　工　资

一、工资理论的基本原理。工资与其他社会收入的区别。劳动力与其他商品的区别。二、各种不同的工资即价格论。平均生活水平论。工资基金说。供求是工资的因素。一般价格规律不能解释工资。工资的生产学说。克拉克学说。三、工资社会说。劳动生产率和工人阶级的社会力量是工资提高的因素。四、不同劳动部门的劳动收入的差别。脑力工人的收入。脑力劳动高工资的原因。体力工人工资的差别。五、工资形式。货币工资和实物工资。工资按劳动评价原则和按劳动合同参与者分类。工人分占企业的利润。六、英国工资史。十九世纪前的工资。工业革命。新时期工资的动态。

一、工资理论的基本原理

所谓工资是指企业主向提供使用其劳动力权利的本企业工人支付的报酬①。名义工资，是指工资的货币表现，而实际工资是指

① 我之所以这样地给工资下定义，是因为想强调说明工资不是任何一种劳动报酬，它只是资本主义经济过程的劳动报酬。因此，付给在政府供职的官吏的劳动报酬（一般叫做俸禄或薪金）、付给所谓自由职业者代表——医师、作家、律师等的各种高级脑力劳动的报酬（通常叫做酬金）都不是工资。付给仆人的劳动报酬（通常叫做薪金）以及付给任何粗活的劳动报酬，就其本义而言，已近似工资，但毕竟与工资有差别，因为雇佣仆人是为了干家务活，而不是靠其劳动赚钱。

工人能用这种名义工资买到的消费品的数量。

虽然工资是资本主义生产的三种收入之一，但它占有特殊的地位，与利润和地租有着根本的区别。利润和地租理论的基本问题，就是为什么一般有这两种社会收入的问题，因为利润和地租这两种特殊社会阶级的收入的存在，不是社会经济必要的条件，社会生产过程即使没有资本家和土地占有者这两个特殊阶级也可以照样进行。与此相反，工人的生活费及其要得到足够数量的消费品恰恰是经济过程的必要条件。

因此，在工资方面不能提出为什么工人普遍要取得生活费的问题。工资理论的基本问题必须用相反的形式加以表述：为什么工人的生活费不能包括全部社会产品（除去生产过程中所耗费的生产资料）。为了使社会生产过程不致中断，只要求做到一点，就是它的全部必要耗费必须及时得到补偿。工人的生活费是这些必要耗费的因素之一；相反，利润和地租绝不是社会耗费的因素[①]。可见，从生产的抽象过程看，利润和地租是不可理解的，而工人的生活费才是完全可以理解的，它似乎应当包括除所耗费的生产资料之外的全部社会产品。

换句话说，利润和地租是历史的社会经济范畴，而工人生活费是逻辑的经济范畴。至于说工资，同利润和地租一样，是历史的经济范畴。因为，如果说，工人得不到必要的消费品，经济是不可思议的，那么，没有工资的经济却是完全可以理解的：如果社会全部

① 因此，李嘉图把工资认为是社会总收入的因素，而把利润和地租认为是社会纯收入。

产品都归工人所得，那就不会有工资，劳动者也就不再为资本家从事雇佣劳动了。

可见，工人获取生活费是逻辑的经济范畴，同样，这种生活费如果采取工资的形式（换言之，不能包括全部劳动产品），则属于历史的经济范畴。

雇佣工人的合同，在形式上与其他雇佣合同没有根本区别，是和任何商品买卖一样的交换行为。即使工人合同中买卖的对象是劳动力，对此也毫无影响。因此，工资显然可看做是人的劳动力这种商品的价格。

但是，如果承认劳动力是商品，那么很明显，这是一种极其特殊的、根本不同于其他一切商品的商品。

所有其他商品都是外部产品或人类经济活动的资料，即经济客体。人类劳动力就是人本身，也就是说，不是经济客体，而是经济主体。

人们常常指出劳动力商品这种特殊性，但是，指出这一点的意义却在于为工人和企业主合同所必须从属的特殊的社会政治措施辩护。因为这种合同关系到人的生存条件，所以，在这种情况下，为了工人的利益应当限制合同的自由。

这个由承认劳动力特殊属性而得出的结论，在社会政策领域是完全正确的，但对工资理论来说，却没有什么意义。

在我们看来，上述原理的意义则完全不同。这种使劳动力和工人自身不可分割的属性，对形成工资的客观条件产生了巨大的影响。这种属性的第一个后果是劳动力生产的不可能性，第二个后果是劳动力买卖双方完全特殊的社会地位。

不管工人如何卑贱，但毕竟不是资本家的牲畜，工人在市场外是自由的，他在自己家里不是为资本家创造劳动力，而是为自己、为满足自己的需要而活着。

如果情况不是这样，如果在市场外工人也变成简单的生产工具，那么，人的劳动力就会同其他商品毫无区别了。这种情况在奴隶制经济中发生过。从纯经济观点看，奴隶主把自己的奴隶如同家畜一样来繁殖和豢养。在奴隶制经济中，人的劳动力是在经济过程中生产出来的，而不是在工人的生活过程中产生出来的，因为奴隶主可以使奴隶繁殖到他所需要的数量，而资本家则必须等待在人口繁殖过程中出现他所需要的人力。

人口繁殖远不是受资本家对人力需求调节的经济过程。人力需求的增长和工资的提高，并不总是要增加出生人数；相反，工资的降低也并不总是会减少出生人数。

这种情况是毫不奇怪的。工人是在人类生活各种复杂动机驱使下生活着的人。人口的增长是受极其复杂的各种规律支配的，远不是只取决于工资的高低。这里，只要指出有一些国家工资水平差不多，而人口增长情况却完全不一样，就足以说明这一点。

劳动力与其他一切商品的另一个重要区别，是这种商品的卖者和买者，就劳动力交易的实质而言，他们属于拥有不同经济力量的各个不同的社会阶级。在发达的资本主义经济中，出卖商品的是资本家，购买这种商品的既有资本家又有其他社会阶级。可见，买卖双方在出卖除劳动力以外的其他任何商品时，并不一定非得是不同的社会阶级不可。与此相反，劳动力出卖者构成特殊的社会阶级——无产阶级，而劳动力购买者也构成特殊的资本家阶级。

劳动力出卖者出卖自己的劳动力，是因为他们除此之外再没有什么可卖的了。正因为不占有生活资料和生产资料，如果他们的劳动力在他人经营的经济中找不到出路，他们就会饿死。从另一方面说，他们出卖自己劳动力的前提，是他们享有法律上的自由，正是在这一点上，现代工人同他们古代前驱者——奴隶有着根本的区别。虽然他们享有法律上的自由，但通常却没有根据兴趣来挑选职业的经济自由，所以不得不出卖自己的劳动力来谋求生存。

与此相反，劳动力购买者，为了购买它，必须拥有工人生活资料和生产资料，借以有效地使用所购买的劳动力。资本家购买他人劳动力后不需要亲自参加生产劳动，因而也就购买了不劳而获的个人自由。由于占有生活资料和生产资料，他们能够使工人阶级在经济上依附于自己。

任何其他商品的买卖双方，都不构成特殊的社会阶级，因而可以自由地互换身份，只要他们出于某种考虑需要这样做的话。购买铁厂主生铁的机器制造厂厂主自己可以办铁厂并出售生铁，而铁厂厂主也可以成为机器制造厂厂主并购买前者的生铁。与此相反，如果是出卖劳动力，买卖双方的身份就会固定不变。工人不是单凭愿望就能当上资本家的，而资本家也不会想当工人的，这是因为，工人一向是被迫出卖自己唯一的商品——劳动力，而资本家也绝不会放弃购买这种商品的动机。

所有这些使劳动力和其他商品产生了深刻的、根本的区别。工资在形式上是价格，但却不能把它归之于一般的价格规律。一般价格理论赖以产生的社会不平等，则是劳动力价格的基础。

二、各种不同的工资即价格论

各种不同的工资理论通常都把劳动力看做是普通的商品。这些理论可以分为两大类。第一类理论满足于承认劳动力是商品，并把工资解释为一般的商品价格。第二类认为劳动力是一种商品即生产资料，并把工资解释为生产资料的价格。第一类又根据两种争执不下的价值论分为两小类：第一类论点坚持用劳动力的生产条件来解释工资的高低；第二类的论点坚持用劳动力的供求条件来解释工资的高低。

据此，我们可以把工资即价格论大体上分类如下：

1. 工资是一般价格：①劳动工资论；②劳动力供求论。

2. 工资是生产资料的价格。

劳动工资论，可以说就是从前盛行的工人普通生活水平(Standard of life)论。根据这一理论，劳动力的价值是由劳动力生产的社会劳动耗费价值决定的，换句话说，是由维持工人的生活、劳动能力和延续后代所必需的物品的价值决定的。起初，这种理论带有悲观的性质，认为决定工人工资的工人普通生活水平处于最起码的生存线上。杜阁早就说过，工资不能超过工人赖以生存、劳动和赡养全家所必需的生活资料的最低限度。[①] 后来，这个学说又经过马尔萨斯的发挥和论证，为李嘉图所采纳，但作了若干重

① “对任何一种劳动来说，工人的工资只限于其维持生存所必需的生活资料，这一点定会发生，实际上正在发生。”(《关于财富的形成和分配的考察》，载《杜阁选集》，Ed. 德尔出版社出版，1844 年，第 1 卷，第 10 页。)

大修正。在十九世纪前半期它得到了经济学家的公认。在德国，这个理论被拉萨尔宣称为“铁的工资规律”[①]。

尽管这种理论直到现代还很流行，但工资取决于生活资料最低限度的理论，首先有极其严重的缺点，其内容非常含混而不确定。实际上，“最低限度的生活资料”在这种场合应当怎样理解呢？是指生理上所需要的最低限度的生活资料，即人在生理上缺少它就无法生存、劳动和繁殖，而且在各个民族和在不同时期其数值大体不变的生活资料呢，还是指文化上所需要的最低限度的生活资料，即在各个民族相差悬殊在不同时期变化很大的某种最低限度的文化需求？

如果指的是前者，则最低限度生活资料的学说就具有非常确定的含义，而与事实完全不符。从这种观点来看，可以预期，工资不仅不会在时间上有所变动，而且在某一时刻，对各个民族全体工人来说，或多或少都将是相同的（因为生理上的最低需求，当然不

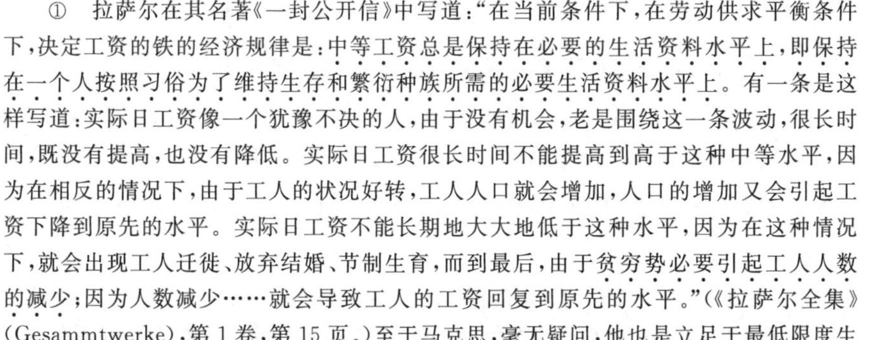

① 拉萨尔在其名著《一封公开信》中写道：“在当前条件下，在劳动供求平衡条件下，决定工资的铁的经济规律是：中等工资总是保持在必要的生活资料水平上，即保持在一个人按照习俗为了维持生存和繁衍种族所需的必要生活资料水平上。有一条是这样写道：实际日工资像一个犹豫不决的人，由于没有机会，老是围绕这一条波动，很长时间，既没有提高，也没有降低。实际日工资很长时间不能提高到高于这种中等水平，因为在相反的情况下，由于工人的状况好转，工人人口就会增加，人口的增加又会引起工资下降到原先的水平。实际日工资不能长期地大大地低于这种水平，因为在这种情况下，就会出现工人迁徙、放弃结婚、节制生育，而到最后，由于贫穷势必要引起工人人数的减少；因为人数减少……就会导致工人的工资回复到原先的水平。”（《拉萨尔全集》（Gesammtwerke），第1卷，第15页。）至于马克思，毫无疑问，他也是立足于最低限度生活资料的论点。他把工资视为商品——劳动力的价值，而这种价值，像任何价值一样，按照劳动价值学说，应当由相应商品，在这种情况下即由劳动力的劳动生产价值来决定。

会由于气候等等因素的不同而改变），实际上，工资在时间上变动很大，尤其是在不同民族中显露出极大的非常稳定的差别。美国工人的生活水平（所谓 Standard of life）比英国工人高，而英国工人的生活水平又比大陆欧洲的工人高得多。这些不容置疑的事实表明，最低限度生理需求论是完全不能接受的。

因此，上述理论的拥护者，通常把这种理论解释为最低限度的文化需求。在他们看来，工资总是趋向于生活资料的最低限度，但并不是趋向于必要的生活需求得不到满足而濒于死亡的最低限度，而是趋向于按照该社会通行的文化习惯和习俗使工人能以生存下去的生活资料的最低水平①。上述理论采取这种形式，带有肯定工人普通生活水平决定其工资的性质。

上述理论所以这样说，是由于力求避免与事实抵触，但采取的办法却是不使理论具有确定的内容。它承认工人的生活水平决定工资，它是在时间上和空间上变化的变数。这些变化是由什么决定的呢？为什么美国工人的生活水平要比英国及其他国家工人高呢？这也正是上述理论留下来的完全没有得出答案的问题。

实际上，它完全歪曲了真正的因果关系。它在回答为什么英国工人的工资高于俄国工人时，所用的论据是英国工人的文化生活水平高于俄国工人，说什么英国工人吃肉，住有几间住室的房间，等等，而俄国工人却满足于喝菜汤稀粥，住工棚，睡板床，因此，英国工人用以支付生活费用的工资要高于俄

① 李嘉图说："不要以为劳动的自然价格甚至于在食品和其他必需品方面，也完全是不变的和固定的。劳动的自然价格在同一个国家的不同时期都有变动，而在不同的国家差别就更大了。因此，这种差别主要与人民的风俗和习惯有关……现在英国工人的住所安装的许多设备，在我国历史上很久以前还认为是一些奢侈品。"《李嘉图文选》，H. 西贝尔译，第 49 页。

国工人。但是,真正的因果关系恰恰是相反的,这不是明摆着的吗?英国工人并不是因为吃牛排而得到高工资的,而是因为他们得到高工资才吃牛排的。英国工人的生活有时并不比俄国工人好,甚至吃土豆打发日子。如果说他们现在生活水平提高了,只不过是由于他们工资提高了。英国工人生活水平的提高,是工资提高的结果,而不能反过来说,生活水平的提高不是工资提高的结果。同样,为什么俄国工人文化需求如此之低,为什么他们满足于如此贫困的生活,问题十分清楚,他们所得到的微薄工资,不足以吃牛排和住有几间住室的房间,尽管牛排比菜汤稀粥好吃,这一点,他们的品尝力并不比英国同行差。

上述理论把最低限度的生活资料说成是最低限度的文化需求,虽然说避开了工资在时间和空间上的可变性与确定无疑的事实之间的矛盾,但却失去了任何内在的含义。说工资量由劳动力生产的必要耗费决定,这实际上等于什么都没有说,因为这些耗费由于工人的生活水平不一而差别极大,而生活水平又取决于工资的高低。因此,解释老在兜圈子,而我们对工资的真正要素的认识却寸步不前。

由此可见,不是劳动力的价格决定于劳动力生产价值,相反,恰恰是劳动力生产价值决定于劳动力的价格。这是毫不奇怪的,因为劳动力,如上所述,实质上不是生产出来的,而是在人的生活过程中产生出来的,因此,生产价值范畴根本不适用于劳动力,如果硬要这样做,得到的只能是内容空洞的理论体系①。

---

① 劳动力生产价值论的一批新的庇护者,例如美国经济学家冈顿,完全摆脱了该论点的较为守旧派的悲观情调。冈顿认为工资在工人需求增长的影响下可以不受限制地增长。但是,这样一来,因为受这种购买力数额的影响,工人又会产生新的需求,冈顿对这个问题却没有作出明确的答案。参看冈顿的《财富与进步》,1891 年。

尽管如此，生活水平论还有其一定的实际意义，当然，不是通常的生活水平决定通常的工资，相反，而是通常的工资决定通常的生活水平。然而，后者却是工资上下变动的重大障碍。即便从劳动市场条件看提高工资是可能的，通常的生活水平会妨碍工资的提高，因为工人满足于通常的工资，不想为自己利益来利用市场的有利情况。从另一方面说，假如市场的不利情况使工资出现下降趋势，低于通常的生活水平，那么，工人就会特别顽强地反抗这种下降。因此，通常的生活水平似乎是保持工资稳定的一种社会惯力。

根据上述分类，第二类工资理论是主张供求为劳动力价格的第一位要素的工资论。在其中，论述详尽、流传最广的（甚至到现在）是上世纪三十至四十年代在英国出现的当时最有名的工资基金说。持这一论点的是整个李嘉图学派及其最有影响的代表——穆勒。

这个理论的实质很单纯。劳动力是商品，这种商品的价格也与其他商品一样，取决于供求要素。十分明显，劳动力的供应是由什么决定的，它是由劳动力市场上的劳动力数量决定的。劳动力的需求则决定于资本家用以购买劳动力的资本数量。由此可见，一国的平均工资等于该国用于购买劳动力的资本除以该国工人数所得的商①。

工资基金说不仅在科学史上，而且在英国社会史上都起了重大的作用，因为它是英国资产阶级同工会斗争的精神武器，从这个学说中必然会得出下述结论：工会不能改善工人阶级的状况，因为它无力增加国家资本或减少国

① 例如，请看福塞特是如何建立这种论点的："国内的周转资本形成工资基金。如果我们想确定平均工资，我们就必须把这种资本除以全国所有的工人数。由此就清楚表明，工资的平均水平只有当周转资本增加，或者工人人数减少时，才有可能提高。"引自托恩托《劳动》一书的德译本，1870 年，第 92 页。

家劳动力的供应。因此，上述理论在经济学家中间广为流行，真到 1869 年 J. S. 穆勒放弃这一理论时才迅速失去它原有的声望。

这个学说的主要错误是它坚持用于工人生活费的国家基金不变的观点。实际上，不论从哪种意义上说，这种基金是不存在的。一国用于工资的基金额的增加可能有两个来源：一方面靠减少资本家用于其个人消费的那部分财产；另一方面靠把市场上闲置不用的资本投入生产。如果工人要求提高工资，那么通过上述两个来源就可以办到。一般说来，对劳动力的需求不决定于社会资本数量，而决定于商品市场的状况，资本主义工业周期性地从繁荣转入萧条，对劳动力的需求也随之相应地发生完全不以社会资本数量为转移的变化。

此外，基金说把劳动和资本看做是两个独立的量。实际上，这两个量中的一个量——资本是另一个量——劳动的产品。从事生产的工人越多，则工人创造的生产资料和自己的消费品就越多。既然资本的生产永远不会中断，那么，社会资本的量就不能说在每一时刻都是固定的量。量是随着社会生产的进程而变化的。工人本身创造养活自己的基金，这种基金是工人自己的劳动产品①。

① 工资基金说受到各种不同观点的批判。近来，Φ. 沃盖尔和亨利·乔治对它进行了严厉的批判。然而，他们的批判尽管有些正确的看法，但包含的内容有相当部分是误解的，没有击中要害。基金论的新维护者陶西格却坚持工资基金说具有弹性的论点；按他的看法，这种基金在每个时期不是不变的量，而是根据劳动市场的条件可以扩大或减少的。根据这种解释，工资基金的数额便成为工资平均水平不确定的原因，而不是这种平均水平确定的结果了。这种解释，其结果只是简单的重复罢了，因为平均工资是由工资总额除以工人数来确定的。参看陶西格的《工资与资本》，第 83 页及以下各页。扎尔茨的《关于工资基金论的历史与批判文集》一书（1905 年），是专门论基金论的历史和批判的，但是，它却反映作者自己观点的不明确性。

然而，不能因为工资基金说站不住脚，就说所有把供求要素提到首位的工资理论都是站不住脚的。一般说来，基金说现在是没有多大威望了，但大多数经济学家仍然认为劳动力供求是决定一国平均工资的基本因素。实际上，不论我们怎样看待劳动力，有一点是不容置疑的，那就是劳动力也要同其他商品一样在市场上出卖。商品价格受供求规律支配。而工资怎样才能不受这个规律支配呢？这个问题很难，需要作周密的分析。

供求规律是建立在假设某种商品的需求决定于该商品价格的基础上的。某种商品价格的提高会减少对它的需求，所以只有价格保持在一定的水平上，供求才能趋于平衡。如果不是这样，如果商品需求不决定于商品价格，那么供求的波动对价格就不会产生影响。须知，在这种情况下，供求只有在各种不同的价格水平上才能达到平衡。

在消费品方面可以看到需求对价格的依存关系，尽管由于一种消费品可以用另一种消费品代替，通常采取非常复杂的形式。相反，在生产资料问题上，这种依存关系的性质就不那么容易确定了。

由于存在利润，情况就变得复杂了。生产资料的价格显然应当由用它生产出来的最终产品的价格来决定，无论如何不能高于后者的价格。然而，经验表明，生产某种产品所必需的全部生产资料总和的价格，通常要比产品的价格低，或多或少低于后者。

这里所谈的价格差别，并不是偶然的或无关重要的现象，而是现行经济体制的基础。它形成资本家的利润，并且是整个资本主义经济的中枢神经。总之，抛开这种差别是不行的。

它究竟是怎么来的呢？对于这个问题，应当由利润理论来回答。对我们来说，只要指出利润是影响生产资料价格、又使它的含义模糊不清的因素这一点就够了。

生产资料的价格低于产品价格，究竟应当低到什么水平呢？一般价格理论对这个问题不能作出明确的回答，因为利润不属于价格现象，而是分配现象。

但十分明显的是，生产资料的价格比产品价格不管低到什么水平，对生产资料的需求既不会减少，也不会增加。例如，资本主义经济的客观条件使这种价格差别从10%（资本主义利润以往达到这种的水平）减少到5%。降低这种利润率并不能使资本主义生产规模缩小，因为生产中止也就等于资本主义利润的消失，而资本家哪怕利润再少，当然是得到一点总比完全没有好。

对生产资料的需求在其总体上，甚至在一定的限度内，都与生产资料的价格无关：只要生产资料价格低于产品价格，生产资料的价格无论怎样提高都不能减少对它的需求。只有利润完全消失，因而产品价格与生产资料价格没有任何出入，产品生产才会停止，也就是说，对生产资料的需求才会减少[①]。

于是，我们得出一个重要的似乎离奇的结论：在资本主义利润范围内，生产资料及其总和的价格，是无法用供求关系来说明的。因为只有不同的价格水平的条件下，生产资料的供求才能达到平衡。现在我们应当进一步弄清楚，这个结论对什么样的生产资料

① 必须指出的是：所有这种论据指的是整个资本主义生产，而不是指这种生产整体的某一部分。

是适用的。

如上所述，劳动力与其他生产资料有着根本的不同，就在于它是不能生产的。它在劳动市场上的供给，它在数量上的增加，是不受资本家支配的。而其他的生产资料是在资本主义生产过程中制造出来的。

无论消费品或生产资料都产生于资本主义生产过程。如果共同的利率根据资本主义经济的客观条件而下降或增长，那么，这种情况就会在同等程度上反映在消费品和生产资料的生产上。

因此，如果产品的价格和制造产品的生产资料的价格之差发生变化，那么这种情况也不能改变再生产的生产资料的价格，因为生产这些商品和生产产品时，利率应当是一样的。可见，价格的变化应当完全归结于那种不是生产产品的生产资料即劳动力的价格。

换句话说，再生产的生产资料的价格是受产品价格构成的共同规律支配的。由于劳动力不是再生产的生产资料，所以劳动力的价格本身包含着不以产品价格为转移的某种因素，也就是说劳动力的价格在相同的产品价格条件下可高可低，而且，这种变化，如上所述，丝毫不影响对劳动力的需求。这就是说，生产资料的需求不取决于它的价格，对于劳动力（而不是再生产的生产资料）的价格来说，有着重要的意义。

这一结论是许勒尔教授在详细研究决定劳动力需求的因素的基础上得出来的。他说："企业主通常在高工资条件下并不比在低工资条件下占有工人少。在为资本家规定的劳动力总价值的限度内，工资的高低对从业工人人数不产生任何影响。如果工资提高超过这个限度，需求就会完全停止，但只要不出现这种情况，工资的提高不会减少需求，而工资的下降也不会增加需求。”①

如果劳动力的价格确实同其他商品价格一样决定于供求，那么，劳动和资本斗争的实践就是毫无意义的了。我们到处可以看到，工人为创建更为有利的劳动报酬条件而同资本家进行着斗争。工人组织力求争取提高工资，而资本家组织却竭力降低工资。如果说劳动力价格最终是由供求决定的，那么，这个斗争就是毫无意义的了。须知，工人组织无法减少劳动力的总供应量，正如它无法为劳动力创造新的需求一样；同样，资本家组织也无法为劳动力创造新的供应。为劳动报酬条件而引起的劳动和资本的斗争，其最主要的表现形式在目前就是工人罢工。但是，如果说工资完全取决劳动力的供求关系，那么，不能改变劳动力供求关系的这些罢工又有什么意义呢？

对此可以表示异议，说什么现代资本主义卡特尔的实践表明，不仅可以人为地提高劳动力的价格，也可以人为地提高其他商品的价格。然而，卡特尔组织和工会在如何看待它们对价格影响的问题上，产生了下述重大分歧。卡特尔为了自己的利益通过适当调节供应的办法来调节自己生产的商品：如果说卡特尔能够提高商品的价格，办法只能是相应地减少进入市场的商品供应。与此相反，工会无须减少劳动力市场的劳动力供应就能提高工资。诚然，罢工的实质就在于劳动力突然从劳动市场外流，然而这只是暂时的现象，罢工一结束，尽管工人在罢工成功的场合下会得到稍高

① 许勒尔：《论劳动力需求》，载《社会科学文集》，第33集，第1册，第64—66页。

的工资，劳动市场上劳动力又会回升到原有的数量。而卡特尔却做不到这一点，由此可以清楚地看出工资不同于其他商品价格的特殊性质。

事实表明，在劳动力供求关系不变的条件下，由于劳动和资本组织力量不同，工资也可能很不一样。

我们不妨用具体例子来说明工资和其他生产资料构成条件的区别。生产皮靴就要有皮革和靴鞋工人一定的劳动消耗。假定皮革厂厂主组织罢市，要求鞋厂厂主增加制革的工资，也就是说，靴厂厂主不得不用较高价格购买皮革，这时靴厂厂主的利润就会下降，低于皮革厂厂主的利润（例如过去靴厂厂主和皮革厂厂主利润相等）。但是靴厂厂主和皮革厂厂主都是资本家。如果一个资本家的利润比另一个资本家的低，资本就要从获利较少的一方逐渐流入获利较多的一方，在这种情况下，资本就要从靴鞋生产流入皮革生产。这样一来，会使皮革价格下降，恢复到原来的正常水平。看来，皮革生产者是不能靠鞋厂厂主利润的下降来提高自己商品的价格的。然而，假如靴厂工人举行罢工，假如他们提高了自己的商品即劳动力的价格，使靴厂厂主利润下降，那么，鞋厂厂主能否像反对提高生产资料——皮革的价格那样来反对提高劳动力的价格呢？他能否不生产靴鞋而把自己的资本投入增殖商品——劳动力的生产呢？显然不能，因为劳动力是不能在资本主义企业中生产出来的。如果靴厂厂主为了使自己的利润不下降，把资本从靴鞋生产中抽出来，投入其他某种商品的生产，那也不能提高利润，因为扩大后一种商品的生产必定要降低其价格，同时还要增加对劳动力的需求。这样一来，鞋厂厂主不得不同意降低利润来提高劳动力的价格。劳动力价格之所以能够提高，并不是因为劳动力供应减少，而是因为工人分占了资本家的一部分利润。

问题在于，各种生产资料的卖者都属于资本家阶级，而资本可以自由地（取决于相对利润率）从一种生产资料的生产转入另一种生产资料的生产。但是，资本家和工人都属于不同的社会阶级，资

本家不能生产劳动力，因此，不论怎样提高工资，资本家也无力增加劳动力的供应，使工资恢复到原有的水平。

劳动力是一种实际上任何其他生产资料都不能代替的生产资料。当然，在某些领域内劳动力可以被其他生产资料所代替，特别是被机器代替。然而，这种代替也只有在一定的时刻和极其有限的规模上才行，而且要或多或少经过一段时间后才能实现。尽管采用了机器，但对劳动力的一般需求并没有减少。

不管怎么说，事实表明，工人对工厂主来说是不能代替的生产资料，工厂主通常无法用解雇大部分工人和用机器代替工人的办法来对付工人提高工资的要求。假如机器代替工人为企业主开辟了广阔的前景，那么工人为提高工资而进行的斗争就是无望的了。实际上，正如经验所表明的那样，甚至在比较先进的国家，技术水平的变化也是相当缓慢的，这就防止出现随技术水平的提高而减少劳动力的需求。

但是，在一定的技术水平（对每个个别的时间内，我们有权假设它是一定的）条件下对劳动力的需求量是由社会生产规模决定，而不是由工资高低决定的。为了使一定数量的生产资料发挥作用，就要有一定数量的工人而不问其工资如何，不然，生产资料就将得不到利用，或得不到充分利用。一般说来，即使劳动力的价格提高了（当然，在使生产可能进行的一定限度内），对劳动力的需求也不会减少。例如，工厂主因为工人罢工不得不提高工资，那么通常也不会使工厂从业工人人数减少，就是说，从业工人人数通常不会发生任何变动，其结果工厂主要付给同样人数的工人以更高的工资[①]。

过去我们知道,工资的高低根据生产费用的规律是确定不了的。现在我们看到,供求规律也不是决定工资水平的最终环节。由此可以得出结论,工资一般不能用一般价格理论来解释,因为这种理论任何时候都不能解释为什么工资只是工人劳动产品的一部分,而不是产品的全部[②]。

第三种工资理论试图从另一个方面来探讨工资问题。劳动力是生产资料;但生产资料的价值却决定于用生产资料生产的产品。同样,劳动力的价值根据工资生产说也应当决定于劳动产品,维塞尔提出了一些巧妙的方法,用这些方法可以从总产品中区分出某一生产要素的比重。既然在生产过程中可以把劳动、土地和资本用各种不同的方式组合起来,那么,也可以同样弄清楚在产品中劳动占多少份额,资本占多少份额和土地占多少份额。劳动的价值

① 最近一位理论家戴维森把所谓"必须完成的一定工作量与劳动价值无关的看法,认为是对工人工会和工人阶级的误解"。而他又继续解释说:"需求是经常与价格有关的"。(戴维森:《合同工资论》,1898 年,第 37 页。)但是,在这种场合工人是有理的,也像他们逆着工资基金理论家的道理而发展自己的工会组织时一样的有理,B. C. 沃伊京斯基正确地指出:"工资高低的波动几乎一点儿也不影响出卖者一方和购买者一方的劳动力的数量。"(B. 沃伊京斯基:《工资》,1910 年,第 13 页。)

② 为了更加准确起见,必须预先说明,就某种意义说,工资当然是一般价格论的一部分,因为,工资不管怎样形成,毕竟还是价格;但是,一般价格论像它在经济科学中所真正具有的那种形式,按照它从交换双方社会平等的假设出发来分析价格规律的理由,不能说明工资恰恰就是国民收入其他形式。这对边际效用论还是对劳动论来说,价格趋向劳动消耗只能在某些商品出售者在社会上处于平等的情况下才是完全正确的。相反,工资是社会不平等条件下的价格。社会不平等条件下的抽象价格论是不可能的,因为这种不平等可以表现为各种不同的形式,实际上,历史上也出现过这种不同形式。因此,抽象价格论是从契约当事人的社会平等推测出发的,而研究社会不平等条件下的社会收入,是指社会不平等的某一历史形态——资本主义社会的个别分配现象。

直接取决于产品有多少份额从技术意义上说算是劳动的产品。

维塞尔就是这样简单地和似乎彻底地解决了劳动力的劳动价值问题。然而，不论认为不同生产要素在产品中占有不同份额的理论有多么重要，但它不仅不是我们所需要的工资理论，而且在实质上与后者毫无共同之处。关键在于维塞尔所说的劳动力价值问题，同工人所得工资问题毫无共同之处。没有任何经济根据可以证实维塞尔所持的工资取决于劳动力生产价值的论点。问题十分清楚，企业主力求尽量少付给劳动力报酬，因为他为什么和遵循什么市场规律非得把从在技术上视为劳动产品的那部分产品份额全都付给工人不可呢？从另一方面说，工人力求尽量多地增加工资，但他们并不懂得，有哪些经济规律阻碍着工人占有在技术上属于生产资料——资本的产品。

但是，维塞尔自己也显然认识到了这一点。他承认其理论与社会收入的分配问题毫无共同之处，并且还承认实际工资绝没有与劳动力的生产价值相吻合的趋势。如果真是这样的话，从维塞尔学说的角度恰恰可以看得特别分明，工资是不能依据一般价格理论来弄清楚的[①]。

还有一些边际效用论者表现得较为勇敢，企图根据他们的价值论提出一套完整的工资理论。在这方面，在美国学术界享有盛名的美国经济学家克拉克的分配理论尤其值得注意。克拉克的学

① “为了正确地解决产品的归属问题，应当与分配收入问题截然分开。”（维塞尔：《自然价值论》，第 78 页。）维塞尔通过对共产主义国家的推测来研究归属问题，共产主义国家的全部产品属于工人，并按现代的含义来说，当时只谈工资是不行的。

说虽然是维塞尔观点的发展，但却有着重大的区别。克拉克与维塞尔相反，他认为产品按不同生产要素区分的理论是社会收入分配的理论。

克拉克学说不仅有纯学术目的，而且有社会政治目的。他说："许多人指责现代社会制度，说它'剥削劳动'。如果这种说法被证实，那么，每一个正直的人都应当变成社会主义者。"[①]克拉克想用自己的分配理论来消除现代社会上的这种责难，并证明在资本主义生产方式下不会发生任何剥削劳动的现象。

在克拉克看来，"社会收入的分配是受自然规律支配的，这个规律如果能够顺利地发生作用，就会使每一个生产因素获得它各自创造出来的财富数量"。[②] 这个结论是作者用下述方法得出来的。

如果其他因素数量不变，每一个别生产因素的数量增加，则这个因素的生产率就会下降。譬如说，如果在一定面积的土地上投入的劳动越多，单位劳动的生产率就会按一定的规律依次递减。但是，这对其他生产因素来说，也同样如此。如果生产资料（资本）数量不变，工人人数增加，则工人的生产率就会依次递减。同样，如果工人人数不变，工人开工用的生产资料数量增加，则后面几个单位的生产资料（资本）的生产率就会依次递减。可见，单位生产因素的生产率依次递减是经济的普遍规律。

我们假定社会拥有的资本数量不变，而靠这种资本工作的工

---

① J. B. 克拉克:《财富的分配》，1908 年，第 3 版，第 4 页[见中文版第 3 页]。

② 同上书，第 5 页[见中文版第 6 页]。

人人数却不断增加，那么，每一个工人的生产率，如上所述，就会依次递减。最后单位劳动的生产率将是最低的。这样，假定社会是静态的，假定劳动和资本的流动充分自由，竞争充分自由，那么，这最后一个单位劳动——边际工人的生产率就必须决定该社会平均工资的高低。工人应当以工资形式得到边际工人的全部产品，因为，如果工资下降低于边际产品，那么，企业主之间的竞争定会把工资提高到边际产品的水平。

然而，假定社会生产规模不变，边际劳动产品又是怎样确定的呢？这很简单。边际劳动产品，是指用于生产的劳动数量减少到一个单位时，社会产品则减少到这个单位产品的数量。边际工人生产率决定整个劳动的生产率，因为边际工人全部产品必须要按劳动计算，而劳动和资本结合较好条件下（在工人拥有大量生产资料条件下）所创造的产品，也都或多或少是资本的产品。

这样一来，如果工人能以工资形式得到边际工人的全部产品，那么，他所得到的恰好是工人的全部劳动产品。必须证明的论题得到了证实：工人从资本家手中得到了自己的全部劳动产品，根本谈不到资本对劳动的任何剥削。

这就是克拉克的理论。我们不能不同意克拉克的论点，他认为边际工人（如果大体上接受他创造的、引起强烈反对的边际工人这个概念的话）的产品应当在假定工人之间可以充分自由地进行竞争的条件下规定所有其他工人的工资，每个工人都可以说是边际工人，也就是说，他们谁也不能比产量最少的工人多得工资。同时，很清楚，边际工人（也就是一般工人）的工资（仍假定工人之间没有任何协议，假定劳动契约全属个人性质）不能高于边际工人的产品，因为，如果真出现这种情况，那么，资本家就没有任何理由来雇用边际工人了。但是，为什么工资不能下降到低于边际工人的产品，为什么工资应当达到边际工人的产品水平，问题就完全是另一回事了。克拉克分配论的最大弱点就在于此。他不是竭力证明工资不可能降到低于边际产品，而是把企业主的竞争当做充足的理由来说明工资不会下降到低于他所认为的正常的水平。然而，把企业主的竞争作为根据，是完全错误的。

问题在于：克拉克也同其他许多人一样，只承认生产资料是资本，而根本不承认资本家付给工人的工资是资本。但是，这个看来无法反驳的观点(因为是玩弄术语)，把这位美国经济学家引入了迷途。这就是说，克拉克从自己的术语出发，得出十分荒谬的结论，说资本家用于工资的支出不像用于生产资料的支出那样心疼，说资本家即使得不到什么利润，也将照付工资，并由此得出一个惊人的论断，认为企业主的竞争定会把工资提高到边际工人全部劳动产品的水平。按克拉克认为，企业主只要得到稍稍多于工资支出的剩余价值，甚至毫无盈余可言，也仍要增加雇用工人，除非雇用工人给他带来真正亏损时，才会停止这种无益的投资。假如资本主义企业主拥有的雇佣劳动的资金超过市场劳动力的供应，从而使一部分资金闲置起来，找不到用场，那么，资本家从雇用工人中得到的利润，就会降到最低限度，而且企业主的竞争也会把工资提高到边际工人全部劳动产品的水平。然而，这个假设丝毫不符合资本主义实际情况，所以，克拉克的全部论点也不符合这种实际情况。

实际上，资本主义市场并不感到劳动力紧缺，而资本也并不会

因为找不到工人而闲置起来。资本家不仅力图靠转化为生产资料的那部分资金，而且力图靠转化为工人工资的那部分资金来谋取最大的利润。在这方面，他对不同的资本构成是不加区别的。因此，如果说企业主之间的竞争使来自边际工人的利润减少到零，那么，这种竞争也会使来自边际资本的利润减少到零，换句话说，利润在资本主义世界里完全消失了。但是，如果发生这种情况，那这也就不是资本主义世界了。

在现实的资本主义世界，资本家绝不会把全部边际劳动产品奉献给工人，他们把或多或少的一部分边际产品据为己有，可是克拉克却试图进行反证，实属不自量力之举。

三、工资社会说

正如上一章所指出的，在资本主义生产过程中相互联系的各阶级间社会产品的分配，不是简单的交换行为，而是社会各阶级为争取社会产品最大份额在其力量不均衡条件下进行复杂斗争的结果。没有这种力量的不均衡，就不可能有工资，因为只有在经济上软弱，工人才被迫在市场上出卖自己的劳动力。上述各种工资理论的缺点，在于它们企图从一般价值论引出工资范畴，而一般价值论是以假定合同双方社会平等为基础的。相反，分配现象却恰恰产生于社会的不平等。

在上述理论中，值得特别注意的是工资生产说。

这个学说非常正确地认为，工资同工人的劳动生产率不能没有一定的联系。但它的缺点却来自力图从总产品中划分出特殊的工人产品。这种划分可能在其他方面有作用，但对于工资理论来说却毫无意义。生产过程既需要劳动本身，又需要生产资料。工人的生产率如果没有生产资料则接近于零。同样，生产资料的生产率如果没有劳动也等于零。工人离开资本，正如资本离开工人，都是无所作为的。在这种情况下，特殊的工人产品问题在决定工资方面不起任何作用，因为工资在现代经济的现实条件下，在工人之间存在协议的情况下，既可以低于也可以高于特殊的工人产品。

工资的高低不是取决于工资生产说所说的特殊工人产品，而是取决于纯社会产品，即（除地租外）扣除生产过程中所消耗的生产资料的整个社会产品。为了这种转化为社会消费的纯产品，社会阶级之间进行着斗争，每一个阶级都力图为本阶级占有更多的产品。整个纯产品从劳动财富论看来，是社会劳动创造的，而绝不是生产资料创造的，生产资料一般说什么也不能创造，它只能是人类手中的消极工具。进行生产的只能是人，尽管还要借助于生产资料。但是，社会劳动所生产的社会产品，工人只得到一部分，另一部分却被依靠自己经济力量的不劳动的阶级占去了。这些阶级由于占有生产资料和工人的生活资料，是社会生产过程的支配者和命运的主宰。

因此，从社会分配论的观点来看，某一社会的工资高低取决于两个要素：一是社会劳动生产率，它决定社会各阶级应分得的社会产品数量；一是工人阶级的社会力量，它决定归工人所有的社会产品的份额。

因此，工资高低受两个独立要素调节。社会劳动生产率的任何变化，在其他条件相同时，必然要反映在实际工资的高低上。如果其他条件相同，劳动生产率越高，实际工资就越高，也就是说，工人占有的消费品就越多。这个要素才是决定各国平均工资水平的最强有力的要素。美国的工资比欧洲高，而在欧洲，英国又比大陆高。这些国家的社会劳动生产率也是按着这样的顺序变化的。同样，从历史上看，劳动生产率的增长也带动了工资的增长。

请看美国近五十年来的统计数字：①

单位：卢布

年度	工厂工人年平均工资	工人每人平均年产值
1850	480	2 065
1870	733	4 000
1900	850	4 754

五十年来，美国的工资和劳动生产率都有了显著的增长，但劳动生产率增长得更快。

劳动生产率和高工资之间的依存关系也表现在具体方面。例如，英国总起来说工资比美国低，但有一些生产部门工资却高于美国。例如，纺纱生产就属于这样的部门。同时，我们还看到英国纺纱工人纺纱的数量比美国工人多②。

	纺织工人每磅纱的劳动报酬价值	纺纱工人的周工资
美国(新英格兰)	0.66 便士	33—35 先令
英国(兰开夏)	0.47 便士	35—40 先令

英国的棉纺业在劳动生产率方面也落后于美国，英国织布工人的织布数量少于美国工人。因此，英国织布工人的工资也低于美国。

	织布工人的劳动报酬价值	织布工人的周工资
美国(新英格兰)	1.6 便士	25—37 $\frac{1}{2}$先令
英国(兰开夏)	2.03 便士	20—24 先令

① 谢尔戈夫斯基：《机器的价值与价格》，第 15 页。

② 舒尔采—格弗尼茨：《大生产》，译自德文，1897 年，第 159 页。

俄国工资非常低，主要原因就是劳动生产率低。如上所述，俄国纺一个纺锭的纺纱工人数要比英国多4倍。既然劳动生产率这样低，俄国的工资也就不可能高。

如果说劳动生产率影响工资，那么，反过来，工资的高低也影响劳动生产率。增加工资能改善工人的生活条件，提高他们的劳动能力和劳动效率。在此基础上能产生工人和资本家某种利益上的一致性。过去坚持而且现在还坚持劳动生产率同工资高低有依存关系的，是那些相信资本主义社会存在利益调和的经济学家。其中有：法国的勒鲁瓦·博利厄，德国的布伦坦诺和舒尔采—格弗尼茨，英国的普赖斯和贝尔，美国的申戈弗等。然而，这些经济学家过分夸大了劳动生产率对工资高低的依存关系。这种依存关系仅限于一定的狭小范围，否则，由工资高低而引起的劳动和资本全部斗争就是毫无意义的了。如果工资提高对资本家的收入毫无影响，他还要反对提高，那岂不成了十足的傻瓜。

社会劳动生产率决定工资的最高限度。显然，工资不可能达到这个限度，因为达到这个限度就等于消灭利润，换句话说，就等于消灭资本主义经济制度，而且工人的收入就不再是工资，因为雇佣劳动消失了。工资的最低限度，是生理上所必需的最低限度的生活资料，没有最低的生活资料，工人从生理上说就不能从事劳动和赡养全家。工资几乎永远也不会到这种最低限度。因为工人终究不是奴隶，能够维持稍好于奴隶的生活条件，并占有简单的生产资料。然而，因为存在着对工人特别不利的社会力量的对比关系，工资可能下降到这种水平，不过这是一种少见的情况。工资通常应该确定在什么水平上，这要看工人同企业主的斗争情况和工人阶级的社会力量如何了。资本离开劳动则毫无成果，劳动离开资本就什么也创造不出来。由于这种相互依赖关系而产生了决定双方经济力量对比的劳动与资本斗争的特殊方法，也就是集体停工的罢工方法。罢工对劳动合同双方来说，都是一种极其可怕的、用则两伤的武器。工人拒绝劳动，固然会使资本失去作用，但也会使赖以生存而出卖的劳动力失去作用。罢工，工人要挨饿，资本家往往要破产。因此，双方都害怕罢工，这种斗争手段是迫使对方让步的作为最后手段而采取的。谁坚持罢工的时间长，谁就得到胜利，使劳动合同的条件变得有利于自己。

劳动力的供给增加，使企业主易于另找工人来代替罢工工人。因此，劳动供给增加，可使劳动价格下降，劳动力需求增加则可使劳动力价格上升。工人阶级越有组织，工会组织在工人中间越壮大，它们拥有的资金越多，那么，罢工对企业主的威胁就越大，工人阶级占有社会收入的份额就会越大。

凡是能够增强工人对资本家的独立性的因素，都会加强工人同资本家斗争的力量，即增加工人在社会收入中所占的份额。例如，国家为保护劳动对劳动合同实行干预（所谓劳动保护立法），是有利于提高工资的要素之一；国家为保障工人在生病、丧失劳动能力、年老时的生活而采取的措施也对工资产生有利的影响。工人有可能依靠独立生产而无须出卖劳动力即可获得生活资料，也加强了工人同资本家斗争的立场。美国有闲置的国有土地，每个人只要交一点儿租金就可以耕种，这种做法长期以来在美国起着稳定资本主义的保险阀的作用，它吸收了资本主义工业中多余的工人，从而使工资保持在高水平上。

与此相反，凡是能加强资本阶级力量的因素，都会相对削弱工人的力量，使工人在社会收入中所占的份额出现下降的趋势。例如，资本家联合组织——卡特尔和托拉斯，近来无疑大大加强了资本阶级，现在，有组织的资本能同有组织的工人相对抗，因为工人在停工时仅能有一点点资料来维持生存，而有组织的资本在纯经济的基础上要比有组织的工人强大得多。不过，不应当忽视，劳动和资本的任何斗争，只要出现广泛的规模，就会超出纯经济的范畴，那么问题也就不仅仅是经济方面的要素所能解决的。有一些罢工的例子表明，在资本家纯经济力量占据巨大优势的条件下，工人获得了胜利，因为在这种场合，问题是靠非经济要素，如该国社会舆论对工人的支持、国家政权担心工人阶级政治运动而实行干预等等来解决的。

在资本主义周期的各个阶段上对劳动力需求的波动极其强烈地反映在工资上。这是因为，工业复苏时，资本家利润增多，罢工会给其造成巨大损失，资本家为避免罢工，很容易对工人作出让步。相反，工业萧条时，资本家就不害怕罢工了，因为市场条件要求缩减生产，工人无法阻止工资下降。因此，在这种情况下，工资高低也取决于资本家和工人经济力量的对比①。

随着机器代替工人而出现的技术进步，对工资产生非常复杂

① 英国工人联合会当时还很软弱，而各行工业又处于萧条时期，所以工资猛烈地下降，相反，最近时期的特征是：尽管失业现象加强和对劳动的需求大大减少，但工业萧条却没有引起工资多大的下降；原因是英国工人阶级增强了自己的经济力量，所以在劳动市场不利的情况下，仍然有可能维持自己一般的生活水平。

的影响。一方面,劳动生产率的任何提高,都使工人和资本家之间进行分配的产品增加。同时,技术水平的提高,导致生产的集中,使工人阶级易于组织起来。这里有着特殊意义的是,借助一定数量工人来开工的固定资本越增长,罢工给资本家造成的损失就越大,所以罢工的威胁对资本家的作用也就更大。所有这些都有利于提高工资。另一方面,机器成了工人的竞争者,资本家对工人的依赖性减少,失业现象增长。这种情况加强了资本家同工人斗争的立场。总的说来,生产技术的提高通常能提高实际工资,但是,不能达到由于劳动率提高而达到的那种程度[①]。

四、不同劳动部门的劳动收入的差别

上面所说的都属于平均的工资水平,但是,工资由于工种不同,差别很大。某些劳动收入,严格说来不是工资,例如,高级脑力劳动的代表所得到的薪金和酬金可超过一般雇佣工人平均工资好多倍,雇佣工人的劳动大多是力气活,并不需要长期的预先培训。脑力劳动者的劳动收入完全由不同于用手不用脑的雇佣工人的工资规律来支配,因为脑力工人不是资本主义剥削的对象,而且无论从社会地位或收入条件来看,他们更接近资本家—企业主,而不是工人。能靠脑力劳动生活的人,通常应该属于有产阶级,因为脑力劳动需要长期训练,他们在训练期间不可能挣得生活资料,甚至要

① 1910 年 B. 沃伊京斯基在《工资》一书中对影响工资高低的社会因素作了有趣的分析。作者虽正确地阐明了一般工资理论的弱点,但本人却又表现某些片面性,只谈及一种工资因素——工人阶级的相对社会力量,而不谈两种因素。见 C. 索恩采夫有价值的书:《工资是分配问题》,1911 年。

付相当高的学费。因此，脑力劳动一般说来是被有产阶级垄断的。可见，脑力工人根本不比脑力劳动的买者差多少，但也正因为如此跟体力工人却有着重大的区别。

脑力工人的收入途径有二：出卖自己的劳动产品，或者出卖自己的劳动。在第一种情况下，脑力工人充当在市场上出卖商品的企业主，而这种商品的买者是广义的消费者。例如，风景画家出卖自己的画，作家出卖自己的书。这些商品的价格也同其他商品的价格一样受供求规律支配。至于谈到生产费用规律，它只是有限地适用于这种商品的价格，因为这种商品通常是个人创作的产品，是不可代替的产品，所以不能自由地再生产出来。

脑力工人收入的另一途径，是出卖自己的劳动。在这种场合，他们的劳动既可以直接出卖给消费者，也可以出卖给企业主—资本家。直接把劳动出卖给消费者的，有医生、律师和家庭教师等。他们的劳动报酬，也同出卖自己生产的商品的脑力工人一样，受同一的供求规律调节。担负国家和社会职务的人员，也同样靠出卖自己劳动而获得收入；但是，他们的报酬很少受供求调节，主要受习俗和该社会流行的与某一职务代表身份相符的生活水平观念调节。

例如，大臣享受优厚俸禄并不是因为找不到即便薪俸少也乐于并能够很好履行职责的人，而是因为国家认为菲薄的薪俸对担任这种要职的人的身份不相称。

还有另一部分脑力工人向企业主出卖自己的劳动。铁路工程师、工厂厂长、地产管理人都受雇于企业主，而企业主购买他们劳动是为了使企业赢利。从形式上看，这些脑力工人也是同体力劳动者一样的工人。但是，这相同点纯属表面上的。实质上，脑力工人的收入即便在这种情况下也是建立在与简单劳动的工资根本不同的条件上的。

脑力劳动者在企业里居于非常负责的地位，他们的决断对企业的利润影响极大。企业主直接关心的是，如何使他的管理人员把企业的利益同自己本身的利益尽可能地结合起来，这对于事业的成就是非常必要的。因此，在资本主义私人企业中，重要岗位的薪金往往是非常高的，大企业领导人的薪金有时高于大臣，资本家出于精心的计算不惜用几万重金来酬谢那种精明干练、能使他增加几十万利润的人。这种人的薪金，实质上不是别的，而是企业主利润的一部分，这部分利润是企业主不得已让与领导企业的亲近助手的。这些高级职员与企业主阶级直接结合起来了，并把自己全部利益与企业主紧密地联系在一起了。他们往往甚至在形式上也同企业主分不开了，例如，在股份公司通常高级职员就是该企业的股东。

甚至担任不太重要职务的人的地位也跟简单体力劳动者完全不同，因为脑力劳动正像上面所说的那样一般是被有产阶级垄断了的。脑力工人通常利用这种垄断能够在自己活动的各个领域维护有利的劳动报酬条件，使他们的收入足以过上有产阶级（按其出身和教养来说都属于这个阶级）的通常过的生活。他们的工薪要受供求的调节，更要受习俗的调节。在雇佣脑力工人时，订约双方都可说是社会平等的、同属于一个社会阶级的成员，正因为如此，一般的价格规律更直接地适用于这种劳动收入，而不大适用于社会上不平等的资本家和体力工人的收入。

但是，在真正的工人阶级范围内，工资也有极大的差别。一般说来，工厂工人的工资要比手工业和农业工人高得多，而工厂工人中熟练劳动者（他们的劳动要经过特别的预先培训或手艺特别灵巧）的工资又比从事简单劳动的普通工人、干粗活的工人要高。其次，大工厂的工资通常比小工厂高，大工业中心比工业不发达地区高，城市比农村高，人口密集地区比人口稀少地区高。这些差别部分是指名义工资说的，因为在一个地区工人生活费用越高，工人应得的货币工资自然就越高，这样才能保证同等的生活水平，就是实际工资，也由于条件极其复杂，有很大的差别。大工厂的实际工资高于小工厂，特别是高于手工业者，其原因是部分由于大工厂的劳动生产率非常高，部分由于在大工厂工人组织得好，能保证更为有利的劳动合同条件。家庭工人是最没保障的资本主义剥削的牺牲品，因为家庭的劳动条件使工人之间很难达成什么协议。

在人口稀少的地区，实际工资往往较高，因为在这些地区，地方工人少，不能满足地方资本主义工业和资本主义农业的需要，只有适当地提高工资才能从外地招收工人来补充。总之，该地区劳动力供给越多，企业主更换工人越容易，那么，工人的力量就越小，工资也就越低了。

例如，俄国中心省份农业工人的工资低于人烟稀少的边区。彼得堡地区的工资比莫斯科地区高得多。这一方面是因为彼得堡的生活费用昂贵；另一方面是因为莫斯科地处人口稠密的工业区的中心，而彼得堡地处边境，得从相当远的中部工业省份招收工人。

有些行业和职业工资最低，因为这些行业劳动生产率最低，工人的熟练程度和技艺要求不高，工人受预先培训的时间也少，而且这些行业工人的力量要比资本弱得多。在这些行业中，工资最低而劳动日最长，也就是说，工人劳动所得最少而劳动的时间最长。

例如，十九世纪八十年代，在莫斯科的一些工人中间，小草袋厂的工人工资最少，而劳动日又非常长，高达16—18小时。草袋工人工资低，活又重，一冬（工厂夏天停工）下来，累得疲惫不堪，用一个工厂主的话来说，"风一吹就倒"。[①] 草袋厂的劳动条件如此之差，是因为这些工厂都是小厂，靠手工操作，劳动生产率太低；工作不要求预先培训，每个农村来的工人都能胜任，而且工人都是从郊区农村招收来的，跟工厂无任何关系，因此，工厂主可以把工资降到最低限度，把劳动日提到最高限度，而工人对此却不能有丝毫的反抗。

五、工资形式

工资可按所得价值的性质分为货币工资（用货币支付）和实物工资（用产品，主要用工人消费品支付）两种（这种划分不要与上述名义工资和实际工资的划分混同）。实物工资是自然经济的天然产物。现在，盛行货币工资，而实物工资已所余无几，主要用于农业，这一方面是因为农业产品可直接用于消费，另一方面是因为农村的货币经济不如城市发达。

在工业中，实物工资往往是额外剥削工人的手段。就在不久前，各个国家（特别是俄国）还盛行所谓"实物工资制"（truck system）——"工厂商店"制，付给工厂工人的劳动报酬不是货币，而是工厂主商店里的商品，其价格都比市场高得多。"工厂商店"制使工厂主能够降低工人的实际工资，有时，工厂主的利润与其说来自工厂的收入，不如说来自这种商店[②]。目前，对这种用商品而不是用货币支付工资的做法，各国工厂法都予以禁止。但在小工业

① И. 扬茹尔：《莫斯科省的工厂生活》，1884年，第44页等。

② 同上，第108页。

中仍然坚持这种做法，其实，用商品支付是收购商人剥削手工业者的一种手段。

按劳动评价的原则，工资通常可分为：计时（或按时间计算的）工资、计件（按件计算的）工资、工作定额工资、累进工资和浮动级差工资。按合同签订者可分为：个人工资、集体工资、承包工资和合作工资。

实行计时工资时，工资是按工人为企业主劳动的时间支付。实行计件工资时，工资则按工人们的劳动产品数量支付。但是，实行计时工资时，企业主对工人生产的产品数量多少并不是不闻不问的，而且还可能坚持要工人生产的劳动产品达到所要求的数量，如果工人生产的数量太少，就有可能不再签订劳动合同。至于说计件工资，它实际上始终以计时为依据的，是根据工人在一定时间内可能生产的产品数量的计算规定的，也是根据工人一天可能挣得的一定工资额规定的。一般说来，计时工资和计件工资远不像我们所想象那样有着深刻的根本的差别。也正是因为不了解这一点，以往经济学家才通常认为计时工资符合工人的利益，而计件工资符合企业主的利益。

实际上，这两种劳动报酬形式在一些场合，可能有利于工人，而在另一些场合可能有利于企业主。从工人方面来看，计时工资的好处在于：采用计时工资，工人工作不那么紧张也能得到规定工资，因为计时工资不逼迫工人拼命干活。所以，工人往往认为计时工资比计件工资好，担心采用计件工资时工人得不到与其劳动产品相适应的工资，而且会导致劳动强度的普遍增强。往往可以看到，厂主采用计件工资，以额外工资为诱饵来刺激工人更加努力地工作，随后又降低计件工资定额，到头来工人尽管付出了更多的劳动，生产出更多的产品，但是一天所得仍然和从前一样多。不过，在另一些情况下，工人宁愿实行计件工资，认为它对自己更为有利，尤其是在劳动强度不取决于工人的愿望，而取决于机器的运转、主体发动机转动的速度的时候往往出现这种情况。厂主只要使机器更快地转动，就会强迫工人提高劳动强度，生产出更多的产品，如果采用计时工资，全部好处就要被厂主得去，如果采用计件工资，工人也可以分得一些好处。因此，在某些最重要的生产部门，工人主张实行计件工资。

例如，在兰开夏的棉纺生产中，盛行计件工资，它得到了工会的大力支持。工人认为，在棉纺生产中工人的劳动强度取决于机器转动的速度，而且由于技术的不断进步，这种速度会日益加快，工人的劳动强度也会日益增强。实行计件工资，一方面可以阻碍无限提高劳动强度；另一方面，还可以使工人能从机器改进中得到好处。

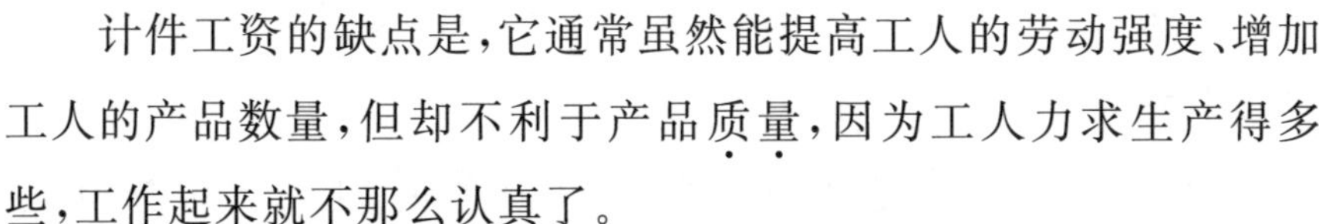

计件工资的缺点是，它通常虽然能提高工人的劳动强度、增加工人的产品数量，但却不利于产品**质量**，因为工人力求生产得多些，工作起来就不那么认真了。

总之，只有当单个工人的劳动产品可以精确地进行数量计算时，才能采用计件工资，并不是所有工种都能采用的。因此，甚至在机器生产占优势的国家，也都比较普遍地采用计时工资。

工作定额工资，是计时工资和计件工资的结合。它与计件工资不同之处是，在这种劳动报酬形式下，规定必须在一定时间内完成的工作定额（工人超过工作定额，企业主不付报酬）。它与计时工资不同之处是，工人生产如果少于工作定额，工人所得也要相应地减少。因此，定额工资从工人角度看，它既有计时工资又有计件工资的一些消极的特征，所以工会极力反对这种工资形式。

累进工资也是计件和计时工资的结合。在这种场合，工人按劳动时间得到工资，但是，如果工人生产多于定额，则所得报酬——奖金也相应地增加。这种奖金可以采取各种不同的形式。

例如，工人得到的奖金与额外生产的产品量成正比，或者把奖金额固定下来，使超过工作定额的工人不论生产多少额外产品，都得到同样的奖金；或者不论生产多少，只要生产比其他工人多，即可得到奖金。后一种累进工资形式对工人很不利，因为它驱使每一个工人都力求赶过自己的同行，从而普遍地提高了劳动强度。

浮动级差工资是根据产品价格决定工人工资的变化：产品价格提高，工人的工资也提高，产品价格降低，则工人的工资亦随之降低。这种体制对工人不利之点是它把市场商品价格的波动都转嫁给工人。但是，这种体制能够保障工人甚至在商品价格猛跌的时候也能得到最低工资。因此，从工人利益的观点来看，这种体制很少引起异议。

就劳动合同参加者的数量看，如上述所说，工资可以分为：个人工资、集体工资、承包工资和合作工资。企业主分别给单个工人支付，就叫个人工资；工人按组领取工资就叫集体工资。

只有在采用计件工资的情况下，一组不同工种的工人作为一个整体参加生产时，才会出现集体劳动报酬形式。

例如，在英国，当生产玻璃瓶子时，四人工人小组共同参加生产，获得的是计件工资；所得工资按劳动合同规定的比例在小组参加者之间进行分配。

集体工资对工人来说没有什么坏处，采取它纯出于技术条件的原因，因为对每一个单个工人的产品实行个别付酬往往是办不到的。

然而，应当把这种工资形式与承包工资严格地区别开来，承包工资的特点是该承包组各个工人的工资用不同的方式进行调节。全组采取计件工资，但对辅助工人实行计时工资，全组的计件工资和辅助工人的计时工资之间的差额，归小组领导者——承包者所有。在这种场合，全组工人分成利益完全不同的两个部分：下层工人和主要工人，而主要工人关心的是尽可能多出活，因为他们的工资正是取决于这一点。在这方面，有时辅助工人可以得到与生产产品数量相适应的一定的奖金，以作为计时工资的补充。由于采取这种工资形式使工人利益相差悬殊，它很容易变成英国人所说的“血汗制”(Sweating system)，因此，主要工人便成了“血汗榨取者”。

承包工资对企业主有好处。企业主靠它可以摆脱监视劳动的责任，因为这种责任已转给了承包者。工会极力反对这种工资。

合作工资是指全组工人可以自行酌情进行分配的工资。在这种场合，工人组成劳动组合来出卖自己的劳务；关于这种组合已经在论合作企业一章叙述过了。

几十年以前，经济学家曾对尚未提及的一种劳动报酬形式即工人参与企业分红给予极高的评价。许多经济学家认为，这种劳动报酬能调和工人和资本家的利益。巴黎一家油漆厂厂主利克勒推行工人参与分红的经验尤其引人注意。他考虑到提高劳动生产率既可以增加自己的利润，又可以增加工人的收入，所以于 1842 年在自己的企业中实行这种劳动报酬形式，并取得了良好的效果。

但是，以后的试验没有实现利克勒企图调和劳动和资本利益的愿望。工人参与分红的做法在任何一个国家都没有得到较大的推广。为了阻止工人参加工会，企业主有时采取这种劳动报酬形式，甚至提出工人可以分得多少企业利润作为工人不参加工会的交换条件。于是工人不得不权衡，是参加工会还是参加企业分红的好处多，其结果几乎总是参加工会得到的好处多。

在工人参加分红的少数企业中，工人参加分红只能增加比工资多一点儿的收入。这种增加甚至可以说是骗人的，因为如果没有这点增加，工人可能坚决要求相应地提高其基本工资。总之，在工人阶级看来，这种制度与其他工资形式比较，并没有什么太大的好处。这种制度的缺点，是它力图把工人同企业紧密地联系在一起，借以削弱工人跟资本家斗争的意志。其次，它能使工人阶级彼此疏远，并力图使本企业工人与其他企业的工人隔绝开来。

这种劳动报酬形式，也和累进工资一样，主要是对资本家有利。从工人的观点来看，累进工资甚至是最好的形式，因为在这种场合下，当劳动强度特别大、劳动生产率特别高的情况下，工人能够得到额外酬金。但是，工人参加企业分红，由于企业主经营不善，工人可能失去靠自己努力得来的劳动成果。因此，参加企业分红作为一种取得额外报酬的手段，只能较广泛地应用于高级职员。这种形式适宜在高级职员中实行，它完全符合企业主和职员本身的利益，因为企业的成就及其利润额主要取决于企业高级职员的经营活动，分给高级职员一些利润是使他们关心事业的一种最好手段。高级职员同企业的关系本来就够密切的了，再让他们参加分红，就会使他们越发靠拢企业主，越发关心企业主的利润了①。

六、英国工资史

工资史迄今还很少从统计方面进行过探讨，因为这种探讨难度很大。就拿名义工资来说，即便经过漫长的岁月也很难收集到十分可靠的和可资对比的统计资料。属于同一个企业的同一种劳动的资料，似乎是完全可以比较的，但这通常也是办不到的；只能

① 关于工资形式，见施洛斯：《工资形式》和 C. 韦伯与 Б. 韦伯夫妇的：《英国职工会运动的理论与实践》。

对不同企业不同年份的工资资料进行比较，但有可能把实际上只是不同企业的工资差别误认为工资在时间上的变化。至于说实际工资，对不同年份的资料进行比较就更加困难了，因为必须考虑到工人阶级消费品的价格。

一部严谨的工资史需要有现代科学尚未掌握的大量资料。研究得最好的是英国工资史。英国的货币工资从十六世纪到十九世纪都在不断提高，而实际工资的变化，情况则完全不同，在十七世纪前半期主要地是由于使英国农民丧失大量土地的农业革命，所以显著地下降。十七世纪后半期实际工资才有所提高，因为农业革命停止，英国工商业开始迅速发展。资本主义生产暂时完全在家庭手工劳动的基础上发展起来了。从十八世纪开始，七十五年来，运动仍在同样的方向上继续发展：实际工资没有下降，但增长缓慢。当时形成了一种看法（在斯密的著作中可以见到），认为国家财富的增长，必然导致工人状况的改善。

但是，后来的工资史并没有证实这种看法。十八世纪末和十九世纪初是英国工人阶级最艰苦的时期。关于这个问题，有大量的文献记载，证明当时英国人民大众的经济状况急剧恶化。从教区领取救济金的贫民人数激增，一些最重要的劳动部门工资下降。总之，在人民财富急剧增长的同时，工人阶级日趋贫困化。

所有这些都是工业和农业革命所造成的后果。这些革命标志着世界历史新纪元——资本主义体系高度繁荣时期到来了。农民是彻底地失去了自己的土地，工业中的小生产者深受工厂竞争之苦。工厂生产在其发展的初期阶段，不可避免地会使所有尚未参加工厂生产的人经济水平下降。在这个阶段，工厂只能安排为数极少的人就业。由于工厂的产品在同小生产的产品进行竞争，工厂产品价格下跌，势必引起小生产产品的价格下跌，也就是说，小生产者的所得就要减少。因此，在工厂发展的初期阶段由小生产者构成的居民群众的状况总是在恶化。工厂工人不是孤立于其他劳动群众之外的闭塞的阶级，所以，小工业所得的下降，势必要引起在某种程度上工厂工业工资的下降。

所有这些情况，英国工人阶级在十九世纪前半期都经历过了。英国手工织布工人的状况尤其艰苦，他们在十九世纪初有一百多万人。如果说在纺纱业中手工劳动与机器的斗争很快就结束了，那么在织布业中这种斗争竟长达几十年之久。手工织布业为求生存，不惜降低手工织布工的工钱来与工厂竞争。只是从十九世纪五十年代起，英国工厂才取得了彻底胜利，纺织（棉纺）工业的手工织布工终于退出了舞台。

从那时起，英国工人阶级的经济地位普遍提高了。工厂生产技术的改进不再降低广大小生产者的所得，因为后者的人数已相对地减少，而工厂无产阶级开始成为产业人口的主导因素。同时，在工人中间职工组织（工人联合会）的增多以及国家保护劳动权益的措施（工厂立法）扩大了工人的力量对比，有助于工人同企业主进行斗争，争取改善劳动条件。合作运动也对工人群众福利水平的普遍提高起了重大的促进作用。因此，这种情况之所以出现，是由于社会劳动生产率的提高和工人阶级社会力量的增长。

最精确的有关英国工资变化的统计资料是鲍利收集的。据鲍利统计，十九世纪三十年代以来英国平均名义工资的变化如下：

（以 1890—1899 年的工资为 100）[①]

1830—1840 年	1840—1850 年	1850—1860 年	1860—1870 年
60%	60%	65%	75%
1870—1880 年	1880—1890 年	1890—1899 年	
95%	90%	100%	

至于实际工资的提高要缓慢得多，因为生活费用（主要由于房租上涨）在这一时期上升得相当快。英国居民福利水平显著提高的主要原因，与其说是由于各个劳动部门实际工资提高，不如说是由于工人阶级构成中工资收入较好的工人比重大大增加，而收入较差的工人比重无疑地急剧下降了[②]。悉尼·韦伯对英国工人阶级状况变化的评述是可以接受的，他说："我们假设有各种不同的生活和劳动条件，并规定一种可以勉强维持生存的水平，那么，我们就会看到，在工资、劳动时间、住房和一般文化方面，低于这个水平的人所占的比重现在要比 1837 年小。但是，我们也发现，现在最低的水平也和以往一样低，而且生活低于我们规定的水平的人，就其绝对值而言，现在也许要比 1837 年多。"[③]

① 鲍利：《联合王国的工资》，1900 年，第 125 页。

② 不同的劳动部门某些工资数字还不能说明工人阶级经济状况的一般变化，这是因为不仅需要计算同一种工人的工资，而且要计算每种工人的相对人数。各类劳动部门的工资可能降低，而工人阶级的平均工资可能增加。让我们举例说吧！一个劳动部门 20 个工人，每人可得 10 卢布，而另一部门有 5 个从业工人，每人可得 20 卢布。假设两者工资都下降，前者的工人每人可得 8 卢布，则后者的工人每人可得 18 卢布；如果后者的工人数增加到 20 人，而前者降到 5 人，在这种场合，以前所有工人的总工资等于 300 卢布，则每个工人平均工资为 12 卢布。现在工人总工资为 400 卢布，每个工人平均工资为 16 卢布，如果两类工人的工资减少，就会出现两者平均工资的提高，因为支付工人报酬的百分比增加了。

③ 悉尼·韦伯：《长期统治下的劳动》，第 18 页。

查尔斯·布思对十九世纪末伦敦居民生活条件所作的详细调查，一般说来，能揭示极端阴暗的情景。据布思统计，伦敦约有10%的居民可以说是属于赤贫一类，其中一部分是：乞丐、小偷、罪犯以及一般所谓的“社会渣滓”，另一部分是一些经常失业，以意外收入为生的人。其次是贫民，约占伦敦人口的22%。这些人收入不固定，在工商业衰退时大批失业。最后，伦敦仅有三分之二的人口处于贫困水平线以上。①

布思还进行了另一项饶有趣味的研究，对英国赤贫现象作了新的阐释。英国领取国家救济的贫民所占的百分比不大，而且有下降的趋势。布思按年龄类别对贫民进行调查，并相应地同全部人口加以比较，结果表明，贫民在老年人中所占的百分比很大，1897年，在65岁以上的人中贫民几乎达到30%。②

参考书目

一般工资理论：

马克思：《资本论》，第1卷。

桑顿：《论劳动》，1868年(俄译本)。

布伦坦诺：《现代工人基尔特》，1871—1872年；《现行法规下的劳动关系》，1877年；《论劳动工资和劳动时间与劳动效率间的关系》，1893年(俄译本)。

沃克：《工资问题》，1876年。

陶西格：《工资与资本》，1896年。

① 见查尔斯·布思：《伦敦人民的生活和劳动》，1892年，第2卷。

② 查尔斯·布思：《英格兰和威尔士的老年穷人的状况》，1894年，第42、420页。

赫尔岑施泰因:《工资基金说》(俄国思想出版社,1890 年),第 6 卷。

冈顿:《财富和进步》,1891 年。

J. B. 克拉克:《财富的分配》,第 3 版,1908 年。

J. 戴维森:《合同工资论》,1898 年。

茨威笛奈克—祖登豪斯特:《工资政策与理论,重点研究最低工资》,1900 年(俄译本)。

霍布森:《分配经济学》,译自英文,1903 年。

B. 热列兹诺夫:《工资理论研究的主要流派》,1904 年。

扎尔茨:《工资基金理论史与批判文集》,1905 年。

B. 沃伊京斯基:《工资》,1910 年。

Г. Г. 施维塔伊:《工业冲突》,1911 年。

C. 索恩采夫:《工资是分配问题》,1911 年。

杜冈—巴拉诺夫斯基:《社会分配理论》,1914 年。

工资形式:

伯默特:《利润分配》,1878 年。

弗罗梅尔:《利润的分配》,1886 年。

S. 韦伯和 B. 韦伯:《英国职工运动的理论与实践》,1900—1901 年。

施洛斯:《工资形式》,译自英文,1900 年。

茨威笛奈克—祖登豪斯特:《关于工资形式论文集》,1904 年。

劳埃德:《劳工组合》,译自英文,1909 年。

工资史:

罗杰斯:《英国劳动和工资史》,B. 卡特科夫译自英文,1889 年。

勒瓦瑟尔:《法国工人阶级史》,第 2 版,第 2 卷,1900—1901 年。

R. 吉芬:《五十年来工人阶级的发展状况》,1884 年。

E. 舍伐利埃:《十九世纪的工资》,1887 年。

舒尔采—格弗尼茨:《大生产》,译自德文,司徒卢威校对,1897 年。

S. 韦伯:《近六十年来英国的劳动状况》,译自英文本,1909 年。

鲍利:《十九世纪联合王国的工资》,1900 年。

第四章 工　会

一、工会及其职能。工会史。中世纪的学徒组织。英国工会的产生。工会史上的四个时期。工会的职能。互助合作。失业救济。罢工。德国工会。二、革命工团主义。法国现代工人运动史。职业介绍所及其职能。“全国劳动联盟”。法国工团主义的理论与实践。对议会制社会主义的批判。工会是无产阶级唯一的阶级组织。无产阶级的斗争方法。对工团主义的批判。

一、工会及其职能

工会旨在维护工人即劳动力出卖者的利益的工人组织。因此，工会必然是战斗性组织，要同劳动雇用者、企业主进行斗争。除了这个主要目的之外，工会通常还要在工人遭到种种不幸时开展互助，例如，遇到生病、死亡、丧失劳动能力等情况时，提供补助金。但是，对工会来说，只有第一个目的，才是重要的目的，正是在这一点上，它与目的单纯的工人共济会不同，共济会只致力于互助活动，而不同劳动雇用者进行斗争。

至于说工会的历史，首先可分为两个时期。第一批工人组织，是在中世纪城市工业开始衰落这一特殊的经济和社会情况下成长起来的。从十四和十五世纪起，行会手工业逐步演变为大工业家庭体制。于是，行会师傅和学徒之间便出现了对抗，学徒分离出来而成为特殊的阶级，并且联合起来，组织帮工协会来维护雇佣工人的职业利益。[①] 帮工协会在十五、十六世纪有了很大的发展，它们同行会师傅的斗争进展十分顺利，致使大多被行会师傅把持的社会政权被迫采取最严厉的措施来阻止这些组织的发展。十六世纪帮工协会发展到了高峰，随后，由于受到他们赖以产生的行会制度迅速瓦解的影响而走向衰落。在衰落的手工行业中，雇佣工人不可能顺利地发展自己的职业组织。

工会发展的新时代是从十八世纪开始的，并在许多场合完全是重新开始的。例如，英国的新工会和旧帮工协会两者之间看不出有什么联系。[②] 新旧工会的差别在于：旧工会是在衰落的工业形式——行会手工业的基础上产生的，而新工会是在发展着的资本主义生产的基础上产生的。在十八世纪期间，随着资本主义生产(在这一时期带有大工业家庭体制的性质)的增长，英国的工会也发展起来了。哪里小工业继续占统治地位，哪里工会就不会出现。

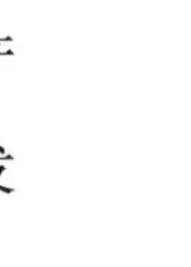

① M.库利舍尔在其《西欧从十三世纪到十八世纪前工业形式史概论》一书中力求证实行会制本身产生的帮工形成了敌视行会师傅的特殊阶级。然而，实际上他自己的论题根本就没有什么根据。

② 韦伯夫妇谈道：“如果我们将研究一下某些工业部门(工人)协议产生的有关文件，就会看出工会不是从什么特殊的机构中产生的，而是从同一个工业部门出现类似雇佣工人的特殊情况中产生的。”(韦伯夫妇：《英国工会史》，E.伯恩施坦的德文本，1895年，第19页。)韦伯夫妇叙述某些工会形成的历史时，从未提到过这些工会与原先的帮工协会的联系。

十九世纪英国工联主义(工会)的历史可分为四个时期。第一个时期(包括上个世纪的头十年)的特点是:工人不仅极力反对资本家,而且也反对新的工业形式,即资本主义的生产方式。工人力求恢复过时的、用于调节劳动条件的法规,总之,他们不了解已发生的经济革命。早在1826年就发生过手工织布工反对纺织工厂的运动,致使许多工厂遭到破坏。但这个运动是这类运动的最后一次。

第二个时期包括三十年代和四十年代的革命时期。1824年,出于政治上的原因废除了1799年禁止工会的法令。尽管禁令阻止不了工会的发展,但它还是束缚工人的手脚,妨碍了这些组织的发展。由于有了组织工会的自由,工会的人数迅速增加,在最近二十年间的工人运动带有极其特殊的性质。这正是英国革命运动时期,工人阶级一方面受到急进思想(宪章运动)的影响,另一方面又受到社会主义(欧文主义)的影响。

工人中间流传一种观点,认为职业工人组织的目的就是要建立一种制度,使它能够领导相应的经济企业,换句话说,成为生产资料的所有者,如纺纱工会应当成为纺纱厂的主人,织布工会应成为织布厂的主人,以及矿工等其他工会也应成为相应行业的主人。如果全体工人阶级联合起来组成一个全国性工会,下设各个工种分会,到那时这就成为可能的了。欧文成功地建立了一个约有50万会员的“全国大联合工会”。然而,这个组织极不巩固,就在它成立的1834年当年就垮了。尽管遭到了挫折,但欧文的思想却给三十和四十年代的英国工人运动打上了深刻的烙印。

从五十年代起,英国工人运动史进入了一个新的时期,这个时期大约持续到八十年代中期。工会发展了,但却没有把广大的工人群众包括进去,仅仅是上层工人即所谓熟练劳动(skilled labour)者的事情。在工会中，尤为发展的是互助活动——如有生病、失业、死亡等情况发生时，则给予帮助。但是，正因为工会手里积聚了相当多的资金，也就失去了早先的革命劲头，不再想采取反对资本主义阶级的进攻活动了。早先的那般迷恋欧文社会主义的热情过去了，英国工会彻底改变了对待资本主义社会的态度，都或多或少地接受了资产阶级自由主义的理想。工厂法之所以得到工会的支持，是因为它适用于儿童、未成年者和妇女。工会坚决反对由国家对成年男人的劳动时间进行调节。

十九世纪八十年代，在英国工联主义的历史上发生了新的转变。五十年代和六十年代，是英国工业最繁荣的时期。工厂取得了彻底的胜利，英国成了拥有庞大资本的国家，其他国家的资本均未发展到这种程度，因此，英国趁大部分主要国家保护关税政策削弱之机，迅速抢占了世界市场。及至八十年代，情况发生急剧变化：资本主义在全世界取得了巨大胜利，英国遇到了像美国和德国这样的更加危险的竞争者，甚至在东方，在日本和印度，工厂生产也发展起来了。这些国家重新实行保护关税政策，向英国工业封闭了许多市场，英国工业的发展速度开始放慢了。要保持原有水平，以至有所前进，英国工人阶级就必须极大地加强本阶级斗争的毅力。自由的乐观主义被抛弃了，又回到三十和四十年代深深吸引英国工人的社会主义理想上来了。英国工人运动新的革命时代来到了，又出现了与三十和四十年代工联主义在某些方面相类似的所谓新工联主义。

1889 年有名的码头工人(船坞工人)罢工，可以说是英国工人运动中出现新工联主义的时代。这次罢工第一次向英国工人阶级表明，新的劳动组织

形式是能够建立起来的，这种组织形式不仅有利于工资较高的工人，而且有利于干粗活的工人。旧工会坚持一种信念，认为工会的力量完全在于它拥有多少货币资金。码头工人的罢工推翻了这种看法，码头工人是属于英国无产阶级最下层的干粗活的普通工人，然而，他们没有任何货币基金，却能挫败资本家，取得了辉煌的胜利。码头工人之所以取得了胜利，是因为他们激起了工人阶级对这场斗争的普遍同情。可见，舆论的力量是能够战胜资本的力量的。

旧工会由于只着眼于资金，要求会员缴纳更多的会费。它用这些会费来开展各种互助活动，只拿出极小一部分来支援罢工斗争。相反，新工会拥有最贫苦的一部分工人阶级，不能要求会员缴纳更多的会费。它的货币资金不多，不能用来开展互助活动，它的资金主要用于资助罢工期间的工人。可见，工会的货币资金主要用作罢工基金。其次，正是由于货币资金不多，新工会非但不反对国家干预劳动合同条件的原则，而且还强烈地维护这个原则。它支持法定的八小时工作制，而且或多或少地倾向于社会主义。

但是，新工联主义的胜利，不妨说是昙花一现。事实表明，新式工会来得快，垮得也快。现在与过去一样，在英国工人运动中起领导作用的仍是旧式工会，工会代表大会所通过的社会主义决议，以及属于温和社会主义政党的特殊的工人政党（独立工党，Independent Labour Party）的成立表明，它在最近一个时期，确实又振作起来了。

旧式工会有两项基本任务：第一，保护出卖劳动力的工人；第二，开展各种互助活动，对工人的死、病、丧失劳动能力进行保险。如上所述，工会不同于工人互助会（英国人叫做“friendly society”），一向致力于完成第一项任务。

工会往往人数不多，怎么能圆满地进行互助保险业务呢，这一点也许令人不能理解。正如“保险”一章所说的那样，只有拥有更多的人，保险才能排除本身业务中的偶然性因素。只有这时，才能准确估计保险力求避免的偶然事件在未来出现的可能性。工会组织似乎是太小了，难以承担保险业务。其实，工会的保险业务完全不是按照正确的保险业务技术要求进行的。工会对于确定保险奖金额并不进行精确的核算，通常也很少考虑到要经常备有货币资金以履行它对会员所承担的义务。尽管如此，工会通常尚能顺利地做好自己的保险业务。问题在于工会与其他保险机构不同，完全是一个协作组织，其会员被共同的利益紧密地联系在一起。因此，工会在必要时出于履行自己职责的需要，可以向会员增收额外会费，而对于一个经商性质的机构来说，要用这种方法来完成任务是办不到的。工会之所以把保险业务同它的主要任务(与企业主斗争)结合起来，是因为这种斗争需要货币资金，而货币资金要通过开展相互保险业务才能吸收进来。正因为如此，工会才力求发展互助业务，并把收集来的货币资金，在征得会员同意的情况下用作罢工基金。

对工人生病、死亡工人家属进行救济等等，并不是工会的专门职能。但是，在工会保险业务中，有一项业务亦可用作与企业主斗争的手段，这就是救助失业者。当工会帮助生病的会员时，它不过是帮助一个有困难的人，如果救助失业者，那它就不仅是帮助有困难的人，而且也是帮助有工作的人，使他们不致因生活无着落而流落街头，这样做的结果，工会加强了工人为改善劳动条件而与企业主进行斗争的阵地。有时，帮助某些个别失业者，其效果对工人来说相当于一场集体罢工。

韦伯夫妇引用过一个规模不大但组织得很出色的工会的例子。这个工会五十年来没有举行过一次罢工，而且还通过利用下述政策控制了企业主：只要企业主对工会的要求不作让步，工人就一个个地扔掉业主的工作(这时可领取工会的失业补助金)，而这种经常性的轮换工人可使生产解体，企业主不得不作出让步。可见，这种零星的罢工也同一般的罢工一样奏效。

所有工会的主要任务都是以有组织的工人来同资本家对抗。工会力求在商订劳动合同时不让个别工人作为订约一方参加，而由工会工人小组出面，就有可能争取到更为有利的合同条件。这样，在工会的帮助下，订出的是集体合同，而不是个人合同。个别工人的利益，能够依靠或大或小的工人小组的共同力量得到维护。

工会所能做的最大威胁是罢工——工人集体罢工。为了罢工的胜利，工人在罢工期间就要在不出卖自己劳动力时也能生活下去。然而，工人储蓄有限，如无外援便不能坚持时间较长的罢工。因此，工会的作用主要在于它能在罢工期间向工人提供生活资料。

罢工对工人来说是最困难的时刻，因为工会的帮助不会很多。可是，罢工却给工厂主造成巨大损失。企业活动停止，也就是说，收入中断，许多开支（厂房和机器维修、资本付息、租金、纳税、职员薪金等）照常。此外罢工还打乱了企业的计划，不能按期交货，也不能进行新的订货。更换工人，即便能够做到，也总是要给生产造成混乱。所以说，甚至是短时期的罢工，也会轻易地使企业主失去全年的利润。

在工业繁荣的时期，每个企业主都竭力利用市场上短暂出现的有利价格来扩大生产，在这个时期发生罢工，给资本家造成的损失就更大了。这时，只要停止生产，订货就要转入与之竞争的企业，从而使企业主彻底破产。在工业萧条时期，罢工对企业主就不那么可怕了。但是，如果在他认为不利的时机停止生产，也仍然会给他造成巨大的损失。

在工业繁荣时期，罢工通常带有进攻的性质：工人为维护自己的利益改变原有的合同条件。如果不举行罢工或以罢工相威胁，资本家就丝毫不会想到要在工业繁荣的时候提高工资，而繁荣带来的一切利益都会被资本家得去了。但是，举行罢工或以罢工相威胁就会迫使资本家拿出一部分利润分给工人。在这个时期，罢工通常可以取得胜利，而资本家也往往无须经过什么重大斗争而对工人的要求作出让步。

相反，在工业萧条时期，罢工大多带有防守的性质，资本家竭力想降低工资，工人则举行罢工来阻止工资下降。防守性质的罢工，通常是工人遭到失败。然而，罢工就是失败了，也能起到对企业主构成威胁、阻止工资下降的作用。假如企业主对罢工无所顾忌，那么，只要产品价格稍有下跌，他马上就会降低工资。

罢工是使斗争双方十分痛苦的、损伤极大的社会斗争形式。有几十万工人参加的长期罢工，它所造成的损失要用几亿卢布来计算。但是，罢工的根据来自资本主义雇佣工人条件的实质。如上所述，罢工是劳动同资本斗争的最有效的武器，因为劳动合同的条件最终要由斗争双方的社会力量对比来规定，所以，只要社会不把规定好的雇佣工人条件掌握在自己手中（如某些澳洲殖民地有过这种情况）罢工就不会停息。

但是，无论全社会或斗争双方都考虑到，罢工形式要尽可能少用。事实上，我们看到，随着工人阶级组织性的增强和觉悟的提高，罢工是比较少了，可一旦发生，就会是极其顽强和持久的。罢工威胁正在取代真正的罢工，因为不论工人还是资本家都同样关心如何做到预先估量对方的力量，如无必胜的把握，就不要把事态扩大到罢工的地步。组织良好的工会总是力求不使事态扩大，闹到罢工的地步，并尽力迫使企业主让步，而不致采取这种极端的经济斗争手段。西欧生活的事实表明，工会的发展，不会增加而只会减少罢工的次数，工会不再轻率地发起加重工会现金支付负担的罢工，因为罢工工人的生活费会使工会现金枯竭。

主人可能用同盟歇业（企业主达成协议，一系列企业同时停业）来对抗工人的罢工。例如，一家工厂发生罢工，其他工厂工人支持罢工工人，这时工厂主就采取同盟歇业的方法迫使在业工人无法支持罢工的同志。近来，由于资本主义阶级组织的迅速发展，同盟歇业已成为资本家同工人斗争的常用工具了。

由企业主和工人代表组成的、用各种方式组织起来的仲裁法庭，是为和平调解劳资纠纷服务的。但是，这种仲裁法庭的弱点，是它要有一定的法律根据。这种用来解决企业主和工人争端的法律根据是没有的，因为双方都在维护各自的经济利益，至于谁的利益获胜，这归根结底要取决于力量。

然而，除了解决有关劳动合同新条件的争端外，工人和企业主之间往往会发生如何解释劳动合同已采用的旧条件的争端。在这种场合，适用于仲裁审理的法律根据是有的，仲裁法庭也是可以成立的。英国工会的实践创造出十分完善的仲裁法庭这类组织，它由争执双方工人和资本家选出的专家组成，这些专家完全能够妥善解决工人和企业主在解释已订立的协议方面的争端。当然，如果一方想破坏这个协议，那么在这种场合仲裁法庭就会失去作用，争端也只得靠力量来解决了。

这些就是工会斗争的方式和手段。工会的目的，是提高工人阶级的经济水平：缩短劳动日，提高工资，一般改善劳动条件。有一个时期，经济学家曾依据工资基金说否定工会能够达到这些目的。可现在再没有人怀疑这一点了。工人越团结，越能形成一个整体，那么工人在经济上比资本家就越有力量，争得的劳动产品份额也就越大。十九世纪后半期英国工人阶级的经济状况好转，毫无疑问，在很大程度上应归功于工会。工会虽然仅有全国工人阶级的一小部分（约为成年男工人的 1/4），但它还调节着其余一部分无组织工人的劳动条件，因而极大地促进了工人阶级运动的普遍高涨。到 1911 年底,英国工会会员人数已达 3 010 346 人之多。

德国的工人运动走了一条与英国相反的路。英国的工人政党是不久前在工会的蓬勃发展的基础上产生的。德国的工人政党——社会民主党已经成立四十多年了,而职业工会只是在近十年来才起到很大作用。社会民主党长期以来对工会是毫不关心的。拉萨尔坚持自己臆造的“铁的工资规律”,完全否定工会能在资本主义制度条件下提高工资。马克思主义者更多地懂得职工运动的意义,然而他们却认定工会主要是社会主义的宣传工具。德国的法律也极不利于工会的发展,迄今在德国工会尚无充分的自由。所有这些阻碍了工会的发展,会员人数在十九世纪九十年代初尚不足 300 000 人。其后,工会开始迅速发展起来,到 1911 年工会会员人数已达到了 3 061 002 人。

德国工会包括若干个特殊的组织。最老的组织希尔施—敦克尔联盟是自由派活动家希尔施和敦克尔创立的,其目的是在工人阶级中建立与社会民主党相抗衡的力量。这些工会至今仍敌视社会民主党。会员人数几乎稳定不变,略超过 100 000 人。上个世纪九十年代出现了各种基督教(天主教和新教)工会,会员人数在 1912 年达到 350 930 人。不过,德国主要的工人群众都属于社会民主工会(会员在 1912 年达到 2 559 761 人)。

这些工会,即使会员有一部分是社会民主党成员,一部分同情这个党,但都是在形式上与党保持完全独立的组织。德国社会民主党坚定地奉行工会应当保持政治中立的原则,因为只有政治上中立,才能把各种政治派别的工人联合到工会中来。但是,实际上德国工会远没有坚守这种中立,都带有某一政党的色彩。

在德国工会中互助业务很活跃,总起来说,要比英国差得多,这往往是因为在德国这些业务中有一些是由国家机构执行的(如疾病、灾害、残废和老年等强制性保险)。但是近来,随着工会的发展,而互助业务也开展起来了。社会民主工会拥有相当多的有组织的德国工人,对德国工人阶级的影响越来越大。这些工会是与社会民主党保持独立的组织,力求采取更加机会主义的政策,可以说比社会民主党更右的策略。因此,工会和社会民主党近来多次发生过需经互相让步和妥协解决的冲突。

二、革命工团主义

法国工人运动打着所谓革命工团主义的旗帜，有着异乎寻常的独特的形式。

法国的工人运动根本不同于德国和英国，是在另一种条件下发展起来的。1871 年公社的瓦解，使法国社会主义遭到沉重的打击，因此，法国的社会主义运动必须重新开始，而且在法国经历了公社危机的唯一的社会主义工人组织，是某些职业工会。法国的马克思主义派别社会主义者的领袖盖德及其朋友，于 1879 年在联合工会（工团）的基础上组建了社会主义政党。这个政党试图领导法国工团主义者，为此于 1886 年建立了“全国工团联盟”。但是，由于这个政党把工团主义者仅仅看做是达到自己政治目的的工具，所以工团主义者很快就同它分裂了。

就在 1886 年巴黎也成立了新的工人机构，这就是“职业介绍所”，它理应成为法国同类机构的典范在法国工人运动中起着巨大作用。法国的职业介绍所是饶有趣味的独特的机构。它的主要任务是在劳动供求之间起媒介作用，帮助工人在最有利条件下找到购买自己劳动的买主。为此，职业介绍所要对劳动供求进行详细的统计，向寻找工作的人提供种种帮助，发给工人路费补贴，总之，采取各种可能的措施来减轻工人就业的困难。但是，十分明显，所有这些，只有在职业介绍所与工会保持经常联系、力争成为工会联合中心的情况下才能做到。同时，职业介绍所还要执行一系列其他的次要职能——组织工人的职业教育，筹办工业陈列馆、图书馆，举办专业短训班和工人讲座，等等。职业介绍所在与合作组织保持联系，力求成为所有旨在改善工人阶级状况的各种机构的环节。

职业介绍所在法国取得很大的成功，现在全国已有 135 所。许多工会同它有联系，会员人数达 350 000 人（约占法国 1911 年工会总人数 1 029 238 人的 1/3）。它取得这一成功的主要原因，是法国工会中互助业务开展得很差。这类业务中有一些职业介绍所也承担起来了，所以职业介绍所成为工会的必要的补充部分。而在英国几乎所有这些业务都归工会办理。

1892年，在圣太田召开的职业介绍所代表大会上成立了“全国职业介绍所联合会”，该会站在彻底社会主义的基础上，强烈反对盖德及其政党企图把工人同企业主的经济斗争从属于政治斗争并把工人的经济组织变成纯属社会主义政党的附属品。在此基础上发生了盖德的“工团主义者联合会”和“全国职业介绍所联合会”的激烈斗争。分歧的主要点是全面罢工问题，盖德分子反对全面罢工，而职业介绍所的代表（通常把这种思潮称为“革命工团主义”）主张全面罢工是无产阶级强大的斗争工具。1894年在有对立双方工人组织参加的南特代表大会上，第二种思潮取得了决定性的胜利，绝大多数与会者都投票赞成全面罢工的决议。南特会议结束后，“全国工团联合会”走向衰落，并瓦解了。1895年根据职业介绍所领导人倡议成立了一个新的组织“全国劳动联合会”，以取代退出舞台的“全国工团联合会”。1902年“全国职业介绍所联合会”也并入了新联合会，目前，新联合会是联合全法国社会主义派职工运动的中心。

可见，法国社会主义运动目前有两个中心：一是把政治斗争放在首位的统一社会主义政党，一是把经济斗争放在首位的工人阶级的经济组织“全国劳动联合会”。

法国的革命工团主义形成一种完整的独特的思潮，它与法国工人运动的特殊性质相吻合，而与通常的马克思主义的社会主义截然不同。在英国工人运动中继续保持领导作用的是旧式工会，它把互助会业务同工会职能结合起来，正是这种结合，决定了英国工会带有温和的性质，它不愿意互助业务和为此而积聚的巨额资金承担风险。德国的工会起先大多是战斗性组织，但也逐渐地把互助业务开展起来了。现在已经接近于英国式的工会。因此，德国的工会的战斗意志逐渐薄弱了，现在是比社会民主党更右了。这种情况在近年来举行的党和工会的各种会议上已经暴露出来了。相反，加入“全国劳动联合会”的法国工团主义者，却主张进行战斗，所以比社会主义政党左。他们完全反对议会斗争，并力图通过工人同资本家的直接斗争来提高工人阶级的革命情绪。

法国工团主义不仅是一个独特的工人运动派别，而且是一种独特的来源于生活的理论。这种理论的核心是饶有趣味的关于代议制在社会生活中的作用的观念。马克思主义的社会主义在实际上主要归结为争取工人阶级利益的议会斗争。在革命工团主义理论家看来，议会斗争实质上不能给工人阶级任何好处。无产阶级幻想政党似乎可以具有纯阶级的性质，力图建立能在议会中维护自己利益的纯阶级的政党，这是自我欺骗。然而，纯阶级的政党过去、现在和将来都是不存在的，原因很简单：阶级是利益一致，政党是见解一致。属于哪一个阶级取决于人的全部生活条件，而属于哪一个政党只能取决于人的见解。但是，有着不同经济利益的人可能对许多问题有相同的见解，因此政党不可避免地要超出阶级的范围。这种情况不能不发生，因为政党不能不包括所有同情它的人，而不问他们属于哪一个阶级。

可见，纯阶级的党具有内在的不可能性，但这是不够的。在其他方面，政党无助于维护无产阶级的利益。任何政党都有支配者和被支配者、领袖和群众，议会机构太脱离工人阶级群众了，致使工人群众不能直接受其控制。议会活动需要很高的文化水平，普通工人难以办到。因此，政党的支配权自然而然地不是集中在与无产阶级毫无共同之处，就其经济利益来说属于资产阶级的那些人手中，就是集中在出身于无产阶级而与无产阶级生活完全分离的那些人手中。大政治活动家，其生活条件总是脱离无产阶级甚远，即便他年轻时曾经是无产阶级分子。

其次，议会，就其实质而言，不是阶级的斗争，而是阶级的合作。任何一个议会党团不论其革命情绪有多高，议会机器却不会不熄灭它的革命热情。议会活动都是议会工作的日常琐事，这种工作不但不否定现存的社会制度，反而在巩固它。政党参加这种日常的议会工作，就会对现存社会不再采取革命的态度，而且任何革命的辞藻都掩盖不了这个无可怀疑的事实。任何一个议会政党都力求扩大自己在议会中的影响，其结果，一个政党为达到某种议会目的势必要同其他议会政党达成协议，也就是说，不是同资产阶级政党进行斗争，而是同它们进行合作。

因此，任何一个议会政党都具有机会主义的性质，尽管它是多么想避免这一点。正是由于这一基本原因，尽管马克思主义的社会民主党力求保持对自己革命旗帜的忠诚，尽管它多次谴责改良的社会主义(它不主张革命，而主张在现存的资产阶级社会的范围内实现社会改良)，但是，改良的社会主义不仅不让出自己的阵地，而且在世界各国的社会主义政党中实际上占据绝对的优势。从实践的观点来看，革命的社会主义和改良的社会主义毫无差别：倍倍尔也好，伯恩施坦也好，盖德和若列士也好，都同样是改良主义者。

正因为如此，尽管社会主义政党参加议会活动已有好几十年了，但很难说这种活动给工人阶级带来什么真正的好处。议会制社会主义是无力实行任何一项有利于无产阶级的重大措施的，因而，可以认为，经验早已证实，利用议会来达到工人阶级的目的是不可能的。

此外，议会制社会主义不仅像干枯的无花果不能结果，而且是真正有害的：它向工人阶级灌输一种根本无法实现的幻想，似乎无须经过什么努力和斗争，只要通过议会选举就能达到社会主义的目的。议会制社会主义使群众不再相信革命，完全失去革命热情。这一点特别是在议会制社会主义盛行的国家，如德国，看得最清楚。德国的社会民主党，无论在任何情况下，都根本不能采取革命的攻势。在社会主义政党力量最强的“赤色王国”萨克森，实施了新的选举法，不准工人群众参加地方议会选举，社会民主党竟然屈服于这种践踏人民权利的行为而丝毫不想斗争的时候，这一点非常清楚地暴露出来了。

在议会制社会主义占据统治地位的条件下，普通的社会党人的社会主义活动，仅仅在于有时投社会党代表的票而已。这种秘密选举不承担什么责任，也不需要作什么自我牺牲。工人也习惯于这样的想法：争取实现社会主义理想的任务，不在自己身上，而在领袖身上，于是对社会主义渐渐淡漠起来了。

在工团主义者看来，任何政治组织对革命的社会主义都是没有用的。现代社会唯一的无产阶级的纯阶级组织是工会即工团。工会与从不具有纯阶级性质的政党不同，就其实质而言，不能由任何人而只能由工人组成。资产阶级腐蚀也丝毫危及不到工会。工人阶级不像政党那样脱离工人阶级，而是同工人阶级构成一个整体。在工会中没有领袖和群氓，因为工会的事直接关系到工人，人人都了解，都可以过问。工会是在同工人阶级群众直接协作下进行活动的。最后，最主要的，工会不是要同资产阶级合作，而是要直接同它进行斗争。因此，工会不仅是唯一的工人阶级的纯阶级组织，而且也是唯一的同资本家进行阶级斗争的组织。

可见，真正阶级的社会主义不是别的，只能是工团主义的社会主义。与议会制社会主义不同，它依靠的不是政党，而是工会。因此，它的斗争方法，它的策略也是根本不同的。

议会制社会主义寄希望于采取立法措施来维护工人的利益。工团主义的社会主义却不相信议会的帮助。因此，它只寄希望于工人阶级的自助；工人除了自己，再也没有什么可依靠的，他仅仅拥有用自己的力量能够争得和保护住的东西。由此而得出革命工团主义所宣扬的“直接行动”(action directe)策略，工人应当通过与资本家进行直接的阶级斗争，为自己争得较好的生活条件。工人组织得越好，工人的经济和社会力量越大，那么，工人在现行制度下能够获得的东西就越多。

同资本家进行斗争的手段可以说是各种各样的，不仅有连温和的工会也承认的传统罢工，而且还有其他用得较少的斗争方法，如抵制（用不买商品的办法同某一商行进行斗争），贴标签（尽可能购买经验证生产符合工会要求而贴有相应工会标签的商品），怠工（有意不认真工作或甚至直接损坏商品来同商行进行斗争）。其实怠工并不是所有革命工团主义的拥护者都支持的。

所有这些，都是在现行制度下争取改善工人阶级状况的斗争方法。然而，这些方法对于破坏资本主义制度和建立新制度的最终斗争仅起有准备作用。这种最终的斗争，只有采取使资本主义社会无法存在下去的全体工人群众总罢工，工人生产活动普遍停止的形式才有可能实现。这种总罢工应当起到消灭旧世界并将生产资料转归工人工团主义者所有的社会大变动的作用。

工团主义者对现代政府不抱任何希望，是现代政府的不可调和的敌人。但是国家力量的基础是什么呢？首先是军队。因此，工团主义的特点之一，就是敌视军队和军国主义。

工团主义者是反军国主义者，这一点也多为广大公众所熟知。他们力图通过破坏军队内部纪律、煽动士兵仇视军官和祖国观念等办法来搞垮军队。他们说，一旦发生战争，士兵也不要向敌人开枪；同外部敌人进行战争是内部举行起义的最好时机。

这就是工团主义的理论和实践。工团主义者对马克思主义的社会主义所作的批判，在许多场合是完全正确的。例如，不能不同意他们的核心原理：任何政党，就其实质而言，都不可能只是阶级的组织；只有工会才具有纯阶级的无产阶级的性质。但是，工团主义者从这个完全正确的原理所得出的实际结论，却是站不住脚的。工团主义者把马克思的命题推导为极端的结论，说工人阶级的解放应当是工人本身的事情，从而否定了政党。实际上，应当得出的结论是：马克思的论题，就其绝对的形式来说，是站不住脚的，社会主义除无产阶级的阶级利益外，还不能不有赖于其他方面的利益。工团主义者否定政党，只承认工会，似乎是最彻底的马克思主义者，但是，这种彻底性却无非是论证马克思上述论题的归谬法。

十分明显，工会如果离开政党就不能顺利地进行捍卫社会主义思想的斗争，因为工会只拥有某种职业的工人，只能为维护这种职业工人的眼前的和极其狭隘的利益而进行斗争。工会把个别工人团体的眼前需要摆在首位，而不去考虑整个工人阶级的较为长远的目标，这就不能不使工人阶级产生某种分裂。只有政党才能团结广大工人群众，进行争取实现社会主义最终目的的斗争。如果说法国工团主义者组成了“全国劳动联合会”——表现得比政党更左，那么这是由于法国整个工人运动尚未成熟所致。法国的工会运动远不如英国和德国的发展，而革命工团主义者只是法国工人工团主义者的少数派。他们的革命性，是因为他们很少发挥工团主义者的作用，几乎不开展互助活动，只拥有少得可怜的货币资金，一般说来，同英国极不坚定的组织所谓的新工会相近似。他们既不履行维护工人切身利益的重要职能，又不怕失去什么，所以，热衷于发表战斗性演说，但是，由于在经济上力量很弱，进攻往往不能取得胜利，而且在失败的时候容易出现分裂。继续在英国工会运动中起领导作用的旧式工会，由于组织得很出色，又拥有雄厚的货币资金，情况就完全不同了。这些工会不轻易决定发动战斗攻势，因为这样做在失利时有耗尽工会资金之虞，而工会却要靠这些资金履行其重大职责，在工会会员中间开展互助业务。从另一方面说，这种工会如果拥有几万几十万英镑的资金，就是一种可怕的经济力量，在同企业主进行斗争时，就能完全切实地维护会员的利益。德国的工会也在朝着这种工会的方向发展，毫无疑问，当这些工会力量更加壮大时，法国的工会也会朝着这个方向发展的。

法国工团主义的策略可以归结为所谓的“直接行动”，即无产阶级在同资本家作斗争中直接夺取它所需要的权利，而不去对立法施加影响。但是，这种斗争只有在一定的市场情况下才能取得胜利。在大批失业时，工人举行罢工不能形成对企业主的严重威胁。至于其他斗争方式，如抵制和贴标签也起不了多大作用，而怠工，从工人本身的利益来看，是一种极其危险的斗争手段，遭到许多工团主义代表的反对。怠工不仅使企业主受到损失，而且使生产根本无法进行，从而导致企业的毁灭。这对工人来说，绝非有利的。

因此，工团主义忽视维护劳动利益的立法措施，是没有道理的。在这一方面，不论现代政府做得多么差，但就是做的这一点点，对于工人阶级来说，也是非常可贵的。如果工人只靠自己的力量同企业主进行斗争，那么，工人目前的状况要比他实际的处境糟得多。国家对工人利益的保护是对工人自卫的十分重要的补充。如拒绝国家的扶助，那就是说对实际情况全然无知。

最后，工团主义者所鼓吹的总罢工，绝不能同工人阶级的政治斗争对立起来。总罢工只有具备一系列的条件，首先要有工人阶级的政治组织，才能取得胜利。

总的说来，工团主义的理论是马克思主义和无政府思想的奇妙结合。工团主义者的阶级观点，是从马克思主义者那里借用来的。他们把它发展到极端的地步，从而揭露了其缺点。他们轻视议会制和不可调和地仇视政府的观点，是从无政府主义者那里贩卖来的。他们反对军国主义和反对爱国主义的思想，也来自无政府主义精神的启迪。

工团主义的最终目的，在工团主义理论家看来，就是把生产资料转归工人工团主义者所有，从这个最终目的来看，工团主义复活了十九世纪三十年代欧文的工联主义。这种形式的社会主义，不妨称之为小团体的社会主义，是一种极不完善的社会主义①。小团体的社会主义是指把社会分为一些单个的工人团体，而各个团体之间也会发生像现今一些资本主义企业之间所进行的那种斗争，只有把生产资料全部地（而不是部分地）转归全社会所有，才有可能建立社会主义力求达到的所有社会集团的利益和谐一致的制度。可见，工团主义的理想不是真正社会主义的理想，而工团主义的策略，尽管有它的优点，如反对过分热衷于政治，但从整体上看，是错的，它不懂得政治斗争，特别是议会斗争对工人阶级是必要的。

参考书目

工会，及其历史和理论：

申兰克：《法国徒工协会》（《劳动史》汇编，译自德文，第 2 版，1905 年）。

韦伯夫妇：《英国工人运动史》，译自英文，1899 年，《英国的职工运动的理论与实际》，1900—1901 年。

库列曼：《职工运动》，译自德文，1901 年。

波尔·德·鲁齐：《英国职业工人联合会》，译自法文，1898 年。

诺斯蒂茨：《德国社会民主职工联合会》，译自德文，1904 年。

B. 桑巴特：《劳动和劳动者组织》，译自德文，1901 年。

维古鲁：《北美工人联合会》，1900 年。

普罗科波维奇：《德国的工人运动》，第 2 版，1908 年。

斯维亚特洛夫斯基：《职业工人联合会》，第 2 版，1906 年。

罢工：

Л. 斯卡尔任斯基：《罢工和工人协会》，1905 年。

B. 波塞：《工人罢工》（第 3 卷），1906 年。

E. 伯恩施坦：《罢工的性质和作用》，1906 年（俄译本）。

① 参看拙著：《现代社会主义》，1906 年，第 5 章。

R. 韦尔莫尔:《罢工》,1904 年。

A. 米克拉舍夫斯基:《罢工和社会问题》,1905 年。

Ph. 施泰因:《罢工和解雇》,1907 年。

波利扬斯基:《工人罢工和刑事法典》,1907 年。

B. 沃伊京斯基:《工资》,1910 年。

Г. Г. 施维塔伊:《工业冲突》,1911 年。

革命工团主义:

利亚加杰尔:《革命工团主义》,译自法文,1906 年。

Л. 科兹洛夫斯基:《法国工团主义论文集》,1907 年。

波尔·路易:《法国职工运动史》,译自法文,1908 年。

A. 拉布廖拉:《改良主义和工团主义》,译自意大利文,1907 年。

A. 索雷尔:《暴力论》,译自法文,1907 年。

E. 斯塔林斯基:《社会主义的新流派》,1907 年。

П. 斯特列利斯基:《社会主义者队伍中的新派别》,1907 年。

第五章 劳动保护立法

一、工厂法。英国工厂法。其他国家的工厂法。八小时工作制问题。二、工人保险。德国工人保险。英国和澳洲殖民地老年人养老金。失业保险。根特制。三、国家调节工资。早期社会政权对工资的调节。澳洲殖民地工资的国家调节。英国的工资调节。

一、工厂法

工会是保护工人阶级利益的工具。劳动保护立法的目的也是如此,其中起作用最大的是所谓工厂法。英国是工厂法的起源地。

早期英国和苏格兰的工厂主由于难以找到工人,广泛利用教区学生的劳动,这些学生是救济穷人慈善机关收养的儿童。慈善机关向厂主提供使用教区学生劳动的权利,只收微乎其微的酬金。厂主剥削童工劳动达到了无以复加的程度。1802 年颁布法令,禁止棉纺和毛纺厂童工上夜班,并将白天劳动限制为 12 小时。到 1819 年,1802 年法令又在棉纺工业中的未成年工人中全面生效,并且第一次规定儿童从 9 岁起始得进厂劳动。然而,这些法令由于缺乏监督(只是到 1833 年工厂检查机关才建立监督制度),实际上几乎没有遵行。1833 年法令把受劳动保护的工人按年龄分成两类:童工(9—13 岁)和未成年工人(13—18 岁),并规定童工每天工作 8 小时,未成年工人一昼夜工作 12 小时。禁止童工和未成年工人上夜班。这个法令对纺织厂和织布厂全部有效。

初期颁布的工厂法均没有工人阶级参与制定。只是从十九世纪二十年代末起，英国工人阶级才开展了旨在进一步推行工厂法的运动，提出了女工和未成年工人10小时工作制的要求。这个运动胜利了，因为工人的要求得到土地所有者阶级的支持，这个阶级同工厂劳动条件没有经济上的利害关系，并且由于1846年废除粮食法而想对工厂主进行（征收进口粮食税）报复。在这个阶级的支持下，议会于1847年通过了一项限定纺织厂未成年工人和女工一昼夜劳动10小时的法案。

1847年法令，不但把未成年工人和女工一昼夜工作时间缩短为10小时，而且也使成年人的工作日缩短到10小时，这适用于那种除雇用成年男工外还雇用妇女和儿童的工厂，因为单雇用成年男子做工，对厂主来说无利可图。

当时经济学家大都认为，纺织厂把工作日从12小时（1847年以前的情况）缩短到10小时，必将使工厂的利益蒙受重大损失。有一些经济学家，如西尼尔，甚至断言，如果劳动时间缩短，工厂主无利可得，工厂生产便无法继续下去。但是，1847年法令颁行几十年来，英国工业出现了空前的高涨，利润率不仅没有下降，而且据舆论分析，英国五十和六十年代的利润率要高于三十和四十年代。

由于劳动生产率的提高和劳动强度的加强，劳动日的缩短并没有对厂主的利润产生不良的影响。生产技术取得了很大的进展，提供了更加完善的新机器，其结果，工人在较短的工作日内生产的产品不是少了，而是多了。

缩短劳动日对工人来说，好处很多。缩短劳动时间本身就等于增加了工人的闲暇时间，也就是说，工人有更多的机会参与现代人类的文化生活和提高自己的智力水平。此外，缩短劳动日，对工资也有极大的间接影响。劳动生产率的增长是提高工资的有利因素。如果劳动时间缩短了，而劳动生产率不能相应地随之提高，完成该项工作所需的工人数就要增多，因此，对劳动力的需求就要增长，资本主义的失业后备军也就减少了，因为存在失业后备军，工人阶级争取提高工资就非常困难。缩短工作日的结果，工人阶级进入全面发展的时期。

英国立法历史的进一步发展主要表现在立法在所有新的劳动部门中推行开来。1867 年，它仅限于小生产推行，而现在，它不仅在工厂生产而且在手工业生产中实行了，尽管附加某些限制条款，但在大工业家庭体制中也实行了。然而，英国立法迄今仍然坚持老观点，认为法律只应对童工、未成年工人和女工的工作日，而绝不是对成年工人的工作日进行调整。现行的英国立法承认 12—14 岁孩子为童工，14—18 岁为未成年工人。不满 12 岁的儿童禁止工作，童工工作时间照例限制为一昼夜 6 个半小时，纺织工厂及某些工厂未成年工人一周工作为 56 小时，而其他工厂一周为 60 小时。夜班以及星期日和专门规定的节日工作，通常禁止各类受法律保护的工人参加。女工劳动通常和未成年工人享受同等待遇。

对矿工实行特别规定。禁止女工井下工作(禁止 13 岁以下的儿童进煤矿工作)。禁止 12 岁以下的儿童在井上工作。法律针对不同的矿业生产规定童工、未成年工人和女工的不同的工作时间(每周不超过 54 小时)。1908 年的法令规定矿井和矿井成年工人最大限度的工作时间为8个半小时(包括上下井时间)。由此可见,英国立法已经放弃了对成年工人工作时间不作规定的旧原则,所以,这个法令具有特别重大的意义。

英国劳动保护立法,除工作时间外,还对其他许多雇佣劳动的条件,如工作车间的医护卫生条件,防止事故的措施等等作了规定。早在1831年就废除了用商品代替货币的工资制(所谓实物工资制,truck-system)。

德国禁止13岁以下的儿童上工厂工作。童工(13—14岁)工作时间一昼夜限制为6小时,女工和未成年工人(14—16岁),一昼夜为10小时。凡是受法律保护的工人都禁止上夜班、禁止星期日和节日上工。法国受保护的年龄起点是13或12岁(适用于小学毕业的工人)。童工和未成年工人(18岁以下)工作限制为一昼夜10小时,女工也是10小时。所有上述工人都禁止上夜班,禁止星期日和节日上工。对成年男工的工作,法国的法律也作了规定。当成年男工同未成年工人和女工在一起工作时,其工作时间为一昼夜10小时;如果未同未成年工人和女工在一起工作时,则成年男工的工作时间为12小时(煤矿为8小时)。除法国外,欧洲各国,如瑞士(一昼夜11小时,星期日和节假日为10小时),奥地利(一昼夜11小时,矿山业10小时,煤矿业9小时)和俄国等,对成年男工的工作日均有规定。

此外,劳动保护立法也在澳大利亚殖民地施行了。多数殖民地早就规定妇女和未成年工人实行8小时工作制。多数殖民地对成年男工的工作日未作法律规定,但在实际上也大都实行8小时工作制。新西兰规定成年男工每周工作48小时,女工和未成年工人每周工作 45 小时。

现代欧洲工人运动一个重要目的就是争取 8 小时工作制。反对 8 小时工作制的人提出与此相反的一些观点，认为工作时间一缩短，工人生产的产品数量就有减少之虞，其结果会对整个工业状况产生不利的影响。但是，8 小时工作制的试行大都证明，这种担心实际上是不必要的。此外，不应忘记，恰恰是在利润下降的时期实行技术改进的。利润率下降，是工业进步最强大的刺激因素，因为利润率高的时候，企业主不会想到实行新的改革。英国工业史表明，所有重大的技术改进，都是在利润下降的时期实现的。因此，实行 8 小时工作制，如果使利润下降，则这种下降本身，必定成为工业进步的刺激因素，而且劳动生产率的增长，完全可以抵补工作时间的缩短。

十九世纪末，英国约有 50 万工人，工作不超过 8 小时。澳大利亚早在 50 多年前就实现了 8 小时工作制。澳大利亚缩短工作日，效果很好，工人阶级就其智力水平来说居全世界工人阶级的首位。因此，没有任何理由认为其他资本主义国家采用 8 小时工作制对工人阶级的利益不如澳大利亚有利。一般说来，缩短工作日远非出于仅仅经济利益的需要。必须使工人能够享有现代的文明财富，工人绝不只是会劳动的动物，为此，工人的生活，不应该是仅为挣钱而劳动。当然，不是所有的国家都能同样做到大大缩短劳动时间，但为了不使民族工业遭受损失，缩短劳动时间只能逐步实现。

工人劳动保护立法是极端重要的，但是，如果认为对工人的法律保护可以取代自我保护，那就是极大的错误。法律只有依靠工人自身的组织，才能生效，才不致变成死的条文。因此，工厂法的发展必须以工会的发展为前提，后者是前者的天然基础和补充。

二、工人保险

工厂法只规定工厂的劳动条件，但不能直接规定工人的工资。其实，雇佣工人在现有经济条件下所得的工资，不仅很少，而且还经常受到各种意外情况的影响。工人一旦丧失工作能力，便会失去工资收入，如果没有储蓄，就不免要陷入贫困之中。现在工作日的长短，在某种程度上，通常是由法律加以规定的。相反，工资的高低通常是工人与企业主经过自由协商规定的。某些国家采用某些法律措施，也只是为了减少各种意外情况给工人收入造成的致命的影响。

这些目的都是各种强制性工人保险制度所追求的，而推行保险制度的古典国家是德国。

德国社会立法是德国政府与社会民主制度斗争的产物。俾斯麦懂得，单采取镇压措施是不够的，应当给工人阶级一点实惠的东西。在社会立法方面，这种实惠的东西在俾斯麦看来，就是实行强制性工人保险，这个思想是谢夫莱向俾斯麦提出来的。

德国有三种强制性工人保险：1883 年实行的疾病保险，1884 年的工伤事故保险和 1889 年的残废和老年保险。疾病保险按下述方式办理。工人有权按照自己意愿选择保险机构，这类机构有各种疾病保险储蓄所，其中有一些是依据公法建立起来的；另一些是工人自由组织起来的。法律容许工人任意选择储蓄所，但却给予前一种储蓄所以某些优遇，该储蓄所保险费三分之一由业主负担，工人只负担其余的三分之二，而自由组织的储蓄所的保险费均由工人自己负担。因此，只有少数工人参加自由组织的储蓄所。

储蓄所对参加保险的工人承担如下义务：免费医疗和免费提供药品，以及短期资助患病工人相当于其工资 50%—75%的现款。

某一企业内工伤事故保险，与上述保险根本不同，因为工人在这种场合无从选择担负保险的机构。在这种场合，全部保险费均由企业主负担。

这种保险力求做到给受雇于某一企业却因不幸事故而失去劳动能力的工人以损失补偿。当然，这些不幸事故的责任不在工人，而应当由企业主来负，因为工人是给企业工作的。用承认企业主对工人负责的原则（许多国家执行的以及英国从1898年起采取的原则）来代替国家实行的工人保险，在某种程度上也可以达到同样的目的。这一原则在于承认该企业工人发生不幸事故的后果，由企业主承担，而在这一事故的诉讼中企业主必须提出证据，证实不幸事故的责任在于工人的过失，只有在这种情况下，企业主才能卸掉责任。如果企业主不能证实这一点，则他必须补偿工人失去劳动能力的损失。这一原则固然对工人有一定的保障，但远不如国家保险那样充分，因为不论法律对企业主责任规定得多么严格，但它也只能在企业主有支付能力的限度内有效。企业主一旦破产，工人就不能得到应得的补偿金。但是，如果是由国家保险，那么，企业主有无支付能力的问题便是毫无意义了。

按照德国的法律，工人因不幸事故失去工作能力时，可以领取原有工资的60%，只有在证实不幸事故是由于自己过错造成的情况下，工人才无权得到补偿金。

德国实行的第三种强制性保险，是残废（失去劳动能力）和老年保险。在这种场合，如果工人丧失劳动能力，不能在任何企业工作，则可以领取一定数量的养老金。如果是老年保险，养老金要到七十岁时领取。这种养老金每年为110—230马克。这项保险费由工人和企业主平均分担。此外，国家对每份养老金补贴50马克，这项补贴平均算起来，几乎是工人和企业主保险费的一半，因此，实际上，保险费几乎是国家同工人和企业主平均分担的。

目前，德国在制定强制性保险的新法律，准备实行生命保险——对寡妇孤儿给予补助金。

德国的强制性保险机构，任务很广泛，不仅要帮助丧失劳动能力的工人，而且要防止造成工人丧失劳动能力的一切事故。为此，保险机构需要有大量的货币资金(后备金超过10亿马克)，才能广泛地支持所有企业来改善工业人口的卫生状况，例如，安装自来水设施，修建排水站，兴建清洁卫生的住宅、疗养院和医院等。从纯经济观点上看，保护居民健康要比治病划算得多。德国保险机构是深深懂得这个道理的。例如，它们大规模地组织了防治肺痨病的工作，为此，耗费了几千万马克，它们还花费大量资金修建工人住宅、疗养院、残废人收容所等等。

在英国，工人收入保险是由工会来办的。但是，工会的业务远不能代替国家办的强制性保险，因为只有一小部分工人阶级是工会会员。此外，从保险技术角度看，只有广泛地开展业务保险才能置于正确的基础之上。

从1909年1月起生效的、具有重大原则意义的法令是关于年迈工人养老金的法令。根据这项法令，凡年满七十岁的英国臣民，每周收入不足10先令者都有权每周领取5先令的养老金。领取养老金，不需要领取者预先交费；这不是德国办的那种老年保险，而是国家认为有责任帮助那些年纪大了、不能独立谋生的同胞。法令规定了领取养老金的限制条件(如贫民不得领取养老金)，其目的在于养老金只能让那些应得的人即热心工作的人得到。

这个法令标志着现代经济制度的一个崭新的原则。国家认为(虽然是局部地)，凡是公民只要不是由于自己的过失而不能自谋生活者，都有权要求国家保障其生存。国家放弃了各人自负其责的旧法律观点，并承认了新法律原则——每个公民都有生存的权利和由此而来的国家负有保障自己臣民行使这一权利的责任。

英国关于年迈工人养老金的法令是仿效更加彻底的澳大利亚社会法制定的。从1909年1月1日起澳大利亚各联邦下列准则生效。年迈工人享有领取养老金的权利，男工从65岁，女工从60岁开始领取。如果失去劳动能力，男工可从60岁开始领取养老金。养老金每周为10先令。养老金领取者无须预先交费。财产不少于300英镑者，不能领取养老金。①

英国从1912年起举办国家疾病保险，规定年收入在160英镑以下的雇佣工人必须参加这种保险。这项保险费由工人（每周3—4便士）、企业主（3便士）和国家（2便士）分担。

实行失业保险特别困难，因为失业也许是出于自愿即不想工作造成的。现在，工会举办失业保险帮助失业的会员。但是，工会资金非常有限，在大批的持久的失业情况下，工会往往无法应付自己的任务（靠有工作的工人会费帮助失业的会员），因为有工作的工人人数总是很少的。主要的问题在于，工会甚至在最发达的国家里，会员人数也只是工人阶级的极少一部分——熟练劳动的代表，而工人阶级的大多数都经受着极大的失业痛苦。

由此可以得出结论：没有社会当局的干预，失业保险是不可能办好的。十九世纪九十年代，瑞士某些州根据法律原则曾试图兴办失业保险。在圣加仑甚至还组织过强制性失业保险；然而这次试验完全失败了，几年以后，承办失业保险的市银行在失业浪潮冲击下关闭了。

1901年，根特市（比利时）市政厅根据新原则组织社会失业保

① 丹麦也实行老年人领取国家养老金的制度。

险工作。市政厅认为，社会当局没有任何可能来直接领导失业工人救济金的分配工作，因为社会当局无法把真正失业者与逃避工作者区别开来。因此，市设立一种基金，资助失业者的工会和无组织的工人都可以从中领到一定数量的救济金，尽管无组织工人有某些存款以备失业时使用。后来，所有其他救济失业者的组织，都有使用市基金项内的救济金的权利。

这样，根特市体制的基本原则就是通过社会当局在金钱上对有关机构进行资助，把救济失业者的工作转交给工人自己。根特市失业保险制度切合实际而又简便可行，成为许多国家效法的对象。1904 年法国颁布一项法令，每年拨款十万法郎作为救济失业者的补助金。所有办理失业救济的职工储蓄所，在一定条件下，也有权领取这种基金项下的补助金。1906 年，挪威也着手举办国家资助的失业保险。1906 年法令规定，挪威所有的救济失业者的储蓄所，在遵守某些要求的条件下，可以从国库资金中领取其用于失业救济开支部分的四分之一的补助金。国家根据某些原则，将三分之二的补助金分配给地方社团。丹麦 1907 年的法令规定，国家向专门救济失业的银行提供相当于三分之一的保险费，此外，还允许地方自治机关承担六分之一的保险费。

尤其饶有趣味的是，英国失业保险的新做法，英国就其社会立法的勇气而言，总是走在其他国家前面的。英国从 1912 年起，那些工业行情波动特别剧烈、周期性失业现象特别严重的工业部门的工人均必须参加国家保险。这种国家保险费由工人$\left(\text{一周 } 2\frac{1}{2}\text{便士}\right)$、企业主$\left(2\frac{1}{2}\text{便士}\right)$和国家$\left(1\frac{2}{3}\text{便士}\right)$负担。

三、国家调节工资

现代国家可以对许多劳动合同条件进行调整，但是工资的高低通常是由企业主和工人自由商定的。然而，情况并不经常如此。在早期工资按惯例是由社会当局调节的。到了中世纪，特别是十四和十五世纪，工资通常由市政府加以调节。但是，这里强调的不是工人的利益，而是消费者即使用工人劳动的订货者的利益，而且只规定工资的最高限额，而不规定工资的最低限额。

英国是早期实行国家调节工资的古典国家。这个制度通过著名的伊丽莎白法令才在英国最终确立下来了。法令赋予调解法官规定工资的权力，调解法官也仍然只规定工资的最高限额，而不规定工资的最低限额，而违反最高工资限额者要受到一定的处罚。这个法令通行于十六和十七世纪，十八世纪逐渐失效，只是到了1814年才最终被废除。

但是，十九世纪末，出现了一种不利于消费者和企业主，而有利于工人的调节工资的新形式。它规定工资的最低限额，而不是工资的最高限额。我们看到，澳洲出现了这种调节工资的形式。澳洲殖民地制定出两种不同的国家调节工资的形式——新西兰式和维多利亚式。新西兰从1894年起工资就由仲裁法庭规定，仲裁法庭有国家、工人和企业主三方的代表。当企业主和工人之间发生争执时，根据争执一方的要求，工资可由仲裁法庭规定，企业主和工人都必须遵守。与此相反，维多利亚从1896年起，法令中特别指出的劳动部门的工资，直接由政府委员会规定，该委员会规定工资的最低限额，企业主必须执行。

澳洲的调节工资法令，总的说来，效果是好的。这种新事物尽管有实际困难，但它迄今进展得十分顺利，这些殖民地的舆论都赞成国家调节工资这一原则继续发展下去。

近年来，英国也走上了国家调节工资这条道路。1909 年颁布一项法令，确认在家庭工业某些部门实行规定最低工资限额的原则，1912 年，在煤矿工人举行的持久的总罢工结束以后，颁布了煤矿工人最低工资限额的法令。这一重大的法令，取消了经过企业主和工人斗争来规定工资的做法，改由社会当局决定重要劳动部门（如采煤业）的工资。它标志着人类生活中一个新时代，并且就其历史作用而言，也把著名的 1847 年 10 小时工作制法案远远地抛在后面了，而这个法案，马克思在当时认为它是新原则的胜利。根据 1912 年法令，煤矿工人的最低工资限额须由特别委员会规定，特别委员会由企业主和工人对等人数的代表组成，并选举一名非党主席，如果双方达不成协议，则由商业部任命主席。

参考书目

工厂立法：

马克思：《资本论》，第 1 卷。

T. I. 艾尔弗雷德：《工厂运动史》，1857 年。

E. V. 普累内尔：《英国工厂的立法》，1871 年。

扬茹尔：《论文集和学术著作》，1882 年。

哈钦斯和哈里森：《工厂立法史》，1903 年。

G. 豪厄尔：《劳工立法，劳工运动和劳工领袖》，1905 年，第 2 版。

赖歇尔：《英国儿童保护》，1904 年；《劳动保护立法》，译自《政治经济学词典》的条文(《国家学说词典》),1901 年。

工人保险:

戈登威泽:《德国社会立法》,1890 年。

B. 亚罗茨基:《工人保险与企业主责任的关系》,1895 年。

E. 杰缅季耶夫:《工人保险》,1906 年。

M. 赫尔岑施泰因:《德国工人国家保险》,1905 年。

H. И. 苏维洛夫:《德国工人国家保险》,1905 年。

A. 列佩纳克:《德国工人不幸事故保险》,1911 年。

八小时工作制:

S. 韦伯和 X. 科克斯:《八小时工作制》,英译本,第 2 版,1904 年。

约翰·雷:《八小时工作制》,译自英文,1906 年。

米茹耶夫:《八小时工作制》,1907 年。

考茨基:《劳动保护立法和八小时工作制》,德译本,1906 年。

克里切夫斯基:《八小时工作制》,1906 年。

失业保险:

G. 阿德勒:《失业情况下的国家任务》,1894 年。

山茨:《论失业保险问题》,1895 年;《关于失业保险问题新论文集》,1895 年;《三论失业保险问题》,1901 年。

瓦尔茨:《失业保险》,1903 年。

M. 瓦格纳:《社会失业救济问题论文集》,1904 年。

H. 苏维洛夫:《西欧的失业和对失业后果的保险》,1907 年。

国家调节工资:

П. 米茹耶夫:《当代社会的进步民主制》,1906 年,第 4 版。

克拉克:《澳大利亚的工人运动》,英译本,1908 年。

W. 里夫斯:《澳大利亚和新西兰的国家实验》,1902 年。

A. 梅旦:《澳大利亚和新西兰工人与社会立法》,1901 年。

格雷戈尔:《强制仲裁,是成功之道吗?》,1901 年。

S. 洛伊德(奥维尔斯顿):《没有罢工的国家》,1900 年。

罗伯特·沙赫纳:《澳大利亚仲裁法庭与工资争端》(社会科学文献第 27—28 卷);《最低限额工资》(社会科学文献第 35 卷)。

第六章　俄国工人运动和劳动保护法

一、工人运动。我国工厂工人与土地的关系。工资。罢工运动。工会。二、劳动保护法。我国工厂法形成的因素。现代立法。我国工厂工人数。工会和政党。

一、工人运动

俄国工人运动是随着工厂的出现而兴起的。拥有土地占有权的工人工潮在十八世纪和十九世纪前半期一直没有断过。这些工潮的特点是非常顽强，工人不甘心承认自己没有人身自由，不顾对他们采取极端严厉的镇压措施，仍然坚持不懈地要求自由。

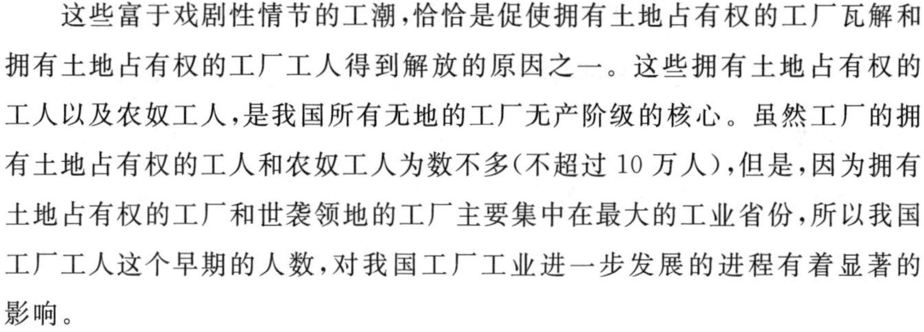

这些富于戏剧性情节的工潮，恰恰是促使拥有土地占有权的工厂瓦解和拥有土地占有权的工厂工人得到解放的原因之一。这些拥有土地占有权的工人以及农奴工人，是我国所有无地的工厂无产阶级的核心。虽然工厂的拥有土地占有权的工人和农奴工人为数不多（不超过 10 万人），但是，因为拥有土地占有权的工厂和世袭领地的工厂主要集中在最大的工业省份，所以我国工厂工人这个早期的人数，对我国工厂工业进一步发展的进程有着显著的影响。

随着工厂工业的发展，我国工业无产阶级的人数也日益增加。但是，我国工厂工人直到现在还没有像西方工厂无产阶级那样形成一个特殊的社会阶级。我国大多数工厂工人还没有彻底割断与土地的联系。

舒尔采—格弗尼茨对工厂工人与农村联系日趋薄弱的情况作了如下的图式说明。第一阶段，工人是郊区农村的农民，他们带饭进厂工作，不在厂住宿，晚上回到村中。这仍然是些真正的庄稼人，他们的副业是工厂，其全部利益都集中在农村。一到夏天，这种工人便离开工厂上地里干活，他们全年都与自己在农村的家庭经济保持着频繁的接触。第二阶段的特点是，工人在工厂住宿，并在工厂的合作食堂吃饭。这个阶段，工人与农村的联系尚未彻底割断，只是有所削弱而已。这种工人一到夏天就要离开工厂，但他们已经不是来自郊区农村的工人，他们的家离工厂很远，不能同农村的家庭经济保持经常的联系。第三阶段，工人不仅自己住在工厂，而且把妻子也带来住在厂里，他们力求独住一间小屋，并设法不上合作食堂而在家里吃饭。但是他们同农村的联系还没有彻底断绝，因为孩子还留在农村，还与农村的家庭其他成员保持着共同的经济联系。最后，也就是最后阶段，这时工人与农村的联系彻底断绝了，因为工人全家都住进工厂的住宅，于是工人便成为现代的无产阶级了①。

俄国的工厂工人大都处于第三阶段，他们与土地的联系已经大大削弱，但还远没有最后消失。要离厂回村干地里活的只是少

① 舒尔采—格弗尼茨：《俄国社会经济和经济政策论文集》，Б. 阿维洛夫和 П. 鲁缅采夫编译，1901 年，第 120 页及以下各页。

数人,而大多数人只是同农村还有一些经济利益关系,如往农村寄钱,农村还留有多少不一的家属,失业时还可以回农村。

可见,大多数工人都与农村有着种种联系。随着时间的推移,这种联系必然会断绝,我国的工厂工人必将成为与西方同行一样的无产者。

在农奴解放后的头几十年内,由于受到农民经济衰落和廉价劳动流入城市的影响,我国工厂工人的工资下降了。

当然,下降的只是实际工资,货币工资则有显著的增加。例如,1856—1883 年期间,舒雅县货币工资平均提高 50%,但由于粮食价格增加 95%,实际工资下降了 20%—30%。

十九世纪八十年代中期,工资受到这一时期严重的工业危机的影响,仍在继续下降。甚至出现从城市回流农村的现象,有许多工厂工人开始回到自己的份地,打算重新务农。但是,这种情况没有持续多久,九十年代新的工业高涨就到来了。与此同时,工资又开始提高了。

1883—1896 年期间,莫斯科省和弗拉基米尔省许多工厂的情况表明,货币工资提高了 10%—15%,到九十年代末,货币工资提高 20%—25%,由于这一时期生活费用变化很小,所以货币工资的提高也就是实际工资的提高。九十年代工业发展特别迅速的地区(如叶卡捷琳诺斯拉夫省、哈尔科夫州、顿涅茨州),货币工资增加得更多,实际工资也随着有了相当大的提高。

随后,出现了新的旷日持久的危机。尽管这场危机造成了失业现象,但它却没有使工资下降到低于九十年代的水平。这是因为近十年来我国无产阶级的经济力量有了很大的增长——罢工运动在这一时期也有了蓬勃的发展，从而阻止了工资的下降①。

早在农奴制改革前在我国工人中就发生过罢工，但是，现代的罢工运动，只是在上一个世纪才开始出现。1872 年克连戈尔姆工厂发生了最大的罢工，有好几千工人参加，后来动用了武力才平息下来。罢工的导火线是工人要求缩短工作时间。随后，又发生了多起罢工，其后果是惩治罢工的法律更严厉了。在以后几年中，罢工有所缓和，却酝酿着它在八十年代中期更猛烈地爆发。1885 年，奥列霍沃祖耶沃的尼科尔斯克工厂爆发了具有历史意义的罢工，显示了工人的严格的组织性及其顽强精神。这次罢工对我国立法产生了极大的影响，表现在两个方面：一方面，进一步加强对工人参加罢工给予刑法制裁；另一方面，于 1886 年颁布了非常重要的工厂法，以满足工人的某些要求（举行罢工的主要理由之一，是工人对扣除工资作为罚款感到不满；1886 年法令规定工厂内部全部规章以及罚款均由工厂监察机关监督实施）。1885 年，伊万诺沃—沃兹涅先斯克许多工厂爆发了工人的团结罢工。1888

① 根据莫斯科市政厅的统计资料，1897—1906 年十年间莫斯科建筑工人的货币工资比 1887—1896 年这十年平均增长了 7.5%。1908 年工资比 1897—1906 年十年又增加了 13%。但是，食品价格在近两年提高得更快（《俄国经济学家》，1909 年，第 7—8 期，第 22 页）。

据科兹明内赫—兰宁先生统计，莫斯科省工厂工人的年平均工资变化如下：

1901 年——201.37 卢布；1906 年——228.32 卢布；
1902 年——197.13 卢布；1907 年——237.49 卢布；
1903 年——200.33 卢布；1908 年——236.49 卢布；
1904 年——201.65 卢布；1909 年——237.43 卢布。
1905 年——203.34 卢布；

参看科兹明内赫—兰宁：《九年来的莫斯科省工业》，1912 年版。

年舒雅也发生了类似的团结罢工。

我国罢工运动转入下一个阶段，1896 年彼得格勒纺纱厂爆发了工人大罢工。工人提出要求把工作日减少到 10 个半小时。有 19 个厂约 30 000 工人参加了罢工。1897 年 1 月又掀起了罢工。最后，从 1903 年起进入了群众性普遍罢工的时期，其中，最先发生的是巴库罢工，这次罢工约有 45 000 工人不上班。群众性罢工（主要出于政治原因）的浪潮席卷了全俄国，从 1903 年延续到 1905 年。参加罢工的有几十万以至几百万工人。这种声势浩大的罢工运动，最终迫使政府基本上承认了罢工自由①。

罢工是我国工人运动最重要的形式。我国工会很长时期没有立足之地。只是到上世纪末，我国才开始出现工会的萌芽。

一方面，在西北边远地区，由于受社会民主主义宣传的直接影响，在犹太手工业者中出现了罢工储金所，并迅速得到广泛的发展。这些储金所必然是些秘密组织，尽管它们的活动范围限于狭小的地区，但对劳动合同的条件影响极大，有助于犹太工人缩短工作日。另一方面，九十年代俄国各城市中出现了合法的工厂工人互助会，它们努力履行工会的某些职能。

哈尔科夫互助会特别广泛地开展了自己的业务活动。互助会成员大多是格尔菲里赫—萨德机器制造厂的工人。它成立于 1898 年，1902 年又成立了专门的职业介绍工作部，它也负责组织向失业工人合理发放补助金的活动。

---

① C. H. 普罗科波维奇的《论俄国工人问题》（1905 年，第 2 和第 5 章）这本有价值的著作对俄国近几十年来的罢工运动有所描述。

二十世纪初，由于我国政府政策采取了新的精神，我国工人阶级的运动组织得到很大的推动。这就是说，我国警察当局企图通过建立受警察机关直接领导的工人经济组织，把工人运动纳入他们的轨道。

于是，1902 年，在莫斯科保卫局局长祖巴托夫的倡议下，莫斯科成立了“机械厂工人互助会”。领导互助会的都是身兼保卫局密探的工人。尽管如此，互助会还是积极地开展了活动，发动了多次罢工，其中特别引人注目的是互助会领导人组织的古容工厂的罢工。总的说来，莫斯科警察局的倡议远远没有达到它所期望的结果，不但没能使工人放弃反政府的宣传，反而更加激起工人反对工厂主，掀起广泛而有组织的运动。

然而，警察机关的活动范围却越来越广。在明斯克，宪兵队军官瓦西里耶夫组织了“犹太独立工党”。在敖德萨，沙耶维齐在地方当局支持下，着手建立地方工人组织，后因 1903 年敖德萨爆发总罢工而作罢。最后，在彼得堡，加蓬于 1904 年建立并领导了“圣彼得堡市俄国工厂工人俱乐部”，这个团体很快就在彼得堡工人中流行开来，大受欢迎。它举办社会问题讲座和座谈会。虽然这个团体的领导人与保卫局有直接联系，但是，为了不致在工人中失去威望，它就得迎合工人的兴趣和要求。俱乐部越来越带有鼓动的性质，参加的人数不断增加，已达到 9 000 人。所有这些活动，都以 1905 年 1 月爆发的声势浩大的彼得堡工人运动而告结束。

警察社会主义所做的这些试验，对我国工人运动的发展起显著作用①。1906 年 3 月 4 日颁布了工会法。这项法令并没有规定有组织工会的自由，但总算在一定条件下认可它们存在。诚然，法令就其条文看，仅适用于职工互助会，但是由于实际上无法严格区分互助会和工会的职能，所以法令在认可工人互助会的同时，也就

① И. Х. 奥泽罗夫：《近年来关于俄国工人问题的政策》，1906 年。这本书收有关于我国“警察社会主义”史方面饶有趣味的资料。

认可了工会。不管法令把工会限制在多么狭小的框框内，可是工会在这种框框内仍然能存在和发展下去。影响我国工会进一步发展命运的最致命的一点，就是法令规定，“如果社团活动危及社会的安全和安宁”时，行政当局有权封闭工会。

我国工人运动的研究者 B.格里涅维奇极其公正地指出：“对照生活实践对 3 月 4 日法令的实施情况进行分析，可以说法令是很好地保障了工会的自由。”①行政当局没有任何正当理由不准许工会登记，也没有任何依据封闭工会。我国工会每前进一步，却会遇到来自地方当局的阻力。尽管如此，但这并没有把从 1905 年开始的我国职工运动扼杀在摇篮之中。

我国工会早在 1906 年法令公布前就开始迅速地发展起来了。1905 年秋，高等学校的学生集会极大地促进并提高了工人对职工组织的兴趣。于是工会便在各种行业中迅速发展，特别是在我国最大的几个政治生活中心，如彼得堡、莫斯科、哈尔科夫、敖德萨，以及其他大城市中迅速地发展起来了。随后，行政当局便对许多工会实行镇压并封闭它们。

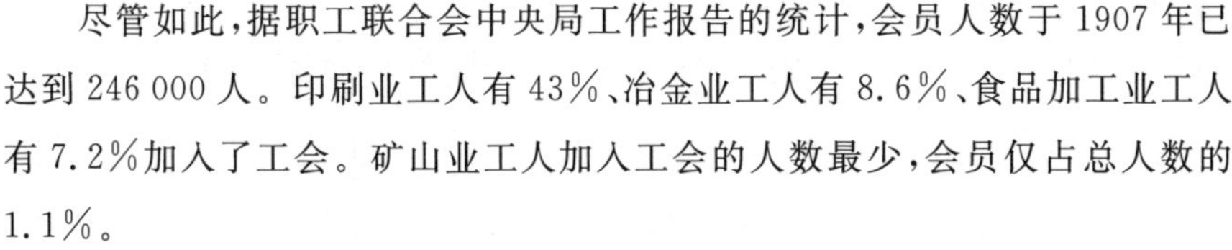

尽管如此，据职工联合会中央局工作报告的统计，会员人数于 1907 年已达到 246 000 人。印刷业工人有 43%、冶金业工人有 8.6%、食品加工业工人有 7.2%加入了工会。矿山业工人加入工会的人数最少，会员仅占总人数的 1.1%。

由于当局的加紧镇压，以及我国社会运动的全面低落，工会组织及其会员人数减少了。不管怎样，可以相信，一旦有了较为有利的政治条件，我们工人有组织的运动一定会得到迅速的发展。

---

① B.格里涅维奇：《俄国的职工运动》，1906 年，第 83 页。

二、劳动保护法

俄国第一个规定工厂劳动条件的法令是1845年颁布的。这次法令禁止工厂12岁以下的童工上夜班。这次法令是由于1844年莫斯科省德米特罗夫县沃兹涅先斯克纺纱厂发生工潮而颁布的。但是,1845年法令没有收到实际效果,很快就被彻底遗忘了。

从五十年代末起,我国试图制定类似西欧的工厂法。政府有许多个委员会起草工厂法,但直到八十年代仍无进展。

这些法案之所以失败,主要的甚至是唯一的原因在于它遭到了来自中心地区特别是莫斯科地区的工厂主顽固的抵制。相反,彼得堡的工厂主却支持这些法案。可见,从五十年代起,我国工厂主在对待工厂法上分成两派:中心区工厂主敌视政府干预工厂劳动条件,与此相反,西部地区的工厂主则赞同这种做法。

莫斯科工厂主的反抗相当激烈,甚至在很长的时期内破坏了我国试图制定工厂法的一切活动。七十年代末,情况起了变化。工人罢工运动日益发展,政府不得不竭力设法减少工人产生不满情绪的原因。1878年,内务部设立了一个委员会来调节工厂主和工人的关系。从八十年代初起,俄国出现了工业危机,这次危机削弱了工厂主对法定缩短工作时间的反抗情绪,因为即使不这样的话,根据市场情况也得缩短工作时间,所以危机对我国工厂法的发展起了决定性的推动作用。1882年法定禁止12岁以下的儿童进工厂做工;规定12岁到15岁以下的童工一昼夜工作8小时,禁止童工上夜班、在节假日和星期日工作。同时,工厂还成立了监察机构。1885年棉纺厂、亚麻布厂和毛纺厂禁止妇女与未成年工人

(17岁以下)上夜班。1886年颁布了工厂雇用工人法,规定工厂内部规章制度全由工厂监察员监督实施,还规定签订和废除劳动合同的程序。

上述法令之所以产生,因素是多种多样的。一方面,如上所述,工业危机起了很大的作用;另一方面,彼得堡的工厂主一向拥护由法律来调节工厂的劳动。

彼得堡纺纱厂的代表还就1882年法令向财政部提交了一份特别声明,它比法令走得更远。例如,代表们提出,12—14岁的儿童工作时间应限定为一昼夜6小时,禁止所有工厂18岁以下的未成年工人和女工上夜班,对成年男工亦应规定工厂工作定额。

莫斯科工厂主对1882年的法令持完全不同的态度。他们抵制法令的实施,根本不想同彼得堡工厂主一道要求进一步充实法令的原则。只是由于工业危机,莫斯科工厂主对新工厂法的抵触情绪,即使没有完全消除,也缓和多了。

彼得堡工厂主甚至是1885年法令的直接倡议者。1884年,他们向彼得堡市市长格列塞尔提出呈文,请求颁布法令,禁止未成年者和妇女上夜班。但是,莫斯科工厂主又反对这个法令,认为它使他们受到极大的限制。

同属一个阶级的不同的工厂主代表对工厂法持如此不同的态度,其主要原因在于莫斯科和彼得堡的工资差别较大。彼得堡的工资比莫斯科的高得多,与此同时,彼得堡的机械劳动也比莫斯科普及。而且,彼得堡与莫斯科相比,工作日短,夜班劳动(在彼得堡属于例外,而在莫斯科则是惯例)很不普及。因为莫斯科工厂同彼得堡工厂进行竞争,所以很清楚,新工厂法对彼得堡工厂主越有利(彼得堡工厂主几乎感觉不到它的压力),对莫斯科工厂主来说,就越发不利。

不过，我国工厂法赖以发展的最强有力的因素是工人运动。因此，毫不奇怪，与此有关的一些重大法令都是按照纯政治和警察方面的意图提议制定的。颁布 1886 年法令的起因主要是 1885 年尼科利斯基纺织厂的罢工。而制定这个法令的委员会主席，则是内务部长的同事普列韦。1885 年法令也是出于同样的意图颁布的。

从八十年代后半期起，我国工业的状况起了变化，开始出现了工业高涨，同时，罢工运动也暂时缓和下来。这种情况也反映在我国工厂立法的进程中，工厂立法开始采取合理的步骤。在工业复苏时，工作时间的缩短，使莫斯科工厂主感到无法忍受，于是他们开始进行反对工厂法的宣传。由于这种宣传的结果，是比较能干的工厂监察员的去职[①]和 1890 年法令的颁布。这个法令更改了以前所有的工厂法，也就是说，它规定行政当局有权批准工厂主超出这些法令采取一些重大的做法：经行政当局批准，就可以让女工、童工和未成年工上夜班以及节日与星期日干活。1893 年法令又进一步扩大了行政当局的权限。

人们可能认为，在工厂立法方面八十年代的一切成就会被勾销的。然而，这种情况没有发生。相反，1897 年法规反而向前迈出了重要的一步，对成年男工的工作日也作了限制（平时白班为一

① И. И. 扬茹尔是莫斯科工业界第一个工厂监察员，对我国设立工厂监察机构起过卓越的作用。莫斯科工厂主起初坚决反对工厂监察员的监督。因此，在邦格离职后，И. И. 扬茹尔也不得不辞去自己的职务。关于这方面的情况，可参看他写的饶有趣味的书：《第一届工厂监察员的回忆录和书信摘编》，1907 年。

昼夜 11.5 小时，星期六和节日前夕为 10 小时，夜班为 10 小时，禁止星期日和节日工作）。

这项法令的颁布又是由于西部和中部地区工厂主竞争以及工人罢工促成的。1894 年，罗津斯克的工厂主就制定了一个俄国工厂和手工业作坊法定工作日草案。

根据这个草案，矿场和煤矿场的工作日限制为一昼夜 10 小时，金属加工厂为 11 小时，其他工业企业则为 12 小时。

罗津斯克工厂主的倡议得到了彼得堡的热烈支持，因为彼得堡提出过建议，规定所有工厂的工作日为 11 小时。莫斯科的工厂主则要求更长的工作日即 12 小时工作制。一项新法令的颁布，如果没有来自工人方面的压力，则可能拖延下去。1896 年和 1897 年，彼得堡纺纱厂工人的罢工迅速推动了事态的进展，所以我国新法令也非常快地颁布了。

1897 年法令只是在某种程度上满足了工人的一些要求。它是彼得堡和莫斯科工厂主双方妥协的产物。由于准许额外工作，这项法令的作用实际上已被削弱了。

工厂法在矿山工厂工人中施行时，又作了若干补充规定。例如，禁止女工上夜班和下矿井劳动。禁止 15 岁以下的童工下矿井劳动。在手工业中工作日限制为实际工作 10 小时。在商业企业中，工作日一般不得超过一昼夜 12 小时（其中包括 2 小时就餐时间），但是，对某些经特别指名的商业企业，准许延长营业时间可以达到一昼夜 15 小时。法令准许商业企业在某些情况可以不受一般规定的约束。

1912年，我国在大工业企业的工人中颁布了国家保险法。法令涉及250万工人。

保险项目有疾病、死亡和不幸事故的保险。疾病和死亡保险，由企业成立疾病保险储金所负责办理。储金所的资金来源有：1. 工人交的保险费；2. 企业主支付的保险金（为工人保险费的三分之二）。

储金所的业务是向下述参加保险者发给救济金：1. 因病不能上班者（已婚者补助不超过工资的三分之二，独身者不超过二分之一）；2. 产妇和孕妇；3. 丧葬；4. 残废者。这项业务后来转归保险公司办理。

保险公司的成员都是全部承担这些公司费用的企业主。工人在完全丧失劳动能力时，可以领取不超过工资三分之二的养老金。如果伤残致死，则抚恤金发给家属。

尽管这个法令还有明显的不足之处（在这方面，可参看 M. Л. 海辛写的一部很有趣的书《什么是和怎样组织俄国工人国家保险》），但是毫无疑义，它在俄国社会立法方面还是向前迈出了一大步。

参考书目

俄国工人阶级状况：

弗列罗夫斯基：《俄国工人阶级状况》，1869年。

И. 扬茹尔：《莫斯科省的工厂生活情况》，1884年。

佩斯科夫：《弗拉基米尔省的工厂生活情况》，1884年。

杰缅季耶夫：《对人民有所给和有所取的工厂》，第2版，1897年。

舍斯塔科夫：《埃米尔·钦德尔协作社中的手工作坊的工人》，1900年。

舒尔采—格弗尼茨：《俄国社会经济与经济政策概论》，俄译本，1901年。

M. 杜冈—巴拉诺夫斯基：《俄国工厂的过去和现在》，第3版，1907年。

波戈热夫：《俄国工人人数统计及其构成》，1906年。

帕日特诺夫：《俄国工人阶级的状况》，第2版，1908年。

科兹明内赫—兰宁：《俄国工厂工业的第九个周期》，1912年。

俄国工人运动：

С. 普罗科波维奇:《论俄国工人问题》,1905 年。

К. 德米特里耶夫:《莫斯科工会》,1906 年;《俄国工会运动的实践》,1907 年。

Л. 马尔托夫:《俄国无产阶级的斗争》,1906 年。

达恩:《俄国工人运动和社会民主运动的由来》,1906 年。

格里戈列耶夫斯基:《警察社会主义的俄国》,1906 年。

И. 奥泽罗夫:《近年来俄国对工人问题的政策》,1906 年。

塔尔:《九十年代彼得堡工人运动概况》第 2 版,1906 年。

В. 瓦尔扎尔:《1895—1904 年十年中工厂工人罢工的统计资料》,1905 年。

В. 帕西:《俄国的罢工》,1907 年。

В. 斯维亚特洛夫斯基:《俄国工会运动》,1907 年;《现代工会的立法》,1907 年;《工会运动文献手册》,1907 年。

В. 格里涅维奇:《俄国的工会运动》,1908 年。

俄国的工厂立法:

М. 杜冈—巴拉诺夫斯基:《俄国工厂》。

В. 利特维诺夫—法林斯基:《俄国的工厂立法和工厂检查机构》,1900 年。

А. 米库林:《1886 年 6 月 3 日法律施行情况的概论》,1893 年;及其《俄国工厂的检查机构》,1906 年。

扬茹尔:《工厂第一届检察员的回忆录和通信集》,1907 年。

Л. 埃利亚松:《关于企业主和工人关系的法律》,1908 年。

贝科夫:《俄国工厂的立法》,1909 年。

海辛:《俄国工人国家保险的职能及其组成》,1913 年。

第七章　利　　润

一、各种利润论一般方法学的利润问题。生产率论。节欲论。劳动论。庞巴维克心理说。二、利润社会论。社会剥削是利润的基础。决定利润率高低的客观因素。利润和工资。决定利润高低的因素。贷款利息。企业主的利润。利润率是否出现低落。经济不发达的资本主义国家的利润。马克思的利润论。

一、各种利润论

利润问题比工资问题具有其他重要的特性。支付从事生产过程的工人生活费已不是什么科学问题。很清楚，工人生活费是生产能否进行的最必要条件。工资问题，主要是在于说明什么样的社会条件阻碍工人得到自己全部劳动产品；为什么工资总是不能获得工人所生产的一切，相反，利润问题需要说明的正是利润存在的事实。为什么付了劳动报酬后，剩下多余的价值要转归资本家呢？这一点不仅很难解释清楚，而且，直到现在，还是引起经济学家们争论的最大经济科学问题之一。

事实上，如果把资本和资本家混为一谈，那么，利润的必要性也可能像工资的必要性一样地明显了，因为生产若没有生产资料，就如没有劳动参加一样，是根本无法进行的，但是，上述所表明的，资本和资本家如此混淆是最大的逻辑错误，因为生产资料的必要性，证明必须要维持生产资料的消耗及其再生产时的消耗，绝不是证明资本家阶级的必要性及其非劳动收入的必要性。相反，从利润本身的概念得出的结论应当是，利润不是生产的必要条件。那么，利润是什么呢？它是资本家抵补企业一切开支后，留下由自己支配的多余部分。可见，利润不能是企业的一种开支因素，因为，在这种场合，这已不是利润了。

利润是一种非劳动收入，它是由人的劳动创造的具有经济价值的东西。利润是属于生产过程本身以外的东西，是与社会中某种财富分配有联系的社会中发生的事实。如果生产资料处于工人所有的条件下，即使劳动生产率很高，生产也不会出现任何利润。

利润问题（也和任何非劳动收入一样）包含三部分的问题：第一，必须阐明利润本身的由来，要揭示其社会的前提条件及其社会一经济本质；第二，必须从定额观点，从法制观点来评价利润；第三，必须弄清确定利润高低的客观因素。任何完备的利润学说必须要从这三种不同的角度来阐明利润问题。

然而，这三种不同的观点，实际上是紧紧地相互交织在一起，只有从逻辑上说，才能彼此分开。头两个问题，从整个现存的社会制度来评价，具有十分特别的意义，在经济学界引起最大的争论。

庞巴维克的各种利润论（生产率、利用、节欲、剥削及其私人贴水论）的著名分类法与论利润的社会经济本质问题，有非常紧密的联系。

这种分类法是十足的经验主义，缺乏逻辑统一性，总之，在逻辑方面大有问题。从利润的社会经济基础上来说，我们可以把所有的利润论大体上分成两种：第一种把利润看作是任何社会经济的自然和必然结果的利润，认为利润是一种现象，其根源不在于历史上形成的社会内部的统治和依赖关系，而在于经济本身的性质（利润是经济的逻辑范畴）；第二种否定利润与经济本质的必然联系，认为利润根源于一定历史结构所固有的统治和依赖关系。

第一种又可分为两类：一类认为利润是一种特定的劳动收入；另一类认为利润不是劳动收入，而是经济的必要条件。

这样一来，我们对利润学说可作下述分类：

A. 利润是经济的逻辑范畴。

1. 利润是劳动收入；

2. 利润是收入，但不是来源于劳动的收入。

B. 利润是经济的历史范畴。

A 类第一分类的论点确认资本家和工人的收入本质是相同的。

企业主的劳动与普通工人劳动不同。企业主的劳动要求较高的才能，同时又是一种劳心的重要活动。因此，企业主的收入也同工资一样是由劳动而来的。

这种论点，庞巴维克称为劳动利润论，从社会政治角度上看，可能具有庇护企业主收入的论证作用；然而用来解释利润的社会经济本质，就显得很不完备了。如果企业主收入中包含有劳动因素，则在任何情况下，绝不能把这种因素视为劳动收入。一则，上述所谈到的只是企业主的利润，而根本不是谈资本的利息，因为资本家要想获得资本的利息，不需要独自经营企业。无论如何也不能把资本的利息，看作同工人一样的收入。然而，这种学说在阐述企业主的利润问题上缺乏足够的论据，显然，企业主利润的多少，取决于企业主资本的多少，当利润的高低反映在资本消耗的百分比上，才会出现这种情况。如果是这样，则不能不承认企业主利润中的非劳动收入，可是，须知道，能够拥有一定资本本身并不是劳动。

企业主的利润到头来还可能采用与任何劳动因素无关的各种形式。例如，在股份公司，股东分红就不需要股东积极参加企业管理。股份公司的形式能导致两种收入(一是靠劳动收入，一是靠占有资本收入)之间的悬殊差别。股份公司企业全体管理人员(经理、管理人员和其他等)都可以领到一定的薪金(通常是很多的)，但是，扣除这些人员的薪金以后，剩下的便是股东的股息，而股东得到这笔股息却不需要耗费任何劳动。也正如放债人一样不需要花费劳动，也能保证自己的利息。正是这种不以劳动为基础的收入形成了资本的利润，而劳动学说为了解释这种收入，则没有说出任何道理。

第二种利润学说(庞巴维克所指出的如:生产率论、使用、节欲和贴水论等均属这种学说)并不否定利润不是建立在劳动基础上。它始终认为利润是经济的逻辑范畴，因为利润是经济必然条件的必要结果。

可是，从生产率和使用论点上来看，利润不是别的，正是生产过程中资本创造出来的产品。节欲论和贴水论强调指出，对形成资本来说，必须要延长消费的有效期达到一定期间，并认为这种因素是产生利润的基础。

然而，所有这些学说，却有一点是相同的，那就是，利润是在占有资本的基础上产生的收入。从这些学说的观点上来看，得到利润的，只是生产资料的所有者，而绝不是那些不占有生产资料的人。

尽管如此，这些学说还把利润视为是现代社会的统治和依赖的社会关系以外的现象。

这样的观点暴露出来的内部矛盾是很明显的。所有制关系是现代社会内部结构出现的非常复杂的结果，现代社会受暴力征服而分化为不同的社会阶级，这些阶级在经济利益占有上不仅有差别，而且还有矛盾。在这些阶级之间，存在着占有财产的阶级和不占有财产的阶级；而个人单独地占有，首先要看他是属于哪个阶级。因为财产是按遗产转让，所以不同个人之间财产的分配与各个人的个人品质没有关系，而与个人出生于某个社会阶层有关系。

如果利润是由占有而来的收入，则这种收入就要依赖于社会的统治关系，因为统治关系符合占有关系。要是大量占有本身已表现出经济和社会力量，则这一派的利润学说，就只得承认占有是一种反映社会统治和依赖关系的社会现象。

下面我们再来更加详细地谈谈这一派的某些论点。

生产率论的主要观点如下：

每一种生产因素有着自己特有的生产率。因此，生产资料也具有这样的生产率，这一点只有在下列场合显露得特别明显，当生产采用新式机器，或者，一般说来，采用改进了的生产资料，在这种条件下，生产产品不断增加，而这种不断增长的产品，就不能不认为是新生产资料增添的产品。这种改进了生产资料得来的剩余产品也是资本主义的利润来源。资本家（改进了生产资料的占有者）如果是以利润形式得到改进了生产资料的产品，则得到的只是其资本创造的东西，而不是夺取任何人的什么东西，可见，利润完全不是剥削工人的成果，而是合法的、并且是生产过程中技术条件产生的一种像工资一样的社会收入形式。不是历史上遗留下来的社会关系，而是经济过程本身不可能排除的特性导致了利润的产生。

生产率论受到庞巴维克的批评。他根据下述观点来批驳这种理论。无须怀疑，借助改进了的生产资料所生产的产品数量，比没有借助时要多，然而，按庞巴维克的意见，这却丝毫也没有说清楚利润究竟是从哪里产生的。利润是该企业收入超过生产开支的某些剩余，换句话说，是剩余价值。为了产生这种剩余，就应当使得到的产品价值超过所消耗的生产资料的价值。由于采用改进了的生产资料所引起的产品的增加，却丝毫也不能得出增加了的产品数量，就一定比新生产资料的价值高的结论。换句话说，不能得出必然有利润的结论，因为，产品的增加甚至还有可能引起单位产品价格降低，而在这样的条件下，增加了的产品数量将不会比没有采用改进了的生产资料前少量产品的价值高。

总之，庞巴维克说："利润问题，就是价值问题"，[①]而生产率论完全回避了价值问题，并认为只要从技术观点而不是从节约观点出发就有可能解决利润问题。

这种批判性的分析，在现代经济学者中取得很大成功，这些经济学家即使有许多人坚决批驳庞巴维克的利润私有论和价值论，但认为他对生产率论的批判是无法反驳的。然而，很容易表明，与庞巴维克的论点相反，生产率论能非常令人满意地说明产品价值为什么超过生产资料的价值。假定是采用了某种改进了的生产工具，譬如是纺纱机。这样就会使社会经济条件发生下列变化。一方面，生产的纱线量增加了，就这一点说，就是成功地采用了机器。我们把这种纱线的剩余量以符号 a 表示；而另一方面，为了把机器运用于生产，而机器本身也要在社会经济过程中进行再生产，机器不仅是一种生产资料，而且也是生产产品。我们把这些新机器用符号 b 表示。这样一来，社会产品在社会再生产的新技术条件下的全部增加表现为 a(纱线的剩余量)＋b(新劳动

① 庞巴维克：《资本利息论的历史和批判》，第 2 版，第 604 页。

工具)。社会产品的增加为 a+b,而社会生产消耗的增加为 b;由于采用新的生产资料,若社会生产消耗按 b 增加时,则社会产品就按 a+b 地增加。然而,经常是多种组成部分的总和,可见,采用新的生产资料而引起的社会产品价值的增加,不能不超过这些生产资料的价值①。

因此,与庞巴维克的见解相反,生产率论可能指出,采用改进了的生产方式和生产资料后,资本家的利润从某种来源中支付。显然,纺纱机加纱线剩余量(借助这种机器生产的)按其价值是比这种机器本身大得多的东西,因为纱线的剩余数量在任何场合都有某种价值。

庞巴维克的错误批判是他从单一的经济观点来研究利润问题的结果。在以劳动分工为基础的现代经济中,每个单一经济体的生产产品,一般说来,按这个经济体所消耗的生产资料的性质,各有不同,因此,费用和工资只有通过价值才能成为可比性,所以,庞巴维克得出结论说,利润问题是价值问题。然而,如果把全部社会经济总和起来,则费用和工资不由其性质不同的产品来表现,而只由数量上不同的同样的产品来表现。社会经济中的生产资料要经常进行再生产,并成为类似消费品一样的社会必要的产品部分。采用新的、更有效能的生产资料其后果是这些生产资料本身与某些剩余的社会产品

① 尽管这种论断是公认的,但是,它还是受到异议。我真难以理解 Γ. 德米特里耶夫及其追随者 Π. Б. 司徒卢威却能找到不同意这种公认的论断。对司徒卢威的不同看法归结如下:我在自己的推论中忽视了价格的波动。我在批评中谈道:"然而,按边际效益论的主要含义,产品数量对评价非常重要,而产品数量引起的价格波动无论如何都不是偶然的。"(Π. 司徒卢威的《经济体制》,M. И. 杜冈—巴拉诺夫斯基:《俄国思想》出版社,1911 年,第 1 版,第 124 页)因此,司徒卢威认为,如果注意产品的增加,则 a+b 可能显得少于 b。

这种不同的见解是立足于下列的误解。我是从新技术条件下来研究社会再生产的正常过程的。当生产从旧技术条件向新技术条件转化,就会引起产品增加。然而,当社会资本以后全部重新周转时,我不应该通过一次周转与另一次周转的比较就认为产品绝不会继续增加了。我又从年年不变的社会产品数量出发,引用了社会资本以后的一次周转,并分析了社会的收入和支出因素。在进款项目中有 a+b,在开支项目仅仅只有 b。不论从任何价值学说出发,从边际效益论还是从劳动论,我们定要承认在这种情况下的产品单位价值是不变的,因为决定价值的全部条件、劳动消耗和产品数量作为每年分析的例子始终是不变的。

一起进入再生产，而社会由此可以得到支付资本家的额外利润的资金。整个这种过程不需要任何价值学说来解释。

生产率论本身包含有一种正确意思，就是说，为了产生利润，必须提高生产技术使产品获得一定的增加。诚然，如果从表面来认识生产过程，则人们可以看出在农业和畜牧业中，只是由于利用了自然的生物作用力，产品才有所增加。可见，农业中这样的增加是十分明显，因此毫不奇怪，不仅较早的理论家——重农学派，而且较晚一些经济学家都企图以农业中的产品增加来解释利润。现在，这种理论没有拥护者了，其显而易见的道理是：农业的作用在最先进的资本主义国家，早就让位给工业了，并根据这一点，提出农业生产条件应居首要地位的利润学说有非常明显的不足之处。然而，从理论上战胜重农学派的利润学说（美国著名的土地国有化宣扬者亨利·乔治的利润学说也属于这一种学说）远远不是像许多事实所表现的那样简单。

海尼施有价值的著作说，正是有了生物体的自然生产力，才有可能在历史上出现资本的利息。从事畜牧业的牧民，其农作物发展处于极低水平，并世世代代始终不变地使用最简陋的生产工具，他们非常了解贷款资本的利息。在这些牧民中，根本谈不到采用先进的生产工具来增加产品生产。

然而，任何畜牧家都非常地懂得，如果母牛租给邻居使用，则经过一段时间，邻居除母牛外，还会繁殖小牛；由此非常自然地出现一种要求，要使暂时得到母牛使用的人在把母牛归还占有者时，也要归还自生的牛犊。这种情况，按海尼施的意见，是借款利息发展的根源。海尼施的学说虽远没有得到历史上的证实，然而这种学说近乎情理①。

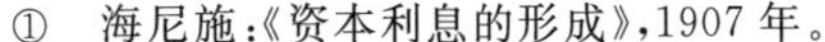

① 海尼施：《资本利息的形成》，1907 年。

重农学派利润学说的弱点根本不在于产品的增加(这种学说以此作为研究利润的来源)似乎只局限于农业方面,而不是出现在工业方面。恰恰相反,正是这些看法是重农学派的错误,从而他们认为农业和工业之间产品的增加会有很大的差别。重农学派认为产品的增加只发生在生物体增加的场合。实际上,毫不例外的任何生产过程不是别的,而正是在农业和工业这方面,产品的增加不存在任何差别。

例如,生产呢绒时,呢绒数量增加,也正如繁殖大牲畜时,大牲畜有了增加一样。诚然,呢绒本身的生产需要消耗羊毛和其他生产资料,而呢绒还是羊毛,只不过是另一种形式的羊毛;而羊毛的数量绝不是因为它变成了呢绒而有所增加。然而,要知道母牛在经济上不是别的什么,而是干草、麦秸和其他一些变成母牛食用的生产资料。大牲畜繁殖的可能性,也和其他任何经济产品生产一样需要消耗一定的生产资料。总之,由于物质不灭规律,在生产过程不可能发生物质的增加或者消灭,而物质只是形式上的变化,换言之,只发生物质旧形式的消灭和新形式的出现。在各种生产之间,在这方面不存在任何原则上的经济差别,然而,各种生产所固有的那些主要特征,看生产过程是否以有机体为目的,还是以无机体为目的。

每一种生产都是一些物质消灭而另一些新物质同时产生。如果我们从整个社会生产全过程来看,就会看出,消灭了的和重新创造出来的产品,就某种意义上说,很少有差别;然而,就其数量来说,差别就大了。每年生产的大约是一些同样的产品,即生产资料和消费品;而社会消耗恰好也是每年大约所生产的那些,即生产资料和消费品(工人阶级所消耗的)。要想使该社会在经济上能产生非劳动收入,需要些什么呢?为此,该社会范围内所创造的产品数量,应当要超过生产过程本身所消耗的产品数量。这种超出是社会所获得的产品总量与社会所消耗的产品总量的比较，于是就形成一种剩余的社会产品，如没有这种剩余产品，就不可能有非劳动的收入。

总之，利润和非劳动收入的主要基础，正是剩余产品，而绝不是剩余价值，因为经济价值本身存在的可能性，必须先具有这种价值产品的存在。为了吃到兔子，必须先抓到兔子，而为了得到剩余价值，必须先生产剩余产品。因此，剩余产品的存在，是一切非劳动收入形式的必要实物基础，它的存在也和社会技术条件有关。然而，必须要把社会剩余产品与非劳动阶级所消费的产品概念严格地区别开。一般说来，社会剩余产品超过非劳动阶级消费的产品。所谓社会剩余产品，应当指扣除能维持不缩小社会生产过程所必需的产品后留下的全部社会产品的份额。为了得到剩余产品：第一，必须要从社会产品中扣除生产过程中所消耗的生产资料；第二，必须扣除工人阶级消费品的份额，因为工人阶级没有这种消费份额就不能完成自己的工作和维持全家的生活。如果工人的工资限定于最低水平的生活资料，在这样的情况下，全部剩余产品就成了不从事经济劳动者的收入了。这些人中，一部分是从事非常重要的脑力劳动，然而，这样的劳动不具有经济的性质；另一部分，得到收入不是由于个人的劳动，而是由于占有财产(不劳动的阶级)。然而，因为工资通常超过这种最低限度，这意味着剩余产品的一定份额归工人阶级支配了①。

然而，工资中包含的份额尽管是与真实相符的，但是，生产率论绝不会满意地能解决利润问题，相反，因为它是利润论，就定会受到下列观点的坚决批驳。

① 总的说来，马克思虽然对其利润学说是以剩余价值概念为依据，而不是以剩余产品为根据，但是，他的错误是在于，他把剩余产品这种概念，常常以本文中通常所提到的那种意义来运用。总的看来，马克思在其历史进程的一般学说中，总是把生产力的发展提到首要地位，所以他也立足于我在本文中所维护的那种生产率论的自然主义观点。因此，我认为自己的结构比马克思本人的剩余价值学说更符合马克思的历史哲学精神。

首先,这种理论的罪孽是在于把资本和劳动工具混为一谈。实际上,原始资本不是劳动工具,而是工人的生活资料。工人是比用其劳动创造生产资料更基本更主要的生产活动者,可见,资本成为工人生活资料较比资本成为生产资料更具有本质意义,每一门学说希望对资本家的收入做出科学的解释,就要以最基本而且最单纯的形式,即以工人占有生活资料为出发点的收入形式来解释收入。

如果工人失去生活资料,则他们在经济上便要依赖于占有生活资料的人,而且后者就有可能迫使工人多少得给他让出一部分生产产品。在这种情况下,不管劳动工具改进的程度如何,都会产生利润。因此,生产率论首先就漏洞百出,而且它不能解释许多的利润现象,其中有些现象还具有最主要的特性。

第二,生产率论直接与许多利润现象相矛盾。利用完善的劳动工具而产生的利润要完全取决于劳动工具的生产率,这是很不可靠的。例如,同样一台织布机在俄国产生的利润比在英国产生的多得多。不同的国家使用的机器可能是完全相同的,而利润率可能完全不同。这就证明,利润根本不会与使用完善了的劳动工具而创造出来的剩余产品相吻合的。

最后,第三点,生产率论对经济现象不能正确分类,不能正确地阐明经济事实,把资本(劳动工具)说成是独立的生产力。劳动工具不是主要的,而是次要的生产动因。劳动工具是人创造的,而人是唯一的积极生产活动者。从劳动者的观点上来说,应当把全部产品归属于人的劳动,而不能算在生产资料的账上,生产资料是由人创造和改变出来的简单生产条件。单从资本家的角度来看,机器和工人都是生产资料，而资本才是独立的生产力。

可见，资本的生产率论，第一，论据不足；第二，与许多事实相矛盾；第三，是为资产阶级的利益涂脂抹粉。这种理论从上述三点全面来看，同样是站不住脚的，而利润学说是由这三点理由组成的，所以它不能正确地阐明社会的利润本质，由于它轻视利润的社会基础，并把利润视为是生产资料的简单产品，所以它从定额的观点（否定资本家对工人的剥削）对利润作出不正确的评价；最后，它对决定利润高低的客观因素（轻视利润的高低与工资高低的依赖关系）不能充分地解释，因此，整个说来，这种理论必须承认是根本不能解决利润问题的。

在经济学家流派中，流行一种资本家节欲说。这种学说出现于英国的十九世纪三十年代。当时在英国经济学家中享有盛名的是李嘉图派，该派从劳动价值学说的角度来研究分配现象。按李嘉图派非常确信的认识来说，商品的价格应当符合生产费用；但是，商品价格，通常要超过用于形成资本家利润的或多或少的生产费用额。为了克服这些困难，一些经济学家（马尔萨斯）便把利润视为生产费用的组成部分。然而，这是解决经济难题极不成功的方法，因为生产利润和生产费用的对抗性十分明显。理论概念不能顺应这样的解决办法，于是出现以西尼尔为代表提出新的利润学说，这种学说对同样的问题作出的回答，只不过更加机智巧妙，想得周到而已。

西尼尔在生产条件中发现一种不能压缩劳动消耗，然而能形成像劳动消耗这样的实际费用的因素。每一个财产占有者可以使财产起两种作用：或者利用它满足私人的需要，使它成为私人的消

费品;或者把财产当作资本使用,用来谋取利润。后一种情况下,这样利用自己财产的人,会作出某种牺牲,就是说,他要节制眼前的消费。因此,生产过程中的实际费用是由两种因素构成的:其一是由生产中的劳动消耗;其二是由那些积累资本,以延缓自己消费的办法,使生产成为可能的人的节欲。资本家的利润不是别的,正是资本家忍受节欲的牺牲而给他带来的报酬。如果利润消失,则促进资本积累的因素也就消失;因为,为了要进行生产,就必须要积累资本,可见,资本家的利润是生产的必要条件。

从这种学说的观点上看,利润率的高低取决于积累资本的人因延缓消费而节欲的费用。利润率越高,则积累资本的酬金就越多,就是说,促进资本积累的作用就越大。利润率降低,资本积累的效能就会减退。这也就调节了资本利润率的平均水平。

例如,如果资本积累者因节制眼前的消费所需要的酬金等于5%的资本,则利润的平均水平也应以5%的水平来规定。因为,如果利润下降低于这个水平,则资本积累减少,而整个社会资本增长额也相应地减少。然而,社会资本供应相对地减少,不能不引起对劳力需求的减少,因此,工资也会降低,结果就必须引起利润的提高。如果利润提得高于资本积累所要求的酬金水平,就会出现相反的现象;在这种情况下,增加资本积累效能,就要导致资本供应的增加,导致对劳力需求的增加,而利润便会降低。这样一来,利润的平均水平由促进资本积累有关人员所必需的积累资本的酬金来规定。

节欲论是从三个方面来阐明利润问题的。至于谈到利润的来源,其社会性质,节欲论则认为利润的来源是资本积累者的节欲,节欲是不包括劳动消耗的生产消耗的独立因素。从这一点说,决定利润率高低的因素,是对促进资本积累的有关人员必要的酬金额。至于谈到从社会—政治上来评价利润,则节欲论认为利润中

这种合理的和公正的社会收入形式也是一种工资；因为资本积累者是通过利润得到他给予社会的最重要劳务的酬金。

节欲论虽多次地遭到批评，然而，大半遭到的批评没有触及所研究论点最本质的东西。例如，对学说的中心论点，说利润是由积累资本者的节欲创造的，是不值一驳的，因为节欲是一种非常消极的行为，按其本质，无论如何也不能创造出所谓的资本家的利润。然而，这种节欲，似乎远不像所说的那样令人信服。当然，节欲就其本身而言，不能创造任何新的价值。但是，资本积累者的节欲，在很大程度上能间接地影响社会生产的产品数量。这些人把自己的财产无论作任何用途；或将其用于自己的需用，或将其变为资本，都取决于他们的良好意志。在再将财产变为资本时，这种财产便成为社会的生产基金，于是社会产品的数额会相应地增加。这就是说，像节欲这样的纯消极行为，完全有助于社会财富的实际增加。

往下，让我们看看有着同样年度周转金额的两家资本主义企业，然而，其中一家，资本年周转一次，另一家，一年周转两次。这种情况下，第一家企业开展业务，需要耗费资本家全年资本的本金；而第二家企业需要的资本却要少耗费一倍。资本家计算自己利润率不按全部周转资本，而只按他私人所耗费的资本来计算；然而，对他来说，只有这种耗费才是他必须清算的。如果生产资料（原材料、用具、机器和劳力）一年中所消耗的总额在第一种和第二种情况是相同的话，则从全社会的观点看，第一家企业和第二家企业支出的总额应当认为是相等的。从个别资本家的角度来看，情况就完全不一样了。资本家生产的支出，不取决于一年中消耗的生产资料和劳力的总额，这从社会角度看是唯一实际的支出；而取决于他从自己的资金所耗费的资本总额。因此，从资本家的角度看，资本周转一年一次的第一家企业的生产支出，必须比资本周转一年两次的第二家企业要高出一倍。

因此，在资本主义经济中，从资本家利益的观点上看，生产支出原来与资本的消耗和实现利润时间之间发生的持续期限有着直接的关系：这种期限越长，则消耗资本家的资金就越多，尽管这不反映在这个期限内生产资料总量消耗的增加上。在这种情况下，我们看到，对同一种现象从私有经济观点和从公有经济观点上评价，有着非常突出的耐人寻味的分歧：因为私有经济在两种消耗之间有着极大的差别，但是这两种消耗，在公有经济上没有什么本质上的差别。

资本主义经济按其本质来说，必须要计算生产价值，但不是根据某一生产时期内实际消耗的生产资料，而是根据资本家由自己资金中消耗的资本额来计算。因为由自己资金中消耗的资本要比周转期间的资本多，则经济活动成果延期获得，就成为资本主义经济中生产的额外支出。

然而，节欲论和利润论一样，大体说来，也可以认为与生产率论一样是毫无根据的。因为这种学说认为利润是资本家的节欲而来的产品，所以力图把利润说成是资本家本人创造的。然而，如果同意财产成了资本，或者成了取决于资本家自行支配的消费基金的话，则由此还不能得出结论，说我们有轻视工人参加创造利润的权利。为了能得到利润，不仅需要资本家消极的“节欲”，也需要工人积极的工作。节欲论忽视工人的积极工作这种条件，因而对社会利润的本质作出不正确的论述。从标准观点上说，用节欲论来证明利润的正确性，是完全不值一驳的。

拉萨尔说：“资本主义的利润是节欲的报酬金！念着祝福词，哼着赞美诗！这是欧洲百万富翁——独脚拄拐，面色苍白，曲背折腰，捧盘求人施舍的印度虔诚信士惯用的动听言辞，为的是收集节欲的报酬金！而他们之中高居自己虔诚信士之上的，最主要的信士和最大的节欲者要算洛希尔家族了。这就是社会的状况！”①从这种观点上看，工人倒成了不希望节欲消费而愿意过着奢侈生活的享乐至上主义者了。

在现代制度下，必须节欲的不是资本家，而是工人。然而，工人无论怎样节欲，由于必要，丝毫也不能使他们得到利润，因此，利

① 拉萨尔：《资本和劳动》，1864 年，第 110 页。

润的来源，不是节欲，而是充分占有大量财产，才有可能变成资本。

节欲论对调节利润率的客观因素所作的解释，也是不成功的。

从这种学说的观点上看，利润率降低，积累的效能会降低，而利息提高，这种效能也会提高。实际上，利息降低有一种使资本积累的效果不是削弱而是加强的趋势，而利息提高，反而削弱了这种效能。

在发达的资本主义社会，几乎所有的居民群众（其中大部分是工人阶级）储蓄一部分收入并使之成为资本。这种储蓄的目的是增加收入。法国某些小官员长年累月把自己的储金积蓄起来，以便年老时达到食利者的处境——有可能靠积累资本而生活。利润率的高低取决于这种资本所必要的数值。例如，如果食利者的生活一年需要 5 千法郎，而国内平均利润率等于 5%的话，为了保证自己这种收入，必须要储蓄 10 万法郎的资本；如果利润率只达到 4%，则要储蓄 12 万 5 千法郎，以此类推等等。现在，假定说，利润率从 5%降到 4%，节欲论推测，这定会降低积累的效能：如果这个人以前在某个时期内积蓄了 10 万法郎，则由于利润率降低，资本积累消失了这个人自己原先诱惑力，他便将自己大部分的收入用于私人需要，于是，假定说，积蓄不是 10 万，而是 8 万了。实际上，利润率降低对资本积累的效能，起着相反的作用：为了保证自己 5 千法郎的收入，当利润率为 4%时，需要的资本比利润率为 5%时要多，不是 10 万，而是 12 万 5 千法郎；于是我们的官员便开始大力储蓄，以便保证自己达到这种收入。换言之，这种情况与节欲论的推测进行比较，情况完全相反。

说真的，我们看到积累效能最大正是在利润率最低的国家。例如说，法国资本的利润率比俄国的少得多。然而，在俄国积累资本的效能要比法国差得多。由此清楚地看到，资本利息高低的任何原因，似乎与资本家对节制非生产性的费用没有任何一定的比例关系。

资本利息与资本的多少有比例关系，与资本家节欲多少绝没有关系。如果说，百万富翁得到的收入多于小资本家10多倍，很显然，这不是因为百万富翁比小资本家不得不多节欲许多倍。企图借助节欲论为利润说些辩护理由，应当说是绝对办不到的。

各种利润学说中，庞巴维克的学说（贴水论）令人兴趣是在于，它是以最单纯的形式试图解释利润是一种价值现象。对庞巴维克来说，利润问题是这样的：根据一般价值学说，生产资料的价值是由产品的价值决定的。实际上，在现实生活中我们看到产品成品的价值超过所消耗的生产资料的总值（当然，这里也包括劳动力）。产品价值的这种剩余部分也就构成了资本家的利润。制成产品在市场法定的价格为什么要比所消耗的生产资料高呢？

这种差别实际来源的根据，按庞巴维克的意见，不是别的，正是现在和将来产品价值的差别。理由有三点：

第一，决定着每种经济体价值的供求比率，现在和将来可能出现很大差别。遭受火灾的企业主此时此刻不能不把他需要的经济体价值看得比他以后恢复遭到不幸后生产出的经济体的价值高。同样，歉收后，农民要把粮食的价值，看得比他后来生产出的这种粮食的价值高。年轻人在其开始出仕，尚处在生活资料供应菲薄之际，要把生活资料的价值看得比将来的价值高。在所有这种情况下，现在经济体的价值要比将来的价值高，其原因是在于这些财货的供求对比关系，现在处于稍为有利的情况。

第二，对现在经济体的价值看得较高的一般理由，是我们的一般心理作用要把现在的看得比未来的价值高，部分是由于我们不能很好地认识未来，部分是由于我们意志脆弱只顾眼前而不考虑未来，再加上由于我们意识到在这个未来没来临前有可能死去。由于这些原因，所以我们把现在自己正在使用着的财货价值，看得高于我们只有在将来才能得到的东西。

最后，第三种理由，把现在的价值看得较高是有可能利用现有的时间来实现生产的目的。这样一来，未来就可得到大量的产品。现在的生产资料，经过一定的时间后会变成倍增的产品。因此，我们衡量现在每种财货比未来的价值高，根本不取决于现在满足自己需要的价值比将来满足需要的要高，因为现在的财货等于未来成倍增加的财货。

资本主义的利润,是资本家通过自己的支出在未来获得一定等价物的形式而急切支出自己资本的直接产物。在资本主义的消耗和领到工资的时刻之间,必须经过一定的时间,由此就产生资本利息的必然性。资本家支付给工人的,如果比他自己所得到的少,就不剥削工人了,因为工人完全得到了由自己创造的价值,然而,工资要立即付给工人的,而资本家销售工人创造的产品,只能在经过一定期间以后,才能有利于自己。根据上述所说的,将来的产品价值少于现在同样产品的价值。因此,资本家对工人不会干出任何不公正的勾当,以工资形式支付给工人的,仅仅是作为资本家后来收入的未来价值的一部分。

因此,资本的利息不是历史上的暂时现象。即使在资本主义制度不复存在时,利息却仍然存在。而在社会主义制度下,现在的产品将要比未来的定价高,因此,在生产过程持续时间长的生产部门的工人,假如在各种社会劳动中得到的报酬相同,那么所得到的仅仅是自己产品的部分价值,相反,在生产周期较短的生产部门的工人,将会得到自己所创造的产品较多的价值。资本的利息,由比较缓慢的生产产品以较高的定价表现出来。如果现在未付给工人的其未来产品的全部价值认为是对工人的剥削,则从上面所说的清楚看到,即使在社会主义制度下,这样的剥削也会存在。

因此,作为庞巴维克学说基础的命题是:现在的财货比将来的财货必须有较高的价值。从庞巴维克为这个命题引用的观点来看,第一,完全没有任何原则意义,因为如果供求对比关系也许现在不及未来的好,同样也有可能出现相反的情况。例如,遇上歉收时,现在的粮食价值要比未来的价值高,然而遇上丰收时,将来的粮食价值要比现在的价值高。当一个人初出仕途,此时此刻要比他将来更贫困,当他官运告终,此时此刻要比他将来更富有。至于谈到庞巴维克第三个论据,即现在的价值比较高,则完全是从资本的生产率论贩卖来的,因此无须专门进行批判。庞巴维克的全部利润学说是立足其第二个论据。这种论据是在于指出现在的价值比较高的必然性,一方面,是由于我们认识未来享乐和贫困不足;另一方面,由于我们意识到自己未来可能死去。这些观点是正确的,因为问题是出在时间的长短上。如果对某种消费品提出立即得到或者 20 年后得到选择的话,当然,每个人都愿意立即得到消费,并以此证实他对自己现在的消费以较高的评价。然而,这只对持续时间长来说,是完全正确的,而对持续时间短是完全不对的,因为一般经济必须与持续时间短发生关系。好的企业家不但想到现在,而且更要想到不久的将来;然而,一个有文化者的特征与野蛮人的心理比较就是在于能想到未来。如果有文化的企业家的心理状态正如庞巴维克预见的那样,则社会需求就不可能均衡地得到满足,因为收入总是经过一定的时间间隔而获得的,应该预料到这些收入一旦到手,就会很快地不怎么节省地耗费,所以不利于满足未来的需求。实际上,令人看不到什么类似的情景:因为现代有文化的人绝不会由于收入到手就会马上把自己的收入挥霍掉,而为了未来,会善于限制自己现在的需求。

庞巴维克的第二个论据不是别的,正是否定经济原则在现代经济中的力量。事与愿违,由庞巴维克解释其利润的现代企业主—资本家绝不会忘记未来,而且很快地会产生一种相反的心理状态:为了将来扩大自己的财产,宁肯牺牲现在的满足。说现代资本家不恰当地挥霍,倒不如说他越发表现得吝啬了①。

可见,庞巴维克的心理学利润论,是立足于完全颠倒了的一般资本家的心理状态。这种理论对解释某一方面的利润现象,即高利贷者消费信贷时的利润具有一定的意义。高利贷者经常要与临时急需的人、与肆意挥霍不考虑未来的人打交道,也与类似庞巴维克所谈到的,但对资本主义制度来说不是典型的那种人打交道。所研究的理论对于把资本主义的利润作为现代整个经济体制的主要经济范畴来认识,反正毫无任何意义。

庞巴维克企图证实资本的利息在社会主义制度也会存在,说资本主义制度可能对工人有剥削的话,那么同样也可以说社会主

① 引起资本周转非常缓慢的一切经济部门(例如:种植树木、培植果园和其他等)得不到应有的发展的动因(庞巴维克指出的)只有在较长的时期才能发生作用。

义统治下也能剥削工人，但他的这种企图也是失败了。生产过程持续时间长的产品价值很高，如果这种价值始终不变，则与资本主义的利息毫无共同之处，因为资本主义利息是社会收入的分配形式，是非劳动阶级——资本家夺取的社会产品；在社会主义制度下将没有资本家，也就是说，资本家将没有什么可侵占的了。在除了工人便没有别的任何人的国度，在大家都平均地各得到一份的国度里，同样也就谈不上对工人的剥削了。

庞巴维克失败表现的特点是在于它从一般的价值学说出发来证实解决利润问题的不可能性。这是毫不奇怪的：因为基于社会平等前提的价值理论不能解释社会不平等的现象，利润也应当无可争辩地属于这种现象。因此，当最新派代表熊彼特经过他对分配现象详细分析后得出意外的结论，他说："就统计来看，利息不是社会收入部分"，[①]又说："统计法不能说明利息"，还说："统计情况下的国民经济，除工资和利息外，没有别的社会收入形式"，这时，就不能不看到边际效益论的主要前提中的非常正确的逻辑论断。熊彼特认为这种论断是"具有最大意义的"[②]论断。他赞同这个论断，是因为他证明了边际效益论对分配现象领域中的彻底破产思想已深入到各流派优秀代表的行列了。

二、利润社会说

利润不是经济的逻辑范畴（与维持工人生活的收入相矛盾），

① 熊彼特：《国民经济学的性质及其主要理论研究》，1898 年，第 XX 页。

② 同上书，第 388 页。

而是特殊经济体制——资本主义制度的特殊现象。生产资料从工人阶级之手转到统治阶级手中，以及使统治阶级有可能得到不以劳动为基础的收入这种情况，是利润的历史基础。因此，利润是现代阶级社会中一种反映统治和被统治关系的社会现象。不以劳动为基础的收入，只能是全部生产资料属于社会一部分人所有的那种社会的特有的现象。

利润的神秘性是提问题的方法不正确而产生的直接后果：如果我们从个别资本家的角度来看，我们对资本家的资本价值实际上的增长似乎不容易理解。但从整个社会的立场观察，就容易解释利润了。生产资料占有者，剥夺了直接生产者的生产资料，并握有经济权力，有可能使他攫取一部分社会产品，作为不劳动的收入。因为这一部分资本，很明显，资本家是不会列入生产费用，所以生产费用定会少于生产产品。

因此，资本价值的增长，是资本家把自己的利润不列入耗用的资本费用上的结果。如果资本家换一种方式计算自己的利润，如果他把自己的生活费用作为资本开支，就不会发生像资本主义经济中经常出现的价值增长这种现象了。从社会角度来看，资本价值的增长是一些幻想，而在这些幻想的背后，掩盖了资本家攫取一部分社会收入。

利润论中对社会分配论的第一个问题——社会经济的利润实质问题，就是这样回答的。由此从正常的观点来看，就会很自然地产生对利润的某些评价。利润也与任何不劳动收入一样，是非劳动阶级剥削劳动阶级的结果，作为这样的结果，必将遭到人们道义上的谴责。

然而，承认利润是由于工人没有生产资料和生活资料而遭受资本家剥削的结果所产生，但还远没有从理论上详细说清利润问题。这只是加以证实利润的社会本质，并从正常的观点对利润作出了一定的评价：如果利润是社会的一种剥削行为，则它就不得不受到人们道义的谴责。

既然现代法制反对人剥削人，所以现代法制也就要反对非劳动的收入。

然而，利润问题，还需要说明调节利润高低的客观因素。因为问题涉及资本主义的生产，所以利润是与工资有相互联系的收入。工资先须有利润，反之亦然。因此，那些规定工资高低的客观因素，也要规定作为资本家支配的利润额。如果工资是由社会劳动的生产率和工人与资本家的社会力量的对比关系所决定的话，则利润按其绝对额来说，也应当由这两种因素来决定。

资本家的收入——利润，也正如工资一样，首先取决于社会劳动生产率。这种生产率越高，而其他条件相同，则资产阶级的收入也就越多。因为，凡是增加社会劳动生产率的，则利润总是有提高的趋势。

采用新的、改进了的劳动工具，有提高利润的趋势。这里面有几分值得重视的、正是资本生产率论中所提到的道理。李嘉图否定社会劳动生产率对利润能产生任何直接影响；按他的看法，利润的高低，只能由工资的高低来决定，再不会由别的什么来决定。他认为，利润的提高只有在工资降低的情况下才有可能。[①] 因此，李嘉图的利润学说（虽然他本人绝不是阶级斗争思想的拥护者）异乎寻常地突出地提出了工人和资本家在利益上不可消除的对立现象。在这种观念中要想把某些利害关系协调起来，根本就没有商榷的余地。

① “除非提高计件工资，否则什么也不能对利润产生影响”（《李嘉图文集》，第 64 页）。“只不过由于计件工资降低，利润水平才自然增长。”（同上书，第 74 页。）“利润——这已经重复过无数次了——取决于计件工资。”（同上书，第 82 页。）同时，李嘉图认为，劳动生产率对利润没有直接影响。李嘉图说：“由于劳动分工改进，机械的发明，道路的修筑和沟渠的疏浚，或者由于在生产和商品运输中采用减少劳动的任何方式，而利润水平却任何时候都不会增长。这些原因对价格有影响，然而，对利润却没有丝毫影响。另一方面，计件工资任何的减少，都会使利润增加，然而对商品价格不起任何作用。”（同上书，第 75 页。）因此，按李嘉图的观点看，劳动生产率的高低，只能影响产品价格，而不能影响利润；而工资的高低也只能影响利润，而不能影响产品价格。这是两种彼此尖锐对立的、实际上影响利润和价格的方式是完全相同的因素，李嘉图通过如下方式来解释：他谈到劳动生产率变化时，在其所列举的具体例子中，指的是生产中某种个别产品劳动生产率的变化，恰恰相反，他初步推测工资的高低变化可能是整个国民经济的普遍现象，正因为这样，他才得出自己的学说。例如，假如说，由于劳动生产率提高，即使钢的劳动生产价值降低，则这会直接引起钢的价格降低，而冶炼厂厂主的利润却变化甚少。相反，工资水平全面提高，必定要导致利润降低，而不会造成全部产品价格的降低。但是，假如我们反过来推测，劳动生产率提高带有全面性，而工资水平变化是一种局部现象，则这些因素对利润和价格的作用将恰好是对立的。尽管劳动生产率全面提高（这里也包括货币金属的生产），也没有任何根据来使商品价格全面变化；然而，如果钢的劳动价值即使减少一半，而金的劳动价值也减少一半，则钢的价格仍无变化。劳动生产率全面提高，将对国民经济产生怎样的影响呢？社会产品总量日益增加，而生产过程中所消耗的产品数量不会增加；可见，留作补偿生产消耗的纯产品增加了，利润也增加了。相反，工资局部地在某一生产部门得到提高，产品的价格会变化，如工资在某一生产部门局部地提高，而产品的价格不上涨，则资本便会从这种生产中抽走，这样，最后终于要导致价格的提高。总之，不管是劳动力的价格还是生产资料价格的提高，都会对资本家的利润起着非常相同的作用；因为资本家在这种场合力求提高产品价格，即把他增补的开支转嫁给消费者。如按市场条件做不到这一点，则资本家只好容忍利润降低。说劳动生产率和工资水平的变化对利润起着相反的作用是毫无任何根据的。

实际上，利润的提高，完全不需要非降低工资不可。例如，如果由于采用改进了的劳动工具，社会劳动生产率提高了，则应当划分给工人和资本家的社会产品总额增多，而工资和利润可以同时提高；在这种情况下，利润提高将不是靠降低工资来达到的，而是靠社会劳动生产率提高才达到的。

同时，利润和工资不仅是作为资产阶级和工人阶级支配的产品总额，也是作为社会产品的份额，按其绝对额可以同时提高。由于社会劳动生产率提高，资本家在社会产品中所占的份额可能增加，而工人阶级在社会产品中的份额也能同时增加，这是不足为怪的。

资本家和工人在社会产品中占的份额（而且，也不靠降低任何其他社会阶级在社会产品中占的份额）同时提高，对在这方面不继续步李嘉图后尘的现代政治经济学来说，似乎是完全不可能的。但是，这种似乎不可能性的出现，只是由于现代科学把全部社会产品只看作是由消费品构成的。现代科学始终还不可能理解作为社会产品成分的不仅有消费品，而且也有生产资料这种简单的道理。

在社会产品中要严格地区分两部分。一部分是在社会各阶级之间分配，并构成这些阶级的收入。另一部分是用于恢复生产过程中消耗了的生产资料，并不构成什么收入，不转化为谁的消费。只有某些部分社会产品成为社会收入，然而，这是很简单的道理，可是直到现在还没有被科学所掌握。不懂得这个道理，也就不懂得社会产品分配的规律。

如果我们懂得整个社会总收入的价值永远也达不到全社会产品的价值，对我们将会懂得作为社会产品份额的不论是利润还是工资，都可能同时日益增长。社会劳动生产率的增长，要引起社会产品总额日益增长。这种剩余产品相应地增加社会收入总额，因此，全部社会收入由于生产资料份额减少也可能同时增加。

举具体例子来说，炼钢采用改进了的生产方式，由于生产一普特钢的社会劳动消耗减少了，因此，腾出了一定份额的社会劳动用于增加社会收入。把耗去的生产资料单位用于恢复的社会劳动份额越少，则直接用于满足社会消费的劳动就越多。

增加社会收入这种过程靠减少生产过程中用于消耗的生产资料，可用下列图表来表示：

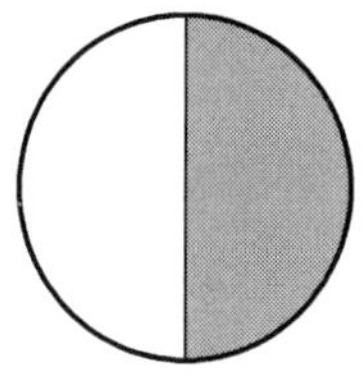
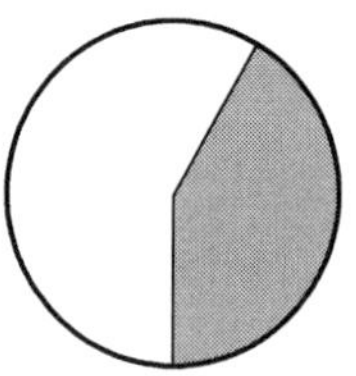

这两个圆形图要表示在不同的社会生产条件下，耗费同样社会劳动的产品。图形白的部分表示社会收入部分，黑的部分表示社会生产资料部分。社会劳动生产率的增长要导致社会用于恢复所消耗了的生产资料的减少(如圆图黑色部分的减少)，则社会收入在同样劳动消耗的产品中的份额就会增加，即圆形白色部分必然扩大。同时，工资和利润像社会产品的份额一样可以同时提高①。

由此得出结论，利润和工资相比，既可以并行地变化，也可以相反地变化。利润和工资(作为产品份额)可以有下列各种情形的配合：高工资和低利润，高工资和高利润，低工资和高利润，低工资

① 对于这一点，可以提出不同意见：资本主义经济的发展常引起用机器代替活劳动，因而，也引起生产资料作用的增强。但是，在本文中只谈到生产资料在该劳动消耗中的份额，而没有谈到生产资料在该资本消耗中的份额。

和低利润。我们在实际生活中可以看到这些配合情况：例如，在美国有高利润同时也有高工资，在俄国有高利润却是低工资。由于劳动生产率高，所以美国的生产资料的单位劳动价值低，单位产品需要的生产资料最少；因此，资本家和工人在社会产品中占的份额就高，我们还看到俄国另一种情况，在那里，在劳动生产率低的情况下，用资本强制剥夺劳动的办法来谋取高额利润。

现在，我们不难判断两种非常对立学说其中包含的真实和虚伪了。一种是生产率学说，它不承认或者轻视高利润对高工资的依赖关系；一种是李嘉图的学说，它坚持高利润特别取决于高工资。这两种学说包含了一点点真理，但在只承认调节利润高低的两种因素之一的作用同时，同样含有片面性。至于谈到生产率学说，认为除了降低工资外，也还有提高利润的其他来源——这就是社会劳动生产率的提高，是完全正确的。技术进步创造了提高利润的自然趋势。

然而，另一方面，利润的提高除了靠劳动生产率增长，还可以靠减少工资来提高，这一点也是正确的。工资的任何变化，要以社会劳动生产率不变为前提，这就必然要引起利润的逆变化。正确的利润学说应当承认两种因素：纯经济因素（高度社会劳动生产率）和社会因素（不同社会阶级间的产品分配）[①]对利润的影响。

① 非常引人注意的是，马克思在《资本论》第 3 卷中认为：除了工资变化外，生产资料劳动价值的变化（换句话说，劳动生产率的变化）对利润率有直接影响。因此，马克思与李嘉图的利润学说脱离了关系。李嘉图的利润论中反映特别强烈的是资本家和工人的利益对抗。参考《资本论》第 3 卷，第 1 部，第 81 页以及后面各页中，这种令人发生兴趣的章节，根本没有注意到本身招来的批评。

一般来看,资本家得到一定价值额的利润,就是由这样的因素决定的。然而,利润在对资本家预付资本利息中通常表现为不是绝对的,而是相对的。社会的利润率究竟由什么来决定的呢?

利润率是资本家耗去资本除利润得出的商。正如上面所说的,社会利润,按其绝对量,由社会劳动生产率以及资产阶级和工人阶级社会力量的对比关系所决定。至于谈到按所占百分比表示利润的资本,则资本家耗去的资本量由资本的周转速度决定之。资本周转越迅速,则用于企业设备的资本就越少,而利润率就越高。因此,社会资本周转速度是影响社会利润率的第三种因素;可见,利润率取决于三种因素:社会劳动生产率、资本家和工人社会力量的对比关系以及社会资本的周转速度。

资本的利润分成两种组成部分:借款利息和企业主的利润。借款利息是使用借款资本的付费。如果企业依靠贷款资本进行经营,则资本主义利润的两种组成部分便尖锐地对立起来:贷款者得到借款利息,而资本利润的剩余部分,扣除借款利息外,便形成企业主的盈利——企业主的利润。

借款利息额取决于借款资本的供求条件。放款的资本越多,如果其他条件不变,则放款利息就应该越低。

借款资本(除商业的外),是一种古老的资本形式。高利贷乃是产生货币经济祸根之一;当时,国内货币资本数量甚少,但由于当时自然经济解体,大量需要货币。这样一来,对高利贷——肆意索取高利息的放款资本(大半用于消费,或者贷给小生产者)开辟了地盘。发达的资本主义经济中贷款不是用于消费,主要地是用于生产。一般说来,借款人也像贷款者一样是资本家。资本利润是在企业主和贷款者之间进行分配,同时,贷款利息作为资本主义企业总利润的一部分,降到相当低的水平。

资本主义的发展引起固定资本依靠周转资本来日益发展，所以社会资本的周转呈现比较缓慢的趋势。再者，随着发展的同时，也引起社会劳动生产率迅速的增长。因此，资本主义的发展，本身就包含着既有提高利润率的趋势，也有使之下降的趋势。哪种趋势较为优越，就其一般形式来说，是无法判断的。一切都视其资本主义发展的具体情况而定。在任何情况下，马克思所预计的利润率一般趋于下降的规律是不存在的。①

事实却完全否定有这样的规律。早在十八世纪，英国的借款利息率，按斯密的话说，降到3%，荷兰甚至降到2%，当时平均利润，还是按这位作者的话说，因为超过借款利息一倍，所以要用正规的标准来计算②。可以认为，十九世纪的头十年，英国的平均利润是比较可观的。后来利润率的变化特征，根本就没有经常下降的趋势。施穆勒认为，“对中欧和西欧大多数国家来说，可以证实，1895—1900年间，企业主的利润非常高，也就是说，甚至比1860—1873年，或者比1820—1840年间企业主的利润高。”③

上述的利润学说是与发达资本主义经济的利润有关；它是从假设出发，说社会产品是资本主义生产过程创造的，并在社会三种阶级间进行分配(扣除生产资料份额)；这三种阶级：工人、资本家和土地占有者是资本主义生产本性所具有的。利润在这种情况下

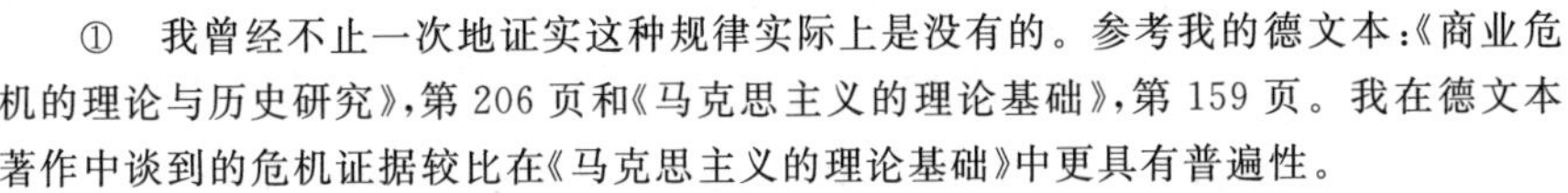

① 我曾经不止一次地证实这种规律实际上是没有的。参考我的德文本：《商业危机的理论与历史研究》，第206页和《马克思主义的理论基础》，第159页。我在德文本著作中谈到的危机证据较比在《马克思主义的理论基础》中更具有普遍性。

② 斯密：《国富论》，第一卷，第235，238和246页。

③ 施穆勒：《国民经济研究纲要》，第2卷，第437页。其他作者也指出那一点。例如：爱伦堡说：“资本利润率的降低，在我看来绝没有可资证明的事实。我根据瓦贡的数据按五年为期，计算出1871—1900年期间德国股份公司的股息，出现相反的现象，也就是说，股息增加了。”(《国民经济学教科书》，第27卷，第3部分，第259页。)

是资本家从工人创造的产品中的扣除额。然而，如果我们假设（与实际相符合），资本主义生产只包括社会生产部分，假设社会的一部分人形成非资本主义的小生产者而不属于资本主义的生产关系的话，则利润的产生属另一种来源。领导资本主义企业的资本家在这种场合有可能获得利润，办法是不仅剥削在自己企业从业的工人，也剥削购买自己产品而不属于工人阶级的消费者。如果资本主义生产包括全部社会生产，则资本家作为一个阶级不能从交换中获取利润，而只能从生产中获取；因为在这种情况下购买者的总和与资本主义生产过程相互有联系的阶级总和恰好不谋而合。相反，如果社会的某一部分不是资本主义生产，则资本家可以通过较高价格出卖这一部分产品来获取利润，也就是通过剥削购买者的办法来获取利润。

资本主义初期发展的国家，企业通常享有一定程度的垄断优势，它们没有碰到其他资本主义企业的竞争，利用这种机会，可以保持自己产品高水平的价格。因此，他们可以收取的利润率很高，通常比发达的资本主义经济的国家还要高的水平。然而，这种高水平的利润完全是在另一种基础上产生的，不同于在资本主义生产十分发达条件下的利润。在发达的资本主义生产条件下，资本家阶级只能从剥削工人中榨取利润；在不发达的资本主义生产条件下，除此以外，还可以从剥削购买者中榨取利润。当资本主义生产开始居统治地位时，从购买者中榨取利润就必然会消失。

这就是利润率为什么在不太发达的资本主义经济中通常要高出于发达的资本主义国家的原因。

例如说，俄国利润率高，不仅与工资水平低有关，更甚者与俄国的工厂主除剥削本厂工人外还剥削自己的买主有关。他们以过高的价格销售产品（由于竞争不激烈）时，为了自己的利益，把课税转嫁给使用其产品的居民身上。

在年轻的资本主义国家中，当国内资本主义生产发展时，经常发现利润率下降的原因是在于利润这种双重来源，从而找到一种借口，似乎利润率随着资本主义的发展总有下降的趋势；实际上，利润率下降只有在国家过渡到发达的资本主义的时候才有的现象，并且在资本主义经济体制进一步发展的情况下，利润率下降可能完全停止，或者利润率甚至可能出现相反的动态。

马克思的利润论是其价值学说的逻辑结果。马克思从绝对劳动价值论出发，非常合乎逻辑地得出结论，说资本家的利润，正如一般不基于劳动的任何收入一样，是来自于资本家和其他有产阶级攫取工人的无偿劳动。马克思把劳动力称为可变资本（因为这部分资本的价值在生产过程中可以增殖），而把生产资料称为不变资本。马克思把资本划分为不变和可变部分，称之为资本的构成：其中不变资本起最大作用的资本，叫做高构成的资本；可变部分居优势的资本，叫做低构成的资本。马克思利润学说的实质是在于确信，只有可变资本才是利润的来源；而不变资本在这方面起着消极的作用，马克思的学说正是以这样的论点与所有的利润学说有着明显的区别，而其他利润学说在工资和生产资料之间没有提出利润方面的任何差别。

然而，在资本主义世界的外表上，看不出利润构成方面不变资本和可变资本之间有任何差别，这是不应有丝毫怀疑的。在可变资本多多少少起巨大作用的那些企业中的利润，绝不会高于不变资本占优势的企业。马克思对这种事实不提出异议，然而，借助下列论点力图使这种事实与自己的学说相一致。马克思说："在不同的生产部门，由于不同的资本构成，产生不等量的剩余价值。因此，不同生产部门的利润率最初也是极不相同的。然而，这些不同的利润率，通过竞争而平均化为一般利润率，而一般利润率就是所有这些不同利润率的平均数。"某些资本家"不是得到了本部门生产这些商品时所生产的剩余价值或利润，而只是得到了社会总资本在所有生产部门在一定时间内生产的总剩余价值或总利润均衡分配时归于总资本的每个相应部分的剩余价值或利润。……就利润来说，不同的资本家在这里彼此只是作为一个股份公司的股东，而利润是按他们入股股金的比例进行分配"①。

反对这些看法首先要指出，马克思所假设的拉平最初不同利润率的过程，由于资本构成的差别（马克思特意虚构的），一点也不符合实际。在资本主义经济中，实际上存在差别，对于拉平最初不同利润率的全过程，是没有任何根据的；因为在不同生产部门的"最初的"利润率不取决于资本的构成。可见，商品价格和利润率的形成所根据的不是绝对劳动价值，而是资本主义的生产费用；其实，从这后一种观点看，在资本成为工资或成为生产资料的费用之间，没有任何差别。

毫无疑问，因为问题讲的是个别企业，就不能发现资本和利润率的构成之间有任何联系。然而，按马克思的意见，即使个别资本家的利润依赖于不变资本也和依赖于可变资本一样，但整个资产阶级的利润都是由可变资本形成的。马克思说，剩余价值规律掌握社会分配方面的主要控制权，也就是社会某些阶级间社会收入分配方面的支配权。谈到同一阶级内部的社会收入的分配问题，则它属于另外的规律。

如果拿各生产部门的总和来看，马克思说，商品价格的总额与其劳动价值总额相等；某些企业的利润与剩余价值相应数额不吻合，不能使一般剩余价值规律发生波动；因为"这一切总是这样解决的：加入某种商品的剩余价值多多少，加入另一种商品的剩余价值就少多少，因此，商品生产价格中包含的偏离价值的情况会互相抵消"。②

这样一来，社会利润率按马克思的看法，完全决定于归资产阶级支配的劳动价值。但是，不难说明，马克思的利润学说是与其生产价格学说相矛盾。商品的实际价格，根据《资本论》第3卷中常见到的价格学说看，与劳动价值不相符合，而决定于生产费用。如果生产两种商品耗费的资本相同而其构成

① 参见《马克思恩格斯全集》，中文版，第25卷，第177—178页。

② 参见《马克思恩格斯全集》，中文版，第25卷，第181页。

不同的话，则两种商品的劳动价值将会不同(因为消耗高构成资本时，从业工人数少于消耗低构成资本时的从业工人数，尽管消耗的资本量相同)，但是，尽管劳动价值不同，然而这些商品的价格将会相等，因为每种商品的价格是由当作该种商品生产费用额加上平均利润决定的。马克思把这种价格叫做生产价格。商品的实际价格也就是生产价格。

然而，由此得出结论，不仅是每一个别资本家的利润与劳动剩余价值不一致，而且全社会利润也与劳动剩余价值不一致。

我们以符号 A 表示整个社会产品的劳动价值，以 K 表示整个社会资本的劳动价值，以 A_1 表示社会产品的生产价格；以 K_1 表示社会资本的生产价格。在这种情况下，劳动单位中表现的社会利润率为：$\frac{A-K}{K}$，而生产价格中表现的同样的社会利润率为：$\frac{A_1-K_1}{K_1}$。按马克思的意见：$\frac{A-K}{K}=\frac{A_1-K_1}{K_1}$。这个等式也要先有：$A:K=A_1:K_1$ 的前提条件。只有后者这个等式成立，第一个等式才能成立。然而，根据生产价格学说，使劳动价值与生产价格相一致，要求消除资本构成中的差别；因为只有在那种情况下，全社会产品的劳动价值，如同全社会产品的生产价格列入社会资本的生产价格一样，才能列入社会资本的劳动价值，也就是说，生产全社会产品的资本构成与生产社会资本的资本构成没有任何差别。然而，因为对这样的相符，没有任何经济上的论据，所以没有理由来使劳动价值表现的社会利润率与生产价格表现的社会利润率相符合。①

只有用生产价格计算出来的利润率才有现实意义。如果用劳动价值计算出来的利润率，不能符合用生产价格计算出来的利率，则劳动价值的利润率会变得毫无现实意义。因此，就会证实，由于商品生产价格偏离同一商品的劳动价值，不仅个别资本家的利润，而且社会利润率也要偏离剩余价值与社会资本的劳动价值的比例。

① 我在《马克思主义的理论基础》中经过较详细地研究并稍作变动但很少用共同形式表述的这种观点，后来在 B. И. 博尔特克维奇的：《社会科学文献》和《国民经济年鉴》中一系列论文都得到了发挥。

在这种实际情况下，马克思的利润学说，既然是指揭示决定利润率高低的实际因素，就失去任何现实意义。它不论对个别资本家的利润，还是对全社会利润都失去效力。可见，马克思规定的不变资本和可变资本的差别没有明确的意义，因而在揭示利润现象时，没有提供任何知识，所以应坚决地抛弃。

因此，马克思的利润学说中的不同组成部分的科学价值远不是相同的。马克思的学说，作为社会利润本质的学说是非常正确的，是马克思对经济科学理论作出的重要功绩之一；这种学说作为资本家削剥工人的理论也是可取的；但是，作为决定利润率高低的因素的理论，作为资本分成不变部分和可变部分的学说，没有任何科学价值，也定会消亡。马克思不成功的原因，是他力图把利润视为价值现象，特别视为劳动价值的现象。

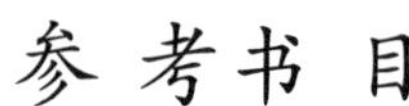

一般利润：

李嘉图：《政治经济学原理》。

马克思：《资本论》，第 1、2、3 卷。

拉萨尔：《资本和劳动》。

维塞尔：《自然价值》。

庞巴维克：《资本和利润》，载《资本利息论的历史与批判》，Л. 福尔别尔特译，1909 年；《资本实证论》，第 2 版，1900 年。

马歇尔：《经济学原理》，第 4 版，1898 年。

克拉克：《财富的分配》，1898 年。

П. 格奥尔吉耶夫斯基：《政治经济学》，第 4 版，1904 年。

扎列斯基：《关于资本论》，1898 年。

M. 杜冈—巴拉诺夫斯基：《马克思主义的理论基础》；《关于商业危机理论与危机史研究》；《健康人的理智与科学真理》（《新时代》1908 年）。

L. 博尔特克维奇：《社会科学文献》和《国民经济学年鉴》中关于马克思理论的著作。1907 年。

И.库利舍尔:《资本利润的演变》第1卷,1906年,第2卷,1908年。

I.熊彼特:《国民经济学理论的性质与主要内容》,1908年。

M.杜冈—巴拉诺夫斯基:《社会分配论》,1914年。

企业家利润:

曼戈尔德:《企业主利润论》,1855年。

皮尔斯托夫:《企业主利润中的工资部分》,1875年。

马塔耶:《企业主利润》,1884年。

格鲁斯:《企业主利润说》,1884年。

维尔明豪斯:《经营和企业主利润》,1886年。

齐托维奇:《企业利润学说概论》,1889年。

第八章　地　　租

一、资本主义的地租学说。级差地租规律。洛贝尔图斯的地租学说。地租的历史演变。开展土地改革运动。二、粮食地租。俄国的粮食地租。租金价格的演变。粮食地租的一般意义。爱尔兰地租法规。法规的意义和引起法规的原因。

一、资本主义的地租学说

地租是一种非劳动收入，来自对土地的有效性和稳定性的利用。地租以及利润，都是第二位主要的非劳动收入。然而，资本和土地之间存在极大的差别，这种差别是在于资本是人们的劳动产品，而土地却不是由人们创造的。由此，利润和地租之间也就产生相应的差别。可是，利润是由工人阶级和资本家的社会斗争来决定的，其提高或降低都取决于这种斗争地租，就某种意义上说有自己的规律，这种规律不属于社会斗争，并超出社会斗争。在某种生产情况下，如何决定利润的高低，没有一种特殊的利润规律，但是，地租都有这样的规律。这是因为，在土地关系方面，有一种外在的、非社会势力——外部自然界即土地，渗透到社会关系中。

由于人们在其经济活动中碰到以自己的劳动难以改变的外部

自然界，所以人们的活动听命于自己劳动的自然条件。然而，经济劳动的自然条件在不同的生产地点是极不相同的。自然生产条件的差别，必然会导致劳动生产率的差别：哪里自然条件较好，哪里的劳动就有成效；反之亦然。劳动生产率的差别反过来也引起收入的差别；劳动生产率较高的地方比劳动生产率较低的地方能创造出更多的额外剩余产品，因而也能创造出更多的额外剩余收入。这些收入将归谁所有呢？

这些收入与生产条件的自然差异有直接关系。然而，现有社会制度下的土地是某些人的私有财产。这些人占有土地，因而有可能利用这块土地上的自然优势把土地带来的收入攫为己有。如果土地租让出去，由于该地块劳动生产率高所产生的剩余收入，不可能归租佃者所有；在相反的情况下，不同地块上的佃户，虽然投入的劳动和资本相同，然而收入却不同。诚然，这就使佃户们产生需要好地的强烈要求，于是土地所有者趁机提高租金，使土地上的全部剩余收入转归自己所有。因此，土地占有者阶级由于占有土地就有机会把不同生产地的因劳动生产率不同而产生的全部剩余收入，攫为己有。这些收入也就成为地租。

劳动生产率的自然差别，首先，与土地所处的空间地位差别有联系。每块土地都占有一定的空间位置，这是人们无法变更的。土地的地理位置的差别也是地租的主要来源。这种空间来源的地租，最纯粹的形式突出地表现在所谓的城市地租——城市土地地段的地租。地段距市中心愈近，土地的经济优势就愈高，就是说，土地私有者可能索取使用该地的租金就愈高。对城市郊区（即城市建设未及的地方）来说，其地租就特别低廉，而市中心的地租几乎达到最高点。这种地租完全是以地理位置的不同而不同。

地理位置的差别，也是农业地租极重要的源泉。生产出交换的农产品是为了销售，出卖时，如该生产地离农产品销售点愈远，则产品从生产点运到其销售点所耗的劳动就愈多。如果我们假设，农产品只在某一中心点销售，则生产地离这个点愈远者，其所负担的产品运输费就愈多。然而，所有同类产品的价格在同一销售点应该是相同的，而不取决于这些产品的产地离销售点的远近。由此得出结论：生产地的农产品价格必然是产地离销售地愈远就愈低。获得一般利润的价格，将只能抵补最远产地的产品生产费用，因此，价格再不能降低了，因为，价格再继续降低，产品生产便会停止。但是，地块离产品销售点愈近，由于节省了全部运输费，产品的价格就愈高，从该地得到的收入也就愈多了。

因此，不同地块离销售点远近不同，其不同生产点的产品价格也将不同，从土地上得到的货币收入也同样不同。在要把农产品运到销售点的区域范围内，土地的货币收入，正如上述所说，获得一般利润只能抵补产品的生产费用，最近的土地上的货币收入超过这个定额，于是土地便产生额外的货币收入，土地离销售点愈近者，收入就愈多。这些收入便是土地所有者的地租。这种地租在每一种个别情况下，就将等于某块土地上得到的货币收入与离销售点最远的土地上得到的货币收入之间的差额。

在这种情况下，土地所处的空间位置的自然差别，是地租产生的原因；而离销售点较近的土地，相应地缴付的地租就高，根据这一原则，市郊地租收费高，离销售点较远的土地（如我国乌苏里边区),甚至是非常肥沃的土地,也不用交付任何租税。①

这样一来,地租形成的**第一个来源**是土地所处的**空间位置的差别**,地租的**第二个来源**,就农业方面说,是由于自然原因造成的**低落的农业劳动生产率**。

农业劳动生产率递减规律的实质是在于,如果对农业增加投放的劳动,要是随后每一次的劳动消耗超出一定的限度,其生产效益总是很少,提供的产品也会越来越少。

例如,耕作某块地,第一次投入的单位劳动提供 6 个单位产品,第二次投入同一块地的单位劳动假定提供的不是 6 个而是 8 个单位产品;第三次的单位劳动假定提供 10 个单位产品。然而,随后每次消耗的劳动所提供增加的产品,迟早总要达到越来越少的限度。如果达到这个限度,假定用的是第三个单位劳动,则第四次的单位劳动假定提供不是 10 个而是 8 个单位产品;第五次单位劳动——6 个单位产品,第六次——4 个单位产品,等等;最后,只要还没有达到绝对极限,投放劳动无论怎样增加也不能引起产品增加超过极限。

现在假定,根据市场条件,需要这块地提供 42 个单位产品。为了生产这个数量的产品,需要耗费 6 个单位劳动,6 个单位的劳动生产率以 6+8+10+8+6+4 数字来表示。产品价格应当是能使后者即最少的生产劳动消

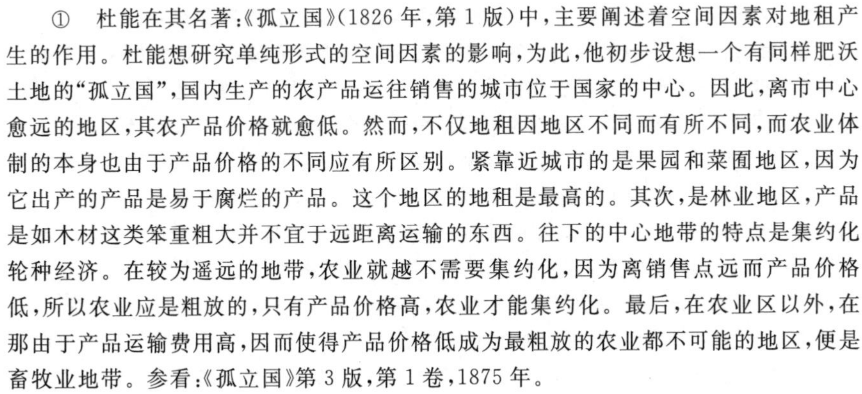

① 杜能在其名著:《孤立国》(1826 年,第 1 版)中,主要阐述着空间因素对地租产生的作用。杜能想研究单纯形式的空间因素的影响,为此,他初步设想一个有同样肥沃土地的“孤立国”,国内生产的农产品运往销售的城市位于国家的中心。因此,离市中心愈远的地区,其农产品价格就愈低。然而,不仅地租因地区不同而有所不同,而农业体制的本身也由于产品价格的不同应有所区别。紧靠近城市的是果园和菜圃地区,因为它出产的产品是易于腐烂的产品。这个地区的地租是最高的。其次,是林业地区,产品是如木材这类笨重粗大并不宜于远距离运输的东西。往下的中心地带的特点是集约化轮种经济。在较为遥远的地带,农业就越不需要集约化,因为离销售点远而产品价格低,所以农业应是粗放的,只有产品价格高,农业才能集约化。最后,在农业区以外,在那由于产品运输费用高,因而使得产品价格低成为最粗放的农业都不可能的地区,便是畜牧业地带。参看:《孤立国》第 3 版,第 1 卷,1875 年。

耗得到补偿，因为，只有在这种情况下才会使这种消耗有益。也就是说，产品价格要符合 1/4 的劳动价值(因为最后一个单位劳动要生产出 4 个单位产品)。如果 42 个单位产品全都按这个价格出售，则其总价格将相当于 $42\times1/4=10\frac{1}{2}$ 的劳动单位。然而，生产这 42 个单位产品实际消耗的劳动，根据推算，刚刚等于 6 个单位劳动。可见，产品将会按照比相应的劳动消耗高得多的价格出售。这种产品价格的超出部分形成剩余收入归土地占有者所有，成为他的地租。显然，在这种情况下，投入到土地的单位劳动越多，土地耕作越集约化，土地地租也就越高了。①

农业劳动中连续消耗所表现出来的生产率的差别，在这种情况下，是地租产生的来源；这种情况说明，农业中的劳动生产率超过一定限度，就会随着对同一块地投入劳动的增加而递减。

最后，土地地租产生的第三种来源，是不同地块的不同肥沃状况，比较肥沃的土地提供的收入总比贫瘠地多，而比较肥沃土地上的这种剩余收入，就形成这些土地所有者的地租。

于是，地租就有三种主要来源：地块按其所处空间位置的自然差别，农业劳动中连续消耗所表现出来的生产率的自然差别以及

① 农业劳动生产率递减规律是杜阁首先创造的(参考《杜阁文选》E. 德尔出版社，第 1 卷，第 420 页)，而且杜阁提出的看法比后来的作者要正确得多。例如说马尔萨斯就这个意义解释这个规律，说农业劳动在其历史发展中，生产效率会越来越少。这种说法是非常荒谬的，根本不是正确地理解农业劳动生产率递减规律的结果；因为，在那种情况下，如果历史地需要消耗的劳动越来越少，却能获得同样数量的农产品，则规律就具有充分效力，因为在任何技术水平下，如超过一定限度，最后的农业劳动消耗的生产效率就要比先前的低。杜阁没有在这种技术水平和技术本身已发生变化的情况下把农业劳动生产率这种差别混淆起来。关于这个规律，也可参考：大卫：《社会主义和农业》，第 612—621 页。某些经济学家企图把生产率递减的规律也推广到工业上去。然而，在这种情况下，农业和工业，有着原则性的差别。关于这一点。可参考埃斯莱：《土地收益递减规律》，载《社会科学文集》，第 30 卷，第 2 册，第 375 页及以下各页。

土地块自然肥沃程度的差别。由于不同生产地点所有这些自然的、稳定而无法消除的劳动生产率的差别，便形成一种特殊形式的社会收入——归土地私有者收入的地租。这种收入的非劳动特征比利润具有不劳动特征更加鲜明，因为，资本毕竟还是劳动的产物，而土地不是由人创造的，可见，从占有的土地上得到收入的（由社会其他成员支付的）土地私有者，不可能借口任何劳动理由来为自己的收入辩护。地租是社会支付给那种根本不参加创造自己收入的土地占有者的贡赋[①]。

地租的范围大大不同于租金，租金成分内通常不仅有利息，而且还有使用土地占有者资金的费用；例如，使用其建筑物，有时使用其牲畜或农具和其他等等的付费。地租只是对土地的固定性和有效性付费。如上述所说，地租的高低，取决于该生产点劳动生产率与边际生产点劳动生产率的差别，在边际生产点，生产不创造任何剩余收入，而通过一般利润只回收消耗的资本。这种差别于是便构成可称之为级差地租，因为这种情况下的地租取决于不同生产点的劳动生产率的差别，取决于自然差别，而在边际生产点，地租降到零点。

该生产点和边际生产点的劳动生产率的差别越大，地租就会越高。可耕作的肥沃土地越少，土地耕作越集约化（对土地耕作投入的劳动越多），粮食运到需要的消费中心距离越远，则地租就越

① 地租在其他形式的社会收入中的特性是在于：地租（资本主义的）有自己特殊的规律，虽不是或者超脱社会斗争之外，但是，产品在资本家和工人之间进行分配，却决定于社会斗争。

高，而地租占社会总收入(如其他条件相等)的比重就越大。

现代科学大体上都采用李嘉图的级差地租学说。许多经济学家继李嘉图之后，力图提出不同于这一学说的另一种论点。从这些意图中最值得注意的是洛贝尔图斯的看法。这种看法值得注意的是：它证明绝对劳动价值学说是怎样得出结论的；而绝对劳动价值论认为劳动中没有最重要的客观价值因素(好像完全正确)，而只有价值的实体。洛贝尔图斯的地租论，是这种价值学说的必然的逻辑结论。这种理论的实质是这样的：

社会生产中，农业是比加工工业出现得较早的生产阶段。先有农民的产品，然后才有企业主的加工。然而，因为农产品要通过工业加工，所以工业中的资本耗费相应地要比农业中的耗费多；因为农业中不要耗费的原材料，却正是加工中要消耗的；因而这一点也就使得农业的利润率高于工业；而农业中这种剩余利润也就构成了土地占有者的地租。

例如说，社会劳动一半用于农业，一半用于工业。在这种情况下，农业创造的新产品的价值(假定产品的价值完全取决于劳动耗费)应当与工业创造的价值相等。生产资料占有者不论在工业中还是在农业中都得到同样份额的部分劳动价值。然而，工业中形成生产资料占有者份额的那种劳动价值，其中占用的资本比农业中占用的多。因为工业把资本不仅要用于工资和劳动工具上(像农业资本)，而且也要用于购买原料——农业产品。因此，工业的利润率要比农业的低。

然而，资本主义经济的主要规律是平均利润规律。农业中的利润率不可能高于工业；也就是说，农业中的剩余收入不能为农业企业主所有，剩余收入究竟归谁所有呢？很显然，它将成为地租，归土地占有者所有①。

所有这些推论完全符合逻辑而且很难反驳，因为他原先的价值与劳动消耗成比例的论点是正确的。然而，也容易看出：这些推论在其进一步发展中，势必要得出经济上荒谬的结果。要知道，从这种观点上看，农业比工业不仅容易产生剩余收入，而且工业的随后每一阶段也都容易产生剩余收入。本

---

① 洛贝尔图斯：《社会问题剖析》，1875 年版，特别是致《基尔希曼的交际函件》(三卷)。

来，生产不是两个方面——农业和工业，而是要多得多。如果洛贝尔图斯的论点是正确的，则生产的每一阶段都要出现租金，于是，细纱工与织布工比较，有剩余收入，而织布工与印布厂厂主比较，也有剩余收入，如此等等。总之，与随后每一生产阶段比较，都多多少少能得到逐渐减少的利润率。实际上，根本就看不到这类似的情况。根据很简单的道理就能看出：因为价格不与消费的劳动成比例，而与资本消耗成比例，如果资本消耗增加，价格也就成比例地增加，也就是说，先前各个生产阶段由于资本消耗减少，就不会产生任何剩余收入。消耗同样资本的商品应当有同样的价格，因为对资本家来说，工资支出和生产资料费用之间没有差别。[①]

因此，洛贝尔图斯的地租学说无疑地是没有理论根据的；他以自己的论点驳斥的不是李嘉图的地租学说，而是绝对劳动价值论，导致绝对劳动价值论荒谬透顶的是他的地租学说。

李嘉图设想，国家开始在最初移民的地方，把比较肥沃的土地作为耕地，后来，用作耕地的肥沃土地越来越少了。这种情况是绝不可能的。正如凯里和洛贝尔图斯所指出的，往往比较肥沃的土地总是很晚才成为耕地，因为这些土地对农作物的栽培造成很大困难（例如，河谷沉积地），需要把由于土壤淤积以前根本不能耕作的沼泽地带平整成最好的耕地。因此，随着人口的增长，李嘉图假设的那种地租提高的不变趋势是不存在的。

总之，近百年来，农业劳动生产率没有下降，反而增长了。尽管土地耕种的集约化程度扩大（由于农业劳动生产率递减规律，所以有提高农产品的劳动价值的趋势）[②]，农业技术的改进却引起欧洲粮食生产的劳动价值下降。

---

① 参看：庞巴维克：《对资本利润学说的历史评论》，第485页。

② “毫无疑问，现在，由于农业科学技术进步，消耗同样劳动可能生产较百年前更多的产品”（大卫：《社会主义和农业》第644页）。

这种情况与农业劳动生产率递减规律一点也不矛盾，这种规律的意义在于，每一种技术水平下的农业劳动生产率，如耕作集约化超出一定的限度，就会降低。技术水平的提高可增加农业劳动的绝对生产率，但不能消除连续农业劳动的消耗中生产率的差别。正是由于上述规律起作用，尽管农业比我们在工业中看到的有所进步，十九世纪农业劳动生产率的提高也完全是微不足道的。

李嘉图认为：地租的自然发展是在于它随着人口的增长而不断提高。可见，在十九世纪七十年代，西欧的地租曾经有很大的提高。

例如说，根据最近的统计数字，英国农业地租的变化如下：①

年度	农业地租总额
1798年	6½百万英镑
1860年	42.9百万英镑
1872年	48.9百万英镑

然而，后来紧接着在英国，总之在西欧发生农业地租大幅度下降，达15%—20%以上。下降的原因是粮食价格跌落，粮价递减是由于从美国、俄国、印度和其他农业粗放国家的廉价粮食经水路廉价运到中欧所造成的影响。从七十年代后期到九十年代后期的二十年间，是农业地租大幅度下降时期。此后，粮价和农业地租的下降趋势才停止下来。因为适宜小麦和其他谷物栽培的备用处女地，迅速消耗殆尽，而各地人口又迅速增加，所以粮价和农业地租

① 施穆勒：《政治经济学大纲》，第2卷，第442、443页。

紧接着再一次大幅度地提高①。

至于城市土地租金，则整个十九世纪都在不停地迅速增长。人口迅速增加的城市中，城市租金的增长一直很快，近十年来，租金增加了9倍。

土地（主要是城市的）租金的增长，是西欧和美国赞成土地国有化、要求消灭土地私有制并使土地成为全社会所有制运动的主要促进因素。这个运动的最杰出的理论家是美国人亨利·乔治。他的理论实质可以归结为：社会罪恶的根源是地租增高运动，因而社会进步果实落到一个社会阶级即不参加任何生产的土地占有者手中。乔治提出用没收地租的办法（对土地课以同样的地租税）来实行土地国有化，作为与上述情况作斗争的手段。

拥护土地国有化运动，实践上还没有取得巨大的成果。这个运动在欧洲多半风行于城市。乔治的思想只对澳大利亚殖民地的法律产生了极大的影响，例如，新西兰和其他殖民地，对私有制土地征收累进税；同时，对比较小的地块完全免税，而对大块土地，随着地块规模的扩大，累进课税也随之增加。②

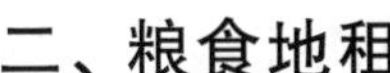

二、粮食地租

李嘉图的级差地租学说，指的是**资本主义**地租，即指土地占有

① 好几年前我曾经写道："大家不得不认为我们处在农业领域一个新的农业高潮来临的新时代的前夜，会受到农产品价格提高的影响。西欧农业危机快接近尾声，所以在最近年代几乎处处可以看到农业经济即将高涨的迹象，根据这种势头，地租和地价都提高了。"（《土地改革》，1905年，第107页）近几年来，粮食价格水平高，就是这种情况的见证。现在，许多经济学家预见到人类需要的粮食小麦日益短缺的时刻即将来临。近来，如：扎尔茨、格伦采尔以及最近的马克斯·席佩尔又进一步发挥了这种看法。席佩尔指出，海外各国在七十一八十年代生产的发展，是农产品价格下降的原因，而现在发现海外各国把新垦土地用作农业作物栽培进展缓慢，近年来，可以看出农业产量增长缓慢，而工业生产比农业生产发展迅速，于是，这就出现原料和粮食产品高涨的总趋势（肉类更比粮食高）。参看席佩尔：《物价高涨和世界经济的发展》，《社会主义月刊》，1910年9月。

② "关于拥护土地改革运动"，参看拙著《土地国有化》一书，1906年。

者通过对土地进行资本主义耕作而得到的地租。地租，正如李嘉图所剖析的，是土地占有者的剩余收入，除抵补农业生产一切开支后，剩下的一般利润转归资本主义企业主所有。如土地租让给资本家一农场主，则这类资本主义地租的表现形式最单纯，例如，英国正采取这种做法。地租是农场主一部分租费，是农场主只支付土地占有者的土地，而不支付其建筑物和其他资产的一部分租费。

但是，地租远不是经常具有资本主义的特性。如果承租者是劳动农民，租佃土地不是为了利润，而是为了糊口，则其租费的高低实际上由另外一些因素来调节。就是说，由于不是资本主义的粮食地租，所以租费比资本主义地租可能更高得多。因为承租者在这种情况下，租佃绝不是为了获利，很自然，租费可能要大量地消耗农业资本的利润。然而，这种情况是不多见的。如果小租户对土地的需要量很大，则土地租金可能要耗费他大部分工资。承租者只有减少自己的劳动报酬，通过租金才能得到一块缺少它便不能维持生活的土地。如果承租者自己没有土地，或者土地少难以维持生计之际，或者不租佃土地，便没有其他挣钱的机会之时，则粮食地租的条件便会特别苛刻。俄国和爱尔兰就是典型的粮食地租国家。

俄国的地租问题是农业经济最大问题之一。根据 A. A. 马努伊洛夫的统计数字，俄国大约有 37％的农户租佃外地的土地，而且，他们租佃的土地面积大约等于农民份地总面积的 20％。①

① A. A. 马努伊洛夫：《俄国在经济方面的土地租金》，载《农民问题论文集》，1905 年版，第 2 卷，第 75 页。

由于土地缺少，必然要造成俄国农民租佃地主的土地，因为我国农业人口迅速增长，农民离开农村便无处可去，所以很自然地对土地的需要就越来越强烈。企业主承租在我国是例外情况；农民以粮食作租金，即所谓的粮食地租是主要的租佃形式。采用粮食地租时，租金价格的高低，如上述所说，不是取决于这块土地农业企业能有多少纯收入，而是取决于承租者农民需要这块地的迫切程度。农业人口越稠密的地方，农民就更需要土地，所以那儿的租金就一定提得更高。造成租金提高的原因：不是没扩大农业集约化，不是没改善农产品销售条件，而是承租者农民所处的境况恶劣，农民迫于情势只好安于自己所生产的较少一份产品。

俄国农业近代历史极突出的特征，就是粮食地租价格的日益增长。例如，按现行的土地统计资料看，上世纪九十年代波尔塔瓦省的租金价格变化情况如下①：

年度	按粮食地租计算	按企业主租金每俄亩以卢布计算	折合成卢布	两者的差别对企业主租金费的%
1890	8.61	6.56	2.05	31
1895	7.93	5.96	1.97	33
1900	12.60	8.68	3.92	45

农民承租土地的租金急剧上涨，与农业经济的生产率增长关系不大，然而，引起这种上涨的主要原因是由于农民对土地需要增长了，他们唯恐失去自己租佃的土地，忍痛支付高额的租金。

俄国处处都可以看到高额租金与农民需要这种密切联系。农民得到土地的保证越小，他们的份地越少，越贫穷，则他们迫于情势支付的地租就越

① 参看《1886—1900 年 15 年间波尔塔瓦省农业状况的资料汇编》，波尔塔瓦省地方自治局出版。

高。梁赞县的农民，耕种份地 1.5—3 俄亩的，平均每俄亩纳地租 11 卢布 21 戈比；耕种 3—5 俄亩的纳 6 卢布 49 戈比；耕种 5 俄亩以上的，平均每俄亩却只纳 5 卢布 77 戈比，奥尔洛瓦县，在生产率为 50%—75%（以一县最好土壤的产量为 100 计算）的贫瘠地区，用作秋播作物的每俄亩租金达 20 卢布 70 戈比；而在生产率为 75%—100%的肥沃地区用作秋播作物的每俄亩租金下降到 19 个卢布 70 戈比。所以会有贫瘠土地的租金反而较高这种奇怪的事实，其原因是：在奥尔洛瓦县的贫瘠土地地区，农民的份地很少，因此，农民对土地的需要较比肥沃土壤地区的农民的需要更强烈。

在其他省区也可以看到这类似的事实。毫不奇怪的是：据俄国各地区土地统计员的报道，这种情况下的粮食地租，往往对承租者不仅不提供任何利润，而且还常常不能保证其劳动的正常报酬。例如，赫尔松省的农民"租种土地与其说是从土地得到收益，不如说是为自己的劳动随便找到归宿的机会"。在奥尔洛瓦县，"农民说，租佃留给他们的只是一些麦秸。他们没有进行会计核算，如果进行核算，也许会发现，租佃价格不是由土壤的出产率和土地收入量，而是视农民本身对土地日益增长的需要来调节，在地方调查中所看到的那样高额租金下，留给农民所有的，甚至也不是全部麦秸。"在萨拉托夫省，有些县的农民从承租地得到的收入还没达到耕作这些土地的正常价值。在辛比尔省，"农民用于耕作（承租的）土地和粮食收获上的劳动，只有遇上丰收年或粮食价格上涨时，才能得到补偿。"在波尔塔瓦和赫尔松省的一些县区。根据土地统计员的统计资料看，土地租金大大地超过土地的纯收入额。此外，此种情况处处都可以看出，粮食地租的土地租金，大大超过企业主承租时的这种租费。①

上述所说的就是我国农民承租的一般特征。然而，对农民说来，在许多情况下，围绕承租问题还有更加困难的条件。

当农民获得解放时，一般说来，农民的份地减少了，特别是放牧场和割草地减少了。其实，这些农用地对农民用作经营农业，毫无疑义是必要的；如果农民失去这些农用地，他们被迫只好承租这些自己过去的地主的农用地。农

---

① 关于这一点的全面详情，参看 A. A. 马努伊洛夫的著作所引证的有用资料。

民对地主的依附关系往往由于下列原因而不断增强了：因为农民的份地对私人占有地来说所处位置极不方便。例如，地主的地像楔子一样插入农民的份地，居其中央，把份地成块地分割开，把份地与河流和道路分开。在这种场合下，农民便不由自主地要承租地主土地中“划分出来的地段”，因为这些地段妨碍地主的经营。

由于农民缺少土地，其贫困日益加剧，所以粮食地租的租金也随之增长。级差地租和粮食地租费的增长，其社会意义和作用，不仅有区别，而且甚至还有矛盾。级差地租的发展指出了农业的进步性，指出其向更加集约化和更有成效的经济转化，换言之，指出人民财富的增长。相反，粮食地租费的上涨，只能证明农民对土地需求日益迫切，证明农民没有别的谋生之路，证明工业不发达和人民贫困。

参考书目

一般地租：

李嘉图：《政治经济学原理》。

杜能：《孤立国》，第 3 版，1875 年。

扬松：《李嘉图利息学说的意义》，1864 年。

洛贝尔图斯：《关于社会问题阐述》。

谢夫莱：《排除销售关系论》，1867 年。

贝伦斯：《试论地租教条史》，1868 年。

克利夫・莱斯利：《土地制度》，1870 年。

沃希宁：《对重要地租论的论述和评论》，1882 年。

凯里：《社会科学指南》，译自英文，1869 年。

马克思：《资本论》，第 3 卷。

T. Ш. 布尔加科夫：《资本主义和农业》。

马斯洛夫:《俄国土地问题》。

斯克沃尔佐夫:《农业经济基础》。

埃斯莱:《土地收益递减规律》,1905 年。

杜冈—巴拉诺夫斯基:《社会分配论》,1914 年。

俄国的粮食地租:

卡雷舍夫:《农民的非份地租金》,1892 年。

卡布卢科夫:《关于俄国农业经济发展的条件》,第 2 版,1908 年。

马努伊洛夫:《俄国土地租金和〈农民问题论文集〉中的其他条款》,第 2 版,1908 年。

布雷耶尔:《份地测量和移交》(同一论文集)。

科辛斯基:《论土地问题》,1906 年。

马斯洛夫:《俄国土地问题》。

爱尔兰的地租和地租法令:

马努伊洛夫:《爱尔兰土地租金》,1895 年。

M. 博恩:《爱尔兰土地问题》(《社会科学文献》),第 20 集。

杜冈—巴拉诺夫斯基:《土地改革》,1905 年。

土地改革运动:

华莱士:《土地国有化》,1882 年。

亨利·乔治:《进步与贫穷》,译自英文,1905 年;《讲演和论文选集》,译自英文,1905 年。

达马什克:《土地改革》,译自德文,1907 年。

M. 杜冈—巴拉诺夫斯基:《土地改革》。

第九章　整个社会收入的变化

洛贝尔图斯和马克思的观点。萨克森和普鲁士社会收入的变化。新中产阶级。英国的统计资料。

洛贝尔图斯和马克思认为，资本主义经济的发展同时伴随着富有和贫穷的发展。例如，洛贝尔图斯写道："社会是越来越向对立的方向发展的。没有产业的阶级日益向下发展！而小集团日益向上缩小，其巨大财富的积累却越发增多！居这些对立现象中间的、可调和的阶级，就其人数或收入而言，都在迅速地减少。"[①]洛贝尔图斯利用英国统计学家巴克斯特1867年的资料，对英国社会结构描绘出下述轮廓：处于极端贫困境遇、靠社会救济维持生活但对社会无多大裨益的分子——乞丐，这些穷人好像社会这座高楼大厦死死压住的厚实土层，处在最底层。这些人在1867年约占联合王国人口10%。后来，国家真正的力量，即洛贝尔图斯描绘的、养活社会其他阶级并以自己的劳动兴建起国家的高楼大厦，像酷爱劳动的蚂蚁一样的工人阶级结成的强大基础突起了。这个阶级加上穷人约占全人口77%，然而，他们的收入只占国民收入的

① 洛贝尔图斯：《关于社会问题的论述》，德尔出版社，第2卷，第88页。

40%。收入不多(年收入 60—300 英镑)的有产阶级占人口 22%，其收入占 24%;中等收入(从 300—1 000 英镑)的有产阶级占人口 1%多一点，其收入却占国民收入 10%以上。洛贝尔图斯把这些不大发展的现代社会的中产阶级，描绘成是支持大财主——富有阶级的薄弱基础，而富有阶级却是由几万家形成的人数极少的集团，在他们手中集中了大约 26%的国民收入。

洛贝尔图斯认为，就结构而言，资本主义的发展必然要导致社会离开金字塔式的结构越来越远，因为塔中逐渐堆积的土层体积随着塔的高耸而渐渐减少，并使社会越来越接近轴线中心，即接近联结无产阶级和富有阶级这种社会对抗的中产阶级这根细长草茎。

马克思的观点也完全是这样的。马克思写道:“资本巨头不断减少，贫困、压迫、奴役、退化和剥削的程度不断加深，而日益壮大的、由资本主义生产过程本身的机构所训练、联合和组织起来的工人阶级的反抗也不断增长。”[①]按照马克思的意见，资产阶级数量上的减少，定会减少无产阶级争取未来社会革命胜利时的困难，但是，这只是涉及关于“人民群众剥夺少数掠夺者”的问题。

资本主义发展的实际进程究竟如何呢？能否看到中等收入者减少，少量收入者增多和资产阶级人数减少的现象呢？诚然，资本主义经济的发展要导致资本的积累和工业的集中。然而，生产集中同收入的集中却完全不同。工业企业可以办得越来越大，由于数家企业合并为一家，其数量会相应地减少，但获得巨额收入的人数却可能绝对地和相对地增加。股份公司的发展，虽然使资本主

① 参阅《马克思恩格斯全集》，中文版，第 23 卷，第 831 页。

义企业相应减少，但资本家的人数却有可能增加。小工商企业受大工商企业排挤，标志居民无产阶级化。然而，居民的无产阶级化却使其贫困程度不一样：雇佣工人的收入可能不低于甚至还会超过独自经营的小业主的收入。

对解决社会收入分配中重要而又困难的变化问题，唯一可靠的依据是所得税的统计资料。可惜，英国所得税资料不能提供确定得到一定数额收入的人数。德国却有这样的资料。

首先，这些资料证明：财主数**不仅没有减少**，正如马克思所认为的，反而**迅速地增长着**。桑巴特公正地说："我们随便以一万、二万、五万和十万马克收入作为限度，就可以随处看到一种结果；有这样收入的人，其人数的增加，比得到收入的另外某种人快得多。"[①]百万富翁的人数没有减少，而在所有资本主义国家正以惊人的速度在增加。

上层集团的收入比中等的增长要快得多，而且，越快，收入就越多。例如，下面就是普鲁士的统计数字。[②]

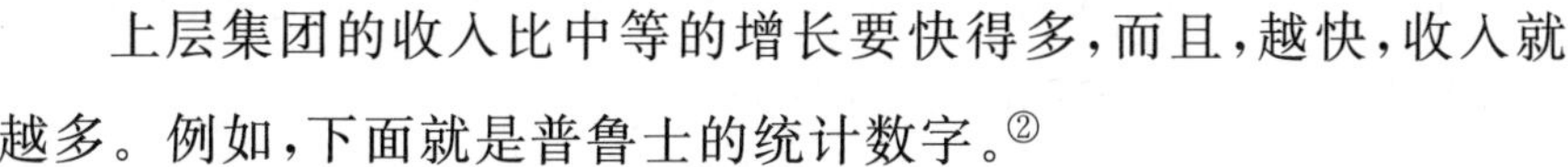

1870—1902 年间得到相应收入人数增加的％

收入（马克）	％
3 000—6 000	284
6 000—9 600	345
9 600—28 800	487
28 800—100 000	591
100 000 以上	1 288

① 桑巴特：《社会主义和社会运动》，1905 年，第 5 版，第 85—86 页。

② A. 瓦格纳：《国民收入和国民财产统计方法》（普鲁士王国统计局刊物，1904 年）。

洛贝尔图斯和马克思认为居民中的中产阶级人数在减少，这是根本不正确的。恰恰相反，在新时期，这些阶级的增长尽管不如富有阶级那样快，但也相当快。例如，普鲁士收入在 3 000 马克以上的人数增长情况：①

普鲁士地区收入在 3 000 马克以上者的人数增长情况		
1873 年	1894 年	1902 年
123 284	319 317	449 741

此外，谈到社会贫穷阶级，他们与全体人口相比，其人口数在下降。例如，萨克森收入低于 800 马克的人数占总人口的％如下：

年份	收入
1879 年	76.9
1894 年	65.3
1904 年	54.8

普鲁士地区收入低于 900 马克的人数占总人数的％：1896 年为 70.7％而 1906 年只占 61.7％。②

总的说来，普鲁士在 1853—1882 年间收入分配的变化如下：③

年份＼收入	900 马克	900—3 000 马克	3 000 马克以上
1853 年	83	16.1	0.9
1882 年	71.6	24.9	3.5

① 施穆勒：《政治经济学概论》，第 2 部，第 460 页。

② 菲利波维奇：《政治经济学概论》，第 1 部，第 343 页。

③ A. 瓦格纳，见其文选，第 81 页。

最近以来，关于普鲁士收入分配中发生变化的性质，可以根据下列数字来判断：[①]

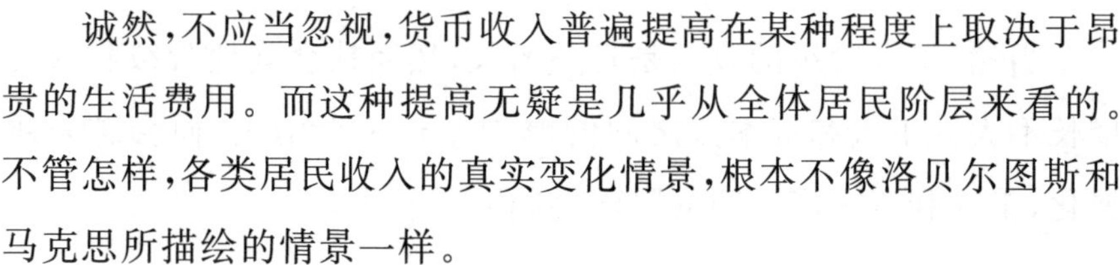

	相应收入的人数(千人)		增长额
收入(马克)	1893 年	1902 年	%
900—3 000	2 118	3 310	56
3 000—6 000	204	291	43
6 000—9 500	55	77	40
9 500—30 500	46	64	39
30 500—100 000	9	13	44
100 000 以上	1. 6	2. 7	69

从上表看，百万富翁人数增长最多。中产阶级其人数都增长较快，但比收入 900 到 3 000 马克者以及比工人阶级和职员中的相应的中等和高等阶层的人要少。收入少于 900 马克者，即最贫穷的居民阶层，其人数略有减少。

诚然，不应当忽视，货币收入普遍提高在某种程度上取决于昂贵的生活费用。而这种提高无疑是几乎从全体居民阶层来看的。不管怎样，各类居民收入的真实变化情景，根本不像洛贝尔图斯和马克思所描绘的情景一样。

然而，如果中等一类的收入按其人数和收入额远不是缩小，相反，而是迅速增加，则中等一类的社会成分将发生重大变化。上层无产阶级将代替原先独立的生产者和买卖人。因此，中等阶级将与日益增长的居民无产阶级化而同时增长。

无产阶级的收入增长，但这并不标志着资本家减少对工人的

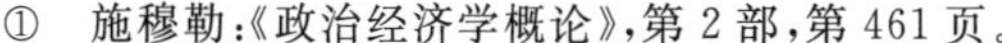

① 施穆勒：《政治经济学概论》，第 2 部，第 461 页。

剥削。恰恰相反，可以认为，资本主义剥削工人的程度不仅没有减弱，反而迅速地加强了。工人得到的货币收入越多时，保持自己所创造的产品份额就越少了。例如，像鲍利这样细心的研究者所得出的结果是[①]：

年度	英国的工资总额	其他居民阶级的收入	非工人阶级的收入与工人阶级收入的%
	单位：百万英镑		
1860	392	440	112
1866	464	566	122
1870	486	606	125
1874	609	735	121
1877	591	782	132
1880	567	778	137
1883	609	818	134
1886	605	840	138
1891	699	912	130

当然，工人阶级的收入是日益增长，然而社会其他阶级收入的增长不大。工人和资本家之间的鸿沟永远不会消失，而会越来越深化，工人和资本家之间的隔阂会越来越扩大。

参考书目

达德利·巴克斯特：《国民收入》，1868 年。

洛贝尔图斯：《关于社会问题的论述》，德尔出版社，1885 年，第 2 版。

马克思：《资本论》，第 1 卷。

吉芬："中世纪后半期工人阶级的发展"，《财经文集》，第 2 辑，1890 年。

① 鲍利："英国平均工资的变化"，载《皇家统计协会杂志》，第 58 期，第 248 页。

鲍利:“英国平均工资的变化”,载《皇家统计协会杂志》,第 58 期。

伯恩施坦:《社会主义的先决条件》,涅尔出版社(俄译本),1898 年。

考茨基:《伯恩施坦和社会民主纲领》(俄译本)。

尼奇克:《普鲁士人的收入和财富》,1902 年。

A. 瓦格纳:《国民收入和国民财富的统计方法学》(普鲁士皇家统计局),1904 年。

施穆勒和菲利波维奇合编的教程。

第五篇

整个资本主义经济

第一章　社会资本循环和市场理论

一、社会资本的循环。资本的商品、货币和生产形式。市场问题。二、古典学派的市场理论。萨伊的观点。李嘉图的资本积累理论。三、西斯蒙第的市场理论。过剩产品。国外市场。马克思的观点及其学派。西斯蒙第理论的得失。四、市场问题的解决。考察整个社会经济的方法。魁奈。马克思。规模不变和规模扩大的社会资本再生产图式。资本积累。资本主义经济的奇谈怪论。资本主义的弹性纽带。五、市场理论的实践检验。从事消费品生产的居民人数的减少。资本主义国家的国内和国外市场。六、资本的国际转移和新兴的资本主义国家的市场。资本国际流动的原因。新兴资本主义国家较为有利的市场条件。俄国。农民的消费和俄国资本主义工业市场。市场理论和马克思主义。

一、社会资本的循环

在资本主义经济中，产品不只是为自身消费，而是为销售生产的。如果产品找不到销路，资本家不仅得不到利润，而且还会失去自己的资本。为了能收回资本，就得把资本主义生产的产品不间断地销售出去;如果销售因故或长或短地中断一段时间,资本主义生产也就必然随之中断。

因此,资本主义生产过程是以社会资本形式不断变换为前提的。社会资本形式的不断变换形成社会资本的循环。如果说商品一进入销售领域就开始了资本循环,那么,资本循环的第一步就是商品转化为货币,即商品资本转化为货币资本。接着就是第二步,货币转化为再生产所必需的物品,即资本家用出售产品取得的货币来购买生产资料和劳动力。然而,由于在资本主义生产过程中所创造的商品价值也包含着剩余价值,因此,商品价值有相当一部分并不转化为下一步资本主义生产所需的资料,而是转化为资本家阶级的消费品。这部分商品价值一转化为供资本家阶级消费的商品就不再流通。与此相反,转化为生产资料和劳动力的那部分价值则继续循环,并在生产过程中转化为新的商品,创造剩余价值,资本循环也就到此结束,然后又以同样的形式开始新的循环。

这个循环的全过程,可用如下图式表示:①

① 这个图式是稍有改动的马克思的图式(见《马克思恩格斯全集》,中文版,第 24 卷,第 87 页)。资本循环可以从任何一种资本形式,如货币形式或生产形式开始。但是,我们在考察整个社会经济的资本循环时,恰恰应该把商品形式看做是资本循环的起点和终点,这是因为社会生产过程最终是以制成商品结束的,而货币则不过是商品流通的简单工具。马克思正确地指出:"W'……W'是魁奈《经济表》的基础。他选用这个形式,……这就显示出他的伟大的正确的见识。"(《马克思恩格斯全集》,中文版,第 24 卷,第 115 页。)上文所引的图式,是以假定规模不变的资本再生产为前提的。而在规模扩大的资本再生产、资本积累的条件下,资本家占有的剩余价值,有一部分不再转化为资本家的消费品,而转化为生产资料,从而使商品资本的价值在资本循环终结时比在开始时增大。

$$\begin{array}{lllll} W\text{——} & G\text{——} & \overset{Pm}{\cdots} P\cdots & W^{①} \\ + & + & A & + \\ w\text{——} & g\text{——} & w & w \end{array}$$

W 代表用以补偿在生产过程中消耗掉的资本的那部分商品价值；w 代表相等于剩余价值的那部分商品价值；G 和 g 分别代表转化为货币的那部分价值和剩余价值，Pm 和 A 分别代表生产资料和劳动力的价值，P 和虚线代表生产过程。

上一行大写字母概括地说明资本本身的循环，下一行小写字母说明在资本主义生产过程中所创造的剩余价值的循环。上一行字母表明，商品资本是怎样转化为货币资本，再转化为生产资料和劳动力，随后进入生产过程，从而使消耗掉的资本重新转化为商品，并创造出剩余价值的。下一行字母表明，剩余价值是怎样循环的，剩余价值先以商品形式出现，再转化为货币形式，然而又转化为资本家消费的商品。

由此可见，社会资本在其循环过程中是以**商品**资本、**货币**资本和**生产**资本三个不同的形式连续出现的。在生产过程中，资本只改变它的物质形式，而不改变它的占有者，因为握有劳动力和生产资料的资本家，也支配着生产资料转化为随后转入交换的新产品的过程。但是，在商品转化为货币资本、货币资本转化为生产资本的过程中，资本仅仅是从一个占有者手里转到另一个占有者手里而已。

在卖和买这两个行为中，就资本主义经济条件来说，买是不会

① 原文图式均用俄文字母表示，为便于阅读起见，参照通用图式，一律改用德文字母，下同。——校注

遇到什么困难的,只要有货币,就很容易买到商品。

至于说资本在流通的另一个行为——卖,情况就不同了。在资本主义经济中,卖比买要困难得多。某种商品销售点的总和叫做该种商品的市场。资本主义经济一个最明显的特点,是每一种商品的市场通常都供给充足,甚至供过于求。商品供不应求,在现代经济条件下,只能是一时的。相反,商品供过于求,不仅是现代经济制度下屡见不鲜的现象,而且是普遍的规则。商品过剩以至很难销售出去,是现代商品市场常见的正常的状况。

由此而产生争夺市场的斗争,这已经成为现代经济生活一个异常突出的特点。

在资本主义经济条件下,生产商品并不困难,困难的是销售商品,为商品寻找市场。这后一项任务,就其重要性来说,足以迫使前一项任务退居次要的地位。大家知道,现今的销售组织是多么复杂,一个企业主要花多大的力气,才能把自己的商品打入充斥着各色各样商品的市场。供给通常总是走在需求前面,并超过它。因此,只要能刺激需求,商品生产者是什么都愿意干的。

市场,是现代经济生活赖以发生千丝万缕联系的中枢。市场支配生产,而不是生产支配市场,这就是资本主义经济制度给人造成的直接印象。资本主义经济虽然拥有庞大的生产力,但也只能有一部分得到利用。任何一个资本主义国家,如能充分利用其全部生产力,则随时都能大大地扩大自己的生产。那么,究竟是什么原因妨碍资本主义经济充分利用生产力,阻碍社会生产的增长呢?其原因只能是生产出来的商品很难找到销路,换句话说,就是市场不足。因此,市场是左右整个资本主义经济的核心力量,而资本主义生产所经常感到的市场不足，则是束缚资本主义生产发展的弹性纽带。

那么，究竟是什么原因造成市场不足，商品销售困难，以致资本主义生产总是压迫市场，总是超过市场容量呢？这就是经济学长期无力解决的重要而又困难的市场问题。

二、古典学派的市场理论

市场理论是由一位能力最差的政治经济学理论家让·巴·萨伊第一次在科学上提出的。他根本不善于深入钻研理论，总是浮在现象的表面。这个问题他之所以能提出来，是因为市场理论的中心思想是极其简单而肤浅的，但要了解由这一思想引出的合乎逻辑的结论，并用这一思想的观点来说明资本主义发展的具体事实，则是非常困难的。通常认为，富有阶级的奢侈生活，即所谓的非生产性消费，在国民经济中起着必要的作用，能够维持产品的社会需求，创造市场。萨伊认为这种意见是错误的，并提出了与之对立的观点："各种产品数量增长得越多，每种产品能找到的买主也就越多。"[①]因为，要购买产品，就得先销售其他产品。商品最终只能与商品相交换，而货币只不过是交换行为的简单的媒介。一般的观点认为，如果没有非生产性消费，一部分商品就会缺少买主而找不到市场，商品就会过剩，社会也就出现供过于求。但难道事情

① 让·巴·萨伊：《政治经济学教科书》，1852 年第 3 版，第 1 卷，第 339 页。一位俄国作者认为这个理论的真正创始人不是萨伊，而是詹姆斯·穆勒。对此，我不能同意，虽然詹姆斯·穆勒在理论上对市场问题的理解要比萨伊深刻得多。参见 B. 米勒：《萨伊—李嘉图的市场理论》（载《社会科学问题》，1910 年第 3 期）。

果真如此吗？事实表明，一个人只要在生产产品，就证明他还有某种需求没有得到满足，要不他为什么还要进行生产呢？每个人从事生产，目的只能是为了满足自己的某种需要。这就是说，每一种商品都包含着对其他商品的需求，每一种商品的市场都是依靠其他商品建立起来的。也有可能生产市场上不需要的商品（这时就应该改变社会生产的安排），但不可能出现这样的情况，即所有商品的总供给超过社会对商品的总需求。如果一种商品的供给超过了社会的需求，那就是说还有另一种商品供给没有达到社会的需求。

这就是萨伊理论的实质所在。从上面的论述中可以看出，萨伊的全部论据都是以简单商品经济，即生产多少就消费多少的小商品生产者经济这一假设为基础的。但是，这样的论据，对于资本主义生产来说，显然是不够的，因为资本家生产的商品总是要多于他用于个人消费的商品。资本家要积累资本就得节制消费。因此，可不可以说，资本积累会导致商品供过于求呢？

对资本积累的问题，李嘉图及其学派已进行过考察，并且解决了它。他们认为，资本积累不会引起商品的总供给超过商品的总需求，这是因为资本家积累资本是为了把它转化为工资。

因此，资本的积累不过是参与生产过程的工人对资本的消费。从这个观点来看，就完全可以明白，为什么资本积累不管进行得多么快，任何时候都不会引起社会生产超过社会消费，不会引起商品供过于求；在资本积累的情况下，社会消费量一点也没有下降，只不过是工人的消费由于资本家消费的缩减而增加。

Д. C.穆勒所描述的资本积累过程就是这样的。这样一来，主张不可能出现普遍生产过剩的萨伊的市场理论，就在资本积累的学说中得到了理论上的论证，结果，它不仅对简单商品经济，而且对资本主义经济都是正确的。

这就是萨伊市场理论追随者提出的论据，可以归结为一点，资本的积累也就是工人阶级收入的增加。但是，根据这个理论的观点，却无法理解资本主义经济中存在的一系列事实，首先无法理解十九世纪人民大众随着国民财富的增长反而趋于贫困化的事实。如果说资本的积累就是资本家的财富转化为工资，那么，资本积累得越快，转到工人阶级手里的国民财富就应该越多。然而，谁也无法否认，在十九世纪，资本积累比以往任何时候都快。这根据李嘉图学派的理论，应该相应地有更多的国民财富转化为工资，因而，工人阶级的生活水平也可望得到极大的提高。可是，十九世纪前半期，工人阶级的生活水平非但没有提高，反而下降了，而且，这种情况恰恰就发生在资本积累最快的英国。这显然与李嘉图学派的学说是背道而驰的。

按照这个学说的观点来看，发展着的资本主义经济的另一特点，即工业危机的周期性，也是难以理解的。十九世纪初叶的几十年间，当工业危机还没有那么准确地重复发生的时候，还可以认为这些工业危机是由于商品流通的偶然混乱（如战争）造成的。但是，当发现英国每十年发生一次严重的工业危机，而且用尽一切办法来制止危机发生都无济于事的时候，就需要有一种有关危机的理论来解释现代经济制度下产生危机的规律性。古典学派的市场理论否认商品普遍生产过剩（这是每一次工业危机的特点），不仅不能说明工业危机的必然性和周期性，甚至有意否认存在工业危机。正是这种理论存在着引人注目的弱点，不能说明资本主义经济的实际事实，这才促使经济学界另行创立了与之相对立的、而且迄今仍居于统治地位的市场理论。对这种市场理论作了充分阐述的，是西斯蒙第。

三、西斯蒙第的市场理论

西斯蒙第说：就像一个人的需求决定于本人的收入一样，社会的总需求决定于社会的总收入，因为社会是个人的集合体。但是，资本主义经济的发展造成社会收入的增长比生产的增长慢得多。工资不但没有增加，甚至还会下降，小独立生产者的收入也减少了。至于说资本家阶级的收入，它与生产并不是成比例增长的，因为生产越增长，资本家就越难为自己的商品找到销路，所以他就不得不降低商品价格，从而减少了企业主的利润。利润的利率随着资本家扩大周转而不断下降。其结果，资本主义的发展必然导致国民收入的增长赶不上国民生产的增长。正因为社会需求决定于社会收入，所以，国民生产则快于社会需求即市场的增长。市场上出现了由于国民收入不足而找不到销路的过剩产品。一旦出现不是局部性的、而是带有普遍性的商品生产过剩，那无论怎样安排社会生产，市场也总是要出现过剩的产品，这是因为社会收入与社会生产相比要少得多得多。

资本主义为摆脱这种情况而采取的办法，就是开辟国外市场，把国内市场上没有销路的过剩的产品输往国外。所有的资本主义国家都竭力夺取国外市场来投入自己的过剩产品。但是，十分明显，国外市场迟早会被资本主义工业所占满，到那时，也就没有地方可投入过剩的产品了。[①]

西斯蒙第的理论有严密的逻辑结构，主要是对资本主义发展的事实作了完全合乎情理的解释。根据这个理论的观点来分析，就能充分了解资本主义各国为什么争夺国外市场，了解为什么会发生工业危机，人民大众为什么会随着国民财富的增长反而日益贫困化。可见，这个理论所以能在思想界留下深刻的印象，并且时至今日仍盛行不衰，就是毫不奇怪的了。马克思主义原理也吸取了这个理论。和西斯蒙第一样，马克思和恩格斯也认为，资本主义市场的容量大小决定于社会收入的多少，消费收入减少势必出现过剩产品。就是现在，甚至以考茨基为代表的马克思主义者也主张这一观点。[②]

同时，上述两种市场理论，尽管在许多重大观点上有分歧，但有一点是一致的，那就是都认为消费需求是市场的限度。李嘉图也和西斯蒙第一样坚定地主张这一点。如果说李嘉图否认社会生产可能比社会对商品的需求增长得更快，那么，这也只是因为他认为社会消费总是随着社会需求的增长而增长，社会消费任何时候也不可能落后于社会需求。要知道，资本积累无非就是工人的消费取代了资本家的消费，也就是说，不管资本积累多么快，社会消费是不可能缩减的。同样，西斯蒙第虽然也把社会消费看做是社会需求的限度，但与李嘉图相反，他却认为资本积累会引起社会消

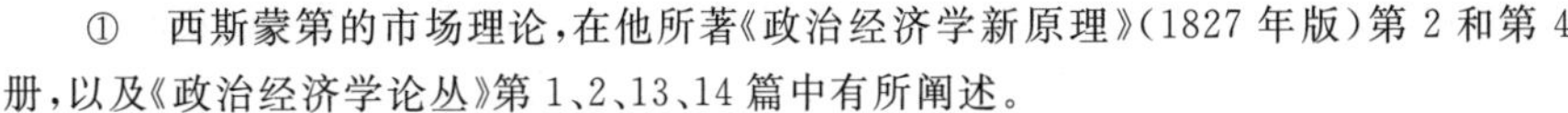

① 西斯蒙第的市场理论，在他所著《政治经济学新原理》（1827 年版）第 2 和第 4 册，以及《政治经济学论丛》第 1、2、13、14 篇中有所阐述。

② 关于这一点，参阅拙著《马克思主义的理论基础》第 9 章，以及《周期性工业危机》，第 3 版，1914 年，第 2 篇，第 3 章。

费的减少，这是因为在这种情况下社会收入会相对地下降，而消费能力则是受收入总额限制的。

他们的争论也全都集中在这后一点上。

毫无疑问，在这一点上正确的是西斯蒙第，而不是李嘉图。李嘉图学派根本无法反驳西斯蒙第的论据。因此舆论公认西斯蒙第是胜利者，他的理论盛行了很长时期也是毫不奇怪的。要驳倒西斯蒙第的理论，只能有一种方法，即如何证明这个理论的出发点（关于市场容量与消费需求量之间有相对的必然联系的论点）是错误的。然而，这当然是萨伊—李嘉图学派无能为力的，正如现行的政治经济学也无能为力一样，因为西斯蒙第全部理论过去和现在都在坚持这个观点。

可是，这个论点不仅不是什么显而易见的真理，而且只能是毋庸置疑的谬误，它根深蒂固，并且披着真理的外衣。这个论点来自对资本积累过程的错误观念。这个学派指出，资本积累无非是把资本家的利润转化为新工人的工资。事实上，这完全是错误的，资本积累绝不单纯是工人阶级的消费取代了资本家的消费，因为积累的资本不仅转化为工资，而且还转化为生产资料，而生产资料并不属于任何一个居民阶级的消费要素。

四、市场问题的解决

为了圆满解决困难的市场问题，首先必须对资本积累过程作出科学的分析，并且不是对个别的私人资本而是从总体上对社会总资本的积累过程作出科学的分析。如果经济学家们无力解决这个市场问题，那只能是因为他们也从没有尝试把整个社会经济作为一幅图景来加以描述。

早在经济学史的初期，魁奈就向自己提出了这样的任务。正因为如此，他那著名的《经济表》才使当代人产生了极为深刻的印象：魁奈把社会经济看做是一个整体，在这个整体的范围内，商品进行流转，在消费和生产过程中消耗掉的那部分社会产品得到补偿。魁奈以后的一百多年间，没有一个经济学家作过任何一点尝试，走魁奈的路，运用魁奈的方法来研究国民经济现象。这也恰恰说明了为什么与整个国民经济的各种现象有关联的所有各个领域的经济理论，如关于社会资本分配和积累的学说，社会产品实现的学说等，状况都是不能令人满意的，也只有马克思才重新拾起魁奈之后已中断了的线索，在《资本论》第二卷中提出了整个社会经济的资本主义生产图式。只有在魁奈和马克思的方法（研究整个社会经济的方法）的基础上，才有可能科学地分析资本积累过程，阐明社会产品实现的规律。①

资本主义生产是以货币资本转化为生产资料，然后商品资本又反过来转化为货币为前提的。但是，在对资本的社会再生产进行抽象分析时，可以忽略由于商品向货币转化困难而造成资本循环的混乱。资本的社会再生产，就是资本各个要素的再生产，以及这些要素通过交换的互相补偿。由于这种再生产和交换的结果，不论是资本家的利润（确切地说，即一切非劳动收入，或用洛贝尔

① 这里需要指出的是，马克思的分析并没有完，对任何一般结论来说，其本人并没有做完，也没有采用。在市场理论方面，马克思作出的一般结论是附和了西斯蒙第的错误观点。

图斯的术语来说就是租金），还是资本本身的各个组成部分都得到实现。

下面的图式表述了社会资本原有规模不变的社会资本再生产：

Ⅰ．生产资料生产①

720pm＋ 360A＋ 360m＝1 440。

Ⅱ．工人消费品生产

360pm＋ 180A＋ 180m＝ 720。

Ⅲ．资本家消费品生产

360pm＋ 180A＋180m＝ 720。

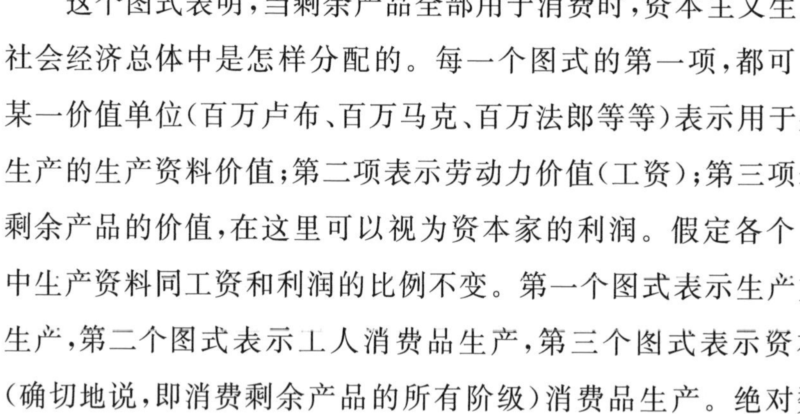

这个图式表明，当剩余产品全部用于消费时，资本主义生产在社会经济总体中是怎样分配的。每一个图式的第一项，都可以用某一价值单位（百万卢布、百万马克、百万法郎等等）表示用于某种生产的生产资料价值；第二项表示劳动力价值（工资）；第三项表示剩余产品的价值，在这里可以视为资本家的利润。假定各个图式中生产资料同工资和利润的比例不变。第一个图式表示生产资料生产，第二个图式表示工人消费品生产，第三个图式表示资本家（确切地说，即消费剩余产品的所有阶级）消费品生产。绝对数字是任意假设的。固定资本与流动资本的区别，为叙述简便起见，在图式中略而不提：虽然实际上生产资料一年只有一部分被消耗掉并需要补偿，但在图式中却假定生产资料在一年内全部消耗掉并

① 图式中原用符号字母，均系俄文。一项为 c，即为 средства производства（生产资料），二项为 p，即 рабочая сила（劳动力），三项为 п，即 прибавочный продукт（剩余产品）。为便于阅读起见，现参照通用标法，相应改为：pm＋A＋m。下同。——校注

全部得到补偿，换句话说，假定固定资本也和流动资本一样地进行周转。

在第Ⅲ生产部门，从图式来看，是制造资本家消费品的。这类商品(价值为720)怎样才能在市场上得到实现呢？图式给了明确的答案。这些商品有四分之一用于本部门资本家的消费(180)；四分之一用于第Ⅱ生产部门资本家的消费(其利润也是180)；其余部分则用于第Ⅰ部门资本家的消费(其利润为360)。通过不同产品的交换，第Ⅲ部门的工人得到180的消费品，即第Ⅱ部门的产品；而第Ⅲ部门的资本家得到360的生产资料，即第Ⅰ部门的产品。这样，第Ⅲ部门的商品就全部得到了实现。

第Ⅱ生产部门商品(工人的消费品，价值也为720)的实现途径如下：这些商品有四分之一(180)用于本部门工人的消费，四分之一(180)用于第Ⅲ部门工人的消费；其余的二分之一(360)用于第Ⅰ部门工人的消费。通过交换，第Ⅱ部门的资本家从第Ⅲ部门得到180的消费品，从第Ⅰ部门得到360的生产资料。

第Ⅰ部门的商品(价值为1 440的生产资料)有二分之一(720)用于本部门；四分之一(360)用于第Ⅱ部门的生产，四分之一(360)用于第Ⅲ部门的生产。通过交换，第Ⅰ部门的资本家从第Ⅲ部门得到360的消费品，而工人则从第Ⅱ部门得到360的物品来满足他们的需要。

全部商品供求完全相等。所生产的生产资料的价值(1 440)等于社会生产所需要的生产资料价值(720＋360＋360)。工人消费品的价值(720)等于工资总额(360＋180＋180)，而资本家消费品的价值(也是720)等于利润总量(360＋180＋180)。每个部门的商品，一部分在本部门内进行消费和交换，另一部分则与其他两个部门的商品进行交换。

需要注意的是，在这个图式中，生产资料与工人和资本家的消费品是同时生产，同时在市场上流通的。这一点本来是十分明显的，但恰恰也是斯密—李嘉图学派和西斯蒙第学派所不了解的。在他们看来，全部社会产品可以分为各项社会收入。然而，在上述图式中，社会产品的价值为 2 880，而社会收入都只有 1 440，仅等于社会产品价值的一半。社会产品虽然超过社会收入总额一倍，但还是在市场上销售一空，所以，根本不会出现社会供给超过社会需求。

但是，为了使需求和供给达到平衡，就需要根据需求，对社会生产进行按比例的分配。一旦生产的分配比例失调，一些产品就会生产过剩，而另一些产品就会供不应求。

上面的图式说明了没有资本积累，即剩余产品全部用于资本家个人消费的情况。

下面的图式则说明假定在资本家把一半剩余产品转化为资本的条件下出现社会资本积累的情况。

社会资本扩大再生产（资本积累）

第一年

Ⅰ．生产资料生产

840pm＋420A＋420m＝1 680。

Ⅱ．工人消费品生产

420pm＋210A＋210m＝840。

Ⅲ．资本家消费品生产

180pm＋90A＋90m＝360。

第二年

Ⅰ. 生产资料生产

980pm＋490A＋490m＝1 960。

Ⅱ. 工人消费品生产

490pm＋245A＋245m＝980。

Ⅲ. 资本家消费品生产

210pm＋105A＋105m＝420。

第三年

Ⅰ. 生产资料生产

1 143$\frac{1}{3}$pm＋571$\frac{2}{3}$A＋511$\frac{2}{3}$m＝2 286$\frac{2}{3}$。

Ⅱ. 工人消费品生产

571$\frac{2}{3}$pm＋285$\frac{5}{6}$A＋285$\frac{5}{6}$m＝1 143$\frac{1}{3}$。

Ⅲ. 资本家消费品生产

245pm＋ 122$\frac{1}{2}$A＋122$\frac{1}{2}$m＝490。

假定第一年内社会生产总额与前引第一图式相同,生产资料、工资和利润三项价值的比例亦均与前式相同(即:2∶1∶1)。只是社会生产的分配有所不同,因为资本家把自己收入的一半不再用于个人消费,而是把它转化为资本,从而改变了社会需求的性质。既然资本家消费品的需求缩减一半,那么生产资料和工人消费品的需求就要相应地增加。上述图式所表述的社会生产的分配,是假定社会产品的需求与供给相等,尽管剩余产品一半用于资本家消费,一半转化为资本。

这个图式是用下列方法得出的。在前引第一图式中(见本书第 635 页),资本家的利润等于 720。我们假设:资本家利润有一半(即 360)用于消费,一半用于积累。由于有了资本积累,第一年内资本家的消费为 360,因而第一年内第Ⅲ生产部门(资本家消费品生产)的生产也应等于 360。这个数字应按 2∶1∶1 之比(因为我们在第一图式中采用了这个比例),分解为生产资料、工资和利润三项,因而,第Ⅲ生产部门图式可以用 180+90+90 表示。

这样,我们就在上述图式中得出了第一年内社会生产第Ⅲ部门的数字。前两个部门亦可根据下列方式算出。

根据供给情况,资本家把一半利润即 360 用于积累。这用于积累的利润又全部分别用来购买两类产品,即用于生产资料和工资。我们假设生产资料与工资的比例为 2∶1,那么,用于积累的利润 360 则应分为生产资料 240$\left(\frac{360\times 2}{3}\right)$和工资 120$\left(\frac{360\times 1}{3}\right)$。

总之,为了使资本积累成为可能,生产资料的生产就得增加 240,而工人消费品的生产就得增加 120。换句话说,在实行积累的一年内生产资料的生产应为 1 680(即第一图式的 1 440+240),而消费品的生产则应为 840(第一图式的 720+120)。

这样,我们就得到了三个部门的生产总额。所以也就不难得出各个图式。第三图式我们已经得出来了。现在再把 1 680(第一部门生产总额)按 2∶1∶1 之比进行分配后得出第一图式,这就是:840+420+420。

我们把第Ⅱ部门的生产总额 840 按 2∶1∶1 之比进行分配即可得出第二图式,即:420+210+210。这样,我们就得到了第一年的资本积累图式。

第二年积累图式可用如下方法得出：第一年的利润等于 720，在第一年内资本家把其中的 360 资本化。根据我们的假设，生产资料、工资和利润的比例为 2∶1∶1，因此，如果生产资料和工资＝360，则新增加的利润＝120，换句话说，第二年资本家的总利润＝720＋120＝840。

在第二年内资本家所得利润又只有一半用于消费，即 840÷2＝420，于是，我们就可以得到第二年内社会生产的第Ⅲ部门的图式，即把 420 按生产资料、工资和利润的比例进行分配，即可得到第二年的第三个图式(210＋105＋105)。

第二年的社会生产第Ⅰ部门的图式，我们可用如下方式得出。资本家在第二年把所得利润的一半即 420 资本化。从这 420 中，生产资料占 280，工资占 140(按 2∶1 的比例分配)，这样第Ⅰ部门第二年的生产总额为 1 680＋280＝1 960。

第二年社会生产的第Ⅱ部门生产总额则为 840＋140 ＝ 980。

我们再把第Ⅰ和第Ⅱ部门的数额分别按生产资料、工资和利润的比例进行分配，即可得出第二年的第一个图式(980＋490＋490)和第二图式(490＋245＋245)。

在第一年内制造的产品将按如下途径实现。资本家消费品(第Ⅲ部门)的生产为 360。我们假设资本家只消费所得利润的一半，第一年内第Ⅰ部门资本家的利润为 420，所以，他们对消费品的需求为 210，第Ⅱ部门资本家对消费品的需求为 105，而第Ⅲ部门资本家对消费品的需求则为 45。这样，需求总额等于 360，也就是说，与消费品的供给总额完全抵消。第一年工人消费品的生产为 840。第二年扩大生产所需要的这类消费品数额，第Ⅰ部门为 490，第Ⅱ部门为 245，第Ⅲ部门为 105，也就是说，又正好和生产数额相等。同样，第二年生产对生产资料的需求（第Ⅰ部门生产为 980，第Ⅱ部门生产为 490，第Ⅲ部门生产为 210）也和第一年生产的生产资料价值（1 680）相等。这样，第一年的全部产品就在第二年内得到实现。

但是，第二年扩大生产是为了什么呢？我们有什么理由认为第二年对生产资料和工人消费品的需求要比第一年多呢？我们所根据的，仍然是假定资本家在第二年也和第一年一样，把一半利润转化为资本，而不用于个人消费。第二年的生产是在一半利润继续用于积累的条件下进行分配的，因此，对第二年产品的需求就得由第三年的扩大生产来创造。

在第二年年底生产出来的生产资料为 1 960，工人消费品为 980，资本家消费品为 420。我们不妨考察一下这些产品究竟是怎样得到实现的。

第二年的利润总额等于 840（490＋245＋105）。我们假设，资本家把所得利润的一半用于个人消费。这样，第二年生产的资本家消费品 420 就找到了市场。第三年的生产资料（1 143$\frac{1}{3}$＋571$\frac{2}{3}$＋245）为 1 960，和第二年生产的生产资料价值 1 960 相等。第三年的工资（571$\frac{2}{3}$＋285$\frac{5}{6}$＋122$\frac{1}{2}$）为 980，和第二年生产的工人消费品 980 相等，这样，第二年的全部产品都在第三年内得到实现。这是因为第三年的扩大生产为它们开辟了市场。第三年的图式，也是用第一年和第二年那样的计算方法得出的。第三年的社会生产将在第四年的社会需求中得到实现。第四年的图式本书没有单列出来，但很容易算出它。

这里没有必要继续分析第四年、第五年以及其后年份的生产分配。上面列举的图式，可以清楚地证明一个本来很简单，但却由于对社会资本再生产过程认识不足很容易遭到反对的思想，那就是资本主义生产本身能够为自己开辟市场。只要拥有足够的生产力，能够扩大生产，就能在社会生产按比例分配的条件下相应地扩大需求，因为在这种条件下，每一种新生产出来的商品，就是一种新出现的能够获得其他商品的购买力。①

第一图式就已经证明，社会产品完全分解成国民收入各部分的老观点，是站不住脚的。第二图式可以使我们看清古典学派关于资本积累过程的全部学说的错误。资本积累绝不等于一种社会消费代替另一种社会消费。用于积累的资本固然转化为工资，但也转化为生产资料。因此，只有相当于工资的那部分资本转化为社会消费的要素，而另一部分则完全退出社会消费，充当了不再变成任何收入的那部分社会支出。

在一定的生产规模情况下，资本积累速度的任何加快都等于社会消费的绝对缩减。资本家把自己的收入用于个人消费时，收入全部转化为社会消费品；一旦把收入转化为资本时，则收入只有一部分转化为社会消费品，而另一部分完全退出社会消费资金而

① 上引图式，是按比例进行的社会生产和分配的算术图解。我所主张的论点，本来可以从数学上用一般公式加以证明，但是这样一来，叙述就会过于抽象，使看不惯抽象代数公式的普通读者不易接受。这项工作由我们大学研究班的 H. 伯恩施坦完成了。请读者参看他写的一篇内容极其丰富的论文。见《社会科学问题》1910 年第 3 期上所载 H. 伯恩施坦《马克思和杜冈—巴拉诺夫斯基的市场理论》一文。

转入社会生产资金。在这种情况下，对生产资料的需求代替了对消费品的需求。

这一点从上述两种图式中可以清楚地看出来。在第一图式中根本没有资本积累；这时对全部商品的需求为 2 880 价值单位，而对消费品的需求为 1 440 价值单位。在第二图式中，资本家把一半收入资本化，因此，在第一年内生产的消费品就少得多，只有 1 200（工人消费品 840＋工人消费品 360[①]）；在第二年内生产的消费品为 1 400（980＋420），然而全年所生产的产品总值却达 3 360，第二年生产的全部产品，无论是消费品还是生产资料，如图式所示，全部为第三年的消费和生产消耗掉。因此，我们在比较分析第一图式和第二图式时，可以看到：在社会消费缩减的同时，社会生产的扩大，并不会破坏社会供求关系的平衡。[②]

在上述资本积累图式中，假定对劳动力的需求是随着社会生产的增长而增长的。然而事实上，随着技术的发展，工人在生产过程中越来越被生产资料　　机器所取代。在资本支出中，用于工资的部分越来越少，而用于生产资料的部分则越来越多。与机器相比，工人显然退居于次要地位，同样，与生产资料的生产性消费市场相比，工人的消费市场也退居于次要地位。然而，市场不会因此而有任何缩小，只不过是社会需求的性质有所改变：对生产资料的需求代替了对消费品的需求。

---

① 原文如此，后者应为资本家消费品。——译者

② 在第二图式中，假定资本积累速度不变，因而消费品在社会产品中所占的比重每年也都不变。资本积累速度稍一加快，消费品的比重就会有所下降。

工资是一项社会收入，而机器却不创造任何收入。因此，用机器来代替工人，就会使社会收入相对减少；生产资料在资本中所占的比重越大，资本转化为各项社会收入的比重也就越小。在这种情况下，社会生产总额增长，社会财富总额也随之增长，而社会收入总额却随之相对地（如果机器代替工人的过程相当快，则是绝对地）减少。只是这时不会出现任何多余产品，因为在这种场合，对生产资料的需求已完全替代了对消费品的需求。机器与工人一样，在进行工作时也需要一定的经济费用。例如，在生产某一产品时，如果机器代替了工人，工人阶级消费品的社会需求就会相应地减少，然而，对机器本身的需求，对机器运转所必需的一切物品如燃料、润滑油等等的需求却要相应地增长。总之，商品市场是不会有丝毫缩小的，只不过是市场上需求的商品种类有所改变罢了。这样，**在社会收入减少的同时，社会财富（指社会所拥有的产品数量）却有可能增加。**

这些结论不管听起来多么离奇，但都是从分析整个资本主义经济的资本循环中自然而然得出来的。正因为经济学家从不运用这样的方法来研究整个资本主义经济，所以才在科学上形成所谓在资本主义经济中市场容量决定于社会消费的观点。

然而，斯密—李嘉图学派也好，西斯蒙第学派也好，他们对市场问题的一切论断恰恰都是从这个论题出发的，因而，无论哪个学派都不能解决这个问题。

从社会整体上以图解的方式来考察资本主义经济，就必然得出在资本主义经济中社会消费完全不能决定市场容量的结论。社会产品不仅包括消费品，而且包括生产资料。随着资本的积累，消费品的需求就必然不断缩减，这是因为用于积累的资本只有一部分转化为工人消费品，其余一部分则转化为生产资料。然而，社会需求总额是不会减少的，因为消费品需求的减少部分，可以由生产资料需求的增加来弥补。总之，在按比例安排社会生产的情况下，不管消费需求减少多少，都不会使市场上的产品供给总量超过产品需求总量。

但是，难道消费不是生产的本来目的吗？难道生产不就是制造人类消费品吗？对此应该回答：经济制度有各种不同的类型，在对抗性的经济制度下社会生产的目的不同于在协调型的经济制度下社会生产的目的。

对于协调经济，毋庸置疑，其活动目的就是消费。协调经济的特点，是生产个人消费品的工人本身就是生产资料的占有者。在对抗性经济（奴隶制经济、封建制经济、资本主义经济）中则不然，经济企业的领导者不是工人，而是另外一些人，即生产资料的占有者。工人只不过是生产资料而已。对资本家—企业主来说，耗费人力和耗费生产资料是毫无区别的。在他们看来，工人需要粮食和马需要燕麦，两者之间是没有什么区别的。当然也可以说，工人本身购买消费品，就像资本家购买牲畜消费品一样，从市场产品的分配观点来看，谁是买主完全是无关重要的，重要的是怎么样取得购买手段。工人用资本家为支付给他的钱购买自己的消费品，就如同资本家用钱为机器购买煤一样。因此，对工人消费品的需求，就像对煤的需求一样，同样是由资本主义生产的需要来调节的。

虽然工人最终认为自己是人，而不是生产资料，但对资本家来说，工人终究不过是生产资料。由此而引起了工人与资本家的社会斗争，但是这场斗争是在商品市场之外进行的，因为对商品市场来说，工人消费品和役畜消费品与一般生产资料是毫无区别的。

马克思曾指出，在商品经济中，商品这东西好像被视为神物，成为创造人的主宰者。这就是马克思所说的商品经济拜物教。资本主义经济的拜物教还在继续发展，马克思对它的实质尚不完全了解。如果说在商品经济中，是物变成人，那么，资本主义经济就把人变成物。在资本主义经济中，人就会被贬黜为劳动工具，成为机器的等价物。

这样，由此产生了现代政治经济学无法理解的有关资本主义经济的奇谈怪论，说什么在资本主义经济中，不是社会消费支配社会生产，社会消费不是社会生产的目的，而恰恰相反，是社会生产支配社会消费，社会生产是社会消费的目的；不是资本为人服务，而是人为资本服务——这就是资本主义经济的座右铭。如果马克思学派接受了西斯蒙第的市场理论，那就只能是由于逻辑上的混乱而不忠于马克思主义的基本原理的结果。资本主义经济的动力不是人的消费，而是资本积累。资本积累的过程就是一种循环过程，商品资本转化为货币，随后转化为生产资料和劳动力，随后又转化为商品。在这种循环过程中，每一个环节可以看作既是手段（对后一个环节来说），又是目的（对前一个环节来说）。例如，什么是资本主义生产的目的——是生产粮食（人的消费品）呢，还是生产生铁（生产性消费品）？这就取决于我们是从哪一点开始来考察资本循环过程的。

如果我们考察的，譬如说是农业生产，那么它的目的就是生产粮食，而生产生铁（犁）只不过是达到这个目的的手段。反过来，如果在炼铁厂，生产的目的就是生铁，而生产炼铁工人吃的粮食就不

过是达到这个目的的手段。这就是说，无论是粮食还是生铁，都同样可以看作既是目的，又是手段。通常那种把粮食和生铁对立起来（即把目的和手段对立起来）的观点，只能证明对资本主义经济规律的无知。

社会财富增长，同时社会收入缩减，并且不会破坏社会需求和社会供给关系的平衡等诸如此类的资本主义经济的奇谈怪论，其产生原因在于资本主义经济的社会收入包括两种不同经济性质的收入：支配社会生产的不劳动阶级的收入和被当做生产资料使用的工人阶级的收入。在资本家看来，工人的收入就是支出。工人收入的这种两重性，来自工人经济作用的两面性，是由工人既是生产资料又是消费者这一特点决定的。工人作为生产资料，可以或多或少被机器所代替。机器替换工人的结果，社会产品总额增加了，所以社会财富非但没有减少，反而增加了；但是社会收入却减少了，这是因为工人阶级的收入减少了。在这种情况下，社会生产总额增长，而社会消费总额却下降。资本主义的所有这些离奇现象，是在对抗性经济的基础上产生的，事情很清楚，假如工人掌握了生产资料，就根本不会有同类情形。但是，资本主义经济的主宰者不是工人，而是那些把工人当做简单的生产手段的人。

这样一来，在社会生产按比例安排的情况下，不管社会消费需求怎样缩减，社会需求和社会供给总是平衡的。似乎由此可以得出结论，认为资本主义经济永远不会有市场不足之忧。但令人不解的是，为什么资本主义企业是这样难于为制成品找到买主？为什么争夺市场成为资本主义经济这样突出的特点呢？

其原因可以作如下解释。资本主义生产拥有庞大的生产力，总是极力扩大产品的数量。但是，只有在社会生产有比例安排的条件下，才有可能销售出这些产品。资本主义却没有任何组织方法来进行这样的生产安排。在此基础上就会产生资本主义工业危机，其实质将在下一章阐明。这里姑且指出一点：在资本主义经济中，缺乏任何办法来有比例地安排生产，这种情况起着一种经常抑制资本主义生产，阻碍资本主义生产发挥其全部生产力的弹性组带作用。这就是资本主义经济制度下产品实现困难的根本所在。市场对资本主义来说总是不足的，这并不是因为资本主义产品的消费者太少，而是因为在资本主义经济的条件下，按有比例地安排社会生产是根本办不到的，而即便能接近这样的比例，资本主义也得费很大的周折，经过危机和一些过度膨胀的企业倒闭之后才能办到。

五、市场理论的实践检验

任何一种经济理论，只有经过事实检验，才能认为有充分的根据。像上述市场理论那样，完全背离通常的观点，并且似乎有点奇谈怪论的学说，就更需要经过事实来验证了。我们从上面的阐述中可以看出，这一市场理论的实质就是：对生产资料的需求，也和对消费品需求一样，可以创造它的商品市场，因此，消费品的比重无论怎样缩减，也不会使资本主义产品的实现产生任何新的困难。

的确，事实也证明，消费品生产增长较慢，而生产资料生产增长较快，是资本主义发展的特点。早在几十年以前，在资本主义工业中占主导地位的是棉纺织业，而现在却是制铁业。就生产的规模来说，西欧许多国家的农业几十年来都处于停滞状态。纺织业也几乎处于同样的停滞状态。与此相反，生铁、化学产品、机器、煤等一般生产资料的生产却有了极其迅速的增长。因此，从事消费品生产的人口比重日趋下降，而从事生产资料生产的人口比重却不断增长。

最近一次1907年德国工业统计调查资料表明，从事生产资料生产的人口有了大量增加。有关普鲁士的统计数字如下表所示：

	就业人数(千人)		增加比重(%)
	1895年	1907年	
纺织工业	441.9	445.5	0.8
服装业	800.5	901.8	12.7
食品加工业	586.4	706.7	20.5
饮食业	326.0	446.7	37.0
土石加工业	314.3	447.5	42.4
金属加工业	383.9	573.4	49.3
建筑工业	596.7	919.7	54.1
化学工业	66.7	106.0	59.0
矿业	458.5	736.4	60.6
机器和工具制造业	329.4	655.8	99.1

纺织业(更不用说农业)工人人数几乎没有增加，工人阶级的收入增长很慢，以致人民大众对服装的需求无法很快增长。在1895—1907年期间，纺织工业的就业人数比重有了明显的下降。相反地，生产资料的生产却以惊人的速度增长着。机器和工具制造业的生产增长得更快，就业人数几乎增加了一倍。普鲁士纺织业的就业人数，在1895年还比机器和工具制造业多得多，可到了1907年，就比机器和工具制造业少多了。

消费品市场的扩大之所以非常缓慢，是由于人民大众贫困所致，但是，消费品生产的相对停滞，绝不会引起社会总生产的停滞。恰恰相反，社会总生产比任何时候增长得都要快，只不过是越来越多地朝着生产资料生产的方向发展。普鲁士在1895－1907年间，生产那么多的机器究竟干什么用呢？一部分用于生产消费品，不过越来越多地是用于生产资本主义工业所需的新机器和其他生产资料，因为资本主义工业越来越转向生产本身所需的生产资料，转向资本积累。

资本积累越来越成为目的本身，而整个社会生产制度都要服从于这一目的。资本主义生产本身越来越成为资本主义生产的市场，这个市场扩展得相当快，足以使资本在全世界畅行无阻。

这一过程在世界所有资本主义国家里都发生了。然而，资本主义经济在产品实现方面不会遇到任何新的困难。在十九世纪四十年代末，恩格斯根据居民的消费需求决定资本主义工业产品市场的学说，曾经预言今后资本主义工业增长速度减慢和经常性工业萧条是不可避免的。从那时候起半个多世纪过去了，资本主义工业，特别是生产资料的生产得到了迅猛的发展。可是，消费品生产却增长得很慢。那么，恩格斯的预言究竟证实了没有呢？一点也没有证实。类似经常性工业萧条的任何迹象，我们没有看到。尽管消费品的社会需求相对地减少了，资本主义仍能继续为日益增多的生产资料找到市场。这就是事实，因此，不难看出，这些事实能够在多大程度上证实上述的理论。

但是，资本主义工业产品之所以能找到市场，也许仅仅是因为资本主义经济把自己的过剩产品投到国外市场上去了吧？的确，任何一个资本主义国家都或多或少地把本国产品输往国外市场。对英国工业的许多部门来说，国外市场要比国内市场重要得多。很明显，要是没有国外市场，英国工业就存在不下去。

然而，这能否证明说，资本主义使英国创造了过剩的产品，而英国资本主义的购买力又十分有限，以致它所生产的产品在国内不能全部销售掉呢？众所周知，英国从国外输入的商品比输出的商品多得多，由此可见，这种见解是站不住脚的。

近几年来，英国每年进口总额超过出口总额，达1亿至1亿5千万镑以上。换句话说，英国国内市场需要的商品比国内生产的商品多1亿至1亿5千万镑以上，也就是说，英国资本主义经济的购买力不仅不低于它的生产力，而且大大地超过它的生产力。既然英国资本主义购买的商品比销售的商品多得多，那么，可不可以说，资本主义经济的产品就一定会过剩呢？①

许多人认为，资本主义工业越发展，就越需要国外市场。的确，资本主义产品输往国外市场的绝对量正迅速增长。然而，这还完全不能证明，资本主义各国的国内市场在社会产品实现方面的作用已相对地下降了，恰恰相反，桑巴特证明，在德国，发展迅速的工业所生产的产品输往国外市场的比重越来越小，而在国内找到有利销路的比重越来越大。

但是，应该用上述的理论观点来说明为什么大多数资本主义国家的工业都需要国外市场。要说明这一点，是没有什么困难的。如果一个国家从国外进口商品，它就必须用出口商品来偿付货款。对英国来说，国外市场之所以重要，就是因为英国国内市场有很大一部分为外国商品所充斥。所以，资本主义工业或多或少地为国外市场生产产品，是不足为奇的。在资本家看来，为什么非得偏重国内市场而轻视国外市场呢？资本家需要的是买主，至于买主是本国人还是外国人，对他都是无关紧要的。

资本主义从历史上看，就是在国外市场的基础上发展起来的，也是由于下述原因而发展起来的。资本主义工业起初主要是生产

① 之所以输入超过输出，如“信贷”一章所阐明的，是由于英国是其他国家的债权国，这些国家得用商品为自己的债务支付利息。

奢侈品，如丝绸织品、细呢绒、瓷器、玻璃、贵重武器等等。奢侈品消费者在本国为数很少，需要到世界各地去寻找，因为无论什么地方富人毕竟只占人口的极小一部分。总之，资本是世界主义者，它具有国际性。资本总是一味追求无限地扩大生产，所以到处寻找买主。结果，资本主义世界各国就被贸易的纽带紧紧地联结在一起。一个国家是其他国家的市场，而其他国家也是这个国家的市场，每个国家都要输入和输出商品，每个国家都不可能没有其他国家来作它的市场，因为其他国家的商品多多少少会挤进本国市场。

一个国家的资本主义工业产品向另一个资本主义国家的输出，是没有超出资本主义经济的范围之外的输出，资本主义的生产要是有剩余产品的话，它就不可能为这种剩余产品找到出路。所以，剩余产品论的拥护者在谈到资本主义国外市场时，他们所说的不是资本主义国家的市场。按照这个理论观点，就可以想象，日益发展的资本主义越来越需要的是在那些从经济制度上看不是属于资本主义性质的那些国家的市场上销售自己的产品。既然说资本主义制度在全世界得到迅速发展，那么，资本主义过剩产品的市场就应该随着资本主义的发展而不断缩小，从而资本主义也早就应该由于缺乏市场而停止发展了。

然而，资本主义不仅没有停止发展，反而越来越快地发展了几十年。很显然，资本主义工业产品的市场也不仅没有缩小，而且发展得非常快。那么，资本主义国家究竟把那些在国内市场上找不到销路的产品销售到哪儿去了呢？大部分还是销售到其他资本主义国家去了。

向非资本主义国家输出商品,在全世界各国中,对英国说来是有特殊意义的。也正因为这样,英国当然要十分重视自己的殖民地。但是,如果认为英国主要是向殖民地出口,那就是一个极大的错误。

殖民地国家容纳英国三分之一左右的出口货物,英国向中欧和美国即那些资本主义经济制度的国家输出的产品几乎也这么多。

在英国的输出品中,资本主义工业的生产资料即生铁、机器、工具、煤所占的比重极大,而且越来越大,英国出口越来越开始转向满足其他国家日益发展的资本主义工业对生产资料的需求,而消费品的输出额却相对地下降了。

六、资本的国际转移和新兴的资本主义国家的市场

然而,从上述市场理论的观点来看,要阐明资本从老牌的资本主义文明国家流向新兴的资本主义文明国家的事实,看来是有很大困难的。这种资本的流动规模非常大。

例如,据估计,英国每年投到国外的资本近 5 千万镑,而且早在十九世纪九十年代初,英国投到国外的资本就已达 25 亿镑左右。法国每年把近 1 500 万法郎的储金投到国外,而且到目前为止,法国投到国外的资本已达 4 百亿法郎左右,德国投到国外的资本近 260 亿马克,等等。

资本源源不绝、日益增多地流出老牌资本主义文明国家是资本主义经济制度向全世界扩展的重要因素之一。而且也正是因为资本源源流入新兴国家,资本在现代才能如此迅速地夺得一个又一个国家,因为资本流到国外仍旧是资本,到处推行新的经济制度。

资本输出到底是什么原因引起的呢?它是否证明老牌资本主义国家中资本生产过剩,证明这些国家中新资本无处投放呢?如

果是这样的话，那又怎么能够断言资本本身为自己创造市场呢？

然而，资本外流的问题，即使不求助于完全站不住脚的过剩产品理论，也完全能得到十分令人满意的解释。资本流向新兴国家，首先是因为这些国家的利润较高，其原因我们在前面“利润”一章已经阐明。资本就其实质来说是国际性的，资本总循环的意义和目的，就是要实现更高的利润率。假如一个国家的利润率比另一个国家高，那么，就不能不导致资本从获利低的国家流向获利高的国家。这一过程就像两个不同水位的连通容器里的水会流动一样，是合乎规律的，也是必然的。

此外，还有其他一些因素影响资本的国际流动。在老牌的资本主义国家中，社会生产只有在工业的追加资本实现按比例分配的情况下，才能够得到扩大。这种按比例分配社会生产的必要性，如上所述，是资本主义的弹性纽带，也就是经常用来阻止资本主义生产增长的制动器。与此相反，在一些新兴国家里，资本主义企业渗入其他类型的经济体系，它可以靠排挤非资本主义经济形式而发展起来。

我们不妨举一个具体例子来说明。英国要把多生产的呢绒在国内市场上找到销路，就必须相应地增加能与之相交换的另外一些商品的生产。这就使得英国难以扩大呢绒的生产。恰恰相反，在俄国，扩大资本主义的呢绒生产，则根本不需要相应地扩大其他产品的生产。

呢绒厂多生产的呢绒，只不过是取代了过去用非资本主义方式（如农民为了满足自己需要所采用的生产方式）所生产的呢绒。在这种情况下，与老牌资本主义文明国家不同，资本主义生产可以不受阻碍资本主义经济发展的制动器所左右，可以靠排挤非资本主义生产方式而迅速发展起来。在这种情况下，资本主义工业某一部门不断增加的产品所需要的市场，并不是经过按比例地扩大资本主义工业其他部门生产这样一个复杂而困难的过程，而是通过破坏自给经济，摧垮资本主义经济与之竞争的非资本主义小生产的途径建立起来的。

例如：尼古拉—逊先生曾计算过，在1886—1891年间，俄国加工的亚麻纤维和棉花从1 850万普特减少到1 380万普特；俄国自产的大麻纤维从940万普特减少到60万普特。这说明我国纺织工业产品的国内市场是急剧缩小了。然而，俄国的资本主义纺织工业的产品在俄国的市场不仅没有缩小，反而大大扩大了：1886年俄国加工棉花830万普特，到1892年已达990万普特。这是因为资本主义生产者制造的棉布排挤了农民织的亚麻布和大麻布，也就是说，资本主义的棉纺生产，破坏了农民亚麻布和大麻布生产，从而为自己创造了市场。①

因此，在新兴国家扩大资本主义工业产品市场比在老牌国家要容易得多。这就是有利于资本从老牌国家流入新兴国家的一个重要条件。

但是，不能由此得出结论，认为老牌国家的资本主义生产不能发展和增长了。弹性纽带只能阻碍资本主义发展，而不能制止它发展。我们亲眼看到，德国的资本主义经济主要是在国内市场的基础上得到惊人的迅速发展。总之，除社会生产力外，资本主义经济的发展是没有任何界限的，因为资本本身能为自己创造市场。然而，创造市场的这一过程，由于按比例分配社会劳动的必要性，不能不被资本主义发展的迟滞和停顿即经济危机所中断。关于经济危机，我们将在下一章研究。

在俄国这样一个还保留着自然经济，只有少数居民从事资本主义生产的国家里，资本主义工业产品市场的规模主要取决于资

① 尼古拉—逊：《农奴制度改革后我国社会经济概论》，第239页。

本主义生产之外的广大居民的生活水平。农业丰收了，广大农民的购买力就提高了，对资本主义生产品的需求也就增长了。相反，农民破产了，工业品市场也就缩小了。这一切都是毫无疑义的，与本文所阐述的市场理论也并不矛盾。这个理论所要阐明的是在资本主义经济范围内产品的实现过程，所以，它是以假设所谓的闭关自守的资本主义即社会产品在内部实现的资本主义体系为前提的。由此可见，这种产品实现的唯一障碍，是没有按比例分配社会生产，而绝不是消费品的社会需求不足。然而，障碍毕竟是障碍，它确实阻碍了资本主义的发展。在新兴国家里，由于存在非资本主义市场，这种障碍影响很小。非资本主义阶层的广大民众的破产，缩小了非资本主义市场，促使新兴的资本主义国家在发展资本主义经济的条件方面更接近于老牌资本主义国家。但是，正像在老牌资本主义国家中，资本主义生产不会因为社会生产的比例失调造成巨大损失而停止发展一样，在新兴的资本主义国家中，非资本主义阶层民众的破产也不会阻碍资本主义生产的发展。

当然，俄国农民的破产，是延缓俄国资本主义工业发展的因素因为这种破产本身并不是资本主义发展的一种表现，而棉布生产排挤亚麻布和大麻布生产既是农民经济没落的表现，也是棉纺工厂发展的表现了。尽管如此，我国资本主义已经有了多年的发展，当然还要继续发展下去。如果资本主义的发展不如预期的那样快，那也不是由于市场不足（我国资本主义工业产品市场毕竟比老牌资本主义文明国家的市场大得多），而正像前面所提到的，是由于我国社会劳动生产率低、资本不足、社会企业自主有限所致。

资本主义市场问题，对俄国来说，具有极其特殊的重要性，因为这个问题与解决俄国资本主义前途问题是密切相关的，因此，我们的民粹派早就注意到了这个问题。以沃龙佐夫、尼古拉—逊等人为代表的民粹主义者创建了市场理论，这几乎是西斯蒙第理论的翻版。正因为马克思对市场问题的看法大概连其本人也不十分清楚，所以他很少对这个问题发表符合西斯蒙第观点的意见，所以毫不奇怪，我们的民粹主义者坚持剩余产品学说，深信自己的学说与马克思的学说完全一致。事实上，即使不是马克思本人，那也是恩格斯在其早期的文章中表述过这样的思想。这些文章，广大读者知道得较晚，只是在1902年梅林出版了马克思和恩格斯较早期著作的文集以后才知道的。例如，如果把恩格斯在爱北斐特的演讲（见《马克思恩格斯全集》，第2卷）或他写的《英国的十小时工作制法案》一文（见《马克思恩格斯全集》，第7卷）与B. П. 沃龙佐夫在《祖国纪事》上发表的《市场商品供给的剩余》一文作一比较，就可以看出论据之相似简直令人吃惊。恩格斯在四十年代用来证明德国资本主义工业不可能有很大发展和英国工业必然会出现萧条的论据，与B. П. 沃龙佐夫四十年后用来证明俄国资本主义工业不可能发展的论据如出一辙。

本文所阐述的市场理论，我最早是在《现代英国的工业危机》一书中作了论述，它理所当然地遭到了民粹派的反对。[①] 至于俄国的马克思主义者，他们则用这个理论来论证俄国资本主义生产在国内市场的基础上进一步发展的可能性。所以，他们起初大多认为上述理论是马克思的理论，[②]这是有一定的客观根据的，因为它确实是马克思在《资本论》第2卷中对社会资本循环进行分析所得出的符合逻辑的结果。

后来，在我的论危机一书德文版问世后，西欧读者才了解了这个理论。

---

① 最近，这些反对论点已被收入沃龙佐夫先生编的《资本主义的生产和消费》一书（1907年版）。

② 可参看C. 布尔加科夫所著《论资本主义生产条件下的市场》（1897年）和B. 伊利英所著《俄国资本主义的发展》二书以及九十年代在《新语》、《生活》、《科学评论》和《开端》等马克思主义杂志上伊利英、涅日丹诺夫、伊兹戈耶夫等人就市场和俄国资本主义发展问题所写的文章。

德国的马克思主义者最坚决地否认了我的理论与马克思的理论有任何共同之处;在这方面,修正主义者如伯恩施坦或卡拉特·施密特与正统派如考茨基或露莎·卢森堡的意见完全一致。考茨基发表了一系列文章来反驳我的理论,他在这些文章中用以反驳我的理论的理由,与俄国 B. П. 沃龙佐夫提出来的理由几乎是一模一样的。对于卡拉特·施密特也可以这样说。

近来,俄国的马克思主义者也开始附和德国同行的观点。所有这一切都使我相信,假如所阐述的市场理论也符合马克思主义的精神,那么它无疑也会在字面上同马克思主义相抵触。不管怎样,要是连考茨基这样的精通马克思主义的作家也无法在马克思那里找到这种理论,那么,它就不能认为是属于《资本论》作者的。勒斯居尔完全正确,他指责我不该白白放弃自己的理论著作权,不该把它归到马克思名下。① 我们的民粹主义者也完全正确,他们坚持认为我的理论是不属于正统的马克思主义范围。然而,它绝不会因此而有所逊色。

参考书目

西斯蒙第:《政治经济学新原理》;《政治经济学论丛》。

马克思:《资本论》,第 1、3 卷。

沃龙佐夫:《市场商品供给的剩余》(载《祖国纪事》,1883 年);《理论经济学概要》,1895 年;《资本主义社会的生产与消费》,1907 年。

尼古拉—逊:《农奴制度改革后我国社会经济的概论》,1893 年。

杜冈—巴拉诺夫斯基:《周期性工业危机》,1914 年,第 3 版;《马克思主义的理论基础》。

布尔加科夫:《论资本主义生产条件下的市场》,1897 年。

伊利英:《西斯蒙第和我国的西斯蒙第分子》(伊利英的文集《经济研究和论文》,1899 年);《俄国资本主义的发展》,1899 年。

① 让·勒斯居尔:《普遍的和周期性的生产过剩危机》,H. И. 苏维洛夫译自法文,1908 年版,第 433 页。

考茨基:《危机理论》,译自德文,1907 年。

K. 施密特:《论生产过剩理论》(载《社会主义月刊》,1901 年)。

A. 施皮特霍夫:《杜冈—巴拉诺夫斯基和波勒的危机理论》(载《德意志帝国立法和行政年鉴》,1903 年)。

米勒和伯恩施坦论述市场理论的文章,载《社会学问题》,1910 年,第 3 期。

R. 卢森堡:《资本积累》,1912 年。

A. 伊萨耶夫:《国民经济危机》,1912 年。

第二章　资本主义经济危机

一、资本主义周期。这个周期的阶段。二、英国的资本主义周期。十九世纪第二个二十五年中的危机。英国工业在后十年的动荡。工业萧条时期取代尖锐危机。三、危机理论。收成的波动和危机。杰文斯、拉弗勒、朱格拉尔、西斯蒙第和洛贝尔图斯的理论。四、资本主义周期和危机周期性的解释。普遍生产过剩是怎样从局部生产过剩中产生。资本主义经济的哪些特征必然导致危机。生铁价格波动的周期性。为什么扩大固定资本要有推动力。资本的积累和消费的周期性。资本主义周期的内幕。为什么英国不再发生以前类型的危机。五、1907年的美国危机。危机理论和市场理论的相互关系。

一、资本主义周期

资本主义发展的一个神秘莫测而又令人惊奇的特点，是它所固有的周期性。资本主义生产不是直线增长，而是波浪式增长的，而且是一浪接一浪，连绵不断地一起一伏，不像社会现象，而像生物现象以至像无机现象那样准确地周而复始。曾经有人作过尝试，想把这个周期性与天文现象的周期性联系起来（杰文斯的危机理论)。虽说这些尝试没有成功,但证明资本主义周期的特殊规律的时候,尝试的可能性还是很明显的。

英国的资本主义发展反映出来了资本主义周期以最鲜明的形式。从十九世纪二十年代开始一直到现代,英国每隔十年经历一次工业的高涨期和衰退阶段。这些工业高涨期和衰退期准确地相互交替,就形成了所谓的资本主义周期。

资本主义周期有规律地发生几个经常互相替代的阶段。工业高涨阶段的特点是:普遍扩张经济活动,扩大生产,开办新的资本主义企业,商品增多,商业投机活跃,在信用和货币流通领域发生一系列有规律的变化。在信用方面,信贷业务扩大,——银行大量地把其所存的资本借贷给自己的雇主,因此,银行现金减少,由于现金减少,贴现率提高了。

工业高涨的一个最明显的征兆就是商品价格上涨。一般价格水平大幅度提高,表明了社会需求大大增加。商品价格上涨增长了企业主的利润,这是对扩大生产和投机热潮的一个直接刺激。

同时,在货币流通方面也出现了有规律的变化。在一片工业热潮的国家中硬通货源源流向国外,期票行情变得越来越不利。这硬币的外流则从银行的钱柜中反映出来,银行惊恐不安地意识到自己手中的黄金储备在减少。

当银行库存现金一方面由于借贷业务的扩大,另一方面由于黄金外流而急剧减少的时候,当贴现率大大高于平时水平的时候,信用就极度紧张,——紧接着会出现信用突然崩溃、破产、恐慌和危机。交易所危机往往发生在工业危机之前。在交易所发生普遍恐慌以前还出现了长期的交易所证券行情下跌。交易所行情的下跌代替了以前的上涨。但是,交易所危机刚开始的时候一般只限于交易所内,并不妨碍工业出现高涨。但是,经过一段时间后,随着交易所倒闭,出现了商品市场的瓦解,从而使全国经济生活普遍停顿。这普遍性的危机首先表现在商品价格暴跌和由此而引起工业、贸易和信用企业大批破产。同时,贴现率却大幅度上升,表明信用极其紧缩。每一个企业家为了免遭破产,都力求最大限度地利用自己的信用,——这时,大家都需要现金,都需要现实资本而不是虚拟资本,因而贴现率达到了最高点。结果,使全国工商业活动大大缩减。手工工场和工厂停工,经济普遍萧条造成大批失业。于是发生恐慌,但是在或长或短的时间内,工业仍然处于萧条状态。商品价格仍然低落,生产不能扩大,银行里集聚了大量资本而找不到出路,信贷资本供过于求,所以,贴现率只能维持最低水平。

在货币流通方面,工业危机和恐慌的来临反映在货币停止外流,期票行情好转,黄金又开始流回国内。在工业高涨阶段是黄金外流、期票行情恶化,而在工业萧条阶段则是黄金回流、期票行情好转。

可见,资本主义周期包括三个阶段:工业高涨、危机和工业萧条。但是,危机并不是资本主义周期不可避免的阶段,高涨可以在没有严重危机的情况下逐步转入萧条。在这种场合,资本主义周期只有两个阶段,即工业高涨阶段和工业萧条阶段。

二、英国的资本主义周期

如上所述,从十九世纪二十年代开始,英国工业的历史可以作为资本主义周期的具体例证。从那时起,英国每隔十年就经历一次工业危机或工业萧条。十九世纪第二个二十五年中英国爆发的一些危机尤为典型，对这些危机的经过应该加以研究。

二十年代初，英国工业进入高涨阶段，商品（特别是生铁）涨价，生产扩大，商品出口增加。1825 年是商品价格上涨得特别高的一年。

但是，哪一个市场的商品价格水平越高，哪一个市场吸收的外国商品就越多。1825 年英国价格水平高，致使英国进口的外国商品增加，大大超过了英国商品出口量。由于进口量增加，英国必须支付硬币，因此，从 1824 年年中开始，黄金就从英国流向国外。

黄金外流一直持续到 1825 年 9 月末。其后黄金虽然完全停止外流，但是也并没有流回银行金库。相反地，银行以更快的速度失去自己的黄金。这是因为同年 10 月爆发了普遍性的工业危机，紧接着大批银行和工商业商行纷纷倒闭，恐慌和信用普遍紧缩引起国内对现金的极度需求，于是现金就开始从英格兰银行金库流出，以满足国内需求。不过这种情况也使黄金停止流向国外。国内对黄金需求的增加阻止了黄金输出，甚至为黄金从国外回流打下了基础。

危机之后，紧接着就是工商业的长期萧条。国内贸易额下降，使国内对现金的需求减少，所以，在恐慌过去之后，货币又很快流回英格兰银行金库：货币在国内已经无所作为了。

从 1825 年年中开始，交易所证券行情和物价下跌，是造成普遍破产和恐慌的直接原因。这不但使哄抬物价的投机商破产，而且也使许多很体面的信用和工商业机关破了产，它们经受不起行情和物价下跌的打击。

因此，紧接工业高涨阶段而来的是危机阶段，而危机阶段过后，便是二十年代末期的工业萧条阶段。二十年代的资本主义周期——继高涨阶段之后就是萧条阶段，这中间有几个月的严重恐慌和危机。

英国新的工业高涨开始于1831—1834年，紧接着又是物价特别是生铁价格暴涨，生产发展迅速。与此同时，黄金也开始外流，其原因也是由于没有按比例地迅速地增加进口，商品价格一般水平提高，以致外贸出现逆差造成的。从1836年起，英国黄金停止外流，但接着就出现了危机、恐慌，于是英格兰银行又开始抛出黄金来满足国内对现金的迫切需要，以便恐慌过后，黄金重新流回银行。这次恐慌发生在11月(1825年恐慌发生在10月)。而造成工商业商行倒闭的直接原因，也像1925年一样，却是在恐慌前几个月业已开始的商品跌价。至于交易所证券行情下跌开始得还要早些，还在1835年，英国就经历了证券危机，有价证券行市就崩溃了，这是普遍性工业危机来临的信号。

三十年代末的特征，也和二十年代末一样，是工业普遍萧条。可是，在三十年代末，英国在货币流通中出现了与二十年代迥然不同的现象。1839年英格兰银行的黄金猛烈地大量外流，这次外流来势比1825年和1836年两次危机前的外流更猛，而且是在与上两次危机之前几年完全不同的经济状况下发生的，也就是说，在外流之前并没有发生过生铁提价和商品出口增加的情况。1838年，英国工业根本没有必然导致危机结局的那种普遍高涨的状况。恰恰相反，工业由于上次危机的后果还没有完全消除，正处于停滞状态。因此，银行的黄金外流比以往任何时候都要猛烈得多。

这次黄金外流，并不是由于资本主义周期有规律的运动而引起来的，它与这个周期无关，完全是出于偶然的原因：1838 年和 1839 年英国农业严重歉收，其结果粮食大量进口。这笔额外进口的货款必须用硬币支付，致使英格兰银行金库为之一空。

总之，1839 年的黄金外流，与 1825 年和 1836 年的不同，完全是在另一种情况下发生的。因此，在这次外流之后也并没有出现上两次外流后出现过的危机和信用紧缩的现象。1839 年没有出现任何类似工业危机的迹象，只不过发生了金融危机，而金融危机实际上只能证明黄金外流是工业危机来临的征兆，但不是工业危机的原因。

1825 年和 1836 年的危机之后，英格兰银行的金库很快就装满了现金；相反地，1839 年的金融危机之后，英格兰银行库存的金属储备仍有一年多的时间处于危机时的低水平。这是因为既然 1839 年没有发生工业危机，也就谈不上工商业活动在工业危机过后不可避免地要急剧缩小，从而使国内对银行金库这个预备蓄水池在这些场合积聚起来的硬币的需求减少。1840 年，商业和工业都没有明显的缩减，所以，也没有理由使硬币流回银行钱柜。

下一个工业复苏的浪潮开始于 1843—1844 年，1847 年达到最高峰。就在这一年突然爆发了周期性的普遍工业危机，而这次危机的爆发与前几个十年的几次危机情况不同，1825 年和1836 年的危机发生在生铁价格猛涨和无限扩大出口的年份；与此相反，1847 年危机爆发前生铁价格虽连续几年保持高水平，但一直没有上涨。出口也是如此，在发生危机的那一年也没有发现有扩大的迹象。这种情况的原因可以作如下说明。1846—1847 年，英国工业受两个作用方向相反的因素的影响。一方面，当时正在加紧修建铁路——英国大部分铁路网建起来了。另一方面，在1845—1846年间英国和爱尔兰遭受了严重歉收，爱尔兰饥荒严重，亟需社会救济。第一个因素，即修建铁路，由于它需要耗费大量的生产资料，有利于扩大对商品的社会需求；相反，歉收和饥荒却缩减了居民的购买力和社会需求量。也恰恰由于这第二个因素的影响，1847年危机前工业高涨的速度并没有加快。不过，英国尽管歉收，但是修建铁路仍然使1846—1847年成为工业高涨的年份。

1847年英格兰银行黄金外流，主要是由于大量进口的粮食价格高昂造成的。这年秋天，粮食丰收，粮价又猛跌下来了。粮价猛跌是直接引起危机的推动力。

这就是十九世纪第二个二十五年间一些最典型的周期性危机的情况。其后，1857年和1866年也发生过危机。从十九世纪七十年代开始，英国就不再出现以往那样典型的危机，它已经为周期性的工业萧条所取代。每隔十年也出现一次生产扩大、贸易增加、商品（特别是生铁）涨价的工业高涨和随之而来的衰退。但是，从高涨转到衰退，中间就不再像以往那样出现危机了。

三、危机理论

资本主义周期在英国表现得最为明显，但是，在其他一些资本主义国家中也可以看到周期性的工业动荡。从十九世纪七十年代起，整个资本主义世界都同时或几乎同时地经历了工业的高涨阶段和萧条阶段。十九世纪七十年代末期，八十年代中期，九十年代初期，以及二十世纪初和1908年的工业萧条完全是世界性的。所不同的，仅仅是在各个不同的国家中，工业萧条的程度不一而已。至于说工业高涨，情况也是如此，而且，某一国家的国民经济由高涨转入衰退时产生的震荡程度通常与高涨的激烈程度成正比。有些国家工业高涨并不十分明显，在转入萧条时，并没有出现剧烈的信用震荡。恰恰相反，有些国家工业蓬勃高涨，随着高潮的低落，就出现尖锐的危机和严重的恐慌。例如，英国在这一时期内没有经历一次典型的工业危机，而代之以既无恐慌又无严重信用混乱的工业萧条。相反，德国和美国在这一时期却经历了多次周期性工业危机，其激烈程度比英国以往发生的危机毫无逊色。

这种资本主义发展的神秘现象:它的周期性，高涨阶段和衰退阶段的周期性交替，究竟应该怎样解释呢？对于这个难题，经济科学长期以来都无法作出令人满意的答案。

以往在科学上用于阐述危机问题的理论，可以分为三类。从社会生产领域寻找危机原因的理论属于第一类，从社会交换领域寻找危机原因的理论属于第二类，从社会分配领域寻找危机原因的理论则属于第三类。

现代工业危机的特点是它的周期性。如果危机的原因出自生产领域，那么，工业危机的周期性只能取决于某一社会生产领域内因受该生产领域所具有的特殊原因的影响而发生的周期性波动。究竟是什么生产领域容易受独自波动的影响呢？首先是农业这个与气候有关的经济劳动领域。农产品的产量特别不稳，农产品的价格也相应地波动，所以，农民对工业产品的需求也就随之波动。那么，可不可以因此说周期性的工业危机是来自收成的周期性波动呢？

的确，许多经济学家试图找到这种联系，但是都完全失败了。资本主义的周期波动是按照自己的规律运动的，与收成和粮食价格的变动无关。例如，英国二十年代的工业高涨恰恰出现在歉收的年份，而工业萧条却恰恰发生在丰收的年份。四十年代的工业高涨正赶上农业严重歉收，而1848年的工业萧条却碰上了一个丰收年。1857年的世界危机正好发生在大丰收的一年。由于歉收而引起的粮食涨价，阻挡不了七十年代初的工业高涨，而七十年代中期的丰收也恰恰不能防止接踵而来的工业萧条。八十年代中期的工业萧条也是在粮价很低的年份发生的。总之，只要把粮价逐年变化的情况与资本主义周期阶段的变动情况加以对照分析，就可以清楚地看出，在这两者之间根本谈不上有什么互相依存的因果关系。①

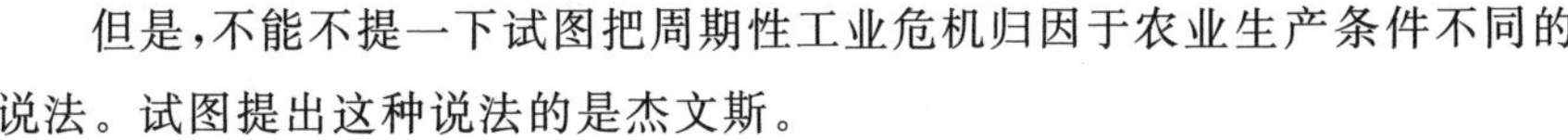

但是，不能不提一下试图把周期性工业危机归因于农业生产条件不同的说法。试图提出这种说法的是杰文斯。

杰文斯并不否认周期性工业危机与英国和其他欧洲国家的农业收获量波动无关，但是，英国产品赖以出口的那些非欧洲国家的周期性歉收能不能引起周期性工业危机呢？例如，印度每隔十年出现一次干旱，遭受一次周期性歉收之苦。一些研究家认为，印度之所以出现周期性干旱，是由于地球从太阳所得到的热量发生周期性波动所致。而热量之所以出现周期性波动也是由于太阳黑子数量发生周期性波动所致。因此，杰文斯得出一个大胆的结论，认为工业危机的周期性决定于太阳出现最多黑子的周期性。

---

①　只要把粮食价格的变动与紧紧随着资本主义周期阶段变化而变动的生铁价格作一比较，就足以证实这一点，在这两种变动之间是没有任何伴随现象的。参阅拙著《周期性工业危机》(第3版)一书中英国粮食价格表和有关英国粮食产量变动的情况(第248页)。

杰文斯认为，太阳最多黑子数出现周期的长短与危机发生周期的长短几乎完全吻合，就可以证明这一点。杰文斯研究了二百年来英国工业波动的情况后得出结论：资本主义周期平均为10.446年，与太阳出现最多黑子的周期10.45年几乎是惊人的完全一致。杰文斯认为，这样近似的一致不可能偶然的，英国波动的周期性应该取决于太阳最多黑子数出现的周期性。

这就是杰文斯的理论。这个理论既巧妙又独出心裁，但完全经不起事实的检验。首先，说资本主义周期有严格的一定年限，就完全是不对的。为了取得危机周期性的数据，杰文斯不能不进行许多牵强附会的计算。例如，他把几次他认为是非周期性的危机完全抛弃了，而在其他场合他又硬说在自己的理论所需要的年份里发生过危机，虽然事实上这些年份并没有发生什么危机。在十八世纪没有出现过任何类似工业危机周期性的迹象，因为那时一般地说还没有典型的工业危机。十九世纪头二十年，即1810年、1815年和1818年发生过三次工业危机，但都不是周期性的。危机的周期性，在这个时期还来不及形成。只是在十九世纪第二个二十五年内，1825年、1836年和1847年英国才发生了三次真正周期性的危机，三次危机的间隔时间都一样长，为十一年。其后的两次危机，一次发生在1857年，与上次危机相隔十年，一次发生在1866年，相隔九年。以后英国就不再发生以往那种工业危机了，资本主义周期开始表现为工业的高涨阶段与萧条阶段的交替。1873年、1882年、1890年、1900年、1907年和1913年工业高涨达到了顶点。总之，资本主义周期不再是一个固定不变的数学数字，它可以在6——11年的幅度内伸缩变化。由此可以得出结论：资本主义周期是不可能在任何严格按照数学周期运行的现象如天文现象的基础上产生的。

一般地说，工业波动的周期性产生于现代经济制度的社会条件，所以基本上不能把它归之于任何外部的自然条件。至于说杰文斯的理论，它与某些危机的现实的具体条件完全不符。英国对印度的商品出口量，比英国对发达资本主义各国的出口量波动要小得多。往往甚至出现这样的情况：在危机刚过之后的一般时期内，英国对印度的出口量不仅没有下降，反而有所增长，例如，1826年、1838年和1867年情况就是如此。这是因为印度市场与在完全是另一种基础上产生的英国工业周期性波动关系不大，因此在危机时期，英国在其他国家的市场上找不到出路，就把出口转向印度。

这样一来，任何用外部自然经济条件的周期性波动来解释资本主义周期性的尝试都完全失败了。于是另一类理论就想从交换条件、信用和货币流通的领域来寻找工业危机的原因，我们不妨着重谈谈其中的拉弗勒和朱格拉尔的理论。

拉弗勒注意到在危机爆发之前总要有黄金外流。不管其他情况多么千差万别，但先有黄金外流这一点，所有的危机都是相似的。所以，断定黄金外流是危机的真正原因也就是理所当然的了。

对此我们可以反驳说，像英国这样的国家，黄金储备减少几百万镑也不会有多大影响，因为它拥有巨额资本和规模庞大的国内外贸易。但是，不应该忘记，英国的全部贸易是建立在信用广泛发展的基础之上的，而信用又是要以一定的硬币储备为基础的。一个国家信用组织越完善，对硬币的要求量越小，那么它拥有的现金所起的作用也就越大。英国贸易和英国信用这个复杂的大厦，就是建筑在极不稳固的英格兰银行几千万以至几百万镑黄金的基础之上。这些为数不多的几百万镑黄金，对于英国几亿资本的正常周转来说是绝对必需的。正是因为人们都清楚地认识到英格兰银行拥有足够的硬币储备对于贸易和工业来说是必不可少的，所以，只要英格兰银行里的黄金储备一减少，恐慌就会蔓延全国，信用就会缩减，物价也会下跌。

一个国家拥有的金属储备越少，黄金外流对这个国家的影响就越大，因此，英国遭受工业危机的危害比法国大得多。

危机通常发生在秋季，这一事实更清楚地证明了工业危机是与货币流通有联系的。正是在秋季，对现金的需求特别大，因为在这个季节有大量农产品要出售，租金要偿清，冬用物品要采购等等。这时，银行的金属储备急剧减少，因此，通常在秋季发生工业危机也是理所当然的了。

以上就是拉弗勒对危机原因的解释。乍一看，这种解释好像是十分巧妙，实际上，它说明不了什么问题。黄金外流只是工业危机常见的征兆，但绝不是工业危机的最主要的原因。1839 年英格兰银行金属储备比 1836 年或 1847 年减少得多得多，然而，1839 年并没有发生工业危机。

其次，如果说英格兰银行的现金继续减少是工业危机的直接原因，那么就需要说明黄金的周期性外流究竟是由什么决定的？贸易差额的变化是它的派生现象，这也是需要解释的。在英国最近几次工业动荡发生之前都没有出现什么黄金外流。实际上，这种黄金外流通常发生在严重的危机之前，而不是发生在工业长期萧条之前，工业长期萧条是现代英国工业发展的特征。

朱格拉尔也同样没有说明引起资本主义周期的内幕。他的功绩是首次证实了英国、法国和美国的工业动荡的周期性。朱格拉尔研究了英格兰银行、法兰西银行和美国一些主要银行的决算后得出如下结论：“不用根据什么理论，也不用根据什么设想，只要根据对实际事实的观察，就能阐明危机周期性的规律。存在着复苏、繁荣和物价上涨的时期，而这些时期总是以危机而告终；接着而来的是贸易呆滞和物价下跌的年份，从而使工业陷入越来越困窘的境地。”①

战争、荒歉、滥用信用、滥发银行券，所有这些因素都不可能引

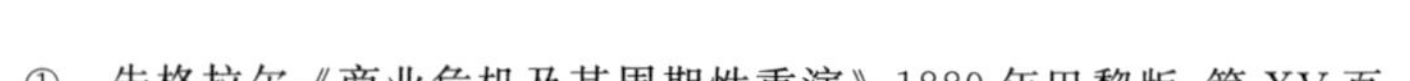

①　朱格拉尔：《商业危机及其周期性重演》，1889 年巴黎版，第 XV 页。

起工业危机，除非整个国民经济形势有利于发生工业危机。这些因素就像杯满了再加进一滴水，只是在金融市场和商业市场使工业危机成为不可避免的时候，能够加速工业危机的到来。工业危机任何时候都不会突然爆发；在工业危机之前，工商业总是特别繁荣，因此征兆异常突出，甚至可以预言工业危机的来临。

这种高涨时期和衰退时期的有规律的交替，究竟是由什么决定的呢？朱格拉尔说出了一个基本原因，这就是物价的周期性波动。危机发生前的繁荣时期，一般总是物价上涨。物价上涨，在不断发展的资本主义国家的经济中，是由储备金的增长引起的。这是市场的正常现象。"当物价上涨速度减慢时，危机就要来临；当物价停止上涨时，危机就爆发了。总之，不妨说，物价停止上涨是危机爆发的主要的、也是唯一的原因。"①

朱格拉尔把危机发生的全部内幕说明如下。

物价上涨带有一种阻碍商品销售的自然趋势。因此，随着物价的上涨，国家贸易出现的逆差就越来越大。由于入超，需要支付进口货款，于是黄金开始外流。起初，黄金外流数量很小，也不引人注目。最后，物价涨得过高，甚至商品在国外也难以卖出去。于是，物价骤然暴跌，银行和商人纷纷破产，工业危机也就到来了。

的确，不能否认物价下跌是危机的直接原因。朱格拉尔也曾对直接发生在危机前的硬币外流的原因作过透彻的阐述：国内物价上涨既阻碍了本国商品出口，也鼓励了外国商品的进口。所以，显而易见，商品出口不足就得用黄金输出来抵补。

① 朱格拉尔：《商业危机及其周期性重演》，1889年巴黎版，第33页。

然而，朱格拉尔的理论并没有解决危机问题。朱格拉尔比拉夫勒只是前进了一步，他指出，那种标志危机即将或已经来临的金融流通领域中出现的破坏现象，是由国内外商品比价变动所引起的派生现象。然而，物价为什么会有引起工业危机的周期性上涨呢？这一点，朱格拉尔没有解释，甚至他提出的有关国家储备金的论据也是无济于事的。要知道，如果对商品的需求增加，商品的供给也就会增加。在资本主义国家里，需求不会超过供给，而供给总是超过需求。通常市场上总是有许多剩余资本投放不出去，有许多剩余商品找不到销路。因此，市场的正常情况，应该像朱格拉尔所说的那样，是物价下降而不是上涨的趋势。可见，朱格拉尔的理论对物价波动这个危机的中心问题并没有作出令人满意的解答。

最后一类危机理论，是从社会收入的分配领域来寻找危机的原因。西斯蒙第的市场理论同时也是危机理论。从这个理论的观点来看，危机产生的原因是资本主义经济生产了由于人民大众的贫困而不能被社会消费掉的过剩产品。按照这个理论，资本主义工业产品市场，对资本主义所拥有的全部生产力来说过于狭小了。

对于这个理论，在前几章里已经从理论上作了反驳。西斯蒙第的理论同危机的过程也有明显的矛盾。这个理论认为，危机之后必然出现工业高涨是不可思议的。要知道，危机和工业萧条使人民大众不是更加富裕，而是更加贫困；怎么能在连续几年的工业萧条之后出现工业高涨，又怎么使市场能容纳下比危机前多得多的商品呢？如果说上述理论是正确的，那就只能是资本主义工业完全停滞不前。要是扩大生产的尝试赶上国民的贫困化，一般说来，资本主义工业就会处于经常不断的停滞状态。然而，资本主义世界完全是另一幅情景——尽管在工业萧条时期生产增长有暂时的间断，生产仍在突飞猛进地增长。

这个简单的想法表明，那种认为国民消费不足是工业危机原因的理论，是完全站不住脚的。危机周期性地重演完全与这个理论相抵触的，这是因为，要是根据这个理论就应该出现资本主义工业的经常萧条。

属于这一类危机理论的还有洛贝尔图斯的理论，该理论以所谓的“工资铁则”为基础的，而洛贝尔图斯则是“工资铁则”的忠实追随者。根据这个“铁则”，工资总只是生活资料的最小一部分，洛贝尔图斯说：其实，劳动生产率是随着工业的进步而增长的。新的技术革新增加了工人所生产的产品量，但工人从这个增加量中得到的仍然是以前的绝对量，因此，随着技术的进步，工人占有劳动产品的比重就要下降，换句话说，工人能够用来消费的社会产品的比重就要越来越小。由此可以得到结论：在技术进步的条件下，用于生产工人阶级消费的一部分社会资本就会闲置起来，并转入其他生产部门。但是，这种资本转移不可能迅速而又毫无震荡地进行。当资本从制造工人阶级消费品的工业部门流出受阻时，这些工业部门无法售出所生产的全部产品。于是出现局部的商品生产过剩，而局部的生产过剩由于各个工业生产部门之间存在着依存关系而转变为普通的生产过剩，这就爆发了所谓的工业危机。

洛贝尔图斯创立的理论，在逻辑上是完全正确的。洛贝尔图斯并不赞成西斯蒙第的市场理论。他绝不认为是工人阶级的贫困使社会产品无法实现。在他看来，危机并不是由于工人阶级所得的比重绝对小，而是由于工人阶级所得的比重随着技术的进步而不断下降造成的。总之，洛贝尔图斯的理论认为，危机的原因不是社会生产过剩，而是没有按比例分配社会生产。

这个理论的不足之处，就是它们基本前提与事实不一致。首先，洛贝尔图斯所依据的“工资铁则”是错误的。在工业高涨时期，工人的实际工资提高了，而不是像洛贝尔图斯所设想的那样工人工资不变。工业高涨时期，绝不是技术进步的时期；恰恰相反，只是在工业萧条时期，当利润下降，迫使企业主千方百计来降低生产费用的时候，通常才采用技术改进措施，因此，受危机危害最大的是生产生产资料的工业部门，而不是生产工人阶级消费品的工业部门。总之，洛贝尔图斯的理论，尽管逻辑结构严整，但都完全出于演绎的推论，而没有任何事实做根据。

归根到底，上面谈到的三类理论没有一类能够把神秘不解的资本主义周期的内幕解释清楚。

四、资本主义周期和危机周期性的解释

危机问题只有依据正确的市场理论才有可能得到令人满意的解决。正因为现代的经济科学及其大批代表人物坚持错误的市场理论，所以，它无力解决危机问题是毫不奇怪的。

这个市场理论证明，那种认为在资本主义社会中由于不可能消费掉全部生产产品而出现过剩的社会产品的看法是完全错误的。但是，在工业萧条时期存在着普遍生产过剩却是无法否定的。从上述市场理论中似乎可以得出结论，说生产过剩只能是局部的，可是事实上，在危机时期，生产过剩总是带有普遍性，而这一点正是首先需要解释的。如果说对商品的需求就是由商品本身决定的，每种新商品的供给就是市场上出现的新的需求，那么，普遍的商品生产过剩究竟是在什么基础上产生的呢？

为了弄清普遍的商品生产过剩的实质，需要把资本主义经济同比较原始的经济体制的条件作一比较。譬如说，我们假定进行的是实物交换，也就是不用货币作媒介的产品与产品的交换。那就拿呢绒与粮食直接交换来说吧。在这种场合，如果粮食比呢绒生产得多，那粮食的价格就要比呢绒低，而呢绒的价格就要比粮食高，所以说粮食生产过剩和呢绒生产不足，两者是一个意思，一种

产品价格的下降可以用另一种产品价格的提高来抵补。很明显，两种产品都普遍生产过剩是不可能的，因为它们不可能都同时跌价：粮食价格比呢绒低，而呢绒价格又比粮食低。因此，在这种情况下，生产过剩也和价格下跌一样，只能是局部性的。

现在我们再假定进行货币交换。粮食和呢绒的价格用第三种商品——货币表示。假设生产的粮食多于呢绒生产者的需求，粮食的货币价格就会下跌，而且下跌得很厉害，以致粮食生产者收回的货币总额减少。也就是说，粮食生产者要出售更多的粮食才能得到少得多的货币。这样，粮食生产者用来购买商品的钱就减少了。又因为粮食生产者只能用这些钱来购买呢绒，所以，对呢绒的货币需求也就减少了，从而使呢绒的价格也下跌了。可见，呢绒的货币价格随着粮食的货币价格的下跌也下跌了。

换言之，这就出现了商品的供给普遍超过对商品的货币需求，引起物价普遍下跌，而在市场上所看到的价格普遍下跌，则是普遍的商品生产过剩的表现。

然而，在这种情况下，普遍的商品生产过剩只来自局部的生产过剩，即国民劳动分配的比例失调。一种商品的生产超过需求，就会引起该商品的货币价格下跌；又由于各种商品的货币价格之间存在一定的联系，因而也会引起其他商品的价格下跌。可见，普遍的生产过剩在这里不外是在货币交换的条件下局部生产过剩即社会劳动分配比例失调的特殊表现。

总之，在简单商品经济条件下，商品普遍生产过剩是可能的，但绝不是必然的。相反地，正因为在简单商品经济条件下是居民的消费需求调节着社会生产（资本积累不是目的本身），因而，在简单商品经济制度下，社会生产也和社会消费一样保守，很少发生变化。当需求稳定时，社会生产很容易做到按比例分配，与需求协调一致。而引起这个比例失调的，与其说是社会原因，不如说是外部的、物质的原因，如因受气候影响而造成的歉收等等。总之，在属于协调经济型的小商品生产者的简单商品经济中，商品普遍生产过剩不过是对经济生活正常进程的偶然破坏而已。

在对抗性的资本主义经济中情况则不同。不是居民的需要，而是资本积累决定社会生产的规模。在资本主义经济中，资本积累造成经常不断的扩大生产的趋势。资本，可以说总是威逼生产，竭力推动生产前进。但是，为了能把商品销售出去，就需要按比例地分配社会生产。整个资本主义经济是处于混乱的，也是无组织的状态。在社会生产处于这种无组织状态的条件下，社会生产由于资本的积累而不断扩大，从而造成长期生产过剩的趋势：商品经常难以找到市场；资本主义生产力甚至在资本主义发展的正常时期也经常超过其可能利用的限度。然而，这种销售困难，无非是社会生产在资本主义经济条件下难以做到按比例分配的表现而已。在资本主义经济条件下，这种困难在正常时期并不阻碍扩大生产。但是，当商品销售困难变本加厉时，资本主义生产就会一时陷入似乎是普遍瘫痪的状态，从而爆发所谓的工业危机。

资本主义经济特有的流通工具——信用，是加剧这些工业危机的一种因素。如果说是货币确立了商品价格之间的联系，那么，信用则更加密切了这种联系。信用容易膨胀，也容易收缩；在顺利时期它能使社会购买力增长好多倍，而在困难时期它会在一瞬之间垮台。信用使一切经济动荡达到相当大的规模。因此，社会经济上升得越高，下跌得也越猛。

但是，信用只不过是加剧危机的一个条件，而绝不是发生危机的主要原因。资本主义危机的根扎得要更深些，它寓于资本主义经济的本质中。危机的必然性来源于资本主义经济制度的三个特征，即：1. 资本主义经济是对抗性经济，在这种经济中工人是资本主义企业领导者的简单生产手段；2. 资本主义经济和其他对抗性经济不同，生产有无限扩大（作为资本积累的手段）的趋势；3. 整个资本主义经济是无组织的经济，各个不同劳动部门之间缺乏有计划地分配社会生产。正因为资本主义经济制度具有这三个特征，所以经济危机的爆发是不可避免的。

然而，这还不能解释工业危机的周期性，不能解释资本主义周期。为什么工业的高涨阶段和衰退阶段会这样异常准确地相互交替呢？这个问题只能在危机的历史实践中找到它的答案。

工业动荡最突出的一个特点，是生铁价格非常有规律的波动并与资本主义周期的阶段相一致：在工业高涨阶段，生铁价格必然高，在工业萧条阶段，它必然低。而其他商品的价格波动则远不是这样有规律。这说明对生铁的需求情况与资本主义周期的阶段有着特别密切的联系。工业高涨阶段同时也是对生铁的需求激增的时期，工业萧条阶段同时也是对生铁的需求锐减的时期。但是，生铁是制造劳动工具的材料。一般说来，根据对生铁的需求动态，可以判断出对生产资料的需求情况。这就是说资本主义周期上升阶段的特征是对生产资料的需求增加，而低落阶段的特征则是对生产资料的需求减少。

但是，当一个国家在创造新的固定资本即建筑新铁路，开办工厂和建造住房等等的时候，对生产资料（铁、煤、木材等）的需求就会增长。高涨阶段是大力建设和兴办新工业企业的时期。在现代，高涨阶段通常是同大规模的铁路建设联系在一起的。全世界铁路网的扩大是时断时续的，而且，在整个资本主义世界中，铁路网的大规模建设时期都恰恰与工业高涨阶段相吻合，而在工业萧条阶段铁路建设都几乎停止了。

创造一国新的固定资本，即各种类型的建筑和创业热潮，不能不伴随着工业普遍繁荣。因为每一项资本的大量消耗（如建筑铁路）不仅创造了对固定资本诸要素（铁、机器和木材等）的大量需求，而且也创造了对社会消费品的大量需求，因为从事建筑的工人对消费品的需求增加；资本家也一样，他在工业高涨时获得的利润特别大。所以，建设会引起对社会所生产的商品总量的需求急剧增加。

从另一方面说，建设停止，首先会减少对生产资料的需求，其次会减少工人阶级对消费品的需求（由于工人人数和他们的工资减少），和资本家对消费品的需求（由于利润下降）。因此，一个国家断续地扩大固定资本不能不引起该国整个工业的高涨和衰退的更替，不能不引起资本主义周期的阶段更替。

但是，创造社会固定资本为什么不是连续不断，而是时断时续的呢？这是由资本主义经济的一般条件决定的。整个资本主义经济是处于无政府和无组织状态的。各个不同的劳动部门只有在生产按比例扩大的情况下，才能做到扩大生产而不破坏社会供求关系的平衡。因此，在资本主义经济的条件下，扩大社会生产会遇到很大的障碍。特别是工业的资本来自外部——资本在产生它的工业部门容纳不下，首先以闲置资本的形式出现在市场上然后再投入某一个工业部门——的情况下，要按比例地扩大生产是很困难的。

然而，资本主义经济的发展，必然要产生这样一些闲置资本。无论在工业高涨的年份，还是在工业衰退的年份，资本总是经常不断地在成千上万个地方积累起来。在工业萧条阶段，资本的积累也不会停止，因为许多社会阶级的收入都几乎或者全部与资本主义周期的阶段无关。例如，土地占有者的租金，国库券占有者、官吏、领退休金者的收入，等等，等等，无论是在工业萧条还是工业高涨的年份，通常都能完整地拿到手。在英国，这样一些固定的收入约占所得税收入总额的一半。所有有固定收入的阶级的储备金在工业萧条的年份仍按正常速度继续积累。但是，这笔积累起来的巨额资本，在工业萧条阶段可以说是由于工业不吸收资本而找不到出路，而为了把资本投放于工业，就需要在各个劳动部门之间按比例地分配资本，然而，这在社会生产无组织的情况下是很难办到的。

这样一来，市场上就积聚了一批闲置不用的资本，只好暂时存放在银行。正因为如此，工业萧条阶段的特点是闲置资本大量流入银行，贴现率很低。这一特点表明，资本正在寻找而又找不到出路。

但是，银行里闲置资本积聚得越多，急于从工业中寻找出路的愿望就越强烈。贴现率低，能刺激投机，很容易借到资本，能刺激兴办新的企业。于是资本就慢慢地开始流入工业。工业萧条阶段一过，工业高涨阶段就开始了。

工业一旦繁荣起来，就迅速蔓延到各个劳动部门。流入工业的资本引起创建新企业，于是开始出现一股创业和建设的狂热。工业高涨一直持续到全国闲置不用的大量资本耗尽为止。

这样，究竟是什么原因引起工业高涨呢？原因就是：必须为工业开辟新的市场来消耗萧条期间积累起来的大量资本。

资本主义世界各国资本积累的规模，可以根据每年投入交易所各种有价证券（股票、证券、政府和公共机关的借款等等）的资本确定。1902－1912 年的十年间，据估计，全世界发行的各种有价证券的总值为 1 750 亿镑，其中仅后五年发行的就达 1 040 亿镑之多。

然而，为什么工业高涨总是以新的衰落来结束呢？这是因为闲置资本在高涨阶段逐步消耗净尽。通常在工业高涨的后期出现贴现率上升的现象，就是闲置的借贷资本减少的证据。在市场上，首先是从交易所开始，越来越感到闲置资本不足。这种情况使交易所的行情不再上涨，并开始下跌。这时往往爆发交易所危机，有时还在真正的工业危机到来之前很久它就爆发了。

如果缺少闲置资本，新企业就不可能产生，老企业也不可能得到新资本，而且越来越难以维持极度吃紧的信用，信用开始初次出现裂缝，有时候紧接着就发生恐慌以至总崩溃。有时虽然没有达到普遍恐慌的地步，但是，不管怎么说，工业高涨的浪潮走向低落，工业萧条阶段开始到来。这种萧条是由于新资本不再投入工业而引起的。于是，分配社会生产的比例越来越失调：在工业高涨年代生产资料的生产增长很快，但是在这时由于兴办企业的规模缩小，对生产资料首先是生铁的需求不断下降了。生产资料的生产一过剩，势必引起普遍的商品生产过剩。因此，蒙受生产过剩之害最大和最直接的部门，是制造生产资料的工业部门；但是危机也同样波及到制造消费品的工业部门。

不妨把这整个过程同蒸汽机的工作过程作一比较。资本像是蒸汽。在资本主义经济无组织的状态下社会生产按比例分配的困难像是活塞的阻力。资本积累得越多,对工业的压力就越大,就像汽缸里的水蒸气越多,对活塞的压力越大是一样的。最后,聚集起来的蒸汽就会冲破活塞的阻力。与此完全相似,资本的压力也会冲破工业无组织状态的阻力,于是,资本推动工业运转起来,引起工业高涨,直到资本耗尽——工业又进入萧条状态。与此相似,当汽缸里蒸汽的压力达到一定限度时,活塞开始运动,蒸汽进行工作,并逐渐失去其功能,于是活塞又回到原来的位置。十分清楚,只要资本在积累,这整个过程就要周期地发生。

英国工业动荡性质的变化,其原因主要是英国在资本主义世界中已失去了先前的工业霸权;英国工业高涨的阶段现在表现得不像以前那样迅猛,随之而来的衰退也有所减慢。那些工业迅速发展的国家,如美国和德国,现在也经历着英国以前所经历过的那样严重的工业危机。例如,德国在 1900 年,美国在 1907 年也都经历了十分严重的危机。

长期以来,经济学界之所以不能解决危机问题,是因为经济学家们只是从社会经济的某一个别领域——生产、交换或分配领域中去寻找危机的原因。实际上,危机是在社会经济各现象总体的基础上产生的,因而不能把危机只局限于社会经济的某一个别的领域。必然引起资本主义周期和危机的社会资本循环,它既包含生产,也包含交换和分配。资本得同时克服资本主义这种经济制度所固有的特殊困难,才能连续不断地从一种形式转化为另一种形式。由于有上面刚刚阐明其性质的那些变化的过程,危机和资本主义周期就会在克服这些特有困难的基础上产生。

但是，不可否认，那种广为流传的认为危机的基本原因寓于人民大众的贫困的看法里面含有几分真理。如上所述，危机是在资本主义经济条件下社会资本积累的必然的伴随现象。但是，在英国这个时期所具有的这样快地积累资本，是由于资本家阶级占有绝大部分社会产品，换句话说，工人阶级只得到极小一部分自己的劳动产品而造成的。可是，劳动报酬不足，工人群众的贫困，是造成社会资本急剧积累的根本原因，而社会资本的急剧积累势必导致危机。

五、1907 年的美国危机

美国新爆发的 1907 年工业危机标志着整个资本主义世界工业波动的转折，它同样可以用本文所阐述的危机理论的观点来加以充分说明。还在 1906 年底，美国闲置资本的储备就大大减少了，致使一些大的铁路线完全无力把自己的借款投入交易所。由于闲置资本不足，交易所证券的行市从 1907 年 3 月起开始下跌。交易所以往那种行情上涨的趋势不见了，而代之以下跌的趋势。资本不足的情况越来越紧张，同年 8 月，波士顿和纽约两市已经不可能把自己新的四厘借款再投入交易所，尽管对这些借款在财政上的可靠性是不容置疑的。

从夏季起，商品价格，特别是金属价格开始下跌，到 9 月铁价已下跌 20%以上。由于铜的大规模投机生意遭到失败，铜价跌得尤为厉害。这种投机带有国际性，目的在于垄断全世界铜的生产。10 月完全出乎绝大多数工商界人士的意料之外(虽然 1907 年初美国市场状况已证明不可避免要发生危机)[①]，在纽约首先由于一家最积极参与铜的投机生意的大商行破产而爆发了恐慌。随后纽约以及其他城市的许多银行都停止了支付业务。纽约10月底现金的利率达到125%以上，即使在这种骇人听闻的高利率的情况下仍没有人愿意开办信贷业务，由此可以看出这种恐慌已达到何种程度。这种对现金需求不寻常的激增，是由于信用几乎完全丧失而引起的。政府立即采取非常措施，为国内信用机关提供资金来满足对信用的需要。一个月过后，信用开始恢复，在恐慌时期停止业务的许多银行又开始恢复支付。但是，美国工业由于这次危机而蒙受了惨重的损失，以致危机过后的第二年全年工业都呈现极度萧条，工人大批失业。

这次美国危机的内在原因究竟是什么呢？在这个问题上几乎没有什么分歧意见。例如，德国的一家指导性经济杂志《国民经济年鉴》写道："美国的工业高涨太快了，以致资本不能以这样快的速度形成。除了资本的形成与需求之间的脱节而外，其他因素都不能使北美的经济机体造成像1907年秋发生的那样剧烈的震荡。"[②]论述美国危机一书的作者哈森坎普夫说："在恐慌前业已开始的变动，是由于近十年来经济的发展超过了资本的形成而引起的。流动资本过多地转化为固定资本。……其次，有极其大量的资本实际上被吞噬了。"[③]总而言之，在英国、美国、德国和法国的一些定

① 1907年春，我在自己的讲义中已经指出了这一点。参阅拙著《政治经济学讲义》，1907年版，第346页。

② 《国民经济年鉴》，第3类，第35卷，第3册，第832—833页。

③ 哈森坎普夫：《1907年的美国经济危机》，1908年版。

期的专刊上，论述美国危机的大量文章几乎令人惊异地一致指出，这次危机的最深刻的原因是闲置资本不足。

因此，不是找不到出路的资本过多，而是资本不足，这才是引起最近一次世界经济危机（和以往的危机一样）爆发的原因。由此可以看出，资本主义生产的过剩产品理论是站不住脚的。甚至连从老牌资本主义国家吸收资本的美国，其资本也不是过多，而是太少，以致在资本主义周期的上升阶段都不能使工业吃饱。

本文所叙述的危机理论与前一章阐述的市场理论之间存在着有机的联系——这两种理论是存亡与共的。可是，它们在科学界的声誉是很不相同的。市场理论没有得到赞同，接受它的人寥寥无几。[①] 与此相反，危机理论很快有了追随者，并且成为施皮特霍夫、波勒、爱伦堡等人学术著作的基础，这些著作全部或者部分地接受了这个理论。勒斯居尔在一部内容丰富的危机历史的研究著作中，企图根据这个理论来解释英国除外的其他国家的工业危机。甚至连不赞成这个理论的桑巴特在1903年举行的“社会政治协会”的会议上宣读了一篇有关1900年德国危机的学术报告，承认这个理论“前进了一大步，毫无疑问是危机理论的最高形态”[②]。但是，如上所述，一种理论是以另一种理论为前提的：如果接受上述的危机理论，那就应该也接受该理论的逻辑基础即市场理论，而不管这后一个理论由于对资本主义经济缺乏透彻研究而看来是多么不尽情理。

① 其中应当着重提到施皮特霍夫教授。参阅他的《杜冈—巴拉诺夫斯基和波勒的危机理论》一文（载于1903年《德意志帝国立法和行政年鉴》）。

② 参阅：《社会政治协会丛书》，第113卷；《1904年汉堡大会公报》，第130页。

参考书目

西斯蒙第:《政治经济学新原理》;《政治经济学论丛》。

马克思:《资本论》,第2、3卷。

洛贝尔图斯:《社会书简》。

杰文斯:《货币和财政调查》,1844年。

拉弗勒:《五十年来金融市场及其危机》,1865年。

朱格拉尔:《贸易危机及其周期性复苏》,1887年。

杜冈—巴拉诺夫斯基:《现代英国工业危机》,1894年;《周期性工业危机》,1913年第3版;《英国贸易危机理论和历史的研究》,1901年。

贝尔格曼:《国民经济危机理论史》,1895年。

琼斯:《经济危机》,1900年。

爱伦堡:《当代经济危机》,载《国民经济年鉴》,1902年。

马伊:《经济危机基本规律》,1902年。

波勒:《人口运动,资本形成和周期性经济危机》,1902年。

施皮特霍夫:《生产过剩理论引论》,载《德意志帝国立法和行政年鉴》,1902年;《杜冈—巴拉诺夫斯基和波勒的危机理论》,载《德意志帝国立法和行政年鉴》,1903年。

考茨基:《危机理论》,译自德文,1907年;《社会政治协会对1900年德国危机的评论》,参见《社会政治协会丛书》,第113卷。

勃拉特:《工商业危机》,1902—1904年。

米古林:《俄国金融流通的改革和工业危机》,1902年。

波尼阿廷:《经济危机理论和历史的研究》,1908年。

勒斯居尔:《普遍的和周期性的工业危机》,苏维罗夫译自法文,1908年。

伊萨耶夫:《国民经济危机》,1912年。

译名对照表

三画

山茨　Schanz
大卫　Давид;David
小科尔特瓦　Courtois-fils
凡杰尔维利德　Вандервельд
门格尔，卡尔　Менгер, Карл; Menger,Karl
门捷列夫　Менделеев
马伊　May
马赫　Max
马克思　Маркс; Marx,Karl
马乔斯　Matschoss
马塔耶　Mataja
马歇尔　Маршалль;Marshall
马略特　Мариотт
马尔托夫 Мартов,Л.
马尔萨斯　Мальтус; Malthus, T. R.
马约罗夫　Майоров
马斯洛夫　Маслов,П. П.
马努伊洛夫　Мануилов,А.

四画

尤尔　Ure
日德　Жид,Ш.
孔德　Конт
冈顿　Гёнтон;Gunton
毛勒　Маурер;Maurer
比比科夫　Бибиков
切尔诺夫　Чернов,В.
什瓦涅巴赫　Шванебах
车尔尼雪夫斯基　Чернышевский
厄本　Урбан;Urban,Wilbur
厄歇尔霍伊塞　Oechelhaüser
文德尔班　Виндельбанд; Windelband
文克施特恩　Wenckstern,A.
扎克　Зак,А.
扎克　Зак,С.
扎克斯　Сакс,Э. ;Sax,E.
扎尔茨　Зальц; Salz
扎列斯基　Залеский,В.
扎苏利奇　Засулич,В. И.
扎戈尔斯基　Загорский
巴扎尔　Базар
巴尔特，保罗　Барт,Пауль
巴扎罗夫　Базаров,В.

巴拉克申　Балакшин, А. А.
巴甫洛夫—西尔万斯基　Павлов-Сильванский, Н. П.
巴克斯特，达德利　Бакстер; Baxter, Dudley
巴拉巴诺夫　Балабанов, М.
韦伯　Вебб, Б.; Webb, B.
韦伯，悉尼　Вебб, Сидней; Webb, S.
韦贝尔　Вебер; Weber
韦斯宁　Веснин, А.
韦尔莫尔　Vermault, R.
韦列夏金　Верещагин, Н.
韦尼阿米诺夫　Вениаминов
韦谢洛夫斯基　Веселовский
瓦贡　Вагон
瓦特　Уатт
瓦尔拉　Вальрас; Walras, L.
瓦尔茨　Varlez
瓦格纳　Вагнер, Адольф; Wagner, Adolph
瓦尔扎尔　Варзар, В.
瓦西里耶夫　Васильев
瓦西里奇科夫　Васильчиков
戈申　Гошен; Goschen
戈森　Госсен; Gossen, Hermann Heinrich
戈尔戈利　Горголнй
戈列梅金　Горемыкин, М.
戈利奥克　Голейок
戈登威泽　Гольденвейзер
戈利德什坚　Гольдштейн
戈洛瓦乔夫　Головачев
戈尔德加密尔　Гольдгаммер, Д.
戈尔德施米特　Гольдшмит; Goldschmidt
贝尔　Белл
贝克　Baker
贝林　Берлин, П. А.
贝洛夫　Below, G. v.
贝恩　Bein, L.
贝伦斯　Behrens
贝科夫　Быков
贝努利　Бернулли
贝恩哈迪　Бернгарли; Bernhardi
贝尔格曼　Bergmann
贝霍夫斯基　Быховский

五画

冯特　Вундт; Wundt
圣西门　Сен-Симон
白哲特　Bagehot
丘普罗夫　Чупров, А. И.; Tchuprow, A.
司徒卢威　Струве, П. Б.
汉森，乔治　Ганссен; Hanssen, Georg
汉奇克　Häntschke
申戈弗　Шенгоф
申兰克　Шенланк
艾希利　Ashley

艾利森　Ellison
艾尔弗雷德　Alfred,T. I.
卢齐耶　Rousier
卢森堡,露莎　Люксембург,Роза;Luxemburg,R.
卢奇茨基　Лучицкий
皮卡德　Picard
皮赫诺　Пихно
皮尔斯托夫　Pierstorf
加蒂　Гатти
加蓬　Гапон
加姆普　Gamp
古容　Гужон
古尔诺　Гурнэ
古里耶夫　Гурьев,А.
弗兰克　Франк,С.
弗罗梅尔　Frommer
弗莱克索尔　Флексор
弗列罗夫斯基　Флеровский
叶夫龙　Ефрон
叶菲缅科　Ефименко,А. Я.
叶泽尔斯基　Езерский
叶夫列伊诺夫　Евреинов
叶卡捷琳娜二世　Екатерина Ⅱ
尼布尔　Нибур
尼古拉　Николай
尼奇克　Nitshke
尼科尔森　Никольсон
尼古拉一逊　Николай-он
尼古拉一世　Николай Ⅰ
尼古拉耶夫　Николаев,А. А.
尼科利斯基　Никольский
布金　Будин,Л. Б.
布赫　Бух,Л.
布思,查尔斯　Бутс,Чарльз;Booth,Charles
布兰克　Бланк;Blank,R.
布特曼　Бутман
布兰梅尔　Brämer
布伦坦诺　Брентано,Луйо;Brentano,Lujo
布热斯基　Бржесский,Н.
布雷耶尔　Брейер
布尔加科夫　Булгаков,Т. Ш.
布尔加科夫　Булгаков,С.
布罗克豪斯　Брокгауз
布鲁茨库斯　Бруцкус
布亨别尔格尔　Бухенбергер
卡普,恩斯特　Kapp,Ernst
卡马奇　Karmarsch
卡明卡　Каминка,А.
卡尔波夫 Карпов
卡尔恰金　Карчагин,В.
卡拉乔夫　Калочов
卡芬豪斯　Кафенгауз,Л. Б.
卡雷舍夫　Карыщев
卡特科夫　Катков,В. Д
卡什卡罗夫　Кашкаров
卡布卢科夫　Каблуков,Н.
卡斯帕罗夫　Касперов

卡乔罗夫斯基　Качоровский, К.

六画

伦琴　Рентген
伏特　Вольты
邦格　Бунге
乔治，亨利　Джордж, Генри
毕歇尔　Бюхер; Bucher, K.
华莱士　Wallace
朱格拉尔　Жюглар; Juglar, C.
亥姆霍兹　Гельмгольц
许夫定　Геффдинг, Гаральд; Höffding
许勒尔　Шюллер; Schüller
扬松　Янсон
扬茹尔　Янжул, И. И.
迈农　Мейнонг
迈尔，爱德华　Meyer, Eduard
安齐费罗夫　Анцыферов
安济米罗夫　Анзимиров
多伊彻　Deutsch, H.
多尔戈鲁科夫　Долгоруков
达恩　Дан
达马什克　Дамашке
列宁　Ленин, Н.
列佩纳克　Репенак, А.
列依捷斯　Лейтес, К. С.
列维茨基　Левицкий, Н. В.
考夫曼　Кауфман, А. А.
考夫曼　Кауфман, И. И.
考茨基，卡尔　Каутский, Карл; Kautsky
吉宁　зинин
吉芬　Гиффен; Giffen, R.
吉阿钦托夫　Гиацинтов
吉尔什费尔德　Гиршфельд
齐美尔　Simmel
齐托维奇　Цитович
齐默尔曼　Zimmermann
齐格瓦尔特　Sigwart
亚罗茨基　Яроцкий, В. Г.
亚里士多德　Аристотель
亚历山大一世　Александр Ⅰ
亚历山大二世　Александр Ⅱ
托伦斯　Торренс
托恩托　Торнтон
托尔斯泰　Толстой
托尔加舍夫　Торгашев, Б. П.
托托米安茨　Тотомманц, В.
西贝尔　Зибер, Н.
西尼尔　Сениор
西博姆　Seebohm
西斯蒙第　Сисмонди; Sismondi
西尔万斯基　Сильванский, Н. П.
西格夫里德　Siegfried
伊利　Ely
伊利英　Ильин, В.
伊萨耶夫　Исаев, А. А.
伊奥列茨，冯・杰尔　Иольц, Фон・дер

伊兹戈耶夫　Изгоев
伊万诺夫斯基　Ивановский
伊格纳托维奇　Игнатович, И. И.
伊万诺夫—拉祖姆尼克　Иванов-Разумник
米勒　Мнллер, В.
米古林　Мигулин, И.
米库林　Микулин, А.
米泽斯　Mises, L. von
米茹耶夫　Мижуев, П.
米柳科夫　Милюков, П. Н.
米克利亚耶夫　Микляев
米海伊洛维奇　Михайлович, Алексей
米海洛夫斯基　Михайловский
米克拉舍夫斯基　Миклашевский, А.

七画

纳斯　Hacce
狄尔泰　Дильтей; Dilthey
坎克林　Канкрин
努瓦雷　Noiré
纽康门　Ньюкомен
辛兹海默尔　Sinzheimer
别利托夫　Бельтов, Н.
别利亚耶夫　Беляев
劳克林　Лауглен; Laughlin
劳埃德(奥维尔斯顿)　Ллойд (Оверстон); Lloyd
劳赫贝尔格　Rauchberg
里夫斯　Reeves, W.
里希特　Рихтер, А. А.
里塞尔　Riesser
苏杰伊金　Судейкин, В.
苏哈诺夫　Суханов
苏维洛夫　Сувиров, Н. И.
库列曼　Кулеман
库兰日，弗尔斯特尔·德　Куланж, Фюстель де
库利舍尔　Кулишер, И. М.; Kulischer
库尔钦斯基　Курчинский
麦金利　Мак Кинли
麦克劳施　Macrosty
麦克劳德　Macleod, H.
麦克库洛赫，约翰·拉姆齐　Мак-Куллох; Mac Culloch, John Ramsay
李斯特，弗里德里希　Лист, Фридрих; List, F.
李嘉图，大卫　Рнкардо, Давид; Ricardos, David
李凯尔特　Риккерт; Rickert
李卜克内西　Либкнехт; Liebknecht
杜能　Тюнен; Thünen
杜阁　Тюрго; Turgot
杜林，欧根　Дюринг; Dühring Eugen
杜尔诺夫　Дурново

杜冈—巴拉诺夫斯基　Туган-Барановский，М. И.；Tugan-Baranows-ky
希尔施　Гиршь；Hirsch
希什科　Шишко
希法亭　Гильфердинг；Hilferding，R.
希尔德布兰德，布鲁诺　Гильдебранд，Бруно；Hildebrand，Bruno
希尔德布兰德，理查德　Гильдебранд，Рихард；Hildebrand，Richard
伯默特　Böhmert
伯恩斯　Baines，E.
伯恩海姆　Bernheim
伯恩施坦　Бернштейн，Н.
伯恩施坦　Бернштейн，Э.；Bernstein，E.
沙斯坚　Шастен
沙德林　Шадрин
沙赫纳，罗伯特　Schachner，Robert
沙耶维奇　Шаевич
沙尼亚夫斯基　Шанявский
阿德勒　Адлер，Макс；Adler，M.
阿德勒，格尔克　Adler，Gorg
阿伦特　Arendt
阿克赖特　Аркрайт
阿维洛夫　Авилов，Б.
阿列克谢耶夫　Алексеев
利本　Lieben
利夫曼　Liefman
利先科　Лисенко，С. И.
利克勒　Леклер
利沃夫　Львов
利珀特　Липперт；Lippert
利亚先科　Лященко，П. И.
利亚加杰尔　Лягарделл
利林菲尔德　Лилиенфельд
利特维洛夫—法林斯基　Литвинов-Фалинский，В. П.
沃克　Walker
沃基　Воден
沃希宁　Вощинин
沃盖尔　Уокэр
沃尔夫，尤利乌斯　Вольф，Ю.；Wolf，Julius
沃尔科夫　Волков
沃尔斯基　Вольский，А.
沃龙佐夫　Воронцов，В. П.
沃尔孔斯基　Волконский，Н.
沃伊京斯基　Войтинский，В. С.
沃多沃佐夫　Водовозов，М.
沃洛夫斯基　Wolowsky
克尼斯　Knies
克拉克　Кларк；Clark
克纳普，盖尔　Кнапп，Георг；Knapp，G. F.
克劳斯　Claus，R.
克伦威尔　Кромвелль
克吕格尔　Krüger
克拉西克　Красик，А. В.
克洛波夫　Клопов
克隆普顿　Кромптон

克鲁克斯　Крукс
克日维茨基　Кржвицкий
克尼波维奇　Книпович，Б. Н.
克里切夫斯基　Кричевский
克拉斯诺佩罗夫　Красноперов
克莱因韦希特尔　Kleinwächter

八画

金，格雷戈里　Кинг，Грегори；King，Gregory
居约　Guyot
欧文，罗伯特　Оуэн，Роберт
奇切林　Чичерин，Б.
法拉第　Фарадэй
若列士　Жорес
宗德夫勒　Sonndorfer
庞巴维克　Бэм-Баверк；Böhm-Bawerk
孟德斯鸠　Монтескье
明斯特尔贝格　Мюнстерберг；Münsterberg
图克　Тук
图恩　Thun，A.
帕西　Поссе，A.
帕日特诺夫　Пажитнов
绍尔　Шор
绍斯塔克　Шостак，П.
季别尔　Зетбер
季亚科诺夫　Дьяконов，M. A.
舍伐利埃　Chevallier，E.
舍恩贝尔格　Шенберг，H.；Schönberg
舍斯塔科夫　Шестаков
凯里　Кэри
凯恩斯　Keynes
凯尔恩斯　Кэрнс；Cairnes
杰恩　Ден，Э.
杰文斯　Джевонс；Jevons，T. J.
杰列夫斯基　Делевский，Ю.
杰缅季耶夫　Деметьев，E.
彼得　Петр
彼得松　Петерсон
彼得拉日茨基　Петражицкий，Л. И.
彼得伦克维奇　Петрункевич
迪尔　Диль；Diehl
迪格利　Дигли
迪策尔　Дитцель；Dietzel
迪特默　Dittmer
佩平　Пыпин
佩尔曼　Пёльман
佩施尔　Peschel
佩斯科夫　Песков
佩舍霍诺夫　Пешехонов
罗杰斯　Роджерс
罗基尼　Рокиньи
罗雪尔　Рошер；Roscher
罗维勒　Roville，de
罗日科夫　Рожков，H. A.
罗斯托夫采夫　Ростовцев

拉采尔　Ratzel, F.
拉弗勒　Лавеле; Laveleye, F. de
拉萨尔　Лассаль, Lassalle
拉夫罗夫　Лавров, П. Л.
拉布廖拉　Лабриола, А.
拉普拉斯　Лаплас
拉斐洛维奇　Раффалович, А.
波里　Borrie
波特　Поттер
波勒　Поле; Pohle
波义耳　Бойль
波戈热夫　Погожев
波尼阿廷　Bouniatian
波利扬斯基　Полянский
波格鲁佐夫　Погрузов
波特列索夫　Потресов, А.
波斯尼科夫　Посников, А. С.
波别多诺斯采夫　Победоносцев

九画

娄　Low
恺撒　Цезарь; Caesar
泰罗，库克　Taylor, Cooke
胡贝尔　Huber
拜比吉　Babbage
威尔逊　Вильсон
柏拉图　Платон
席佩尔，马克斯　Шиппель, Макс; Shippel, Max
勃拉特　Брандт
钦德尔，埃米尔　Циндель, Эмиль
契尔斯基　Tschiersky
济韦金格　Зивекинг
祖巴托夫　Зубатов
茨威笛奈克—祖登豪斯特　Zwiedinek-Südenhorst
费尔亨　Felkin
费希纳　Фехнер
费尔巴哈，路德维希　Feuerbach, Ludwig
费奥多罗夫　Федоров
洛施　Losch
洛赫京　Лохтин, П.
洛西茨基　Лосицкий
洛津斯基　Лозинский, Е.
洛贝尔图斯　Родбертус; Rodbertus
哈恩　Hahn, E.
哈里森　Harrison
哈钦斯　Hutchins
哈马赫尔　Hammacher
哈尔曼因　Harmening
哈克斯陶森　Гакстгаузен; Haxthausen
哈格里夫斯　Гаргривс
哈森坎普夫　Газенкампф; Hasenkampf
哈滕贝格尔　Гаттенбергер
哈里佐梅诺夫　Харизоменов
科恩　Cohn, D.
科恩　Кон; Cohn, Gucmav

科克斯　Кокс,Х.
科福德　Кофод,А. А.
科尔萨克　Корсак
科伊斯勒　Keussler
科辛斯基　Косинский,В. А.
科莫钦斯基　Komorzynski
科特利亚尔　Котляр,Г.
科兹明内赫—兰宁　Козминых-Ланин
科兹洛夫斯基　Козловский,Л.
科瓦列夫斯基　Ковалевский,Л. Т.
科瓦列夫斯基　Ковалевский,М. М.
施潘　Spann
施洛斯　Шлосс;Schloss
施特尔　Staehr
施坦格　Штанге,А. Г.
施泰因　Ph. Stein
施穆勒　Шмоллер;Schmoller,Gustav
施密特,卡拉特　Шмидт,Конрад;Schmidt,K.
施托希,海因里希　Шторх;Ctorch,Heinrich
施特鲁克　Struck
施维塔伊　Швиттау,Г. Т.
施皮特霍夫　Шпитгофф;Spiethoff, A.
施托尔茨曼　Штольцманн;Stolzmann
施陶丁格尔　Staudinger,F.
施泰因曼—布赫尔　Steinmann-Bucher

十画

夏林　Scharling
倍倍尔　Бебель
俾斯麦　Бисмарк
爱伦堡　Эйленбург;Eulenburg
陶西格　Таусснг;Taussig
涅日丹诺夫　Нежданов
热列兹诺夫　Железнов,В. Я.
恩格斯　Энгельс;Engels
恩伦德尔　Engländer
特尔纳　Тернер
特鲁布尼科夫　Трубников
桑顿　Thornton
桑巴特　Зомбарт;Sombart
莱维　Levy,H.
莱斯利　Leslie,Cliffe
海因　Heyn
海辛　Хейсен,М. Л.
海尼施　Гайниш;Hainisch
诺伊曼　Нейман;Neumann,Fr. J.
诺斯蒂茨　Ностиц
诺沃托尔什斯基　Новоторжский,Р.
索雷尔　Сорель
索尔贝尔　Зауэрбек;Sörbeer
索恩采夫　Солнцев,С.

索姆涅尔 Сомнер
索博列夫 Соболев,М.
莫尔,托马斯 Мор,Томас
莫佐利 Мужолль
莫扎列夫斯基 Молзалевский
莫利德什捷纳 Мольдштейн,И.
埃斯莱 Esslen
埃卡雷斯 Эккариус,И.
埃伦贝格 Ehrenberg
埃利亚松 Элияссон
埃费尔茨,奥夫托 Effertz,Ofto
埃夫盖米尔 Эвгемер
埃伦费尔斯 Эренфельс;Ehrenfels
格勒 Göhre,P.
格赖 Грей,И.
格森 Гессен,С.
格尔德 Герд,В. А.
格罗曼 Громан
格罗斯 Gross
格罗森 Гроссе
格列塞尔 Грессер
格伦采尔 Грунцель;Grunzel
格拉纳特 Гранат,И.
格拉斯顿 Гладстон
格雷戈尔 Gregor
格雷歇姆 Грэшам;Gresham
格尔菲里赫 Гельфирих
格拉勃斯基 Grabski
格里涅维奇 Гриневич,В.
格奥尔吉耶夫斯基 Георгиевский,П. И
格里戈列耶夫斯基 Григорьевский

十一画

康德 Кант; Kant
曼戈尔德 Mangoldt
累克西斯 Лексис;Lexis
梁赞诺夫 Рязанов,Н.
萨伊 Сэ,ж. Б. ;Say,J. B.
菲舍尔 Фишер,Г.
菲利波维奇 Филиппович; Philippovich
盖恩 Гейи
盖德 Гед
盖格尔 Geiger
基尔希曼 Кирхиман
基里洛夫 Книриллов,Л.
基谢廖夫 Киселёв
勒洛 Рело;Reuleaux
勒曼 Lehman,R.
勒瓦瑟尔 Levasseur
勒斯涅尔 Лесснер,Г. А.
勒斯居尔 Лескюр,Жан
勒克利茨基 Рклицкий,М.
维贝 Вибе;Wiebe
维特 Витте
维古鲁 Вигуру
维塞尔 Визер;Wieser
维尔明豪斯 Wirminghaus
维赫利亚耶夫 Вихляев,П.

梅旦　Métin, A.
梅因　Maine
梅林　Меринг
梅内斯　Manes
梅耶尔　Мейер, Э.
梅尔库洛夫　Меркулов, А. В.
梅谢尔斯基　Мещерский

十二画

琼斯　Jones
傅立叶　Фурье; Fourier
敦克尔　Дункер
富勒顿　Фуллартон
惠特利，理查德　Уэтли; Whately, Richard
雅费　Jaffé
雅布尔　Ямбул
舒尔采—德里奇　Щульце-Лелич
舒尔采—格弗尼茨　Шульце-Геверниц
塔尔　Тар
塔西佗　Тацит; Tacitus
塔美斯　Тамес
鲁林　Reuling
鲁齐，波尔·德　Рузье, Поль де
鲁缅采夫　Румяцев
黑塞，阿尔贝特　Гессе; Hesse, Albert
黑尔德　Гельд; Held
黑希特　Hecht
黑格尔　Гегель
谢夫莱　Щеффле; Sohäffle
谢尔宾　Щербин
谢梅夫斯基　Семевскнй, В. И.
谢尔戈夫斯基　Серговский, Н. Г.
谢尔盖耶维奇　Сергеевич, В.
博恩　Bonn, M.
博当　Боден, жан
博克尔　Бокль
博格茨　Borght, Van der
博利厄，勒鲁瓦　Болье, Леруа
博尔特克维奇　Борткевич; Bortkiewicz, L.
奥本海默　Оппенгеймер; Oppenheimer
奥尔洛夫　Орлов
奥尔巴赫　Auerbach, W.
奥泽罗夫　Озеров
奥斯皮茨　Auspitz
奥尔任斯基　Орженцкий, Р. М.
奥尔钦尼科夫　Овчиников
奥加诺夫斯基　Огановский, Н.
奥斯特罗格拉茨基　Остроградский
普拉特　Платтер
普列韦　Плеве
普伦格　Plenge
普赖斯　Брэсси
普莱斯，理查　Прайс, Ричард
普累内尔　Plener, E. v.

普鲁加温　Пругавин
普列汉诺夫　Плеханов，Г. В.
普里列扎耶夫　Прилежаев
普罗科波维奇　Прокопович，С. Н.
普洛特尼科夫　Плотников
斯密，亚当　Смит，Алам
斯卡隆　Скалон
斯蒂达　Stieda
斯宾塞，赫伯特　Спенсер，Герберт
斯菲特兰　Schwiedland
斯卡尔任斯基　Скаржинский，Л.
斯图坚斯基　Студентский
斯洛博扎宁　Слобожанин，В.
斯捷潘诺夫　Степанов，И.
斯塔林斯基　Сталинский，Е.
斯塔霍维奇　Стахович
斯托利亚罗夫　Столяров，Г.
斯克沃尔佐夫　Скворцов，А.
斯洛尼姆斯基　Слонимский
斯特列利斯基　Стрельский，П.
斯蒂林—安德森　Штилиинг-Андерсен
斯坦尼斯拉夫（沃尔斯基）　Станислав(Волъский)
斯维亚特洛夫斯基　Святловский，В.

十三画

路易，波尔　Луи，Поль
蒙塔古　Montague
蒲鲁东　Прудон
楚克坎德尔　Zuckerkandl
魁奈　Кенэ；Quesnay
詹克斯　Jenks
詹姆斯　James
赖歇尔　Reicher
赖法伊岑　Райффейзен
福塞特　Фаусетт
福尔别尔特　Форберт，Л.
福尔图纳托夫　Фортунатов
塞乌斯　Sayous
塞维利，托马斯　Сэвери，Томас
塞季威克　Сиджвик
鲍利　Боули；Bowley
鲍威尔，巴登　Powell，Baden
鲍什尼亚克　Бошняк，Е.
雷，约翰　Рэ，Джон
雷克吕　Reclus，J. E.
雷卡乔夫　Рыкачёв，А.
雷布尼科夫　Рыбников

十四画以上

豪厄尔　Howell，G.
赛德尔　Seidel
熊彼特　Шумпетер，Schumpeter
赫茨　Герц；Hertz
赫维　Hevy
赫克尔　Геккель
赫德尔　Гердер
赫尔岑　Герцен

赫尔曼　Герман；Hermann
赫尔茨卡　Hertzka
赫尔弗里希　Helfferich
赫尔岑施泰因　Герценштейн，М.
摩尔根　Морган；Morgan
德尔　Daire，E.
德米特里耶夫　Дмитриев，В.
德米特里耶夫　Дмитриев，Г.
德米特里耶夫　Дмитриев，К.
穆勒，詹姆斯　Милль，Джемс
穆勒，约翰·斯图亚特　Милль；Mill J. S.
霍夫曼　Гоффман；Hofmann
霍布森　Гобсон
霍茨基　Ходскнй，В.
霍茨基　Ходскнй，Д.
霍利约克　Holyoake
戴维森　Давидсон；Davidson，J.

图书在版编目(CIP)数据

政治经济学原理:全2册/(俄罗斯)杜冈-巴拉诺夫斯基著;赵维良,桂力生,王湧泉译.—北京:商务印书馆,2017
(汉译世界学术名著丛书:120年纪念版:珍藏本)
ISBN 978-7-100-14059-1

Ⅰ.①政… Ⅱ.①杜… ②赵… ③桂… ④王… Ⅲ.①政治经济学 Ⅳ.①F0

中国版本图书馆CIP数据核字(2017)第109077号

汉译世界学术名著丛书
(120年纪念版·珍藏本)
政治经济学原理
全2册
〔俄〕M.И.杜冈-巴拉诺夫斯基 著
赵维良 桂力生 王湧泉 译

商 务 印 书 馆 出 版
(北京王府井大街36号 邮政编码100710)
商 务 印 书 馆 发 行
南京爱德印刷有限公司印刷
ISBN 978-7-100-14059-1

2017年12月第1版　　开本710×1000 1/16
2017年12月第1次印刷　　印张46½
定价:225.00元